高等学校创新性数智化应用型经济管理规划教材（财务系列）

总主编 / 李雪　　主审 / 徐国君

# 财务管理（第三版）

耿菲 ◎ 主编

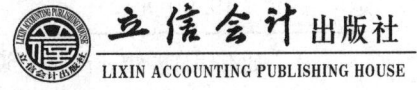

图书在版编目(CIP)数据

财务管理／耿菲主编. —3版. —上海：立信会计出版社，2024.4
ISBN 978-7-5429-7593-5

Ⅰ.①财… Ⅱ.①耿… Ⅲ.①财务管理—教材 Ⅳ.①F275

中国国家版本馆CIP数据核字(2024)第054460号

策划编辑　方士华
责任编辑　孙　勇
助理编辑　张若凡
美术编辑　吴博闻

## 财务管理(第三版)
CAIWU GUANLI

| 出版发行 | 立信会计出版社 | | |
|---|---|---|---|
| 地　　址 | 上海市中山西路2230号 | 邮政编码 | 200235 |
| 电　　话 | (021)64411389 | 传　真 | (021)64411325 |
| 网　　址 | www.lixinaph.com | 电子邮箱 | lixinaph2019@126.com |
| 网上书店 | http://lixin.jd.com | | http://lxkjcbs.tmall.com |
| 经　　销 | 各地新华书店 | | |
| 印　　刷 | 上海万卷印刷股份有限公司 | | |
| 开　　本 | 787毫米×1092毫米 | 1/16 | |
| 印　　张 | 17.75 | | |
| 字　　数 | 410千字 | | |
| 版　　次 | 2024年4月第3版 | | |
| 印　　次 | 2024年4月第1次 | | |
| 书　　号 | ISBN 978-7-5429-7593-5/F | | |
| 定　　价 | 49.00元 | | |

如有印订差错，请与本社联系调换

# 总 序

教材是高校实现人才培养目标的重要载体,教材及教材建设对高校发展具有举足轻重的作用。与培养模式相对应的教材是培养合格人才的基本保证,是实现培养目标的重要工具。由于历史原因,在财经类教材的出版方面,相关出版社出版研究型本科或者高职高专、中等职业等层次的教材较多,而应用型本科教材较少。虽然近年来一些应用型本科教材也陆续出版,但总体而言,这些教材还是缺乏权威性、普适性、实用性、创新性。造成这种状况的原因主要在于:出版社对财经类应用型本科教材的出版还不够重视,没有进行有效组织;财经类应用型本科院校多为新建院校,教材建设相对滞后,主观上也较愿意使用研究型本科教材;在教材使用中存在比较严重的混用现象,教材目标读者群不明确,如不少教材声称既适用于研究型本科院校又适用于应用型本科院校,或者既适用于本科院校又适用于高职高专院校。

由于目前财经类应用型本科教材种类和数量匮乏或质量欠佳,财经类应用型本科院校不得不沿用传统研究型教材。这些教材本身的质量很好、级别很高,但是并不适用于应用型本科院校的教学,教师和学生普遍反映不好用。即使在全国范围看,也还没有相对成套、成熟的、适合财经类应用型本科院校的教材。现有财经类教材存在的主要问题包括:①教材的定位和要求较高;②教材的内容偏多、难度大;③教材着重于理论解释,相关案例、实训等内容较少,缺乏普适性、实用性。

与此同时,信息技术的快速发展使学生的学习习惯和阅读习惯发生了改变,不断朝个性化、自主学习式的方向发展,传统的单一纸质版教材已经无法适应这种变化。翻转课堂、慕课、微课等网络课程的兴起,混合式教学的不断推进,也对立体化教材建设提出了新的要求。教材作为一种课堂上的教学工具,一种传播媒介,理应顺势而为,随课堂形式、学生学习方式的改变而改变,朝着数字化、立体化、可视化的方向发展。因此,编写一套适应学生水平、便于学生接受的立体化财经类应用型本科教材迫在眉睫。

我们组织具有多年应用型人才培养经验的优秀教师和实务界专家编写了这套高等学校创新性数智化应用型经济管理规划教材。本系列教材有《会计基本技能》《出纳实务》《基础会计》《中级财务会计》《成本会计》《管理会计》《会计信息系统》《财务管理》《审计学》《高级财务会计》《商业分析》《税法》《经济法》《金融学》《Excel在会计和财务管理中的应用》等品种。为了保证教材的质量,我们为本系列教材聘请了知名高校的专家教授进行专门指导和审核。每本教材至少有一名本学科的知名专家或学科带头人提出审核指导意见、至少有一名高等院校教学一线的高级职称教师参与组织编写、至少有一名行业协会、实务界专家或教学研究机构人员提出编写建议。

本系列教材的特色如下。

1. 应用性

应用型本科的教材建设应坚持培养应用型本科人才的定位,充分吸收和借鉴传统的普通本科教材与高职高专类教材建设的优点和经验,以就业为导向,做到理论上高于高职高专类教材、动手能力的培养上高于传统的本科院校教材。本系列教材体现了应用型本科的定位,体现了素质教育和"以学生发展为本"的教育理念,遵循了高等教育教学基本规律,重视知识、能力和素质的协调发展,根据应用型人才培养模式对学生的创新精神、实践能力和适应能力的要求,在内容选材、教学方法、学习方法、实验和实训配套等方面突出了应用性特征。

2. 针对性

本系列教材的编写符合会计学、财务管理和审计学等专业的培养目标、培养需求、业务规格和教学大纲的基本要求,与各专业的课程结构和课程设置相对应,与课程平台和课程模块相对应。本系列教材在结构纵横的布局、内容重点的选取、示例习题的设计等方面符合教改目标和教学大纲的要求,把教师的备课、试讲、授课、辅导答疑等教学环节有机地结合起来。

3. 立体化

本系列教材为立体化教材,实现了由传统纸质教材向"纸质教材＋数字资源"的转变,通过技术手段将晦涩难懂的理论知识转变为直观的具体知识,以立体化、数字化的方式呈现,包括图文、动画、音频、视频等多种形式,生动、有趣且易懂,不仅可以激发学生的学习兴趣,还有利于教学效果的提升。

4. 趣味性

本系列教材注重趣味性,使用了大量的例题和案例,每章都加入了"思政育人""相关思考""延伸阅读"等内容,使读者能够加深理解,便于掌握相关内容。在案例、例题等的设计选用上重点突出趣味性,易于引发读者的共鸣。

5. 先进性

本系列教材反映了应用型会计人才教育教学改革的内容,能够反映学科领域的新发展。教材的整体规划、内容构建等均体现了创新性。教材还强调了系列配套,包括教材、学习参考书、教学课件等。立体化教材在内容修订上更具有明显优势,线上资源可以随时根据政策法规、理论知识或工作实务等的变化进行调整,更有利于保持教材内容的先进性。

6. 基础性

本系列教材打破传统教材自身知识框架的封闭性,尝试多方面知识的融会贯通,注重知识层次的递进,体现每一门科目的基本内容,同时在具体内容上突出实际运用知识能力,做到"教师易教,学生乐学,技能实用"。

7. 易于自学性

自学能力是大学生的一项基本能力。学生只有具备了自主学习的能力,才能最终建立起终身学习的保障体系,这也是应用型本科人才培养的客观要求。应用技术型高校的生源素质与普通高校相比存在一定的差距,除一部分是高考发挥失误的学生外,还有一部分学生在学习习惯、基础知识等方面存在一定的欠缺,这就要求教材能够调动这部分学生的学习积极性,在理论方面尽量通俗易懂,在实践方面尽量采用案例式教学。为了有利于学生课后自主学习,本系列教材配套了学习指导书和教学课件。

因此,本系列教材的定位准确,特色明显,适用于应用型本科院校教学,便于学生的自学和教师的教学。

本系列教材凝聚了众多教授和专家多年来的经验和心血。当然,由于我们的经验和人力有限,教材中难免存在不足,我们期待着各位同行、专家和读者的批评指正。我们将根据经济发展和会计环境的变迁不断修订教材,以便及时反映学科的最新发展和人才培养的最新变化。

本系列教材自2014年出版后,得到市场的认可,深受广大高校师生的欢迎。为了更好地回馈读者,我们从2017年起启动本系列教材第二版的修订工作,2019年启动第三版的修订工作,2021年启动第四版的修订工作。各种教材的修订版已陆续出版。我们会一如既往地做好教材修订和相关服务工作,希望广大读者对本系列教材继续给予支持。

李 雪<br>
2024年1月

# 第三版前言

《财务管理》为高等学校创新性数智化应用型经济管理规划教材(财务系列)之一,具有应用性、针对性、先进性、基础性、自学性的特点。本书在充分吸收和借鉴传统的普通本科教材与高职高专类教材的优点和经验的基础上,以就业为导向,做到理论上高于高职高专院校教材,动手能力的培养上高于本科院校传统教材。本书不仅适用于会计学、财务管理等财经类专业的学生,还适用于其他经管类专业需要掌握财务管理基础知识的学生。对于广大读者来说,本书也是一本了解财务管理基本知识的读物。

本书按照推进习近平新时代中国特色社会主义思想进教材、进课堂、进头脑,培育和践行社会主义核心价值观,加强中华优秀传统文化教育,增加课程的知识性、人文性,提升引领性、时代性和开放性等要求,加入育人点,围绕财务管理的基本概念和基础知识,注重理论与实务的联系,以企业的投资、筹资、经营、分配等理财循环为主线,全面、系统、综合地介绍了财务管理的基本理论和方法。在理论体系上,本书涵盖了现代企业生产经营所涉及的资金运动全过程。在编写风格上,本书注重循序渐进、由浅入深,注重财务管理基础内容的阐述和基本方法的应用,学生能够根据每章的"重点难点"模块了解和掌握各章的基本内容。

此次再版,本书在第二版基础上对内容进行了修订和完善:新增了"思政育人"模块、立体化教学素材;更新了部分例题数据;更新了相关法规及规范标准等内容。

本书的编写特点如下:

(1) 将价值塑造、知识传授和能力培养三者融为一体。本书紧扣立德树人核心要求,围绕党的二十大提出的全面贯彻党的教育方针,落实立德树人根本任务,培养德智体美劳全面发展的社会主义建设者和接班人;让学生自信自立,守正创新,不断丰富学识,增长见识,塑造品格,努力提高能力素养。

(2) 在理论知识的基础上,突出实践导向。本书每章编有大量例题,并在章节前设置"思政育人"模块,章节中穿插"延伸阅读"模块。这些模块中的案例主要源于我国实际经济生活,易于学生理解,同时又与正文呼应,有利于培养学生的应用能力。

(3) 充分利用智能化技术手段。本书以纸质教材为基础,以多媒介、多形态、多用途、多层次的教学资源形成立体化教材内容集合。

(4) 配套资源丰富。本书配有《财务管理学习指导书》及多媒体课件等辅助资料。

本书由耿菲担任主编,蔡素兰、陈晓冬担任副主编,颜萍、严贝参与了本书的编写。本书具体分工如下:第一章总论(耿菲),第二章资金时间价值(耿菲),第三章风险与报酬(耿菲),第四章资产定价(耿菲),第五章投资决策基础(蔡素兰),第六章投资项目决策(蔡素兰),第七章长期筹资方式(陈晓冬),第八章长期筹资决策(耿菲),第九章流动资产管理(陈晓冬),第十章流动负债管理(严贝),第十一章利润分配管理(严贝),第十二章成本控制管理(颜萍),第十三章财务管理方法(颜萍)。

在本书的编写过程中,我们参考了大量相关教材和论著,在此向有关作者致以深深的谢意!

本书编者进行了多次讨论研究,力求内容编排合理、避免错误,书中如有疏漏和不足之处,敬请读者批评指正,以便再版时修改。

编者
2024 年 4 月

# 目 录

## 第一章　总论 ………………………………………………………………… 1
 第一节　财务管理概述 ……………………………………………………… 2
 第二节　财务管理的内容 …………………………………………………… 5
 第三节　财务管理的目标 …………………………………………………… 7
 第四节　财务管理的环境 …………………………………………………… 11
 本章小结 ……………………………………………………………………… 16
 本章重要概念 ………………………………………………………………… 16

## 第二章　资金时间价值 ……………………………………………………… 17
 第一节　时间价值的概念 …………………………………………………… 18
 第二节　复利终值与现值计算 ……………………………………………… 19
 第三节　年金终值与现值计算 ……………………………………………… 22
 第四节　时间价值计算中的几个特殊问题 ………………………………… 27
 本章小结 ……………………………………………………………………… 30
 本章重要概念 ………………………………………………………………… 30

## 第三章　风险与报酬 ………………………………………………………… 31
 第一节　风险概述 …………………………………………………………… 32
 第二节　单项资产的风险与报酬 …………………………………………… 35
 第三节　证券组合的风险与报酬 …………………………………………… 38
 本章小结 ……………………………………………………………………… 43
 本章重要概念 ………………………………………………………………… 44

## 第四章　资产定价 …………………………………………………………… 45
 第一节　有效市场假说 ……………………………………………………… 46
 第二节　资本资产定价模型 ………………………………………………… 47
 第三节　证券估价 …………………………………………………………… 51
 本章小结 ……………………………………………………………………… 59
 本章重要概念 ………………………………………………………………… 59

## 第五章 投资决策基础 ... 60
- 第一节 企业投资概述 ... 62
- 第二节 现金流量的一般分析 ... 64
- 第三节 投资决策指标的分析 ... 68
- 本章小结 ... 76
- 本章重要概念 ... 77

## 第六章 投资项目决策 ... 78
- 第一节 现金流量的影响因素 ... 79
- 第二节 固定资产投资决策 ... 83
- 本章小结 ... 90
- 本章重要概念 ... 90

## 第七章 长期筹资方式 ... 91
- 第一节 企业筹资概述 ... 92
- 第二节 权益资本 ... 99
- 第三节 债务资本 ... 105
- 第四节 混合资本 ... 115
- 本章小结 ... 118
- 本章重要概念 ... 118

## 第八章 长期筹资决策 ... 119
- 第一节 资本成本概述 ... 120
- 第二节 杠杆利益与风险 ... 130
- 第三节 资本结构决策 ... 136
- 本章小结 ... 144
- 本章重要概念 ... 144

## 第九章 流动资产管理 ... 145
- 第一节 流动资产概述 ... 147
- 第二节 流动资产持有政策 ... 148
- 第三节 现金管理 ... 150
- 第四节 应收账款管理 ... 156
- 第五节 存货管理 ... 165
- 本章小结 ... 169
- 本章重要概念 ... 169

## 第十章　流动负债管理 …… 170
- 第一节　短期筹资政策 …… 171
- 第二节　商业信用 …… 174
- 第三节　短期银行借款 …… 176
- 第四节　短期融资券 …… 179
- 本章小结 …… 183
- 本章重要概念 …… 183

## 第十一章　利润分配管理 …… 184
- 第一节　利润及利润分配概述 …… 185
- 第二节　股利理论 …… 187
- 第三节　股利政策 …… 190
- 第四节　股利支付 …… 194
- 本章小结 …… 196
- 本章重要概念 …… 196

## 第十二章　成本控制管理 …… 197
- 第一节　成本控制概述 …… 198
- 第二节　成本控制的方法 …… 202
- 第三节　标准成本制度及其制定 …… 206
- 第四节　作业成本法 …… 213
- 本章小结 …… 217
- 本章重要概念 …… 217

## 第十三章　财务管理方法 …… 218
- 第一节　财务管理方法概述 …… 219
- 第二节　财务预算 …… 221
- 第三节　财务分析 …… 237
- 第四节　业绩评价 …… 250
- 本章小结 …… 256
- 本章重要概念 …… 257

## 附录 …… 258
- 一、复利终值系数表（$F/P,i,n$） …… 258
- 二、复利现值系数表（$P/F,i,n$） …… 261
- 三、年金终值系数表（$F/A,i,n$） …… 264
- 四、年金现值系数表（$P/A,i,n$） …… 267

# 第一章  总  论

- 内容提要
- 重点难点
- 学习目标
- 知识框架
- 思政育人
- 第一节　财务管理概述
- 第二节　财务管理的内容
- 第三节　财务管理的目标
- 第四节　财务管理的环境
- 本章小结
- 本章重要概念

**内容提要**

本章主要讲解了财务管理的基本问题,包括财务管理的内容、目标及环境等。

**重点难点**

本章重点为财务管理的内容和财务管理的目标;难点为财务管理目标观点的评价。

**学习目标**

通过本章学习,学生应理解财务管理的概念与特性;掌握财务管理的内容和财务管理的目标;理解财务管理的环境。

**知识框架**

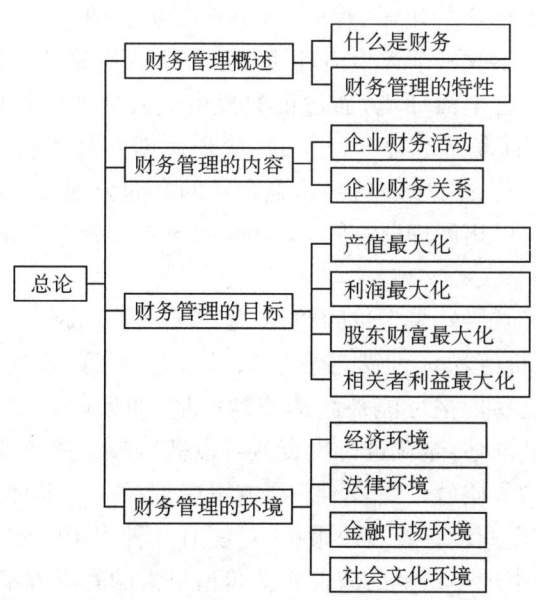

**思政育人　打造中国式企业财务管理体系　助力实体经济高质量发展**

2022年2月28日,习近平总书记主持召开中央全面深化改革委员会第二十四次会议,审议通过了《关于加快建设世界一流企业的指导意见》,提出"产品卓越、品牌卓著、创新领先、治理现代"16字标准,为加快建设世界一流企业和深化企业改革指明了方向,同时也为国有企业建设世界一流企业发出了"总动员令"。中央企业必须成为建设世界一流企业的排头兵。同期,国务院国资委发布《关于中央企业加快建设世界一流财务管理体系的指导意见》(以下简称《指导意见》),为推动中央企业进一步提升财务管理能力,加快建设世界一流财务管理体系提出了总体要求和行动指南。

党的二十大提出,高质量发展是全面建设社会主义现代化国家的首要任务。财务管理是企业管理的中心环节,建设世界一流财务管理体系有助于有力支撑服务国家战略,有力支撑建设世界一流企业,有力支撑增强国有经济竞争力、创新力、控制力、影响力、抗风险能力。围绕世界一流财务管理体系建设,《指导意见》实现了"财务视角"与"大局观念"的统筹。一方面,《指导意见》立足财务自身,全面系统阐述了构建世界一流财务管理体系的内在逻辑与主要内容;另一方面,将财务管理放到企业改革发展大局中考虑,主动顺应国有企业改革、国有资本布局优化和结构调整、科技创新等重大部署要求,加快企业提升财务管理水平,更好助力世界一流企业建设,支撑企业实现高质量发展。

资料来源:汤谷良.打造中国式企业财务管理体系　助力实体经济高质量发展——基于《关于中央企业加快建设世界一流财务管理体系的指导意见》的思考[J].北京工商大学学报(社会科学版),2023(01):88-96,有删节。

1.1　关于中央企业加快建设世界一流财务管理体系的指导意见

## 第一节　财务管理概述

### 一、什么是财务

财务并不像大多数人想象的那样专业化。实际上,财务是个人、企业和政府组织有关财产的管理或经营,以及现金的出纳、保管、计算等事务。研究财务能使人从中受益。从个人的角度看,财务有助于改善个人生活环境和增加个人财富,如通过按揭贷款的方式购买住房,个人可以迅速改善生活环境;通过证券投资或其他实体投资,个人可以迅速增加财富。财务对一家企业而言更是必不可少的,从企业创办时的资金筹集、生产设备的投资、生产过程中的物资采购、生产成本控制,到企业的利润分配都是企业财务的重要内容。个人学习财务知识,既可以拓展理财空间,又可以使个人在企业日常经营和重大决策中拓宽视野。

财务包括两个核心问题:一是定价问题;二是财务决策问题。定价问题主要确定企业所要投资的资产的内在价值,如企业要投资股票或债券,尽管这些股票或债券在市场中都有交易价格,但是这些交易价格可能被高估或被低估,如果被高估,企业进行投资就可能面临较大的风险;如果被低估,企业进行投资就可以获得较大的收益。企业财务管理中经常面临决策问题,决策的本质就是在若干备选方案中选择一个最优方案,或者确定某一特定方案是否可行。如在企业设备投资决策中,可能有几种筹资方式或资金来源供选择,企业需要从中选择一种资本成本最低的或使企业价值最大的筹资方案。

企业财务管理主要解决的是企业如何才能创造并保持价值,如何有效利用资源以实现企业的目标。

从企业的角度看,财务就像一个经营者的眼睛,从财务中能够反映出企业的很多情况,对财务的把握就是对企业命运的把握。随着我国经济发展水平和企业管理水平的不断提高,以财务管理为核心的企业管理,已成为企业家和经济界人士的共识。之所以说财务管理是企业管理的核心,因为财务管理是通过价值形态对企业资金运动进行的一项综合性管理,渗透并贯穿于企业一切经济活动之中。企业资金的筹集、使用和分配,都与财务管理有关;企业研发、生产、经营的每一环节都离不开财务的反映和调控。企业的经济核算、财务监督,更是企业内部管理的中枢,它处于企业管理中的核心地位是一种客观要求。

现代企业财务管理演化和变革的过程,也是企业财务管理在企业的日常营运中的重要性日益提升的过程。早期那种由企业营销部门制订销售计划,生产和制造部门根据营销部门的预测确定生产规模及其所需资金,而财务管理部门只负责资金供应的格局已不再流行。现在,企业内部有关销售、生产和资金筹措的各种决策过程之间的联系已越来越密切,而直接负责将整个过程协调一致的正是企业的财务管理部门。这种新格局并不是自然形成的,而是随着企业的成长逐渐演化发展的。

据有关方面调查,在我国2 000家亏损国有企业中,政策性亏损占整体亏损的9.9%,客观原因亏损占9.2%,因经营管理不善造成的亏损占80.9%。财务管理应该成为企业管理的核心,使之真正发挥核心作用,企业必须做好企业财务管理工作。

 **延伸阅读1—1**

**财务管理的历史沿革**

财务管理产生的时间并不长,但在这段时间内,财务管理的内容和职能却发生了很大变化。财务管理在企业的经济管理中逐渐上升到战略性的核心地位。从财务管理学科发展的角度看,西方财务管理发展至今,大致经历了以下几个阶段。

1. 描述及法规性阶段

描述及法规性阶段是从20世纪初到20世纪50年代。在这一时期,财务管理的主要内容是研究企业外部筹资的方法,以及与证券发行有关的法律、法规问题。

20世纪30年代,财务管理的重点迅速从外部筹资转移到破产清算、债务重组、资产评估、保持偿债能力及政府对证券市场的管理上来。美国于1933年和1934年分别通过了《证券法》和《证券交易法》。《中华人民共和国证券法》(以下简称《证券法》)是1998年12月29日由全国人民代表大会常务委员会第六次会议审议通过的,自1999年7月1日开始实施。从时间上看,前后相差60多年。

2. 内部决策阶段

内部决策阶段主要是20世纪50年代中后期。在这一时期,资金时间价值引起了财务经理的广泛关注。1958—1961年,莫迪里尼(Modigliani)和米勒(Miller)创建了著名的MM定理,他们认为在有效的证券市场上,企业的资本结构和股利政策与其证券价值无关,也就是说,在完全有效的证券市场上,不存在最优资本结构的问题。这一结论的提出在当时的财务界引起了强烈的反响,争议很大。

在这一时期,企业内部资金管理是企业财务管理的重点。通过有效的财务预算、存货管理、应收账款管理等财务活动,提高企业资金的使用效益,增强企业的竞争力。

3. 投资与财务管理阶段

投资与财务管理阶段是从20世纪60年代至今。1965年,夏普(Sharpe)提出了"资本资产定价模型",进一步阐明了风险与报酬的关系。该模型的出现标志着财务理论的又一重大突破,改变了企业的资产组合和投资策略,被广泛应用于企业的资本预算决策,使企业财务理论进入了投资与财务管理相结合的新时期。

20世纪70年代是企业财务管理发展的一个重要时期,期权定价模型、套利定价理论相继被提出。20世纪70年代末,实物期权理论的提出使不确定条件下的投资决策有了新的分析工具,这些新的分析工具对投资理论和投资实践产生了深远的影响。20世纪80年代以后,跨国融资、风险管理、国际投资分析和跨国企业财务业绩评估等成为财务管理研究的新热点。

我国现代财务管理的研究基本上是在引进消化西方财务管理理论的基础上发展起来的。我国资本市场发展较慢,企业筹资渠道比较狭窄,西方意义上的财务管理在我国企业中的应用较少,在项目投资决策方面应用相对较多。

## 二、财务管理的特性

财务管理是指对资金的取得、使用和分配等一系列活动所进行的管理,包括组织财务活动和处理财务关系。可以说,只要有资金运动的地方,就必然有财务管理活动。然而,不同性质和不同行业的单位,其财务管理的内容和方式是有明显差异的,无论是在我国还是在外国,无论是从理论上看还是从实务上看,都不存在一种可以适用于任何单位的标准或通用的财务管理模式。因此,在一般理论的指导下,不同性质的单位,甚至是同一性质的单位,也必须按照自己的特殊情况,建立一套符合本单位实际管理目标和特性的财务管理模式。在现代市场经济环境下,财务管理目标体现了企业经营管理活动的最终目的,即在企业财务状况良好的前提下,能够最大限度地盈利。高水平的财务管理既要注重市场,又要管好资金;高水平的财务管理既是一种专业化管理,又是与企业内部各项管理活动联系密切的管理。同时,企业财务管理又是具体经济环境下的管理活动,与企业一定时期的管理机制、战略目标、当时的金融市场情况及国家的各项财政、税务等经济政策都有着十分密切的相关性。一般来讲,现代企业财务管理具有如下基本特性。

1. 财务管理是一项专业管理与综合管理相结合的管理活动

通过有效的分工和分权方式,现代企业的管理活动形成了一种系统的专业化管理模式。在这种模式中,现代企业的管理活动有的侧重于实物或人员的管理,有的侧重于价值形式的管理。财务管理是以价值形式为主的专业化管理,具体来讲,财务管理是用货币形式表现的。因此,财务管理具有高度的系统性、联系性和完整性,这是其他管理模式所无法代替的。

现代企业的财务管理又是一种综合性的管理活动,它并不排斥非价值形式的管理活动,它以企业经营活动中的各项物质条件、人力资源、经营特点和过程、管理要求和目的等作为其管理的基础,并通过价值形式的管理,运用财务预测、预算、控制、决策、分析及考核等方法,将其有效地协调起来,形成一种专业性很强的综合管理模式。我们所说的企业各项管理效果的好坏,最终都会在企业财务指标和财务状况中得以充分反映。

2. 财务管理与企业经营管理有密切的关系

虽然企业财务管理是相对独立的管理活动,但它并不是孤立的,而是以企业各项经营管理活动为基础的,并与其有密切的联系。企业中所有的资金运作和各项收支活动,都是企业的经营管理活动所引起的。即使是纯粹的财务运作,也是为企业一定时期的管理战略和具体管理目标服务的。

高水平的财务管理应当涉及和覆盖企业经营管理的各个角落和各个方面。企业管理的每个部门都会在资金的运用过程中与财务管理部门发生联系。因此,企业财务管理部门应该建立有效的财务规划和考核制度,促使各部门在企业财务规划和财务制度的制约下,高效合理的使用资金,提高资金的利用水平。

3. 财务管理必须及时对企业的经营状况和财务状况进行监控

在企业的整个管理过程中,经营方针是否合理、各项决策是否正确、资金周转是否良好、盈利能力是否加强等,财务管理部门都必须进行有效的跟踪管理,并及时向企业管理当局通报有关财务指标的变化情况和预期发展情况,同时提出有关的建设性意见。只有这样才能有效实现财务管理的职能,真正将整个企业的经营管理工作纳入提高经济效益的轨道上来。

4. 财务管理与其他管理学科的关联性

从财务管理学科本身的特点来看,财务管理与其他许多管理学科有着天然的联系,如会计学、统计学、管理学、金融学、投资学、财政学、税务学、证券学和市场学等。财务管理中的许多资料来源和管理方法等都直接与这些学科交叉。在英语中,"finance"这个词作为学科本身就有多种解释,可以理解为财务学,也可以理解为金融学或财政学等。另外,从财务学本身来看,财务管理也可以划分为微观财务和宏观财务、企业财务和社会财务、经营财务和金融财务等。因此,财务管理是一门涉及面较广,理论研究与实际应用紧密结合的管理学科。正因为如此,财务管理学习思路发散、理论广泛、学习方法灵活,它不局限于一时或一事,更多地要求从整体和未来发展来考虑问题。

## 第二节 财务管理的内容

在各类组织中,企业是数量最多的一类经济组织,其财务活动也具有典型的代表性。所以,本书以企业财务管理为主要研究对象。要理解财务管理的含义,必须先弄清楚企业的财务活动和财务关系。

1.2 视频:财商小故事——国王与三个仆人

### 一、企业财务活动

企业在生产经营过程中,不断地发生资金的收入与支出。例如,企业为了生产产品,需要到市场上购买原材料、雇佣劳动力等,这些都属于资金的支出。而当企业生产出来的产品销售出去之后,又可以收回一定的资金,从而形成资金的收入。企业的生产经营活动不断进行,也就会不断产生资金的收支。企业资金的收支,构成了企业经济活动的一个独立方面,这便是企业的财务活动。这些财务活动构成了财务管理的内容。企业的财务人员在财务活动中,需要先做到以收抵支,否则企业将难以为继。

企业财务活动可分为以下四个方面。

**（一）企业筹资引起的财务活动**

筹资是指企业为了满足投资和资金营运的需要，筹集所需资金的行为。在筹资活动中，企业根据战略发展的需要和投资规划确定不同时期的筹资规模，并通过不同筹资渠道和筹资方式的选择，合理确定筹资结构，降低筹资成本和风险，以保持和提升企业价值。企业通过筹资通常可以形成两种不同性质的资金来源：一是企业权益资金（权益资本）；二是企业债务资金（债务资本）。

**（二）企业投资引起的财务活动**

投资是指企业根据项目资金需要，将所筹集的资金投放到所需要的项目中的行为。广义的投资包括企业投资购买其他企业的股票、债券，或与其他企业联营，或投资于外部项目等对外投资，以及购置固定资产、无形资产、流动资产等企业内部使用资金的行为。狭义的投资仅指对外投资。企业在投资过程中，必须考虑投资规模，正确选择投资方向和投资方式，以确定合适的投资结构，提高投资效益，降低投资风险。投资是实现投资者财产价值增值的手段。

**（三）企业经营引起的财务活动**

经营是指企业日常经济活动中的资金收付行为。企业经营所需材料物资的采购、工资和相关费用等的支付，构成了日常财务支出；企业产品销售和其他业务等所获得的相关收入，构成了日常财务收入。为了保证日常财务收支在时间上的平衡，企业需要利用所筹集的资金垫付支出大于收入的缺口资金。企业为满足日常营业活动的需要而垫支的资金，称为营运资金。在一定时期内，营运资金周转速度越快，资金的利用效率就越高，企业就可能生产出更多的产品，取得更多的收入，获取更多的利润。

**（四）企业分配引起的财务活动**

企业通过投资和资金的营运活动所获得的各项收入，先用于弥补生产经营消耗，缴纳税金后，需要依法对剩余收益进行分配。财务活动中的收入分配，体现了企业履行相应的经济责任。广义的分配是指对企业各种收入进行分割和分派的行为；而狭义的分配仅指对企业净利润的分配。企业实现的净利润可作为投资者的收益，分配给投资者或暂时留存企业。在分配净利润时，企业应合理确定分配规模和分配方式，确保企业取得最大的长期利益。

上述四个方面的财务活动，不是相互割裂、互不相关的，而是相互联系、相互依存的。正是上述互相联系而又有一定区别的四个方面，构成了完整的企业财务活动。对这四个方面的财务活动的管理，组成了财务管理的基本内容，即筹资管理、投资管理、资金营运管理、利润分配管理。

### 二、企业财务关系

企业财务关系是指企业在组织财务活动过程中与有关各方面发生的经济关系。企业的财务关系主要包括以下七个方面：①企业与投资者之间的财务关系。②企业与被投资者之间的财务关系。③企业与债权人之间的财务关系。④企业与债务人之间的财务关系。⑤企业内部各部门之间的财务关系。⑥企业与职工之间的财务关系。⑦企业与税务机关之间的财务关系。

对现代企业而言,一项投资活动要成立,离不开投资者和受资者(经营者)两个相互对应的基本要素。在投资活动中,投资者应按约定(合同、协议、章程)履行其出资义务,并根据其出资数额有权参与企业的经营管理,分享利润并承担风险;受资者必须依法经营,保全资本,并通过有效地运用资本,实现资本增值最大化。投资者与受资者之间的财务关系,体现了所有权性质的资金使用和资金分配关系。在研究企业与投资者之间的财务关系时,企业是受资者,两者的关系反映着经营权与所有权(或受资与投资)的关系;相反,在研究企业与被投资者之间的财务关系时,企业是投资者,两者的关系反映着所有权与经营权(或投资与受资)的关系。

企业与债权人之间的财务关系是指企业利用债权人的资金后,要按约定的利率及时向债权人支付利息,债务到期时,要合理调度资金,按时向债权人归还本金。简而言之,企业与债权人之间的关系可以概括为债务与债权的关系。

企业与债务人之间的财务关系是指企业将资金借出后,有权要求债务人按约定的条件支付利息和归还本金。企业与债务人之间的财务关系可以概括为债权与债务的关系。

企业内部各部门之间的财务关系是指由于企业内部实行经济核算制所形成的内部资金结算关系,体现了企业内部各单位之间的利益关系。

企业与职工之间的财务关系主要是指企业向职工支付劳动报酬过程中所形成的经济关系,体现了企业与职工在劳动成果上的分配关系。

企业与税务机关之间的财务关系是指企业依法纳税和税务机关依法征税的权利与义务关系。

企业财务关系中最重要的关系是股东、经营者、债权人之间的经济关系。

## 第三节　财务管理的目标

财务管理目标是企业理财活动所希望实现的结果,是评价企业理财活动是否合理的基本标准。财务管理目标是财务管理理论体系中的基本要素和行为导向,是财务管理实践中进行财务决策的出发点和归宿。财务管理目标制约着财务运行的基本特征和发展方向,是财务运行的驱动力。不同的财务管理目标,会产生不同的财务管理运行机制,科学地设置财务管理目标,对优化理财行为、实现财务管理的良性循环具有重要意义。财务管理目标作为企业财务运行的导向力量,设置若有偏差,财务管理的运行机制就很难合理。因此,研究财务管理目标问题,既是建立科学的财务管理理论结构的需要,又是优化我国企业财务管理行为的需要。

关于企业的财务管理目标,主要有以下几种观点。

### 一、产值最大化

在传统的集权管理模式下,企业的财产所有权和经营权高度集中,企业的主要任务就是执行国家下达的产值指标,企业领导人职位的升迁、职工个人利益的多少均由完成产值计划指标的程度来决定。这就决定了企业必然要把产值作为生产经营的主要目标。因此,在社会主义建设初期,人们便把产值最大化作为财务管理的基本目标。但随着时间的推移，人们逐渐认识到，这一目标存在以下缺点：

（1）只讲产值，不讲效益。在产值目标的支配下，有些投入的新增产值小于新增资本，造成亏损，利润减少，但因为能增加产值，企业仍愿意增加投入。

（2）只求数量，不求质量。追求产值最大化决定了企业在生产经营活动中只重数量而轻视产品质量和品种，因为提高产品质量、试制新产品都会妨碍产值的增加。

（3）只抓生产，不抓销售。在产值目标的驱动下，企业只重视增加产值，而不管产品是否能销售出去。因此，往往出现"工业报喜、商业报忧"的情况。

（4）只重投入，不重挖潜。产值最大化目标还决定了企业重视投入和进行外延扩大再生产，而不重视挖掘潜力、更新改造旧设备、进行内涵扩大再生产。因为更新改造容易对目前的产值产生不利影响，也不能大量生产；相反，粗放式的大量投入往往使产值指标易于完成。

由于产值最大化目标存在上述缺点，把产值最大化当作财务管理目标是不符合财务活动规律的。

## 二、利润最大化

经营获利是企业生存和发展的必要条件；如果企业长期出现亏损，势必导致资不抵债，而陷入破产、倒闭。随着我国经济体制改革的不断深入，经济体制从高度集中的计划经济转向商品经济，企业的经营权限不断扩大，企业的经济利益得到确认，这使得企业不得不关心市场，关心利润。在经济体制改革过程中，国家把利润作为考核企业经营情况的首要指标，把企业职工的经济利益同企业实现利润的多少紧密地联系在一起，这也使得利润逐步成为企业运行的主要目标。

将利润最大化作为企业的财务管理目标，有其科学合理的一面。企业追求利润最大化，就必须讲求经济核算、加强管理、改进技术、提高劳动生产率、降低产品成本，这些措施都有利于资源的合理配置，有利于经济利益的提高。但是，以利润最大化为财务管理目标仍存在以下缺点：

（1）没有考虑利润发生的时间，没有考虑资金时间价值。例如，今年获利 100 万元和明年获利 100 万元，哪一个更符合企业的目标？不考虑资金时间价值，就难以作出正确判断。

（2）没有考虑获取利润和所承担的风险大小。例如，同样投入 500 万元，本年获利 100 万元，一个项目的获利已全部转化为现金，另一个项目的获利则全部是应收账款，可能发生坏账损失，哪一个项目更符合企业的目标？不考虑风险大小，就难以作出正确判断。

（3）如果以利润总额为目标对象，则没有反映创造的利润与投入的资本之间的关系，因而不利于不同资本规模的企业或同一企业不同期间之间的比较。

（4）利润最大化往往会使企业财务决策带有短期行为的倾向，即只顾实现目前的最大利润，而不顾企业的长远发展。例如，忽视科技开发、产品开发、人才开发、生产安全、履行社会责任等。

应该看到，利润最大化只是对经济效益的浅层次的认识，存在一定的片面性。所以，现代财务管理理论认为，利润最大化不是财务管理的最优目标。

## 三、股东财富最大化

股东财富最大化目标是指通过财务上的合理经营,为股东创造最多的财富,实现企业财务管理目标。上市公司中,股东财富是由其所拥有的股票数量和股票市场价格两方面决定的。在股票数量一定时,如果股票价格达到最高,股东财富也就达到最大。

与利润最大化目标相比,股东财富最大化目标具有以下优点:

(1) 反映了资金时间价值,因为股票价格受到企业每股预期收益的大小及取得时间的影响。

(2) 考虑了风险因素,因为通常股价会对风险作出比较敏感的反应。

(3) 反映了资本与收益之间的关系,因为股票价格是对每股股价的一个标价,反映的是单位投入资本的市场价格。

(4) 在一定程度上能够避免企业在追求利润上的短期行为,这是因为无论是目前的利润还是预期的未来利润都会对股价产生重要影响。

股东财富最大化目标也具有以下缺点:

(1) 适用范围受到限制。该目标只适用于上市公司,不适用于非上市公司,因此不具有普遍的代表性。

(2) 不符合可控性原则。股票价格的高低受各种因素的影响,如国家政策的调整、国内外经济形势的变化和股民的心理等,这些因素对企业而言是不可能完全加以控制的。

(3) 它只强调股东的利益,而对企业其他关系人的利益不够重视。

## 四、相关者利益最大化

1.3 视频:
了解 CFO

现代企业是多边契约关系的总和。股东作为所有者在企业中承担着最大的权利、义务、风险和报酬,地位当然最高,但是债权人、职工、客户、供应商和政府也因为企业而承担了相当的风险。

(1) 企业在举债过程中,随着举债比例和规模的扩大,债权人风险大大增加。

(2) 在社会分工细化的今天,由于体力劳动者的减少,脑力劳动者的增多,职工的再就业风险也不断增加。

(3) 在现代企业制度下,企业经理人受所有者的委托,代理其管理和经营企业,在激烈竞争的市场和复杂多变的形势下,代理人所承担的责任越来越重大,风险也随之加大。

(4) 随着市场竞争和经济全球化的影响,企业与顾客之间、企业与供应商之间不再是简单的买卖关系,更多的情况下是长期的伙伴关系,处于同一条供应链上,并共同参与同其他供应链的竞争,创造多赢的局面。这时,供应商、顾客和企业往往会共同承担一部分风险,需彼此兼顾各方的利益。

(5) 作为监管机构或投资人的政府,其风险与企业的风险是息息相关的。

综上所述,相关者利益最大化目标的基本思想就是在保证企业长期稳定发展的基础上,强调在企业价值增值中满足以股东为首的各利益群体的利益。

以相关者利益最大化为财务管理目标具有以下优点:

(1) 有利于企业长期稳定发展。这一目标注重企业在发展过程中考虑并且满足各利益相关者的利益关系。在追求长期稳定发展的过程中,站在企业的角度进行投资研究,避免只站在股东的角度进行投资考虑可能导致的一系列问题。

(2) 体现合作共赢的价值理念,有利于实现企业经济效益和社会效益的统一。企业在寻求自身发展和利益最大化过程中,兼顾客户及其他相关者的利益,依法经营,依法管理,正确处理各种财务管理关系,自觉保障国家、集体和社会公众的合法权益。

(3) 相关者利益最大化目标本身是一个多元化、多层次的目标体系,较好地兼顾了各利益主体的利益。这一目标可以使企业各利益主体相互作用、相互协调,在使企业利益、股东利益达到最大化的同时,也使其他利益相关者的利益达到最大化。

(4) 体现了前瞻性和现实性的统一。不同的利益相关者有各自的目标,只要合法合理、互惠互利、相互协调,就可以实现相关者利益最大化。

以相关者利益最大化为财务管理目标也具有以下缺点:

(1) 企业在特定的经营时期,几乎不可能使相关者利益最大化,只能做到使相关者利益相协调。

(2) 所设计的计量相关者利益的指标中,销售收入、产品市场占有率是企业的经营指标,已超出了财务管理自身的范畴。

 延伸阅读 1-2

## 童话与现实

童话故事告诉我们,剪开大灰狼的肚皮就可以救出小红帽,吞了毒苹果的白雪公主也依然可以醒来。然而,现实呈现给我们的却不是这样一个一厢情愿的世界。

**股东与经营者**

当所有权与经营权相分离后,企业经营者与股东就会发生利益上的冲突。例如,经营者为了自身的利益希望得到更高的报酬、更多的闲暇时间及避免更大的经营风险等。这些都将与股东的利益相矛盾。解决这一问题的较好的办法,就是通过激励与监督制度来制约经营者的行为,从而保障财务管理目标的实现。

**股东与债权人**

股东和债权人之间的目标显然是不一致的。债权人的目标是到期能够收回本金,而股东则希望赚取更高的报酬。当股东将资金投向风险高的项目时,其中一个后果就是无法收回投资,从而无法保障到期偿债。有两种情况可能会使债权人的利益得到保障。一种情况是股东很看重名声,如果他们损害了债权人的利益,那么他们将遭受名声受损的打击,考虑到将来贷款时的后果,他们不会采取纯粹故意损害债权人的行动。另一种情况是债权人能够在贷款的时候通过签订合同来禁止债务人以任何方式损害债权人的利益,从而完全地保护自己。显然,实施后一种策略对债权人来说更有保障。

**企业与社会责任**

很多情况下,企业目标与社会目标是一致的,如企业为了获利,必须生产出合格的、高质量的产品,提供更好的售后服务,这些行为会提高公众的生活质量。然而两者也有背离的时候,如企业在生产过程中可能会造成环境污染,而企业治理这种污染将付出成本。在这种情况下,虽然经营者意识到了社会责任,但却可能选择放弃社会责任而使企业价值最大化。经营者被迫在企业利益和社会利益之间作出选择,从而产生道德矛盾。当然,政府可能通过制定相关法律来约束企业的行为,但是法律不可能解决所有的问题。对那些追求社会利益和企业利益取得完全一致的完美主义者而言,可能永远找不到一个满意的解决的方案。

## 第四节 财务管理的环境

任何事物总是与一定的环境相联系而产生、存在和发展的,财务管理也不例外。不同时期、不同国家、不同领域的财务管理需要面对不同的理财环境。企业在许多方面同生物体一样,如果不能适应周围的环境,就不能生存。环境的变化,可能会给企业理财带来困难,但企业的财务人员若能合理地预测其发展状况,就会使理财效果更加理想。

财务管理的环境涉及的范围很广,如国家的政治、经济形势,国家经济法规的完善程度,企业所面临的市场状况,企业的生产条件等。本节主要讨论企业难以控制的几种重要的环境,即经济环境、法律环境、金融市场环境和社会文化环境。

### 一、经济环境

财务管理的经济环境是影响企业财务管理的各种经济因素,如经济周期、经济发展水平、通货膨胀、国家的经济政策等。

#### (一) 经济周期

只要实行市场经济,经济的发展就会不可避免地出现周期性。经济周期通常要经历繁荣、衰退、萧条、复苏四个阶段。在经济周期的不同阶段,企业理财活动也不同。改革开放以来,我国的经济发展与运行也呈现出周期性的波动现象。过去曾经经历过若干次投资膨胀、生产高涨,以致国家采取控制投资、紧缩银根等措施。经济的快速发展,为企业扩大规模、调整方向、打开市场及拓宽财务活动领域带来了机遇。同时,经济的快速发展与资金紧张又是客观存在的矛盾,这又给企业的财务管理带来了严峻的挑战。此外,由于国际经济交流与合作的发展,全球经济活动日趋融合,西方经济周期的影响不同程度地波及我国的一些企业。例如,美国于2007年爆发的次贷危机对世界经济影响巨大,我国也受到不同程度影响。因此,企业财务管理人员应熟悉国内外经济环境,把握经济发展周期,为实现企业经营目标和经营战略服务。经济周期各阶段的企业财务战略如表1-1所示。

表1-1　　　　　　　经济周期各阶段的企业财务战略

| 经济繁荣 | 经济衰退 | 经济萧条 | 经济复苏 |
| --- | --- | --- | --- |
| 扩充厂房设备 | 停止扩张 | 建立投资标准 | 增加设备投资 |
| 继续增加存货 | 出售多余设备 | 保持市场份额 | 实行长期租赁 |
| 提高产品价格 | 停产不利产品 | 缩减管理费用 | 建立存货 |
| 开展营销规划 | 停止长期采购 | 放弃次要利益 | 开发新产品 |
| 增加劳动力 | 消减存货 | 消减存货 | 增加劳动力 |
|  | 减少雇员 | 减少雇员 |  |

#### (二) 经济发展水平

企业的理财活动与一个国家的经济发展水平关系密切。发达国家资本市场高度发达,企业财务管理活动的内容丰富多彩,技术复杂,理财手段科学严谨。目前国际上的财务理论和方法大多数是在发达国家的财务实践中建立起来的。发展中国家的特点是经济基础比较薄弱、发展迅速、经济政策变动频繁,这就决定了发展中国家财务管理手段和内容变化快,企业财务政策受经济政策影响显著而不稳定,企业财务管理的内容、方法和手段比较落后。

### (三) 通货膨胀

通货膨胀不仅危害消费者,还给企业理财带来很大困难。例如,通货膨胀会引起企业利润虚增,造成企业资金流失;引起资金占用大量增加,加大企业资金需求;引起利率上升,加大企业资本成本;引起有价证券价格下降,增加企业筹资难度等。企业本身对通货膨胀无能为力,只有政府才能控制通货膨胀速度。作为财务管理人员,应该对通货膨胀的发生及其影响有所预期,积极主动地采取应对措施,减轻其不利影响。例如,如果预期未来将发生严重通货膨胀,企业现在可以发行债券;如果目前已经处于严重通货膨胀,未来通货膨胀将减轻,则企业现在不宜发行债券。

### (四) 国家的经济政策

政府具有调控宏观经济的职能。社会经济发展规划、政府产业政策、经济体制改革措施及财经法规,对企业的生产经营和财务活动都有重大影响。国家的各项经济政策都是用于促进国民经济发展的,但对不同地区和不同行业的政策存在一定的差异,企业在进行财务决策时要认真研究国家的经济政策,按照政策导向行事,趋利除弊,做到既有利于国民经济发展,又有利于增强企业自身的经济实力。

## 二、法律环境

企业的理财活动,无论是筹资、投资,还是利润分配,都要和企业外部发生经济关系。在处理这些经济关系时,应当遵守有关的法律规范。

### (一) 企业组织法律规范

企业组织必须依法成立。组建不同的企业,要依照不同的法律规范,它们包括《中华人民共和国公司法》(以下简称《公司法》)《中华人民共和国外资企业法》《中华人民共和国中外合资经营企业法》《中华人民共和国中外合作经营企业法》《中华人民共和国个人独资企业法》和《中华人民共和国合伙企业法》等。这些法律规范既是企业的组织法,又是企业的行为法。

从财务管理的角度来看,非公司制企业与公司制企业有很大不同。非公司制企业的所有者,包括独资企业的业主和合伙企业的普通合伙人,要承担无限责任。他们享有企业的盈利(或承担损失),一旦经营失败必须抵押其个人的财产,以满足债权人的要求。公司制企业的股东承担有限责任,经营失败时其经济责任以出资额为限,无论是股份有限公司,还是有限责任公司都是如此。

### (二) 税收法律规范

税收是国家为了实现其职能,按照法律预先规定的标准,凭借政治权力,通过税收工具强制地、无偿地参与国民收入和社会产品的分配和再分配,从而取得财政收入的一种形式。税收具有强制性、无偿性和固定性三个显著特征。

任何企业都有法定的纳税义务。有关税收的立法分为所得税的法规、流转税的法规和其他地方税的法规三类。

### (三) 财务法律规范

财务法律规范主要是企业财务通则和行业财务制度。除上述法律法规外,与企业财务管理有关的其他经济法律规范还有很多,包括证券法律规范、结算法律规范和合同法律规范等。财务人员要熟悉这些法律规范,在守法的前提下完成财务管理的职能,实现企业的财务目标。

1.4 企业财务通则

## 三、金融市场环境

企业总是需要资金从事投资和经营活动。而资金的取得,除了自有资金,主要从金融机构和金融市场获得,金融政策的变化必然影响企业的筹资、投资和资金营运活动。所以,金融市场环境是企业最为主要的环境因素之一,主要包括金融机构、金融工具、金融市场和利率等。

### (一) 金融机构

社会资金从资金供应者手中转移到资金需求者手中,大多通过金融机构。金融机构包括银行业金融机构和其他金融机构。

(1) 银行业金融机构。银行业金融机构是指经营存款、放款、汇兑、储蓄等金融业务,承担信用中介功能的金融机构。银行的主要职能是充当社会中介,充当企业之间的支付中介,提供信用工具,充当投资手段和充当国民经济的宏观调控手段。我国银行主要包括商业银行和政策性银行。商业银行包括国有商业银行,如中国工商银行、中国农业银行、中国银行、中国建设银行和交通银行等;其他商业银行,如交通银行、广东发展银行、招商银行和光大银行等。政策性银行主要包括中国进出口银行、中国农业发展银行和国家开发银行等。

(2) 其他金融机构。其他金融机构包括金融资产管理公司、信托投资公司、财务公司和金融租赁公司等。

### (二) 金融工具

金融工具又称交易工具,是指证明债权债务关系并据以进行货币资金交易的合法凭证,它是货币资金或金融资产借以转让的工具。它对交易双方所应承担的义务和享有的权利都具有法律效力。

金融工具具有以下特征:

(1) 期限性。它是指金融工具一般规定了偿还期,也就是从借款人拿到借款开始,到借款全部还清为止所经历的时间。

(2) 流动性。它是指金融资产在转换成货币时,其价值不会蒙受损失的能力。

(3) 风险性。它是指投资于金融工具的本金是否会遭受损失的风险。风险可分为两类:一是债务人不履行债务的风险,这种风险的大小主要取决于债务人的信誉及债务人的社会地位;二是市场的风险,是指金融资产的市场价格随市场利率的上升而跌落的风险。

(4) 收益性。它是指金融工具能定期或不定期地给持有人带来收益的特性。金融工具收益性的大小,是通过收益率来衡量的,其具体指标有名义收益率、实际收益率和平均收益率等。

**（三）金融市场**

广义的金融市场是指一切资本流动的场所，包括实物资本和货币资本的流动，其交易对象包括货币借贷、票据承兑和贴现、有价证券的买卖、黄金和外汇买卖、办理国内外保险、生产资料的产权交换等；狭义的金融市场一般是指有价证券市场，即股票和债券的发行和买卖市场。金融市场由市场主体、金融工具、交易价格和组织方式四种元素组成。

（1）金融市场的分类。金融市场按照不同的划分标准，可以分为不同的类别。

金融市场按交易的期限的不同分类，可分为短期资金市场和长期资金市场。短期资金市场是指期限不超过1年的资金交易市场，因为短期有价证券易于变成货币或作为货币使用，所以也叫货币市场；长期资金市场是指期限在1年以上的股票和债券交易市场，因为发行股票和债券主要用于固定资产等资本货物的购置，所以也叫资本市场。

金融市场按交割的时间的不同分类，可分为现货市场和期货市场。现货市场是指买卖双方成交后，当场或几天之内买方付款，卖方交出证券的交易市场；期货市场是指买卖双方成交后，在双方约定的未来某一特定的时日才交割的交易市场。

金融市场按交易的方式和次数的不同分类，可分为初级市场和次级市场。初级市场是指从事新证券和票据等金融工具买卖的转让市场，也称发行市场或一级市场；次级市场是指从事已上市的旧证券或票据等金融工具买卖的转让市场，也称流通市场或二级市场。

除上述分类外，金融市场还可以按成交与定价方式的不同分为公开市场、店头市场、第二市场和第三市场；按金融工具的属性的不同分为基础性金融市场和金融衍生品市场；按交易的直接对象的不同分为同业拆借市场、国债市场、公司债券市场、股票市场、金融期货市场、外汇市场和黄金市场等；按交易双方在地理上的距离的不同分为地方性的、全国性的、区域性的金融市场和国际金融市场。

（2）金融市场的功能。金融市场主要有以下功能：

第一，金融市场能够迅速有效地引导资金合理流动，提高资金配置效率。

第二，金融市场具有定价功能。金融市场价格的波动和变化是经济活动的晴雨表。

第三，金融市场为金融管理部门进行金融间接调控提供了条件。

第四，金融市场的发展可以促进金融工具的创新。

第五，金融市场帮助实现风险分散和风险转移。

第六，金融市场可以降低交易的搜寻成本和信息成本。

**（四）利率**

利率又称利息率，是利息占本金的百分比指标。从资金的借贷关系看，利率是一定时期内运用资金资源的交易价格。资金作为一种特殊的商品，以利率为价格标准流通，实质上是资金通过利率实行的再分配。因此，利率在资金分配及企业财务决策中起着重要的作用。

（1）利率的类型。利率按照不同的划分标准，可以分为不同的类别。

利率按各利率之间的变动关系分类，可分为基准利率和套算利率。基准利率是指在整个利率体系中起主导作用的基础利率，它的水平和变化决定其他各种利率的水平和变化。从某种意义上讲，基准利率是利率市场化机制形成的核心。市场经济国家一般以中央银行的再贴现率为基准利率；在计划经济国家中，基准利率由中央银行制定。在中国，中国人民银行对国有商业银行和其他金融机构规定的存贷款利率为基准利率。套算利率是指在基准利率确定后，各金融机构根据基准利率和借贷款项的特点而换算出的利率。

利率按利率与市场资金供求情况的关系分类，可分为固定利率和浮动利率。固定利率是指在借贷期内不作调整的利率。受通货膨胀的影响，实行固定利率会使债权人利益受到损害。浮动利率是一种在借贷期内可定期调整的利率。在通货膨胀条件下采用浮动利率，可使债权人减少损失。

利率按利率形成机制的不同分类，可分为市场利率和法定利率。市场利率是指根据资金市场的供求关系，随着市场而自由变动的利率。法定利率是指由政府金融管理部门或中央银行确定的利率。

（2）利率的一般计算公式。利率的计算公式如下：

$$利率 = 纯利率 + 通货膨胀附加率 + 违约风险附加率 + 变现风险附加率 + 到期风险附加率$$

纯利率是指没有风险和通货膨胀下的平均利率。在没有通货膨胀时，国库券的利率可以视为纯利率。

通货膨胀会使货币的购买力下降，为补偿通货膨胀造成的购买力损失，在纯利率的基础上加上的附加率就是通货膨胀附加率。

违约风险附加率反映的是有价证券的发行人不能按时或足额支付利息及偿还本金的风险。发行人的违约风险越大，投资人要求的利率越高。

不同的有价证券的变现能力不同，信誉良好的大企业的股票容易出售，因此变现力强；而一些小企业的债券则不易变现，存在一定的变现风险，因此投资人会要求获得一个变现风险附加率。

到期风险附加率是指因有价证券到期时间长短不同而形成的利率溢价。例如，其他方面完全相同的债券，10 年到期的利率要比 3 年到期的利率高，这是因为到期时间越长，市场上各种不确定的因素越多，投资人承担的风险也就越大。这种风险是由到期时间的不同而引起的，因而被称为到期风险。一般来说，到期风险随着到期时间的增长而增加，因此投资人要求的到期风险附加率也会更高，也就是长期利率要高于短期利率。

### 四、社会文化环境

社会文化环境包括教育、科学、文学、艺术、新闻出版、广播电视、卫生体育及同社会制度相适应的权利义务观念、道德观念、组织纪律观念、价值观念和劳动态度等。企业的财务活动不可避免地受到社会文化的影响。但是，社会文化的各方面对财务管理的影响程度是不尽相同的，有的只有间接影响，有的影响比较明显，有的影响微乎其微。

例如，随着财务管理工作的内容越来越丰富，社会整体的教育水平将显得非常重要。事实表明，在教育落后的情况下，为提高财务管理水平所作的努力往往收效甚微。又如，科学的发展对财务管理理论的完善也起着至关重要的作用，经济学、数学、统计学、计算机科学等诸多学科的发展，都在一定程度上促进了财务管理理论的发展。另外，社会的诚信状况,也在一定程度上影响财务管理活动。当社会诚信程度较高时,企业间的信用往来就会加强,会促进彼此的合作,并将减少企业的坏账准备。

在不同的文化背景中经营的企业,需要对现有员工进行文化差异方面的培训,并且在可能的情况下聘用文化方面的专家。忽视社会文化对企业财务活动的影响,将会给企业的财务管理带来严重的问题。

## 本 章 小 结

本章主要学习了:财务管理概述;财务管理的内容;财务管理目标的主要观点,包括产值最大化、利润最大化、股东财富最大化、企业价值最大化、相关者利益最大化,以及这几种观点的优缺点;财务管理的环境,包括经济环境、法律环境、金融市场环境和社会文化环境。

## 本章重要概念

1.5 第一章 课件

财务管理　财务活动　产值最大化　利润最大化　股东财富最大化　企业价值最大化
相关者利益最大化

# 第二章　资金时间价值

- ➤ 内容提要
- ➤ 重点难点
- ➤ 学习目标
- ➤ 知识框架
- ➤ 思政育人
- ➤ 第一节　时间价值的概念
- ➤ 第二节　复利终值与现值计算
- ➤ 第三节　年金终值与现值计算
- ➤ 第四节　时间价值计算中的几个特殊问题
- ➤ 本章小结
- ➤ 本章重要概念

**内容提要**

本章主要讲解了资金时间价值这一基本理财观念，包括资金时间价值的含义、产生过程及一次性收付款项、等额收付款项的终值与现值计算问题。

**重点难点**

本章重点为时间价值的计算；难点为递延年金现值的计算，插值法的应用。

**学习目标**

通过本章学习，学生应理解资金时间价值的概念；掌握复利终值与现值计算，年金终值与现值计算，并能利用插值法计算系数的两个因子。

**知识框架**

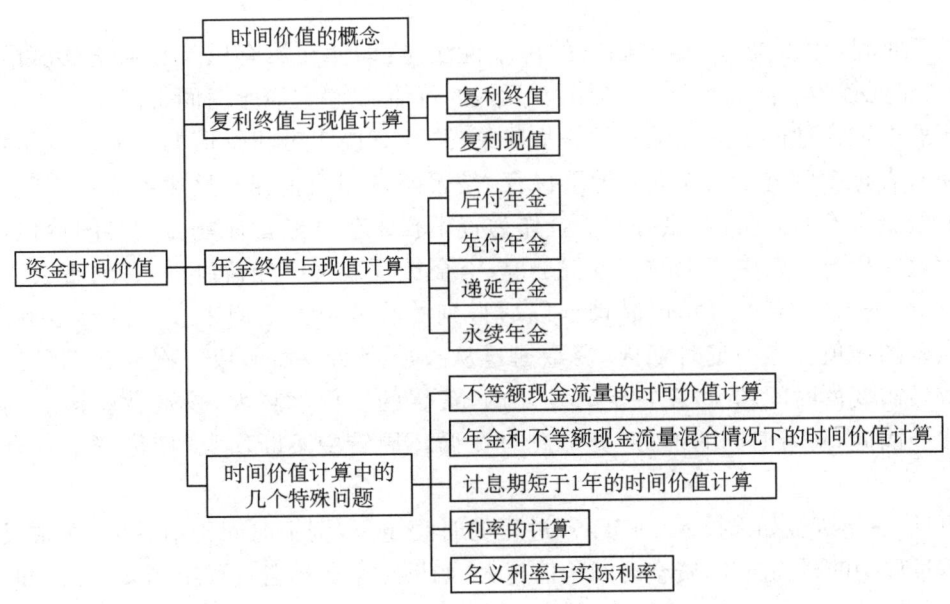

 **思政育人**            **时间价值的励志公式**

科学家爱因斯坦说过,世界上最厉害的武器不是原子弹,是"时间+复利"!

从复利的计算看,影响本利和的因素包括本金的大小、利率的高低以及计息期的长短。随着时间的推移,最后的本利和会翻滚成一个非常惊人的数字。有一个古老的故事,它显示了复利的巨大威力。国王要重赏大臣,大臣的要求是:在棋盘的第一个格子里放1粒,在第二个格子里放2粒,在第三个格子里放4粒,在第四个格子里放8粒,以此类推,以后每一个格子里放的麦粒数是前一个格子放的麦粒数的2倍,直到放满第64个格子。国王同意了,但很快发现,即使将国库所有的粮食都给大臣,也不够百分之一!尽管起点十分低,但是粮食数量经过多次乘方,形成了庞大的数字。

利用复利公式做一个简单的计算:$(1+1\%)^{365}=37.7834$,这不是单纯的计算,我们可以挖掘公式背后的含义。

我们把公式换种表达方式,其表达式为:

公式 A:$(1+0.01)^{365}=37.7834$

作为比较,我们列出另外一个公式,其表达式为:

公式 B:$(1-0.01)^{365}=0.0255$

公式 A 告诉我们:每天进步一点点,1 年后的成果巨大。公式 B 告诉我们:每天懈怠一点点,1 年后不但没有收获,连原来资本都消耗殆尽!作为正在读书长本领的学生,建议变公式为座右铭:积跬步以至千里,积懈怠以致深渊!

在此基础还可有,公式 C:$(1+0.02)^{365}=1377.4$;

                公式 D:$(1-0.02)^{365}=0.0006$。

计算结果差距太惊人了!它的含义是:只比你努力一点的人,其实已经甩你太远!

资料来源:陶红.由时间价值引出的励志公式和理财警示——财务管理课程思政案例[J].现代职业教育,2021(38):106-107,有删节.

# 第一节 时间价值的概念

2.1 一个人的"时间价值"

关于时间价值的概念,西方国家的传统说法是:即使在没有风险和通货膨胀的情况下,今天1元钱的价值也大于1年以后1元钱的价值,这就是资金时间价值。

当然上述这种说法只是说明了一些现象,并没有说明时间价值的本质。试想,如果资金所有者把钱闲置不用或埋入地下保存,是否能得到回报呢?显然不能。因此,并不是所有资金都有时间价值,只有把资金作为资本投入生产经营才能产生时间价值,即时间价值是在生产经营中产生的。也就是说,资金被投入生产经营以后,劳动者会生产出新的产品,创造出新的价值,产品销售以后得到的收入要大于原来投入的资金额,形成一个资金的增值。在一定时期内,资金通过从投放到回收而形成一次周转循环。每次资金周转需要的时间越少,在特定时期之内,资金的增值就越大,投资者获得的利润也就越多。因此,随着时间的推移,资金总量在循环周转中不断增长,使得资金具有时间价值。

可见,一笔资金如果投入生产经营过程的时间越早,资金时间价值越大;如果投入生产经营过程中的时间越长,资金时间价值越大;如果在生产经营过程中周转一次的时间越短,资金时间价值也越大。

综上所述,资金时间价值可以表述为:资金时间价值是扣除风险报酬和通货膨胀贴水后的真实报酬率。资金时间价值有两种表现形式:资金时间价值相对数即资金时间价值率,是指扣除风险报酬和通货膨胀贴水后的平均资金利润率或平均报酬率;资金时间价值绝对数即资金时间价值额,是指资金在生产经营过程中带来的真实增值额,即一定数额的资金与资金时间价值率的乘积。资金时间价值虽有两种表示方法,但在实际应用中并不进行严格的区分。在谈到资金时间价值的时候,有时是指其绝对数,有时是指其相对数。

银行存款利率、贷款利率、各种债券利率和股票的股利率都可以看作是投资报酬率,它们与资金时间价值都是有区别的。只有在没有风险和没有通货膨胀的情况下,资金时间价值才与上述各报酬率相等。

资金时间价值是财务管理的一个重要概念,也是评价企业投资方案的基本标准。例如,某项投资活动预计年投资回报率为4%,如果银行的年利率为5%,那么这项投资活动就是不可取的。

 延伸阅读2-1

### 时间价值的代价

银行贷款已经逐渐成为人们购买汽车或房子等大宗资产时筹措资金的一个重要选择。其中,购房抵押贷款(按揭)作为房地产信贷的一种抵押担保方式,更是为越来越多的置业者所熟悉。这是房地产开发商、银行和置业者三方之间的一种约定,一般的方式是置业者将其所购房产(已由置业者预付部分购房款)的全部权益作为抵押向银行贷款,作为支付给开发商的房价款(扣除预付部分),置业者作为贷款人须按约定按期偿还所欠银行债务。在置业者不能按时履行债务时,银行有权处分抵押物并优先得到偿还。

我国房地产市场的蓬勃发展促使这种贷款买房的方式深入人心。对置业者来说,使用按揭方式,不必一次性或短期内支付大笔款项,可以缓解较大的经济压力,将这种压力分摊后延,即所谓的"花明天的钱买今天的房"。但"免费午餐"是不存在的,向银行贷款不可能是无偿的,当贷款合同签订并开始执行后,置业者按期(通常是按月)向银行偿还贷款时,其所支付的款项中有一部分并不是房价款,而是银行将款项贷给置业者所收取的利息。如果对这一点没有清楚的认识,那么当置业者将贷款期限内偿还的款项简单加总时就会吃惊地发现,还给银行的款项要远远大于当初贷款时得到的金额。这是因为,资金的使用不是无偿的,资金时间价值的存在是一个普遍被接受的事实。要使用资金,就要为它的时间价值付出代价。

## 第二节 复利终值与现值计算

资金时间价值一般都是按复利的方式计算的。复利是指不仅本金要计算利息,利息也要计算利息,即通常所说的"利滚利"。资金时间价值按复利计算,是建立在资金再投资这一假设基础之上的。

### 一、复利终值

终值又称未来值或本利和,是指若干期后包括本金和利息在内的未来价值。

2.2 视频:复利起源

1. 计算公式

终值的计算公式为：
$$F = P \times (1+i)^n$$

式中：$F$ 代表复利终值；$P$ 代表复利现值；$i$ 代表利率；$n$ 代表计息期数。

【例2-1】 王玉喜欢的一个仿真汽车模型价格为1 500元，由于他刚刚工作不久，目前只有1 000元。如果他把1 000元存入银行，年利率为10%，5年后他能把这款汽车模型买到手吗？

计算复利终值如下：
$$F = P \times (1+i)^n = 1\,000 \times (1+10\%)^5 = 1\,610.51(元)$$

看来，工玉进行这样的投资之后，5年后可以买得起他的汽车模型了。

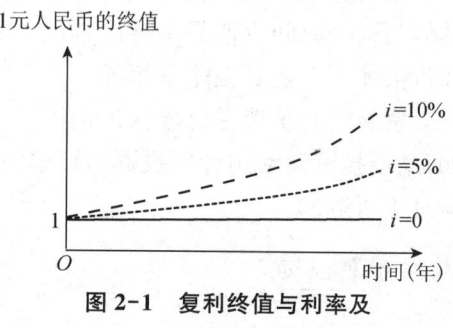

图2-1 复利终值与利率及时间之间的关系

2. 变化规律

复利终值与利率及时间之间的关系如图2-1所示。从图2-1中，我们可以清楚地看出，复利终值随着利率的上升及投资时间的延长而增大。

3. 复利终值系数

在复利终值的计算公式中，$(1+i)^n$ 为复利终值系数，可以写成 $(F/P, i, n)$，则复利终值的计算公式为：
$$F = P \times (F/P, i, n)$$

为了简化和加速计算，可编制复利终值系数表，该表详见书后附录"一、复利终值系数表 $(F/P, i, n)$"，其简表如表2-1所示。表中 $i$ 和 $n$ 的范围及其详细程度可视具体情况而定。教学中，表中的系数一般只取3～4位小数；实际工作中，位数要多一些。

表2-1　　　　　　　　　　复利终值系数表（简表）

| | 5% | 6% | 7% | 8% | 9% | 10% |
|---|---|---|---|---|---|---|
| 1 | 1.050 | 1.060 | 1.070 | 1.080 | 1.090 | 1.100 |
| 2 | 1.103 | 1.124 | 1.145 | 1.166 | 1.188 | 1.210 |
| 3 | 1.158 | 1.191 | 1.225 | 1.260 | 1.295 | 1.331 |
| 4 | 1.216 | 1.262 | 1.311 | 1.360 | 1.412 | 1.464 |
| 5 | 1.276 | 1.338 | 1.403 | 1.469 | 1.539 | 1.611 |
| 6 | 1.340 | 1.419 | 1.501 | 1.587 | 1.667 | 1.772 |

［例2-1］可查表2-1计算如下：
$$F = P \times (F/P, i, n) = 1\,000 \times (F/P, 10\%, 5) = 1\,000 \times 1.611 = 1\,611(元)$$

二、复利现值

我们已经知道，10%的年利率能够使投资者当前的1 000元变成5年以后的1 611元，那么在同样的利率条件下,投资者现在需要付出多少才能在 5 年以后得到 1 000 元? 这就是资金的现值问题。

复利现值是指以后年份收到或支出的资金的现在价值,可用倒求本金的方法计算。由终值求现值,叫作折现或贴现。在计算现值时所用的利率,叫作折现率或贴现率。

1. 计算公式

现值的计算公式可由终值的计算公式导出,由公式 $F=P\times(1+i)^n$,可以得到现值的计算公式为:

$$P = \frac{F}{(1+i)^n} = F \times \frac{1}{(1+i)^n}$$

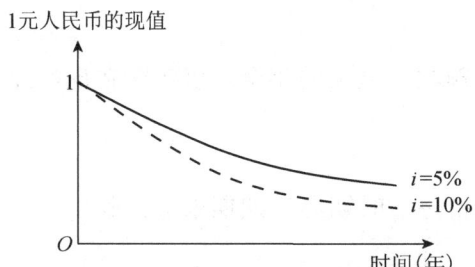

图 2-2 复利现值与利率及时间之间的关系

【例 2-2】 张亮计划在 3 年以后购买价格为 40 000 元的汽车,如果年利率为 5%,那么他现在应至少存入银行多少钱才能保证 3 年以后有足够的资金购买汽车?

$$P = F \times \frac{1}{(1+i)^n} = 40\ 000 \times \frac{1}{(1+5\%)^3}$$
$$= 34\ 553.50(元)$$

2. 变化规律

复利现值与利率及时间之间的关系如图 2-2 所示。从图 2-2 中,我们可以看出复利现值与利率及时间呈反比关系。

3. 复利现值系数

$\frac{1}{(1+i)^n}$ 为复利现值系数或贴现系数,可以写成 $(P/F, i, n)$,则复利现值的计算公式为:

$$P = F \times (P/F, i, n)$$

为了简化计算,也可编制复利现值系数表,该表见书后附录"二、复利现值系数表$(P/F, i, n)$",其简表如表 2-2 所示。

表 2-2　　　　　　　　　　复利现值系数表(简表)

|   | 5% | 6% | 7% | 8% | 9% | 10% |
|---|---|---|---|---|---|---|
| 1 | 0.952 | 0.943 | 0.935 | 0.926 | 0.917 | 0.909 |
| 2 | 0.907 | 0.890 | 0.873 | 0.857 | 0.842 | 0.826 |
| 3 | 0.864 | 0.840 | 0.816 | 0.794 | 0.772 | 0.751 |
| 4 | 0.823 | 0.792 | 0.763 | 0.735 | 0.708 | 0.683 |
| 5 | 0.784 | 0.747 | 0.713 | 0.681 | 0.650 | 0.621 |
| 6 | 0.746 | 0.705 | 0.666 | 0.630 | 0.596 | 0.564 |

[例 2-2]可查表 2-2 计算如下:

$$P = F \times (P/F, i, n) = 40\ 000 \times (P/F, 5\%, 3) = 40\ 000 \times 0.864 = 34\ 560(元)$$

## 第三节 年金终值与现值计算

到现在为止,我们已经学习了如何计算单笔现金收支的时间价值,但它并不能解决生活中遇到的所有时间价值问题。实际生活中,经常会遇到在一定时间内发生多笔现金收支的现象,如每个月都需要支付的房租,在1年之内就将形成12笔现金支付。这就是本节将要讨论的年金问题。年金是指一定时期内每期金额相等的收付款项。折旧、利息、租金、保险费等均表现为年金的形式。年金按付款方式,可分为后付年金(普通年金)、先付年金(即付年金)、递延年金和永续年金。

### 一、后付年金

后付年金又称普通年金,是指每期期末有等额收付款项的年金。该年金在现实经济生活中最为常见。

#### (一) 后付年金终值

后付年金终值犹如零存整取的本利和,它是指一定时期内每期期末等额收付款项的复利终值之和。

【例 2-3】 假设现在银行存款年利率为8%,如果某人每年年末存入银行1 000元,则4年以后将得到的本利和是多少?

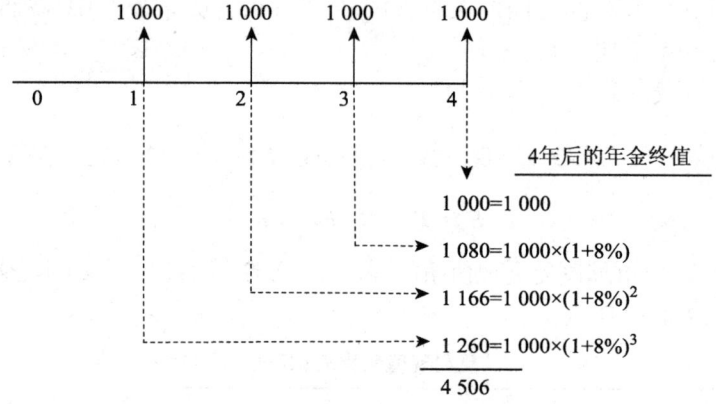

**图 2-3　4 年后的年金终值计算**

4年后的年金终值计算如图2-3所示。

$$F = 1\,000 + 1\,000 \times (1+8\%) + 1\,000 \times (1+8\%)^2 + 1\,000 \times (1+8\%)^3$$

可以将这一计算过程一般化,得到后付年金终值的计算公式为:

$$\begin{aligned} F &= A(1+i)^0 + A(1+i)^1 + A(1+i)^2 + \cdots + A(1+i)^{n-2} + A(1+i)^{n-1} \\ &= A \times [(1+i)^0 + (1+i)^1 + (1+i)^2 + \cdots + (1+i)^{n-2} + (1+i)^{n-1}] \\ &= A \times \sum_{t=1}^{n}(1+i)^{t-1} \end{aligned}$$

上式中的 $\sum_{t=1}^{n}(1+i)^{t-1}$ 为年金终值系数,可以写成 $(F/A,i,n)$,则年金终值的计算公式为:

$$F = A \times (F/A, i, n)$$

为了简化计算,也可编制年金终值系数表,此表见书后附录"三、年金终值系数表 $(F/A,i,n)$",其简表如表 2-3 所示。

表 2-3　　　　　　　　　年金终值系数表(简表)

|   | 5% | 6% | 7% | 8% | 9% | 10% |
|---|---|---|---|---|---|---|
| 1 | 1.000 | 1.000 | 1.000 | 1.000 | 1.000 | 1.000 |
| 2 | 2.050 | 2.060 | 2.070 | 2.080 | 2.090 | 2.100 |
| 3 | 3.153 | 3.184 | 3.215 | 3.246 | 3.278 | 3.310 |
| 4 | 4.310 | 4.375 | 4.440 | 4.506 | 4.573 | 4.641 |
| 5 | 5.526 | 5.637 | 5.751 | 5.867 | 5.985 | 6.105 |
| 6 | 6.802 | 6.975 | 7.153 | 7.336 | 7.523 | 7.716 |

将[例 2-3]用查表的方式加以计算,即 4 年中每年年底存入银行 1 000 元,银行存款年利率为 8%,求第 4 年年末的年金终值。

$$F = A \times (F/A, i, n) = 1\,000 \times (F/A, 8\%, 4) = 1\,000 \times 4.506 = 4\,506(元)$$

### (二) 后付年金现值

后付年金现值是指一定期间内每期期末等额的系列收付款项的现值之和。后付年金现值的计算情况可用[例 2-4]来说明。

【例 2-4】 王祺在未来 3 年中,每年年末向银行存入 1 000 元,银行存款年利率为 10%,则相当于现在一次性存入银行多少钱?

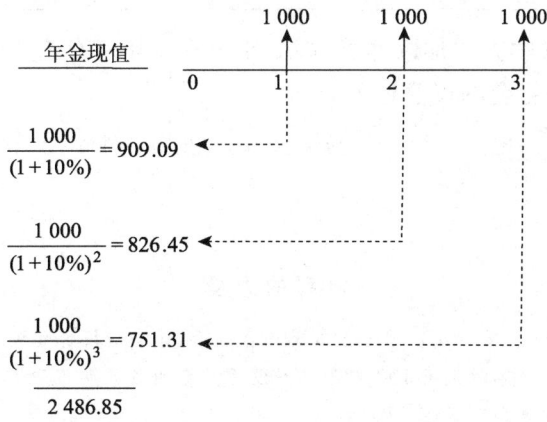

图 2-4　3 年后的年金现值计算

3年后的年金现值计算如图 2-4 所示。

$$P = \frac{1\,000}{(1+10\%)} + \frac{1\,000}{(1+10\%)^2} + \frac{1\,000}{(1+10\%)^3}$$

可以将这一计算过程一般化,得到后付年金终值的计算公式为:

$$P = \frac{A}{(1+i)} + \frac{A}{(1+i)^2} + \frac{A}{(1+i)^3} + \cdots + \frac{A}{(1+i)^n}$$

$$= A \times \left[\frac{1}{(1+i)} + \frac{1}{(1+i)^2} + \frac{1}{(1+i)^3} + \cdots + \frac{1}{(1+i)^n}\right]$$

$$= A \times \sum_{t=1}^{n} \frac{1}{(1+i)^t}$$

上式中的 $\sum_{t=1}^{n} \frac{1}{(1+i)^t}$ 为年金现值系数,可以写成 $(P/A, i, n)$,则年金现值的计算公式为:

$$P = A \times (P/A, i, n)$$

为了简化计算,也可编制年金现值系数表,此表见书后附录"四、年金现值系数表 $(P/A, i, n)$",其简表如表 2-4 所示。

表 2-4   年金现值系数表(简表)

|   | 5% | 6% | 7% | 8% | 9% | 10% |
|---|---|---|---|---|---|---|
| 1 | 0.952 | 0.943 | 0.935 | 0.926 | 0.917 | 0.909 |
| 2 | 1.859 | 1.833 | 1.808 | 1.783 | 1.759 | 1.736 |
| 3 | 2.723 | 2.673 | 2.624 | 2.577 | 2.531 | 2.487 |
| 4 | 3.546 | 3.465 | 3.387 | 3.312 | 3.240 | 3.170 |
| 5 | 4.329 | 4.212 | 4.100 | 3.993 | 3.890 | 3.791 |
| 6 | 5.076 | 4.917 | 4.767 | 4.623 | 4.486 | 4.355 |

将[例 2-4]用查表的方式加以计算,即 3 年中每年年底存入银行 1 000 元,银行存款年利率为 10%,求 3 年年金的现值。

$$P = A \times (P/A, i, n) = 1\,000 \times (P/A, 10\%, 3) = 1\,000 \times 2.487 = 2\,487(元)$$

延伸阅读 2-2

### 复利的力量

如果你现在 21 岁,刚刚大学毕业。学习了本章内容以后,你决定投资购买股票为退休以后的生活做准备。你的目标是在 60 岁退休时拥有 100 万元。假设你投资的股票年报酬率为 10%,为了达到你的目标,你每年年末应投资多少资金购买股票?

答案为 2 490.98 元,但是这一数字主要取决于你的投资报酬率。当投资报酬率降为 8% 时,你每年的投资将要上升为 4 185.13 元,或当报酬率上升为 12% 时,则你每年只需要投资 1 461.97 元。

## 二、先付年金

先付年金是指在一定时期内,各期期初等额的系列收付款项。先付年金与后付年金的区别仅在于付款时间的不同。由于后付年金是最常用的,年金终值和现值的系数表是按后付年金编制的,为了便于计算和查表,需要根据后付年金的计算公式,推导出先付年金的计算公式。

### (一) 先付年金终值

事实上,$n$ 期先付年金与 $n$ 期后付年金的付款次数相同,但由于付款时间的不同,$n$ 期先付年金终值比 $n$ 期后付年金多计算一期利息。所以,可以先求出 $n$ 期后付年金的终值,然后再乘以 $(1+i)$ 便可求出 $n$ 期先付年金的终值。其计算公式为:

$$F = A \times (F/A, i, n) \times (1+i)$$

此外,还可以根据 $n$ 期先付年金终值与 $n+1$ 期后付年金终值的关系推导出另一计算公式。$n$ 期先付年金与 $n+1$ 期后付年金的计息期数相同,但比 $n+1$ 期后付年金少付一次款,因此,只要将 $n+1$ 期后付年金的终值减去一期付款额 $A$,便可求出 $n$ 期先付年金终值。其计算公式为:

$$F = A \times (F/A, i, n+1) - A = A \times [(F/A, i, n+1) - 1]$$

**【例 2-5】** 李冬每年年初为自己年幼的儿子存入银行 500 元钱,作为 10 年后儿子读大学的教育基金,假设银行存款年利率为 8%,第十年年末李冬可以得到的本利和应为多少?

$$F = 500 \times (F/A, 8\%, 10) \times (1+8\%) = 500 \times 14.487 \times 1.08 = 7\,822.98(元)$$

或 $\quad F = 500 \times [(F/A, 8\%, 11) - 1] = 500 \times (16.645 - 1) = 7\,822.5(元)$

### (二) 先付年金现值

事实上,$n$ 期先付年金现值与 $n$ 期后付年金现值的付款次数相同,但由于付款时间的不同,在计算现值时,$n$ 期先付年金比 $n$ 期后付年金多计息一期。所以,可先求出 $n$ 期后付年金的现值,然后再乘以 $(1+i)$ 便可求出 $n$ 期先付年金的现值。其计算公式为:

$$P = A \times (P/A, i, n) \times (1+i)$$

此外,还可以根据 $n$ 期先付年金现值与 $n-1$ 期后付年金现值的关系推导出另一计算公式,$n$ 期先付年金现值与 $n-1$ 期后付年金现值的贴现期数相同,但比 $n-1$ 期后付年金多一期不用贴现的付款额 $A$。因此,只要将 $n-1$ 期后付年金的现值加上一期不用贴现的付款额 $A$,便可求出 $n$ 期先付年金现值,计算公式为:

$$P = A \times (P/A, i, n-1) + A = A \times [(P/A, i, n-1) + 1]$$

**【例 2-6】** 新友商店每年年初需要付店面的房租 10 000 元,共支付了 10 年,年利率为 8%,问这些租金的现值为多少?

$$P = 10\,000 \times (P/A, 8\%, 10) \times (1+8\%) = 10\,000 \times 6.710 \times 1.08 = 72\,468(元)$$

或 $\quad P = 10\,000 \times [(P/A, 8\%, 9) + 1] = 10\,000 \times (6.247 + 1) = 72\,470(元)$

### 三、递延年金

递延年金是指在最初若干期没有收付款项的情况下,后面若干期有等额的系列收付款项的年金。凡不是第一期期末开始的年金都是递延年金。

#### (一) 递延年金终值

递延年金的终值大小与递延期无关,因此计算方法与普通年金终值相同。

【例 2-7】 小王拟投资一处房产,现有两个方案可供选择:方案一,现在起 15 年内每年年末支付 100 000 元;方案二,前 5 年不支付,第六年起至第十五年止每年年末支付 180 000 元。假设银行年利率为 10%,采用终值计算,哪个方案对小王更有利?

方案一:$F = 100\,000 \times (F/A, 10\%, 15) = 100\,000 \times 31.772 = 3\,177\,200(元)$

方案二:$F = 180\,000 \times (F/A, 10\%, 10) = 180\,000 \times 15.937 = 2\,868\,660(元)$

从以上计算可知,采用方案二对小王购买房产有利。

#### (二) 递延年金现值

假定最初有 $m$ 期没有收付款项,后面 $n$ 期每年有等额的系列收付款项,则此递延年金的现值即后 $n$ 期年金贴现至 $m$ 期第一期期初的现值。

递延年金的现值计算有以下三种方法。

第一种方法,将递延年金看成 $n$ 期普通年金,先求出 $n$ 期普通年金终值,再复利现值折算到第一期期初。其计算公式为:

$$P = A \times (F/A, i, n) \times (P/F, i, m+n)$$

第二种方法,将递延年金看成 $n$ 期普通年金,先求出 $n$ 期普通年金现值,再复利现值折算到第一期期初。其计算公式为:

$$P = A \times (P/A, i, n) \times (P/F, i, m)$$

第三种方法,先计算 $m+n$ 期年金现值,再减去没有付款的前 $m$ 期年金现值。其计算公式为:

$$P = A \times (P/A, i, m+n) - A \times (P/A, i, m)$$

【例 2-8】 花明公司借入一笔款项,银行贷款年利率为 10%。银行规定,前 10 年不用还本付息,从第十一年起至第二十年止,每年年末偿还本息 50 000 元。这笔款项的现值应是多少?

$P = 50\,000 \times (F/A, 10\%, 10) \times (P/F, 10\%, 20) = 50\,000 \times 15.937 \times 0.149$
$= 118\,730.65(元)$

或 $P = 50\,000 \times (P/A, 10\%, 10) \times (P/F, 10\%, 10) = 50\,000 \times 6.145 \times 0.386$
$= 118\,598.5(元)$

或 $P = 50\,000 \times (P/A, 10\%, 20) - 50\,000 \times (P/A, 10\%, 10)$
$= 50\,000 \times 8.514 - 50\,000 \times 6.145 = 118\,450(元)$

## 四、永续年金

永续年金是指无限期支付的年金。能够永远地持续下去而没有到期时间的年金,就是永续年金。西方有些债券为无限期债券,这些债券的利息可以视为永续年金。优先股有固定的股利而无到期日,因而,优先股股利可以看作永续年金。

永续年金没有终止的时间,因此不存在终值。

永续年金现值的计算公式为:

$$P = \frac{A}{i}$$

【例 2-9】 明星公司拟建立一项永久性奖学金,每年计划颁发 100 000 元奖金,年利率为 10%,问现在应存入银行多少钱?

$$P = \frac{A}{i} = \frac{100\ 000}{10\%} = 1\ 000\ 000(元)$$

### 延伸阅读 2-3

**数字的困惑**

1. 输赢问题

俗话说"胜败乃兵家常事",在真实的资本世界,失败是我们不得不面对的痛。假设你投资了 1 000 元购买股票,在第一年损失了 10%,但是在接下来的第二年又赚了 10%,那么你是不赔不赚吗?错!事实上你手上的资金只剩下 990 元。第一年的失败让你的本金降为 900 元,因此第二年 10%的盈利只让你得到 990 元。

2. 通货膨胀

你打算用 10 000 元购买你喜欢的乌龙茶,它每盒的价格为 100 元,这样你可以购买 100 盒。假设现在的通货膨胀率为 50%,那么你的 10 000 元的价值下降为 5 000 元,你只能够购买 50 盒茶。但是如果乌龙茶的价格从 100 元上涨为 150 元,你用 10 000 除以 150,你发现你还可以买到 66 盒茶有余。想想看,哪一个结果正确呢?答案是第二个结果正确。

## 第四节 | 时间价值计算中的几个特殊问题

以上介绍的是时间价值中的基本原理,下面将对时间价值计算中的几个特殊问题加以说明。

### 一、不等额现金流量的时间价值计算

前面讲的年金每次收入或付出的款项都是相等的,但在经济管理中,更多的情况是每次收入或付出的款项并不相等。财务管理中,也经常需要计算这些不等额现金流入量或流出量的终值或现值之和。这时需要逐笔计算每笔现金流量的终值或现值,再将其各自的终值或现值作加和运算。

【例 2-10】 罗兰每年年末都将节省下来的工资存入银行,其存款额如表 2-5 所示,贴

现率为 5%,求这笔存款额的现值。

表 2-5　　　　　　　　　某存款额现金流量　　　　　　　　金额单位:元

| 年限 | 1 | 2 | 3 | 4 |
|---|---|---|---|---|
| 存款额 | 1 000 | 2 000 | 100 | 4 000 |

这笔不等额存款的现值可按下列公式计算求得:

$P = 1\,000 \times (P/F, 5\%, 1) + 2\,000 \times (P/F, 5\%, 2) + 100 \times (P/F, 5\%, 3) + 4\,000 \times (P/F, 5\%, 4)$
$= 1\,000 \times 0.952 + 2\,000 \times 0.907 + 100 \times 0.864 + 4\,000 \times 0.823$
$= 6\,144.4(元)$

## 二、年金和不等额现金流量混合情况下的时间价值计算

在年金和不等额现金流量混合的情况下,能用年金公式计算便用年金公式计算,不能用年金公式计算的部分,便用复利公式计算,然后把它们加总,便得出年金和不等额现金流量混合情况下的终值或现值结果。

【例 2-11】　远宏房屋租赁公司投资了一个项目,项目投产后每年可获得的现金流入量如表 2-6 所示,贴现率为 9%,求这一系列现金流入量的现值。

表 2-6　　　　　　　　　项目投产后的现金流入量　　　　　　　　金额单位:万元

| 年限 | 1 | 2 | 3 | 4 | 5 | 6 | 7 | 8 | 9 | 10 |
|---|---|---|---|---|---|---|---|---|---|---|
| 现金流入量 | 1 000 | 1 000 | 1 000 | 1 000 | 2 000 | 2 000 | 2 000 | 2 000 | 2 000 | 3 000 |

在[例 2-11]中,1～4 年的现金流量相等,可以看作是求 4 年期的年金现值,5～9 年的现金流量也相等,也可以看作是一种年金,而且是一项递延年金,而第十年的 3 000 万元只有单独一笔资金价值量,只能用求复利现值的方法进行计算。这样,这笔现金流量的现值可按下式求得:

$P = 1\,000 \times (P/A, 9\%, 4) + 2\,000 \times (P/A, 9\%, 5) \times (P/F, 9\%, 4) + 3\,000 \times (P/F, 9\%, 10)$
$= 1\,000 \times 3.240 + 2\,000 \times 3.890 \times 0.708 + 3\,000 \times 0.422$
$= 10\,014.24(万元)$

## 三、计息期短于 1 年的时间价值计算

资金的终值和现值通常是按年来计算的,但在有些时候也会遇到计息期短于 1 年的情况。例如,债券利息一般每半年支付一次,股利有时每季支付一次,这就出现了以半年、季度、月份,甚至以天为期间的计息期。

前面探讨的都是以年为单位的计息期,当计息期短于 1 年,而已知的利率又是年利率时,计息期数和利率均应按下式进行换算:

$$r = \frac{i}{m} \qquad t = m \times n$$

式中：$r$ 代表期利率；$i$ 代表年利率；$m$ 代表每年的计息次数；$n$ 代表年数；$t$ 代表换算后的计息期数。

**【例 2-12】** 刘平拟在第五年年底获得 10 000 元的投资收益，假设投资报酬率为 10%。试计算：

（1）每年计息一次，问现在应投入多少钱？

（2）每半年计息一次，现在应投入多少钱？

如果是每年计息一次，$n=5$，$i=10\%$，$F=10\ 000$，则：

$$P = 10\ 000 \times (P/F, 10\%, 5) = 10\ 000 \times 0.621 = 6\ 210(元)$$

如果每半年计息一次，$m=2$，$r=\dfrac{i}{m}=\dfrac{10\%}{2}=5\%$，$t=m\times n=2\times 5=10$，则：

$$P = 10\ 000 \times (P/F, 5\%, 10) = 10\ 000 \times 0.614 = 6\ 140(元)$$

## 四、利率的计算

在前面计算现值和终值时，都是假定利率是给定的，但在财务管理中，经常会遇到已知计息期数、终值和现值，求利率的问题。一般来说，求利率可以分为两步：第一步求出相关系数，第二步根据相关系数和有关系数表求利率。根据前述有关公式，复利终值系数、复利现值系数、年金终值系数和年金现值系数可分别用下列公式计算：

$$(F/P, i, n) = \frac{F}{P} \qquad (P/F, i, n) = \frac{P}{F}$$

$$(F/A, i, n) = \frac{F}{A} \qquad (P/A, i, n) = \frac{P}{A}$$

**【例 2-13】** 郭艳现在存入银行 100 元，10 年后可获得本利和 259.4 元，则银行存款利率是多少？

$$(P/F, i, 10) = \frac{100}{259.4} = 0.386$$

查复利现值系数表，与 10 年相对应的利率中，10% 的系数为 0.386，因此，利率应为 10%。

**【例 2-14】** 某人将退休，现在向银行存入 5 000 元作为养老备用，则在利率为多少时，才能保证在今后 10 年中每年得到 750 元？

$$(P/A, i, 10) = \frac{5\ 000}{750} = 6.667$$

查年金现值系数表，当利率为 8% 时，系数为 6.710；当利率为 9% 时，系数为 6.418。所以利率应在 8%~9%，则可用插值法计算利率 $i$ 如下：

| 利率 | 年金现值系数 |
|---|---|
| 8% | — 6.710 |
| $i$ | — 6.667 |
| 9% | — 6.418 |

$$\frac{i-8\%}{9\%-8\%} = \frac{6.667-6.710}{6.418-6.710}$$

则，利率 $i=8.15\%$。

### 五、名义利率与实际利率

为了使计算简便，我们一般假设给定利率都是扣除了通货膨胀之后的实际利率。然而在现实生活中，当我们使用一个利率的时候需要格外地小心，因为它通常只是一个名义利率而并非实际利率。名义利率是不考虑通货膨胀因素，只是以名义货币表示的利息与本金之比，是市场通行的利率。实际利率是扣除了通货膨胀之后的真实利率。

例如，以8%的名义利率向银行存入1 000元，那么1年之后能得到1 080元。但这并不意味着投资价值真的增加了8%。假设这一年的通货膨胀率亦为8%，那么就意味着去年价值1 000元的商品其成本也增加了8%，即变为1 080元。存款的实际终值将变为：

$$F = \frac{1\,000 \times (1+8\%)}{(1+8\%)} = 1\,000(元)$$

公式中分子上的利率是名义利率，分母上的利率是通货膨胀率。可以看出，该投资实际上一分钱都没赚。在上面这个例子中，名义利率为8%，实际利率却是0。

实际利率可以通过下式计算得到：

$$1+实际利率 = \frac{1+名义利率}{1+通货膨胀率}$$

**【例2-15】** 假设某公司投资的名义利率为8%，而此时的通货膨胀率为5%。计算该公司的实际投资报酬率。

$$1+实际利率 = \frac{1+8\%}{1+5\%}$$

$$实际利率 = 2.86\%$$

## 本 章 小 结

本章主要学习了：时间价值的概念；复利终值与现值计算；四种年金，即后付年金、先付年金、递延年金、永续年金终值和现值的计算；不等额现金流量的时间价值计算；年金与不等额现金流量混合情况下的时间价值计算；计息期短于1年的时间价值计算；利率的计算；名义利率与实际利率的换算。

## 本章重要概念

时间价值　终值　现值　后付年金　先付年金　递延年金　永续年金　名义利率　实际利率

# 第三章　风险与报酬

> 内容提要
> 重点难点
> 学习目标
> 知识框架
> 思政育人
> 第一节　风险概述
> 第二节　单项资产的风险与报酬
> 第三节　证券组合的风险与报酬
> 本章小结
> 本章重要概念

## 内容提要

本章主要讲解了风险与报酬的相关概念及相互关系,以及单项资产和证券组合的风险报酬构成及其计算。

## 重点难点

本章重点为风险的种类,单项资产风险报酬计量;难点为证券组合风险报酬计量。

## 学习目标

通过本章学习,学生应理解风险与报酬的相关概念及相互关系;理解为什么证券多样化可以降低风险;掌握风险报酬率的构成及计量。

## 知识框架

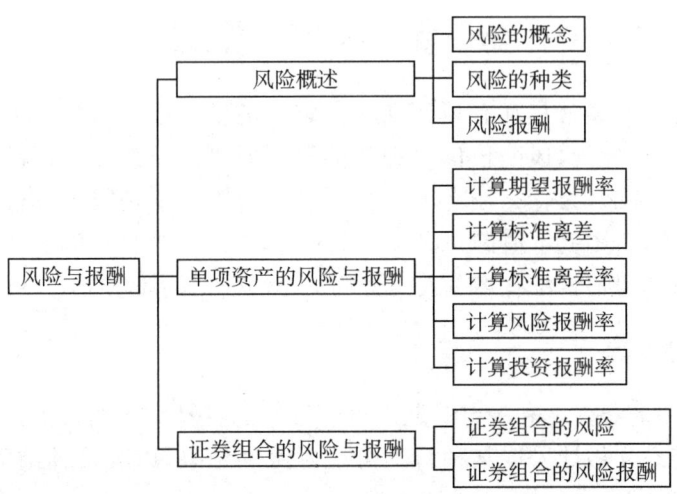

**思政育人　　坚持金融工作风险防控，走中国特色金融发展之路**

守住风险底线，是一切金融工作的前提，也是金融服务实体经济的根本保障。金融安全是经济平稳健康发展的重要基础。加强和完善现代金融监管，强化金融稳定保障体系，才能持续强化金融风险防控能力。要把握好全面和有效的关系，切实提高金融监管有效性，依法将所有金融活动全部纳入监管，全面强化机构监管、行为监管、功能监管、穿透式监管、持续监管，消除监管空白和盲区，严厉打击非法金融活动。要把握好权和责的关系，健全权责一致、激励约束相容的风险处置责任机制。要把握好快和稳的关系，在稳定大局的前提下把握时度效，扎实稳妥化解风险。按照"稳定大局、统筹协调、分类施策、精准拆弹"的基本方针，用好辩证法，步步为营、稳扎稳打，金融高质量发展将为强国建设、民族复兴伟业提供有力支撑。

防控金融风险，要提高前瞻性和主动性，既要抓末端、治已病，又要抓前端、治未病。坚持目标导向、问题导向，对风险早识别、早预警、早暴露、早处置，健全具有硬约束的金融风险早期纠正机制，能有效"防之于未萌，治之于未乱"。当前，经济金融风险隐患仍然较多，金融监管部门正推动建立常态化金融风险处置机制，逐步夯实防范化解金融风险长效机制，重点领域风险得到稳妥处置；审计部门充分发挥经济运行"探头"作用，深入揭示重大财务舞弊、重大会计失真等突出风险，及时反映影响经济安全的苗头性、倾向性、普遍性问题，推动源头治理、防患于未然。坚持底线思维、增强忧患意识，就要善于预见和预判各种风险挑战，不忽视一个风险，不放过一个隐患，优化监管技术、方法和流程，牢牢守住不发生系统性风险的底线。

"君子以思患而豫防之。"防范化解风险是攻坚战，更是持久战。做到居安思危、未雨绸缪，牢牢抓住"全面加强监管、防范化解风险"这个重点，健全金融监管机制，建立健全监管责任落实和问责制度，有效防范化解重点领域金融风险，我们定能为不断开创新时代金融工作新局面筑牢安全屏障、夯实安全底座。

**资料来源**：何娟.坚持把防控风险作为金融工作的永恒主题——坚定不移走中国特色金融发展之路[N/OL]. 人民日报，(2023-11-15)[2023-12-22]. http://paper.people.com.cn/rmrb/html/2023-11/15/nw.D110000renmrb_20231115_1-06.htm，有删节.

## 第一节　风险概述

企业的财务活动，经常是在有风险和不确定性的情况下进行的。因此，有人认为，时间价值是理财的第一原则，风险价值是理财的第二原则。一般而言，投资者都讨厌风险，并力求回避风险。那么，为什么还有人进行风险投资呢？这是因为进行风险投资将有机会获得额外的报酬，否则就不值得去冒险。很明显，如果石油公司的股票的报酬和国库券的报酬一样高的话，恐怕就没有多少人愿意购买石油公司的股票了。

### 一、风险的概念

3.1 视频：风险与风险评估

风险是指在一定条件下和一定时期内可能发生的各种结果的可能性。在风险存在的情况下，人们只能事先估计采取某种行动可能导致的结果，以及每种结果出现的可能性，而行动的真正结果究竟会怎样，不能事先确定。

在传统意义上，风险常常被视作一个贬义词。事实上，风险具有两面性，它可能会给投资者带来超过预期的收益，也可能会给投资者带来超过预期的损失。而实际报酬率与预期报酬率之间的差异就是风险带来的。例如，购买一份1年期的国库券，在这1年中，预期的报酬率是5%,1年之后,实际报酬率也将是5%。显然,购买国库券的风险几乎是零。而如果购买的是一家石油公司的股票,预期1年的报酬率是10%,那么1年后实际报酬率可能不会正好等于10%。当企业的一项活动在未来可能出现多种结果时,就是有风险。当这项活动只有一种后果时,就是没有风险。

风险的大小是由事件本身决定的,具有客观性。例如,在证券市场上的投资风险是由所购买的证券种类、期限的长短及购买时间来决定的。也就是说,上述问题决定了投资风险的大小,它是客观的。是否愿意冒这样的风险,则由投资者来决定,这是主观的。

风险的大小随着时间的推移而变化,它是"一定时期内"的风险,具有时期性。例如,一项使用期为3年的投资项目,在投资期初的时候,并不能确定3年内的收益到底会达到多少,但是随着时间的接近及使用寿命的终结,其结果会完全确定下来。因此,风险总是针对特定时期而言的。

与风险相联系的另一个概念是不确定性,即人们事先只知道采取某种行动可能形成的各种结果,但不知道它们出现的概率,或两者都不知道,而只能作些粗略的估计。例如,投资于某金矿开发工程,事先只能确定开发成功或失败两种可能,但这两种结果出现可能性的概率大小事先很难预测。一般来说,各种长期投资方案中都有一些不确定的因素,而完全的确定性投资方案是很少见的。不确定性投资方案是指对各种情况出现的可能性不清楚,无法加以计量的投资决策。在实践中,如果对不确定性投资方案中的出现各种情况的可能性规定一些主观概率,就可以将不确定性投资方案转化为风险性投资方案。例如,某企业拟购买某房地产公司的股票,事先仅知道该公司在经济繁荣时、一般时和萧条时的收益率分别为14%、9%和3%,不知道未来情况发生的可能性,该项投资决策属于不确定性投资。如果经有关资料分析,得知近期该行业经济繁荣、一般和萧条的概率分别为35%、40%和25%,则该项投资属于风险性投资。

## 二、风险的种类

从不同的角度,风险可划分为不同的类别。

### (一) 经营风险和财务风险

从企业角度来看,按风险形成的原因,风险可分为经营风险和财务风险。

经营风险是指因生产经营方面的原因给企业盈利带来的不确定性。企业生产经营的许多方面都会受到来源于企业外部和内部的诸多因素的影响,具有很大的不确定性。例如,由于原材料供应地的政治经济情况变动,运输路线改变,原材料价格变动,新材料、新设备的出现等因素带来的供应方面的风险;由于产品更新时期掌握不好,生产质量不合格,新产品、新技术开发试验不成功,生产组织不合理等因素带来的生产方面的风险;由于出现新的竞争对手,销售决策失误,产品广告推销不力等因素带来的销售方面的风险。所有这些生产经营方面的不确定性,都会引起企业的利润或利润率的高低变化。

财务风险又称筹资风险,是指由于举债而给企业财务成果带来的不确定性。企业举债经营,全部资金中除自有资金外,还有一部分借入资金,这会对自有资金的盈利能力造成影响;同时,借入资金需还本付息,一旦无力偿还到期债务,企业便会陷入财务困境甚至破产。若企业亏损严重,财务状况恶化,丧失支付能力,就会出现无法还本付息甚至有破产的危险。可见,当企业的资金全部是自有资金时,企业只有经营风险,没有财务风险。当企业借入一部分资金后,企业既有经营风险,又有财务风险。借款越多,运气好时赚得越多;运气不好时赔得也越惨。因此,企业在决定是否举债时,应当考虑风险的大小、风险报酬的多少及企业是否愿意冒险等因素。

**(二)公司特别风险和市场风险**

从投资者角度来看,按风险是否可以进行分散,风险可分为公司特别风险和市场风险。

公司特别风险又称非系统风险或可分散风险,是指某些因素对某个证券造成经济损失的可能性。在现实生活中,个别公司会出现工人罢工、在市场竞争中失败、诉讼失败、新产品开发失败等特有事件。这类事件是随机发生的,可通过多角化投资来分散,即一家公司的不利事件可以被其他公司的有利事件所抵销。例如,如果购买几家公司的股票,其中一些公司的股票报酬上升,另一些公司的股票报酬下降,从而降低总体风险。因而,这种风险称为可分散风险。

市场风险又称系统风险或不可分散风险,是指由于某些因素,给市场上所有的证券都带来经济损失的可能性。市场风险是由影响所有公司的因素所引起的,如宏观经济状况的变化、国家税法的变化、国家财政政策和货币政策的变化、世界能源状况的改变都会使股票收益发生变动。这些风险影响到所有的证券,因此,不能通过证券组合分散掉。换句话说,即使投资者持有的是经过适当分散的证券组合,也将遭受这种风险。因此,对投资者来说,这种风险是无法消除的,故称为不可分散风险。但这种风险对不同的公司也有不同的影响。例如,在经济衰退时,所有公司都会受到负面影响,但不同的公司受到的影响可能不同,有的公司股票价格下降得多一些,而有的公司股票价格下降得少一些。

3.2 风险管理的四大误区

### 三、风险报酬

一般而言,投资者都讨厌风险,并力求回避风险。那么,为什么还有人进行风险投资呢?因为,风险投资可以得到额外报酬——风险报酬。风险报酬是指投资者因冒风险进行投资而获得的超过时间价值的那部分报酬。风险报酬有两种表示方法:风险报酬额和风险报酬率。在财务管理中,风险报酬通常用相对数——风险报酬率来计量。

风险和报酬是一种对称关系,它要求等量风险带来等量报酬,即风险报酬均衡。简单来说,就是高风险获得高报酬,低风险获得低报酬。根据风险报酬均衡原则进行财务管理运作的一般目标是:在一定风险水平下,使收益达到较高的水平,或在收益一定的情况下,将风险维持在较低的水平。

通常计量风险报酬的方式有两种:一种是单项资产风险报酬的计量;另一种是证券组合风险报酬的计量。当投资者进行单项资产风险计量的时候,往往意味着他只持有这一项资产。很明显,绝大多数资产都是以组合方式被投资者所持有。然而,为了更好地理解证券组合风险报酬的计算过程,需要先学习如何计算单项资产风险报酬。

延伸阅读 3-1

**盛宴与饥荒**
——风险与报酬的重与轻

假设你工作努力,已经赚得了 100 万元的资金,打算进行投资。你可以购买年利率为 3% 的国库券,1 年以后能拥有 103 万元,即 100 万元本金与 3 万元利息之和。同样,你也可以购买 A 公司的股票。如果 A 公司的新产品研制成功的话,你的资金 1 年后可以涨到 206 万元。然而,如果其新产品研制失败,则该股票将使你的资金降到 50 万元。你认为 A 公司成败的机会各占一半,因此其股票预期报酬为 128 万元 (0.5×50+0.5×206)。

那么,比较两种投资方案,你愿意选择哪一种呢?这将取决于你自身的情况及你对风险的态度。如果你只有 30 岁,如果你还有很多的赚钱机会,如果你喜欢冒一点险,那么很可能你会选择后者。

现在我们把条件略微改变一下,假设 A 公司的新产品研制失败后,其股票将变得一文不值。也就是说,你会变得身无分文。这时其股票的期望报酬变为 103 万元 (0.5×0+0.5×206),与购买国库券的期望报酬完全一样。那么你还会购买 A 公司的股票吗?

对于大多数对风险反感的人来说,答案几乎可以肯定:不会选择购买 A 公司股票。也就是说,在预期报酬一样的情况下,对风险反感的人会选择风险低的投资。

## 第二节 单项资产的风险与报酬

风险是客观存在的,并广泛影响着企业的财务和经营活动。要计算在一定条件下的风险大小,必须利用概率论的方法,并由此与期望值、离散程度等相联系。

在现实生活中,某一事件在完全相同的条件下可能发生也可能不发生,既可能出现这种结果,又可能出现那种结果,我们称这类事件为随机事件。概率就是用百分数或小数来表示随机事件发生的可能性及出现某种结果可能性大小的数值。通常,把必然发生的事件的概率定为 1,把不可能发生的事件的概率定为 0,而一般随机事件的概率介于 0~1。概率越大,就表示该事件发生的可能性越大。如果把某一事件所有可能的结果都列示出来,对每一结果都给予一定的概率,便可构成概率的分布。

【例 3-1】 西京公司和东方公司股票报酬率的概率分布情况如表 3-1 所示。

表 3-1　　　　　西京公司和东方公司股票报酬率的概率分布

| 经济情况 | 该种经济情况发生的概率($P_i$) | 报酬率($K_i$) | |
|---|---|---|---|
| | | 西京公司 | 东方公司 |
| 繁荣 | 0.2 | 40% | 70% |
| 一般 | 0.6 | 20% | 20% |
| 衰退 | 0.2 | 0 | −30% |

报酬率作为一种随机变量,受多种因素的影响。我们这里为了简化,假设其他因素都相同,只有经济情况一个因素影响报酬率。

要对风险进行衡量,计算步骤如下。

## 一、计算期望报酬率

期望报酬率是各种可能的报酬率按其概率进行加权平均得到的报酬率,它是反映集中趋势的一种度量。其计算公式为:

$$\bar{K} = \sum_{i=1}^{n} K_i P_i$$

式中:$\bar{K}$ 代表期望报酬率;$K_i$ 代表第 $i$ 种可能结果的报酬率;$P_i$ 代表第 $i$ 种可能结果的概率;$n$ 代表可能结果的个数。

根据[例 3-1],分别计算西京公司和东方公司的期望报酬率。

西京公司:

$$\bar{K} = K_1 P_1 + K_2 P_2 + K_3 P_3 = 40\% \times 0.2 + 20\% \times 0.6 + 0 \times 0.2 = 20\%$$

东方公司:

$$\bar{K} = K_1 P_1 + K_2 P_2 + K_3 P_3 = 70\% \times 0.2 + 20\% \times 0.6 + (-30\%) \times 0.2 = 20\%$$

两家公司股票的期望报酬率都是 20%,但西京公司各种情况下的报酬率比较集中,东方公司的却比较分散,所以西京公司的风险小。两家公司的报酬率概率分布情况如图 3-1 所示。

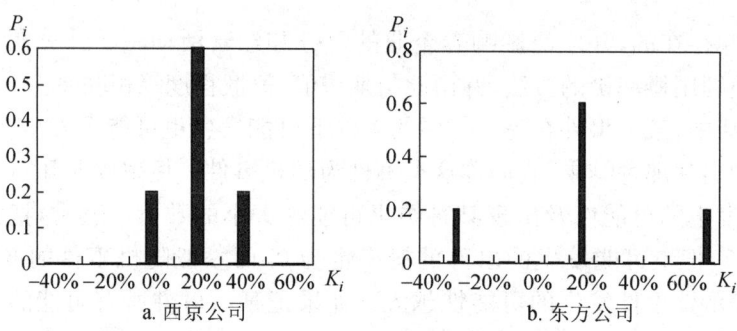

图 3-1 西京公司与东方公司报酬率的概率分布

## 二、计算标准离差

标准离差是各种可能的报酬率偏离期望报酬率的综合差异,是反映离散程度的一种度量。其计算公式为:

$$\delta = \sqrt{\sum_{i=1}^{n}(K_i - \bar{K})^2 \times P_i}$$

式中:$\delta$ 代表期望报酬率的标准离差;$\bar{K}$ 代表期望报酬率;$k_i$ 代表第 $i$ 种可能结果的报酬率;$P_i$ 代表第 $i$ 种可能结果的概率;$n$ 代表可能结果的个数。

将[例 3-1]中西京公司和东方公司的资料代入上式,可以得到两家公司的标准离差。

西京公司的标准离差为：

$$\delta = \sqrt{(40\% - 20\%)^2 \times 0.2 + (20\% - 20\%)^2 \times 0.6 + (0 - 20\%)^2 \times 0.2} = 12.65\%$$

东方公司的标准离差为：

$$\delta = \sqrt{(70\% - 20\%)^2 \times 0.2 + (20\% - 20\%)^2 \times 0.6 + (-30\% - 20\%)^2 \times 0.2} = 31.62\%$$

这说明，标准离差越小，离散程度越小，风险越小；反之，风险越大。根据这种测量方法可知，东方公司的风险要大于西京公司。

### 三、计算标准离差率

标准离差是反映随机变量离散程度的一个指标，但它是一个绝对值，而不是一个相对量，只能用来比较期望报酬率相同的项目的风险程度，无法比较期望报酬率不同的投资项目的风险程度。要对比期望报酬率不同的各个项目的风险程度，应该用标准离差率。标准离差率是标准离差同期望报酬率的比值，反映单位收益所包含的风险大小。其计算公式为：

$$CV = \frac{\delta}{\bar{K}} \times 100\%$$

式中：$CV$ 代表标准离差率；$\delta$ 代表标准离差；$\bar{K}$ 代表期望报酬率。

[例 3-1]中，西京公司的标准离差率为：

$$CV = \frac{12.65\%}{20\%} \times 100\% = 63.25\%$$

东方公司的标准离差率为：

$$CV = \frac{31.62\%}{20\%} \times 100\% = 158.1\%$$

在[例 3-1]中，两家公司的期望报酬率相等，可以直接根据标准离差来比较风险程度，但如果期望报酬率不等，则必须计算标准离差率才能对比风险程度。例如，假设[例 3-1]中西京公司和东方公司股票报酬的标准离差仍为 12.65% 和 31.62%，但西京公司股票的期望报酬率为 15%，东方公司股票的期望报酬率为 40%，那么，究竟哪种股票的风险更大呢？这时就不能用标准离差作为判别标准，而要使用标准离差率。

西京公司的标准离差率为：

$$CV = \frac{12.65\%}{15\%} \times 100\% = 84.33\%$$

东方公司的标准离差率为：

$$CV = \frac{31.62\%}{40\%} \times 100\% = 79.05\%$$

这说明，在上述假设条件下，西京公司股票的风险要大于东方公司股票的风险。

### 四、计算风险报酬率

标准离差率虽然能正确评价投资风险程度的大小,但这还不是风险报酬率。要计算风险报酬率,还必须借助一个系数——风险报酬系数。风险报酬率、风险报酬系数和标准离差率之间的关系,可以用以下公式表示:

$$R_R = b \times CV$$

式中:$R_R$ 代表风险报酬率;$b$ 代表风险报酬系数;$CV$ 代表标准离差率。

风险报酬系数是将标准离差率转化为风险报酬的一种系数,假设风险报酬系数为5%,则两家公司股票的风险报酬率分别为:

西京公司:$R_R = b \times CV = 5\% \times 63.25\% = 3.16\%$
东方公司:$R_R = b \times CV = 5\% \times 158.1\% = 7.91\%$

风险报酬系数可由企业领导,如总经理、财务副总经理、总会计师、财务主任等,根据经验加以确定,也可由企业组织有关专家确定。实际上,风险报酬系数的确定,在很大程度上取决于各企业对风险的态度。比较敢于承担风险的企业,会把 $b$ 值定得低些;反之,比较稳健的企业,会把 $b$ 值定得高些。

### 五、计算投资报酬率

投资的总报酬率的计算公式为:

$$K = R_F + R_R = R_F + b \times CV$$

式中:$K$ 代表投资报酬率;$R_F$ 代表无风险报酬率。

无风险报酬率就是加上通货膨胀贴水以后的资金时间价值,一般把投资于国库券的报酬率视为无风险报酬率。

如果无风险报酬率为10%,则[例3-1]中两家公司股票的投资报酬率应分别为:

西京公司:$K = R_F + R_R = 10\% + 3.16\% = 13.16\%$
东方公司:$K = R_F + R_R = 10\% + 7.91\% = 17.91\%$

## 第三节 证券组合的风险与报酬

投资者在进行证券投资时,一般不会把所有资金投资于一种证券,而是同时持有多种证券。这种同时投资于多种证券的方式,称为证券的投资组合,简称证券组合或投资组合。由于证券组合能够分散风险,绝大多数法人投资者,如工商企业、信托投资公司、投资基金等,都同时投资于多种证券,即使是个人投资者,一般也持有证券的投资组合,而不只是投资于某一家公司的股票或债券。了解证券投资组合的风险与报酬有助于企业财务人员理解证券组合的基本理论,恰当地进行证券组合。

## 一、证券组合的风险

虽然证券组合也无法消除全部风险,但如果股票种类较多,能分散掉大部分风险。证券投资组合的风险可以分为非系统风险和系统风险。

### (一)非系统风险

非系统风险又称公司特别风险或可分散风险,该风险可通过证券持有的多样化来抵销,即多买几家公司的股票,其中一些公司的股票报酬上升,另一些公司的股票报酬下降,从而降低了风险。

【例3-2】 假设W股票和M股票构成一个证券组合,每种股票在证券组合中各占50%。这两种股票及由它们构成的证券组合的报酬率的详细情况如表3-2所示。

表3-2 完全负相关($r=-1$)的两种股票及由它们构成的证券组合的报酬率情况

| 年限($t$) | W股票$K_W$ | M股票$K_M$ | WM股票组合的$K_P$ |
|---|---|---|---|
| 2×23 | 40% | −10% | 15% |
| 2×24 | −10% | 40% | 15% |
| 2×25 | 35% | −5% | 15% |
| 2×26 | −5% | 35% | 15% |
| 2×27 | 15% | 15% | 15% |
| 平均报酬率($K$) | 15% | 15% | 15% |

根据表3-2,可以绘制出两种股票及由它们构成的证券组合的报酬率示意图,如图3-2所示。

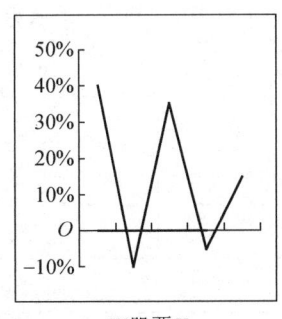
a. W股票$K_W$

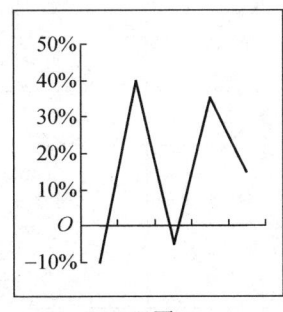
b. M股票$K_M$

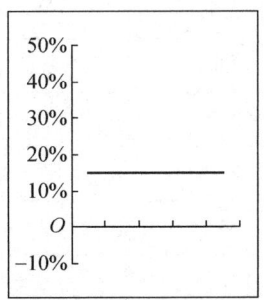
c. WM股票组合的$K_P$

图3-2 两种完全负相关股票及由它们构成的证券组合的报酬率示意图

从表3-2和图3-2可以看出,分别持有两种股票,都有很大风险,但如果把它们组合成一个证券组合,则没有风险。

## 延伸阅读 3-2

### 相 关 系 数

相关性是指两种资产的关联程度。两种资产的关联程度可以通过相关系数 $r$ 表示。相关系数总是在 $-1$ 至 $+1$ 之间取值。当相关系数为 $1$ 时,表示两种证券报酬率的变化方向和变化幅度完全相同,两者完全正相关。也就是说,完全正相关的两种股票价格同时上升或同时下降,并且上升或下降的幅度完全相同。当相关系数为 $-1$ 时,两种股票报酬率的变化方向完全相反且变化幅度完全相同,两者是完全负相关。也就是说,完全负相关的两种股票,当其中一种股票价格上升时,另一种股票价格下降,并且上升和下降的幅度相同;当相关系数为 $0$ 时,表示缺乏相关性,每种证券的报酬率相对于另外的证券的报酬率独立变动。一般而言,多数证券的报酬率趋于同向变动,因此两种证券之间的相关系数多为小于 1 的正值。相关系数 $r$ 的计算公式如下:

$$相关系数\ r = \frac{\sum_{i=1}^{n}[(x_i - \bar{x}) \times (y_i - \bar{y})]}{\sqrt{\sum_{i=1}^{n}(x_i - \bar{x})^2} \times \sqrt{\sum_{i=1}^{n}(y_i - \bar{y})^2}}$$

W 股票和 M 股票之所以能结合起来组成一个无风险的证券组合,是因为它们报酬率的变化正好呈相反的循环——当 W 股票的报酬率下降时,M 股票的报酬率正好上升(并且上升与下降的幅度相同),反之亦然。我们把股票 W 和股票 M 之间的相关关系叫作完全负相关,这里相关系数 $r = -1$。与完全负相关相反的是完全正相关 ($r = +1$),两个完全正相关股票的报酬率将一起上升或下降(并且上升与下降的幅度相同),这样的股票组成的证券组合不能抵销任何风险。

【例 3-3】 假设 $W_1$ 股票和 $W_2$ 股票构成一个证券组合,每种股票在证券组合中各占 50%。这两种股票及由它们构成的证券组合的报酬率和风险的详细情况如表 3-3 所示。

表 3-3 　完全正相关 ($r = +1$) 的两种股票及由它们构成的证券组合的报酬率情况

| 年限($t$) | $W_1$ 股票 $K_{W_1}$ | $W_2$ 股票 $K_{W_2}$ | $W_1W_2$ 股票组合的 $K_P$ |
|---|---|---|---|
| 2×23 | 40% | 40% | 40% |
| 2×24 | −10% | −10% | −10% |
| 2×25 | 35% | 35% | 35% |
| 2×26 | −5% | −5% | −5% |
| 2×27 | 15% | 15% | 15% |
| 平均报酬率($K$) | 15% | 15% | 15% |

根据表 3-3,可以绘制出两种股票及由它们构成的证券组合的报酬率示意图,如图 3-3 所示。

从以上分析可知,当两种股票完全负相关 ($r = -1$) 时,所有的风险都可以分散掉;当两种股票完全正相关 ($r = +1$) 时,从分散风险的角度看,同时持有两种股票没有好处。实

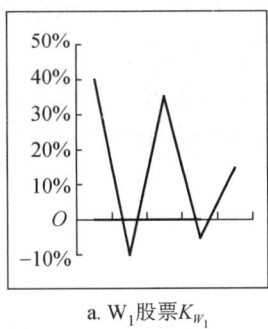
a. $W_1$ 股票 $K_{W_1}$

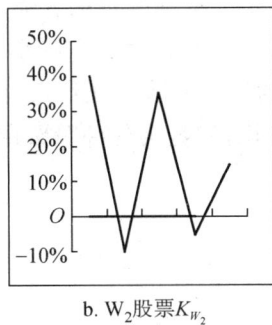
b. $W_2$ 股票 $K_{W_2}$

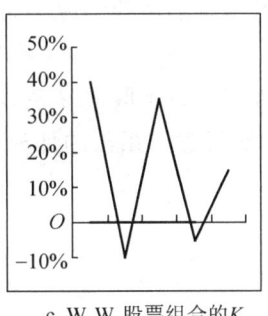
c. $W_1W_2$ 股票组合的 $K_P$

**图 3-3　两种完全正相关股票及由它们构成的证券组合的报酬率示意图**

际上,完全负相关从而消除所有风险的股票在现实中是很难实现的,大部分股票都是正相关(但不是完全正相关)。一般来说,随机选取两种股票其相关系数为+0.6 左右的最多,而对于绝大多数两种股票而言,$r$ 介于+0.5~+0.7。在这种情况下,把两种股票组合成证券组合能降低风险,但不能消除全部风险。

### (二) 系统风险

系统风险又称不可分散风险或市场风险,这种风险能影响到所有的证券,因此不能通过证券组合分散掉。换句话说,即使投资者持有的是经过适当分散的证券组合,也将遭受这种风险。因此,对投资者来说,这种风险是无法消除的,故称为不可分散风险。但这种风险对不同的企业有着不同的影响。例如,前面我们所说的西京公司和东方公司在经济情况发生变化时,两家公司的风险是不同的,东方公司的风险要大于西京公司的风险。不可分散风险的程度通常用 $\beta$ 系数来计量。

$\beta$ 系数是度量一种证券对于市场组合变化的反应程度的指标。$\beta$ 系数有多种计算方法,实际计算过程十分复杂,但一般不需投资者自己计算,而是由一些投资服务机构定期计算并公布。表 3-4 列示了我国几家上市公司的 $\beta$ 系数。

**表 3-4　　我国几家上市公司的 $\beta$ 系数(2×23 年 12 月)**

| 股票代码 | 公司名称 | $\beta$ 系数 |
| --- | --- | --- |
| 600519 | 贵州茅台 | 1.41 |
| 300439 | 美康生物 | 0.99 |
| 002306 | 中科云网 | 1.11 |
| 300148 | 天舟文化 | 0.89 |
| 000892 | 欢瑞世纪 | 0.91 |
| 000568 | 泸州老窖 | 1.77 |
| 000750 | 国海证券 | 1.00 |

作为整体的证券市场的 $\beta$ 系数为 1。如果某种股票的 $\beta$ 系数等于 1,说明其风险情况

与整个证券市场的风险情况一致；如果某种股票的 β 系数大于 1，说明其风险大于整个市场的风险；如果某种股票的 β 系数小于 1，说明其风险小于整个市场的风险。

以上说明了单个股票 β 系数的计算方法。证券组合 β 系数怎样计算呢？证券组合的 β 系数是单个证券 β 系数的加权平均，权数为各种股票在证券组合中所占的比重。其计算公式为：

$$\beta_p = \sum_{i=1}^{n} \omega_i \beta_i$$

式中：$\beta_p$ 代表证券组合的 β 系数；$\omega_i$ 代表证券组合中第 $i$ 种股票所占的比重；$\beta_i$ 代表第 $i$ 种股票的 β 系数；$n$ 代表证券组合中包含的股票数量。

**(三) 证券组合风险总结**

(1) 一个股票的风险由两部分组成，即可分散风险和不可分散风险。证券组合风险构成图如图 3-4 所示。

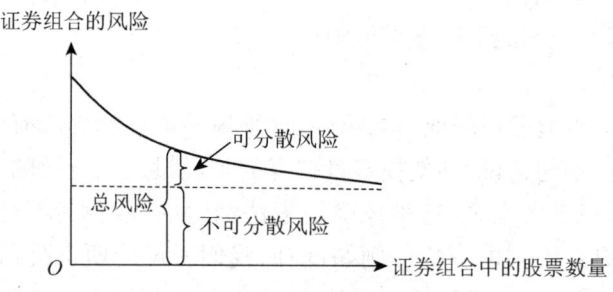

**图 3-4 证券组合风险构成图**

(2) 可分散风险可通过证券组合来消减，而大部分投资者正是这样做的。从图 3-4 中可以看到，可分散风险随证券组合中股票数量的增加而逐渐减少。根据有关统计资料，一种股票组成的证券组合的标准离差大约为 28%，市场证券组合的标准离差大约为 15.1%。一般来讲，一个包含 40 种股票而又比较合理的证券组合的大部分可分散风险都能消除。

(3) 股票的不可分散风险由市场变动产生，它对所有股票都有影响，不能通过证券组合消除。不可分散风险是通过 β 系数来测量的，一些标准的 β 值如下：

$\beta = 0.5$，说明该股票的风险只有整个市场股票风险的一半。

$\beta = 1.0$，说明该股票的风险等于整个市场股票的风险。

$\beta = 2.0$，说明该股票的风险是整个市场股票风险的 2 倍。

## 二、证券组合的风险报酬

投资者进行证券组合投资与进行单项投资一样，都要求对承担的风险进行补偿，股票的风险越大，要求的报酬就越高。但是，与单项投资不同，证券组合投资要求补偿的风险只是不可分散风险，而不要求对可分散风险进行补偿。如果可分散风险的补偿存在，善于科学地进行投资组合的投资者将购买这部分股票，并抬高其价格，其最后的报酬率只反映不能分散的风险。因此，证券组合的风险报酬是投资者因承担不可分散风险而要求的，超

过时间价值的那部分额外报酬。证券组合的风险报酬可用下列公式计算:

$$R_p = \beta_p \times (R_M - R_F)$$

式中:$R_p$ 代表证券组合的风险报酬率;$\beta_p$ 代表证券组合的 $\beta$ 系数;$R_M$ 代表所有股票的平均报酬率,也就是由市场上所有股票组成的证券组合的报酬率,简称市场报酬率;$R_F$ 代表无风险报酬率,一般用国库券的利息率来衡量。

【例 3-4】 特林公司持有由甲、乙、丙三种股票组成的证券组合,它们的 $\beta$ 系数分别是 2.0、1.0、0.5,它们在证券组合中所占的比重分别为 60%、30%、10%,股票的市场报酬率为 14%,无风险报酬率为 10%。试确定这种证券组合的风险报酬率。

第一,确定证券组合的 $\beta$ 系数。

$$\beta_p = 60\% \times 2.0 + 30\% \times 1.0 + 10\% \times 0.5 = 1.55$$

第二,计算证券组合的风险报酬率。

$$R_p = \beta_p \times (R_M - R_F) = 1.55 \times (14\% - 10\%) = 6.2\%$$

第三,计算出风险报酬率后,便可根据投资额和风险报酬率计算出风险报酬额。

从以上计算可以看出,调整各种证券在证券组合中的比重,可以改变证券组合的风险、风险报酬率和风险报酬额。

从以上计算还可以看出,在其他因素不变的情况下,风险报酬取决于证券组合的 $\beta$ 系数,$\beta$ 系数越大,风险收益就越大,反之亦然。或者说,$\beta$ 系数反映了股票收益对于系统性风险的反应程度。

### 延伸阅读 3-3

#### 实物资产与证券

我们花了大量的笔墨来讨论证券的风险问题。你一定会问,为什么我们不从房产或设备入手来研究投资的风险问题呢?原因在于实物资产投资组合与证券组合进行风险分散的道理是一样的,但后者更容易进行操作,同时也是外部投资者可以直接看得见的,从直观上更易于理解。

例如,新阳家具公司正在考虑推出一项新的产品项目——翻新家具。由于这是一个新的领域,其收益很不确定。从单项投资的角度来看,风险很大。但是,如果这个新项目与新阳家具公司的传统项目负相关的话,结果就会大不一样。也就是说,在经济状况比较好的时候,人们手里资金充足,会愿意购买新的家具,而在经济状况不好的时候,人们更倾向于买翻新家具,这就像我们前面所讲的负相关的 W 股票与 M 股票一样,风险可以被分散掉。

因此,从单个资产角度看上去风险很高的投资,如果将其放在整个公司经营的背景中去,其风险未必那么高。

## 本 章 小 结

本章主要学习了:风险的概念、种类;风险报酬的定义、表示方式;计算期望报酬率、计算标准离差、计算标准离差率、计算风险报酬率和计算投资报酬率这五步单项资产风险报酬计量的过程；证券组合的风险构成、计量；证券组合风险报酬的计算方法。

## 本章重要概念

风险　风险报酬　期望报酬率　标准离差　标准离差率　风险报酬率　投资报酬率　$\beta$ 系数

# 第四章　资产定价

- 内容提要
- 重点难点
- 学习目标
- 知识框架
- 思政育人
- 第一节　有效市场假说
- 第二节　资本资产定价模型
- 第三节　证券估价
- 本章小结
- 本章重要概念

**内容提要**

本章主要讲解了有效市场假说,经典的资本资产定价模型及债券和股票的估价模型。

**重点难点**

本章重点为资本资产定价模型;难点为证券估价模型。

**学习目标**

通过本章学习,学生应了解有效市场假说;掌握经典的资本资产定价模型;了解证券投资的目的、种类;掌握债券和股票的估价模型。

**知识框架**

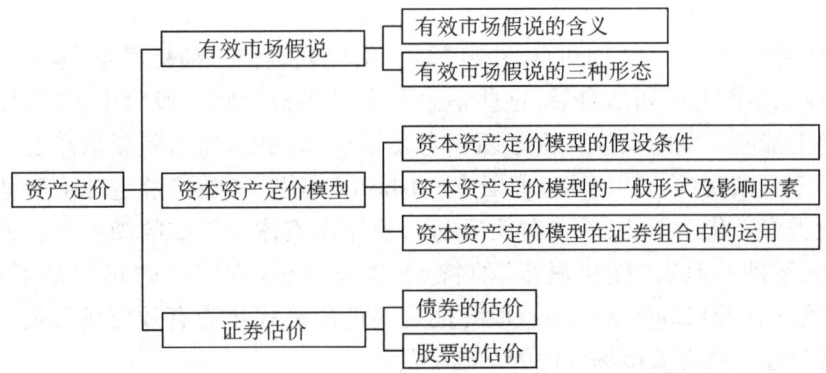

 **思政育人　积极服务实体经济　为金融强国建设贡献"东方"力量**

金融是国民经济的血脉、是国家核心竞争力的重要组成部分。券商要回归本源,稳健发展,在中国证监会领导下,加快形成机构功能发挥更加有效、经营理念更加稳健、发展模式更加集约、公司治理更加健全、合规风控更加自觉、行业生态更加健康、文化建设更加深化的高质量发展新格局。

中央金融工作会议首次提出"建设金融强国"目标,强调金融要为经济社会发展提供高质量服务,并对金融工作作出一系列部署安排。作为资本市场的"看门人"和"服务商",证券公司如何深刻领会中央金融工作会议精神，深入践行金融强国的使命担当？

东方证券董事长金文忠表示：作为金融机构，我们要承担起金融强国的历史使命，全面落实中央金融工作会议的部署，以自身的高质量发展，积极投身服务实体经济的各项工作，更好地服务和支撑中国式现代化建设。

随着股票发行注册制走深走实、多层次资本市场体系不断健全，投行业务迎来新的发展机遇。全面注册制改革的落地，有利于高端制造、信息技术、集成电路、生物医药、人工智能等高新技术产业集群化发展，加快重大战略重点领域和薄弱环节产业链的完善升级。金文忠认为，对券商而言，重点是助力提高上市公司质量。

一方面，作为资本市场的"看门人"，券商要把好企业上市入口关，加大对新一代信息技术、高端装备、新材料、新能源、节能环保及生物医药等高新技术产业和战略性新兴产业领域的投入，深度渗透产业链，助力"科技—产业—金融"良性循环；强化项目准入管理，在项目筛选、尽职调查、信息披露、持续督导等环节严把质量关，选出真企业，挑出好企业。

另一方面，券商要推进全业务链投行体系建设，整合研究、投资、投行、交易等业务资源，为企业提供从早期私募股权融资、上市、再融资、并购重组到资产证券化的全生命周期服务，帮助企业在全球资本市场寻找合适的投融资和资本运作机会，陪伴和支持企业成长，为资本市场提供优质投资标的。

资料来源：李雨琪.东方证券董事长金文忠：积极服务实体经济　为金融强国建设贡献"东方"力量[N/OL].上海证券报，(2023-12-16)[2023-12-22]. https://paper.cnstock.com/html/2023-12/16/content_1855222.htm，有删节.

# 第一节　有效市场假说

4.1　中国证监会关于高质量建设北京证券交易所的意见

"有效市场假说"起源于20世纪初，这个假说的奠基人是一位名叫路易斯·巴舍利耶(Louis Bachelier)的法国数学家。1900年，路易斯·巴舍利耶把统计分析方法应用到了股票报酬率的分析，发现股票价格波动的数学期望值总是零。坎德奥(Kendall)与罗伯兹(Roberts)分别于1953年和1959年发现股票价格序列类似于随机漫步，他们对这种现象的解释是：在给足所有已知信息后，这些信息一定已经被反映于股价中了，所以股价只对新信息作出上涨或下跌的反应。由于新信息是不可预测的，那么随新信息变动的股价必然是随机且不可预测的。1964年，奥斯本(Osborn)提出了"随机游走理论"，他认为股票价格的变化类似于化学中的分子"布朗运动"(悬浮在液体或气体的微粒所作的永不休止的、无秩序的运动)，具有"随机漫步"的特点，也就是说，它变动的路径是不可预期的。1970年，尤金·法玛(Eugene Fama)最终把这些理论形式化为有效市场假说。资本资产定价模型就是建立在有效市场假说的基础上的。

## 一、有效市场假说的含义

有效市场假说是由尤金·法玛于1970年首先提出的。他认为，如果一个资本市场是有效的，那么这个市场上的证券价格总是能够快速、准确、完整地反映所有可获得的信息。

有效市场假说包含以下两个要点：

第一，市场上的每个人都是理性的投资者，他们能够确定每种证券的真实价值，并据此作出最佳的交易决策。

第二，信息能够在证券价格中快速、完全地得到反映,而这些信息所引起的价格调整也是恰当的,即"信息有效"。同时也说明,只有当事关证券真实价值的新信息出现时才会引起该证券价格的变动。

有效市场假说只是一种理论假说,实际上,并非每个人都是理性的,也并非在每一时点上的信息都是有效的。

## 二、有效市场假说的三种形态

根据有效市场假说中的信息集合包括的不同内容,产生了有效市场可实证检验的三种形态。

### (一)弱式效率市场假说

弱式效率市场假说是指证券价格被假设完全反映包括它本身在内的过去历史的证券价格资料,包括价格、成交量和变动率等。证券的当前价格与未来价格不相关,证券价格的任何变动都完全独立于其过去价格。在这种市场中,投资者无法利用过去股价波动所包含的信息获得超额利润,也就是对证券历史数据的研究无助于预测未来趋势。

### (二)半强式效率市场假说

半强式效率市场假说是指所有公开的可用信息假定都被反映在证券价格中,不仅包括证券价格序列信息,还包括企业财务报告信息、经济状况的通告资料和其他公开可用的有关企业价值的信息、公布的宏观经济形式和政策方面的信息。也就是说,这种市场中的证券价格能迅速反映全部新产生的公共信息,包括市场信息、宏观经济信息和企业财务数据等。在这种市场中,投资者不仅无法从历史信息中获取超额利润,而且无法通过分析当前的公开信息获得超额利润。也就是说,企业公布消息或有事件突发后,证券价格一步到位,旁观者没有任何机会。

### (三)强式效率市场假说

强式效率市场假说是指所有相关信息(包括内部信息和公开信息)都在证券价格中反映出来。在这种市场中,证券价格中已包含了所有的信息,投资者即使拥有内幕消息也无法获得超额利润。

有效市场假说反映了经济学家和金融学家梦寐以求的理想状态,现实中的不少例外现象对这一假说提出了挑战,理由大多是现实状态对理想状态的偏离。但是,这些挑战并没有从根本上否定有效市场假说。然而,在正确运用市场有效性问题进行深度研究,并作为决策参考或投资策略选择的依据时,不得不抛弃假说的一些前提假设,以更加客观地面对现实市场。

# 第二节 资本资产定价模型

众所周知,投资者只有在预期得到的报酬足以补偿其承担的投资风险时,才会购买风险性资产。从风险报酬均衡原则中可以知道,风险越高,必要报酬率也就越高。那么,多大的必要报酬率才足以抵补特定数量的风险呢?市场又是怎样决定必要报酬率的呢?资本资产定价模型将风险与报酬率联系在一起,把报酬率表示成风险的函数。

资本资产定价模型是描述风险与报酬关系的理论模型,它认为证券的风险报酬率等于该证券(或证券组合)的β系数与市场风险报酬率的乘积。

## 一、资本资产定价模型的假设条件

任何模型的建立都是对复杂的现实情况的一种抽象,找出其中主要的经济关系,用指标加以描述。在构造证券投资组合并计算它们的报酬率之后,资本资产定价模型(capital asset pricing model,简称CAPM)可以进一步测算投资组合中的每一种证券的报酬率。

资本资产定价模型建立在一系列严格的假设基础之上。尽管有些假设条件与现实有所偏离,但它们简化了建模的过程。而且后来的研究发现,CAPM的基本观点仍然正确。

(1) 完全竞争。完全竞争假设类似于微观经济学中的完全竞争假设,它是指市场上有大量的投资者,与所有投资者的总财富相比,每个投资者的财富是微不足道的。每个投资者的买与卖都不会在市场上占有显著份额,从而证券价格不会因个别投资者的买或卖而受到影响。换句话说,每个投资者都是价格接受者。

(2) 所有投资者都有相同的预期。观察样本的均值和标准差被统计学家称为充分统计量的数据,它们能描述一种资产报酬的概率分布。所有投资者对于期望报酬率、方差和协方差都有完全相同的估计,这就意味着均值和标准差包含着现存的与该种证券相关的所有信息。

(3) 投资者都是通过考察证券的期望报酬率与风险去估价证券,并且每一个投资者都是风险厌恶者。在风险相同时,投资者将选择期望报酬率大的投资组合,而在期望报酬率相同时,投资者将选择风险小的投资组合。

(4) 资本市场上没有摩擦。摩擦是指对市场上的资本与信息自由流动的阻碍。具体来说,就是假设资本市场上不存在与买卖证券有关的交易费用;不存在对红利收入、利息收入及资本利得征税;信息向市场里的每个人自由、及时地传递,投资者不需要任何费用就能获得所有信息。

(5) 存在无风险资产,投资者可按无风险利率无限量地自由借贷。

(6) 单一的投资期限,即所有投资者都在相同的单一时期中计划他们的投资。单一时期是指资本市场上投资机会成本未发生变化的一段时间。在单一时期期初,投资者计划并实施投资,在期末,获得红利与资本收益。

上述假设条件所设定的资本市场是一个完全市场,投资者在相同经济环境下有相同的投资机会和相同的预期。这样就使我们能将注意力从考察个别投资者如何投资转移到考察证券价格的变化,从而进一步研究每一种证券或证券组合的风险与报酬的均衡关系。

延伸阅读4-1

**有效市场假说与资本资产定价模型**

通过前面的学习,你可以看到,虽然在资本资产定价模型的假设条件中并没有明确地包含有效市场假说,但暗含了有效市场假说的相关假设。

一是资本资产定价模型是对投资者作出的相关假设。这意味着投资者是完全理性的,当投资者获得新的信息时,能够修正自己原有的判断,对价格进行新的估算并进行相应的交易决策。当投资者是理性的时候,他能够确定每种证券的真实价值,对各种信息作出快速、正确的反应,从而使市场成为有效市场。

二是资本资产定价模型假设信息是无摩擦的。这意味着信息能够及时、准确地在市场中传递给投资者,使投资者能够快速地对新信息作出判断,并通过投资者判断将相关信息反映到证券价格中,即意味着市场是有效的。

由此可见,有效市场假说是资本资产定价模型的一个重要假设前提,是资本资产定价模型得以建立的基础之一。

## 二、资本资产定价模型的一般形式及影响因素

### (一)资本资产定价模型的一般形式

资本资产定价模型的一般形式可用下列公式表示:

$$K_i = R_F + \beta_i \times (R_M - R_F)$$

式中:$K_i$ 代表第 $i$ 种股票或第 $i$ 种证券组合的必要报酬率;$R_F$ 代表无风险报酬率;$\beta_i$ 代表第 $i$ 种股票或第 $i$ 种证券组合的 $\beta$ 系数;$R_M$ 代表所有股票或所有证券的平均报酬率。

【例 4-1】 锐意公司股票的 $\beta$ 系数为 2.0,无风险利率为 3%,市场上所有股票的平均报酬率为 6%,则锐意公司股票的必要报酬率应为多少?

$$K_i = R_F + \beta_i \times (R_M - R_F) = 3\% + 2.0 \times (6\% - 3\%) = 9\%$$

也就是说,锐意公司股票的报酬率达到或超过 9% 时,投资者方可进行投资;如果低于 9%,则投资者不会购买锐意公司的股票。

### (二)证券市场线

资本资产定价模型通常可以用图形来表示,该图又称证券市场线(security market line,简称 SML)。它可以说明必要报酬率 $K$ 与不可分散风险 $\beta$ 系数之间的关系,具体如图 4-1 所示。

图 4-1 中,无风险报酬率为 3%,$\beta$ 系数不同的股票有不同的风险报酬率,当 $\beta = 0.5$ 时,风险报酬率为

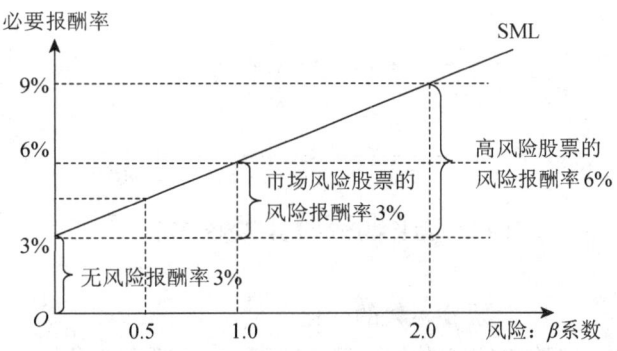

图 4-1 证券报酬与 $\beta$ 系数之间的关系

1.5%;当 $\beta = 1.0$ 时,风险报酬率为 3%;当 $\beta = 2.0$ 时,风险报酬率为 6%。也就是说,$\beta$ 值越高,要求的风险报酬率也就越高,在无风险报酬率不变的情况下,必要报酬率也就越高。

### (三)资本资产定价模型的影响因素

1. 通货膨胀的影响

从投资者的角度来看,无风险报酬率 $R_F$ 是其投资的报酬率。但从筹资者的角度来看,$R_F$ 是其支出的无风险成本,或称无风险利息率。现在市场上的无风险利率由两方面

构成:一个是无通货膨胀的报酬率 $K_0$,这是真正的时间价值部分;另一个是通货膨胀贴水 $IP$,它等于预期的通货膨胀率。因此,无风险报酬率 $R_F = K_0 + IP$。图 4-1 中,$R_F = 3\%$,假设它包括 2% 的真实报酬率和 1% 的通货膨胀贴水,则有 $R_F = K_0 + IP = 2\% + 1\% = 3\%$。

如果预期通货膨胀率上升 2%,增加到 3%,这将使 $R_F$ 上升到 5%,具体如图 4-2 所示。$R_F$ 的增加也会引起所有股票报酬率的增加,如市场上股票的平均报酬率从 6% 增加到 8%。

### 2. 风险回避程度的变化

证券市场线反映了投资者回避风险的程度——直线越陡峭,投资者越回避风险,也就是说,在同样的风险水平上,要求的报酬更高,或者在同样的报酬水平上,要求的风险更小。如果投资者不回避风险,当 $R_F$ 为 3% 时,各种证券的报酬率也是 3%,证券市场线将是水平的。当风险回避增加时,风险报酬率也增加,证券市场线的斜率也增加。风险回避对证券报酬的影响如图 4-3 所示。图 4-3 说明了风险回避增加的情况,市场风险报酬率从 3% 上升到 5%,必要报酬率也从 6% 上升到 8%。风险回避的程度对风险较大的证券影响更为明显。例如,一个 $\beta$ 系数为 0.5 的股票的必要报酬率只增加了 1 个百分点,即从 4.5% 上升到 5.5%;而一个 $\beta$ 系数为 2.0 的股票的必要报酬率却增加了 4 个百分点,即从 9% 上升到 13%。

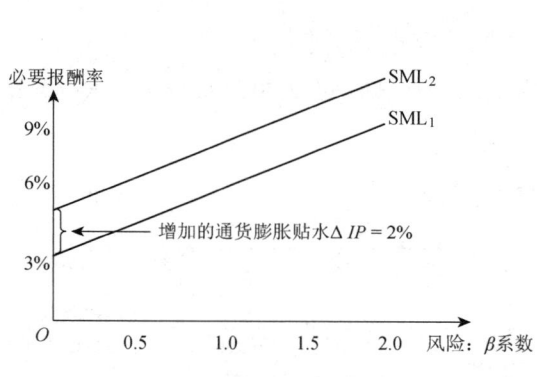

图 4-2 通货膨胀对证券报酬的影响

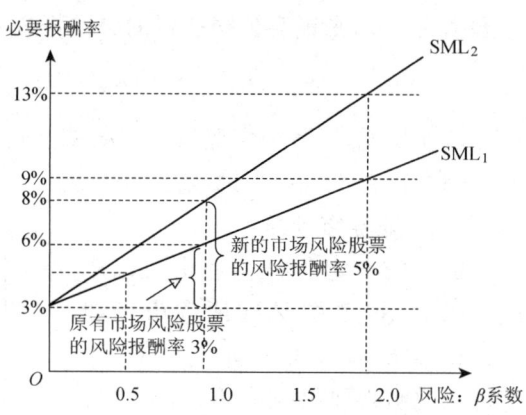

图 4-3 风险回避对证券报酬的影响

### 3. 股票 $\beta$ 系数的变化

随着时间的推移,不仅证券市场线在变化,$\beta$ 系数也在不断变化。$\beta$ 系数可能会因一个企业的资产组合、负债结构等因素的变化而改变,也会因为市场竞争的加剧、专利权的期满等情况而改变。$\beta$ 系数的变化会使股票的报酬率发生变化。假设锐意公司股票的 $\beta$ 系数从 2.0 降为 1.5,其必要报酬率为:

$$K_i = R_F + \beta_i \times (R_M - R_F) = 3\% + 1.5 \times (6\% - 3\%) = 7.5\%$$

反之,如果锐意公司股票的 $\beta$ 系数从 2.0 上升到 2.5,其必要报酬率为:

$$K_i = R_F + \beta_i \times (R_M - R_F) = 3\% + 2.5 \times (6\% - 3\%) = 10.5\%$$

## 三、资本资产定价模型在证券组合中的运用

上面讨论的资本资产定价模型是针对单个证券而言的。实际上,由单个证券形成的证券组合,其必要报酬率与风险仍然满足资本资产定价模型所揭示的关系,即各种证券组合也将落在证券市场线上。

假设证券组合 $P$ 由某 $m$ 个证券组成,各证券的组合权数分别为 $\omega_1, \omega_2, \cdots, \omega_m$,则在市场均衡状态下,$P$ 的必要报酬率为:

$$K_p = \sum_{i=1}^{m} \omega_i K_i = \sum_{i=1}^{m} \omega_i [R_F + \beta_i \times (R_M - R_F)] = R_F + \sum_{i=1}^{m} \omega_i \beta_i (R_M - R_F)$$

式中:$K_p$ 代表证券组合的必要报酬率;$K_i$ 代表第 $i$ 个证券的必要报酬率。
按照第三章讲的证券组合,$\beta$ 系数的计算公式为:

$$\beta_p = \sum_{i=1}^{m} \omega_i \beta_i$$

将上式代入证券组合的必要报酬率公式中,将得到:

$$K_p = R_F + \beta_p \times (R_M - R_F)$$

**【例 4-2】** 假设 M 公司投资了两种证券 A 和证券 B,两种证券的投资比例为 1:1,其中 $\beta_A$ 为 1.3,$\beta_B$ 为 0.9,市场组合的平均报酬率为 10%,无风险报酬率为 6%,则 M 公司证券组合的必要报酬率为多少?

第一,确定证券组合的 $\beta$ 系数。

$$\beta_p = \sum_{i=1}^{m} \omega_i \beta_i = 1.3 \times 0.5 + 0.9 \times 0.5 = 1.1$$

第二,计算证券组合的必要报酬率。

$$K_p = R_F + \beta_p \times (R_M - R_F) = 6\% + 1.1 \times (10\% - 6\%) = 10.4\%$$

**相关思考 4-1**

请问:若[例 4-2]中要求 M 公司证券 A 的必要报酬率呢?

## 第三节 证券估价

企业无论是盖厂房,还是购买设备,都需要大量的资金,有时候企业拥有足够的资金,但是更多的时候却需要从投资者那里获得资金。通常有两种途径获取这些资金:一种是负债融资;另一种是发行股票。当企业发行债券或股票时,无论是融资者,还是投资者,都会对该种证券进行估价,以决定以何种价格发行或购买证券比较合适。因此本节将要讨论的就是债券和股票的估价问题。

4.2 股票、债券、证券投资基金三者异同

## 一、债券的估价

债券是债务人向债权人发行的,在约定时间支付一定比例的利息,并在到期时偿还本金的一种有价证券。

### (一) 债券的种类

按照不同的划分标准,可以把债券分成不同的类别。

1. 按期限的长短分类

按债券投资的时间长短将债券投资分为短期债券投资和长期债券投资两类。其中,短期债券投资是指在1年内就能到期或准备在1年内变现的投资;长期债券投资是指在1年以上才能到期且不准备在1年内变现的投资。

企业进行短期债券投资的目的主要是配合其对短期资金的需求,调节现金余额,使现金余额达到合理水平。当企业现金余额太多时,便投资于债券,使现金余额降低;反之,当现金余额太少时,则出售原来投资的债券,收回现金,使现金余额提高。企业进行长期债券投资的目的主要是获得稳定的收益。

2. 按照发行主体不同

(1) 政府债券。政府债券是由中央政府或地方政府发行的债券,分为中央政府债券和地方政府债券。中央政府债券又称国家债券,简称国债,是指中央政府为筹集财政资金而发行的债券。地方政府债券又称地方债券,是指地方政府为了某一特定目的(如修建地方公共基础设施)而发行的债券。政府债券尤其是国债的信誉很高,风险很低,因此其利率通常低于其他债券。

(2) 金融债券。金融债券是指由银行或非银行金融机构为筹集信贷资金而发行的债券。发行金融债券必须经中央银行批准。金融债券的风险高于政府债券、低于企业债券,因此其利率一般介于两者之间。

(3) 企业债券。企业债券是指企业为筹措长期资金而发行的债券。其中,股份有限公司和有限责任公司发行的债券称为公司债券,简称公司债。

### (二) 债券的基本要素

1. 债券面值

债券面值是指债券的票面金额,代表发行人借入并且承诺于未来特定日期偿付债券持有人的金额。

2. 票面利率

债券的票面利率是指债券发行者1年内向投资者支付的利息与面值之间的比率。债券的票面利率是债券发行时就已经规定了的,债券发行人将按这个利率与面值的乘积计算应支付给债券持有人的利息。多数债券的票面利率在债券持有期间不会改变。有的债券在发行时不明确规定票面利率,而是规定利率水平按某一标准(如政府债券利率或银行存款利率)的变化而同方向调整,这种债券的利率称为浮动利率。

债券的票面利率往往与市场上的实际利率不相等。有的债券每半年或1年支付一次利息,有的债券则到期一次偿还本金和利息,并且不按复利计算利息。

### 3. 债券期限

债券期限是指从发行日至到期日之间的时间。债券通常要规定一个到期日,以便偿还本金。债券的到期时间短则 3 个月,长则 30 年。债券期限越长,其风险也越大,债券的票面利率也越高。

### (三) 债券的估价模型

债券的估价就是对债券的价格进行估计。投资者进行债券投资,都预期在未来一定时期内会收到包括本金和利息在内的现金流入。债券价格应该是投资者为了取得未来的现金流入而愿意投入的资金。

将在债券投资上未来可收取的本金和利息折为现值,即可得到债券的内在价值。债券的内在价值也称为债券的理论价格,只有债券价值大于其购买价格时,该债券才值得投资。影响债券价值的因素主要有债券的面值、期限、票面利率和所采用的贴现率等。

**延伸阅读 4-2**

**资产评估的收益现值法**

资产评估的收益现值法是通过估算待评估资产自评估基准日起未来的纯收益,并将其用适当的折现率折算为评估基准日的现值的方法。其计算公式为:

$$V = \sum_{i=1}^{n} A_i \times (P/F, r, n)$$

式中:$V$ 代表所估算的收益价格即资产价值;$A_i$ 代表第 $i$ 年的资产净现金流;$r$ 代表折现率;$n$ 代表评估对象的收益年限。

采用收益法评估确定的资产价值,是为获得该项资产以取得预期收益的权利所支付的货币总额。资产价值与资产的效用即获利能力密切相关。

因债券的计息方法不同,债券估价模型不同。现介绍几种最常见的债券估价模型。

**1. 每年付息、到期还本债券的估价模型**

典型的债券是每年计算并支付利息、到期归还本金的债券,这种债券的估价模型是最基本的债券估价模型。其计算公式为:

$$P = F \times i \times (P/A, k, n) + F \times (P/F, k, n)$$

式中:$P$ 代表债券价格;$i$ 代表债券票面利率;$F$ 代表债券面值;$k$ 代表投资者要求的必要报酬率或市场利率;$n$ 代表付息总期数。

**【例 4-3】** 某债券面值为 1 000 元,票面利率为 10%,期限为 5 年。某公司要对这种债券进行投资,要求必须获得 12% 的报酬率,则债券价格为多少时才能进行投资?

根据公式可得:

$$P = 1\,000 \times 10\% \times (P/A, 12\%, 5) + 1\,000 \times (P/F, 12\%, 5) = 927.5(元)$$

即这种债券的价格必须低于 927.5 元时,该公司才能购买。

**【例 4-4】** 甲债券面值为 2 000 元,票面利率为 8%,期限为 5 年,每年付息,到期还本。某企业拟购买这种债券,当前的市场利率为 10%,债券目前的市价是 1 800 元,该企业是否可以购买该债券?

甲债券的价值即理论价格，根据公式可得：

$$P = 2\,000 \times 8\% \times (P/A, 10\%, 5) + 2\,000 \times (P/F, 10\%, 5) = 1\,848.56(元)$$

由于债券的内在价值大于市价，购买此债券是合算的，该企业可获得大于 10% 的收益。

根据债券的估价模型，我们发现债券价格与必要报酬率有密切的关系。债券定价的基本原则是：如果必要报酬率等于债券票面利率，债券价格就是其面值（债券平价发行）；如果必要报酬率高于债券票面利率，债券的价格就低于其面值（债券折价发行）；如果必要报酬率低于债券票面利率，债券的价格就高于其面值（债券溢价发行）。

2. 一次还本付息且不计复利债券的估价模型

一次还本付息且不计复利债券平时不支付利息，到期一次支付本金和利息且不计复利，我国很多债券属于此种。其计算公式为：

$$P = (F + F \times i \times n) \times (P/F, k, n)$$

【例 4-5】 某公司拟购买另一家公司发行的利随本清的公司债券，该债券面值为 1 000 元，期限为 5 年，票面利率为 10%，不计复利。如果当前市场利率为 8%，则该债券价格为多少？

根据公式可得：

$$P = (1\,000 + 1\,000 \times 10\% \times 5) \times (P/F, 8\%, 5) = 1\,021.5(元)$$

3. 贴现债券的估价模型

贴现债券以贴现方式发行，没有票面利率，到期按面值偿还。其计算公式为：

$$P = F \times (P/F, k, n)$$

【例 4-6】 某债券面值为 1 000 元，期限为 5 年，以贴现方式发行，期内不计利息，到期按面值偿还。如果市场利率为 8%，则该债券价格估计为多少？

根据公式可得：

$$P = 1\,000 \times (P/F, 8\%, 5) = 1\,000 \times 0.681 = 681(元)$$

4. 债券到期收益率的计算

债券到期收益率是指购买债券后，一直持有该债券至到期日所获得的报酬率，它是能使未来现金流入现值等于债券买入价格的贴现率。其计算公式为：

$$P = F \times i \times (P/A, r, n) + F \times (P/F, r, n)$$

该公式与前面的公式一样，只不过这里要计算的是公式里的贴现率 $r$，计算到期收益率的方法是求解含有贴现率的方程。

【例 4-7】 已知华美公司于 2×23 年 1 月 1 日以 5 000 元价格购买了 A 公司于 2×23 年 1 月 1 日发行的面值为 5 000 元的债券，票面利率为 9%，期限为 8 年。A 公司每年付息一次，到期还本。假定华美公司持有该债券至到期日，计算其到期收益率。

$$5\,000 = 5\,000 \times 9\% \times (P/A, r, 8) + 5\,000 \times (P/F, r, 8)$$

解该方程要用"试算法",用 $r=9\%$ 试算:

$$5\,000\times 9\%\times (P/A,9\%,8)+5\,000\times (P/F,9\%,8)=5\,000$$

可见,按面值购买的每年付息一次、到期还本的债券,其到期收益率等于债券的票面利率。

**【例 4-8】** 假定[例 4-7]中,华美公司以 5 800 元价格购入 A 公司债券,则其到期收益率的计算如下:

$$5\,800=5\,000\times 9\%\times (P/A,r,8)+5\,000\times (P/F,r,8)$$

通过[例 4-7]的计算已知,$r=9\%$ 时,等式右边为 5 000 元,小于 5 800 元,因此可判断到期收益率必定低于 9%,应降低贴现率试算。

用 $r=7\%$ 试算:

$$5\,000\times 9\%\times (P/A,7\%,8)+5\,000\times (P/F,7\%,8)$$
$$=450\times 5.971+5\,000\times 0.582=5\,596.95(元)$$

由于结果仍小于 5 800 元,还应继续降低贴现率。

用 $r=5\%$ 试算:

$$5\,000\times 9\%\times (P/A,5\%,8)+5\,000\times (P/F,5\%,8)$$
$$=450\times 6.463+5\,000\times 0.677=6\,293.35(元)$$

结果高于 5 800 元,可以判定,到期收益率在 5%~7%,用差值法计算近似值:

$$
\begin{array}{ll}
5\% & - \quad 6\,293.35 \\
r & - \quad 5\,800.00 \\
7\% & - \quad 5\,596.95
\end{array}
$$

列等式,得: $\dfrac{r-5\%}{7\%-5\%}=\dfrac{5\,800-6\,293.35}{5\,596.95-6\,293.35}$

解得 $r=6.42\%$。

从[例 4-8]可以看出,如果买价和面值不等,则收益率和票面利率不同。

到期收益率是指导选购债券的标准,它可以反映债券投资按复利计算的真实收益率。如果到期收益率高于投资者要求的必要报酬率,则应买进该债券,否则就放弃。其结论和计算债券的内在价值相同。如[例 4-8],若华美公司要求的必要收益率为 5%,该债券到期收益率高于投资者的要求,可以买入该债券;若华美公司要求的必要报酬率为 8%,则不宜买进。

需要说明的是,在实务中,债券收益率的计算除考虑购买价格外,还要考虑交易费用、通货膨胀和税收等因素,需要对上述计算公式作相应的调整。

**(四)债券投资的优缺点**

1. 债券投资的优点

企业进行债券投资的优点主要表现在以下三个方面:

(1) 本金安全性高。与股票相比,债券投资风险比较小。政府发行的债券有国家财力作后盾,其本金的安全性非常高,通常视为无风险证券。企业债券的持有者拥有优先求偿权,即当企业破产时,优先于股东分得企业资产。因此,其本金损失的可能性比股票小。

(2) 收入比较稳定。债券票面一般都标有固定利息率,债券的发行人有按时支付利息的法定义务。因此,在正常情况下,投资于债券都能获得比较稳定的收入。

(3) 许多债券都具有较好的流动性。政府及大公司发行的债券一般都可在金融市场上迅速出售,流动性很好。

2. 债券投资的缺点

企业进行债券投资的缺点主要表现在以下两个方面:

(1) 购买力风险比较大。债券的面值和利息率在发行时就已确定,如果投资期间的通货膨胀率比较高,则本金和利息的购买力将不同程度地受到侵蚀,在通货膨胀率非常高时,投资者虽然名义上有收益,但实际上却有损失。

(2) 没有经营管理权。投资于债券只是获得收益的一种手段,无权对债券发行单位施以影响和控制。

## 二、股票的估价

股票是企业签发的证明股东所持有股份的凭证。

**(一) 股票概述**

1. 股票的相关要素

4.3 视频:股票的起源

为了更好地理解股票估价模型,有必要介绍关于股票的一些要素。

(1) 股票价值。股票价值是指其预期的未来现金流入的现值。投资股票通常是为了在未来能够获得一定的现金流入。这种现金流入包括两部分:每期将要获得的股利及出售股票时得到的价格收入。有时为了把股票价值与价格相区别,把股票的价值也称作股票的内在价值。

(2) 股票价格。股票价格是指其在市场上的交易价格,它分为开盘价、收盘价、最高价和最低价等。股票的价格会受到各种因素的影响而出现波动。

(3) 股利。股利是企业从税后利润中分配给股东的一种报酬,是股息和红利的总称,是股东所有权在分配上的体现。仅当企业有利润并且企业管理层愿意将利润分给股东而不是将其进行再投资时,股东才有可能获得股利。

2. 股票的种类

股票主要有普通股和优先股两种。优先股有固定的股息,不随企业业绩好坏而波动,并且可以先于普通股股东领取股息;当企业破产进行财产清算时,优先股股东对企业剩余财产有先于普通股股东的要求权。但优先股一般不参加企业的红利分配,持股人亦无表决权,不能借助表决权参加企业的经营管理。因此,企业投资于优先股,可以获得固定的股利收入,价格波动相对较小,风险较低。企业投资于普通股,股利收入忽高忽低,价格波动较大,风险也较大,但投资于普通股,一般能获得较高收益。

3. 股票投资目的

企业进行股票投资的目的主要有两个:一是作为一般的证券投资,获取股利收入及股票买卖差价;二是利用购买某一企业的大量股票达到控制该企业的目的。在第一种情况下,企业仅将某种股票作为其证券组合的一个组成部分,不应冒险将大量资金投资于某一企业的股票上。在第二种情况下,企业应集中资金投资于被控企业的股票上。

### (二) 股票的估价模型

同进行债券投资一样,企业进行股票投资,也必须知道股票价格的估算方法。优先股的估价比较简单,其计算方法与债券基本一样,在此不再赘述。这里仅介绍普通股的估价模型。

4.4 视频:股票价格指数

**1. 短期持有、未来准备出售的股票估价模型**

在一般情况下,投资者投资于股票,不仅希望得到股利收入,还希望在未来出售股票时,从股票价格的上涨中获得好处。此时的股票估价模型为:

$$V = \sum_{t=1}^{n} D_t \times (P/F, k, t) + V_n \times (P/F, k, n)$$

或

$$V = D \times (P/A, k, n) + V_n \times (P/F, k, n)$$

式中:$V$ 代表股票内在价值;$V_n$ 代表未来出售时预计的股票价格;$k$ 代表投资者要求的必要报酬率;$D_t$ 代表第 $t$ 期的预期股利;$D$ 代表预期股利;$n$ 代表预期持有股票的期数。

【例 4-9】 某企业准备购入 A 公司股票,目前市场价格每股为 25 元,预计每年可获得股利为 3 元/股,准备 2 年后出售,预计出售价格为 30 元/股,企业要求的必要报酬率为 15%,该股票是否值得投资?

$$V = 3 \times (P/A, 15\%, 2) + 30 \times (P/F, 15\%, 2)$$
$$= 3 \times 1.626 + 30 \times 0.756 = 27.56(元)$$

该股票的内在价值大于目前市场价格,因此值得购买。

**2. 长期持有、股利稳定不变的股票估价模型**

在每年股利稳定不变,投资人持有期间很长的情况下,股票的估价模型可简化为:

$$V = \frac{D}{k}$$

【例 4-10】 某种股票预计每年分配股利 3 元/股,要求的必要报酬率为 15%,则:

$$V = \frac{D}{k} = \frac{3}{15\%} = 20(元)$$

这就是说,该股票每年会带来 3 元的收益,在贴现率为 15% 的条件下,它相当于 20 元资本的收益,所以其价值是 20 元。

**3. 长期持有、股利固定增长的股票估价模型**

如果一家企业的股利不断增长,投资人的投资期限又非常长,股票的估价就更困难了,只能计算近似数。设上年股利为 $D_0$,第一年的股利为 $D_1$,每年股利比上年增长率为 $g$,则其股票估价模型为:

$$V = \frac{D_0 \times (1+g)}{k-g} = \frac{D_1}{k-g}$$

【例 4-11】 乐松机械设备公司准备投资购买六和股份有限公司的股票,该股票上一年每股股利为 2 元,预计以后每年以 2% 的增长率增长,乐松机械设备公司经分析后,认为必须获得 8% 的报酬率,才能购买六和股份有限公司的股票,则乐松机械设备公司什么时候可以购买股票？

$$V = \frac{2 \times (1 + 2\%)}{8\% - 2\%} = 34(元)$$

六和股份有限公司的股票价格在34元以下时，乐松机械设备公司才能购买。

 延伸阅读4-3

**长期持有股票，股利非固定增长的股票估价模型**

在现实生活中，有的公司股票股利是不固定的，如在一段时间里高速成长，在另一段时间里正常固定成长或固定不变。在这种情况下，就要分段计算，才能确定股票的价值。

例如，某企业持有东方公司的股票，它的投资最低报酬率为15%。预计东方公司未来3年股利将高速增长，增长率为20%。在此以后转为正常增长，增长率为12%。东方公司最近支付的股利是2元。东方公司股票的价值是多少？

第一步，计算非正常增长期的股利现值。

| 年份 | 股利 | 现值系数(15%) | 现值 |
|---|---|---|---|
| 1 | 2×1.2=2.4 | 0.870 | 2.088 |
| 2 | 2.4×1.2=2.88 | 0.756 | 2.177 |
| 3 | 2.88×1.2=3.456 | 0.658 | 2.274 |
| 合计 | | | 6.539 |

第二步，计算第三年年底的普通股内在价值。

$$V = \frac{D_3 \times (1+g)}{k-g} = \frac{3.456 \times (1+12\%)}{15\% - 12\%} = 129.02(元)$$

其现值为：$129.02 \times (P/F, 15\%, 3) = 129.02 \times 0.658 = 84.90(元)$

第三步，计算股票目前的内在价值。

$$V = 6.539 + 84.90 = 91.439(元)$$

### （三）股票投资的优缺点

1. 股票投资的优点

股票投资是一种最具有挑战性的投资，其收益和风险都比较高。股票投资的优点主要有以下几方面：

（1）能获得比较高的报酬。普通股票的价格虽然变动频繁，但从长期看，优质股票的价格总是上涨的居多，只要选择得当，就能取得优厚的投资收益。

（2）能适当降低购买力风险。普通股的股利不固定，在通货膨胀率比较高时，由于物价普遍上涨，股份公司盈利增加，股利的支付也随之增加。因此，与固定收益证券相比，普通股能有效地降低购买力风险。

（3）拥有一定的经营控制权。普通股股东属于股份公司的所有者，有权监督和控制公司的生产经营情况。因此，欲控制一家公司，最好是收购这家公司的股票。

2. 股票投资的缺点

股票投资的缺点主要是风险大，具体主要有以下几方面：

（1）普通股对企业资产和盈利的求偿权均居于最后。企业破产时，股东原来的投资可能得不到全数补偿，甚至一无所有。

（2）普通股的价格受众多因素影响，很不稳定。政治因素、经济因素、投资人心理因素、企业的盈利情况、风险情况，都会影响股票价格，这也使股票投资具有较高的风险。

（3）普通股的收入不稳定。普通股股利的多少视企业经营状况和财务状况而定，其有无、多寡均没有法律保证，其收入的风险也远远大于固定收益证券。

## 本 章 小 结

本章主要学习了：有效市场假说理论；资本资产定价模型的一般形式及影响因素；债券的种类、基本要素、估价模型、投资优缺点；股票的相关要素、种类、投资目的、估价模型、投资优缺点。

## 本 章 重 要 概 念

4.5 第四章
课件

有效市场假说　资本资产定价模型　债券估价　面值　票面利率　股票估价　股利　普通股　优先股

# 第五章　投资决策基础

- 内容提要
- 重点难点
- 学习目标
- 知识框架
- 思政育人
- 第一节　企业投资概述
- 第二节　现金流量的一般分析
- 第三节　投资决策指标的分析
- 本章小结
- 本章重要概念

**内容提要**

本章主要讲解了企业投资的意义、分类及程序，现金流量的构成与计算，贴现指标的计算、决策规则和优缺点，非贴现指标的计算、决策规则和优缺点。

**重点难点**

本章重点为现金流量的构成与计算，净现值、内含报酬率、获利指数的计算，决策规则和优缺点，投资回收期的计算与决策规则；难点为净现值、内含报酬率等贴现指标的计算，决策规则和优缺点。

**学习目标**

通过本章学习，学生应了解企业投资的意义、分类及投资程序；掌握现金流量的构成与计算，净现值、内含报酬率、获利指数的计算与决策规则，投资回收期、平均报酬率、平均会计报酬率的计算与决策规则。

**知识框架**

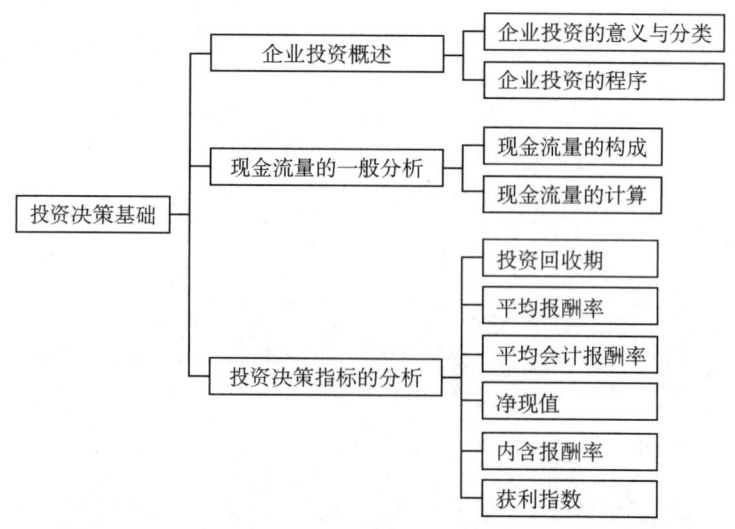

**思政育人　　稳投资持续加力　新基建蕴含新机遇**

投资是拉动经济的"三驾马车"之一。

2022年以来,稳投资加码发力,固定资产投资规模持续扩大,新基建蕴含新机遇,一项项重大工程抓紧推进,投资关键作用进一步发挥,为推动经济行稳致远注入持久动力。

一、基建加码发力　扩大有效投资汇聚稳经济合力

2022年上半年,面对经济下行压力,投资数据的改善,释放出经济逐步企稳恢复的积极信号。

2022年1月至5月,固定资产投资(不含农户)同比增长6.2%,增速虽较1月至4月回落0.6个百分点,但回落幅度收窄1.9个百分点。

重重困难之下,制造业投资保持了"韧性"。2022年1月至5月,制造业投资实现了两位数增长,10.6%的同比增速虽较1月至4月有所回落,但回落幅度收窄1.8个百分点。

扩大有效投资,全面加强基础设施建设被摆上重要位置。2021年年末的中央经济工作会议提出"适度超前开展基础设施投资",2022年4月26日召开的中央财经委员会第十一次会议提出构建现代化基础设施体系,2022年4月29日召开的中央政治局会议提出全面加强基础设施建设……一系列政策加力信号持续释放。

各地各有关部门积极行动。截至2022年5月,新增专项债已发行20 300亿元,完成下达额度的59%,比去年同期增加1.4万亿元;新开工10 644个水利项目,投资规模4 144亿元,其中投资规模超过1亿元的项目609个;新开工120个高速公路和普通国省道项目,总投资1 820亿元……

2022年1月至5月,基础设施投资同比增长6.7%,增速比1月至4月加快0.2个百分点,比全部投资增速高0.5个百分点。

二、"高""新"投资增速快　结构优化积蓄高质量发展动能

投资在短期体现为需求,在中长期体现为供给。推进高质量发展,优化供给结构是必然选择。

积极扩大有效投资,不是盲目铺摊子、上项目,更不是搞"大水漫灌"式的强刺激,而是聚焦经济社会发展的关键领域和薄弱环节,精准有序实施一批既利当前,又利长远的投资项目。

新基建,是支撑新业态、新产业、新服务发展的战略性基石。我国5G基站建设加快推进,2022年1月至5月新建基站27.5万个,基站总数已达170万个。

作为加快构建全国一体化大数据中心体系的重要一环,今年"东数西算"工程正式全面启动,一个个数据中心项目加快落地,为数字经济发展开拓新空间。

2022年1月至5月,装备制造业投资同比增长22.0%,高技术制造业投资增速达24.9%,远高于制造业投资10.6%的增速。

发力先进制造业投资、绿色低碳投资,加快新型基础设施建设……不断优化的投资结构,正为高质量发展积蓄新动能。

三、锚定扩大内需　助力构建新发展格局

当前,我国基础设施和民生领域还有不少薄弱环节,推动技术进步、产业改造升级也离不开投资,这意味着有效投资需求大、潜力大。

由投资、消费构成的内需,是中国经济增长的"主引擎",2022年一季度对经济增长的贡献率达96.3%。增强"主引擎"确保经济运行在合理区间,需要进一步释放投资潜力。

民间投资占整体投资比重一半以上,是拉动投资增长的"主力军"。发挥重大项目牵引和政府投资撬动作用、鼓励民间投资积极参与盘活存量资产、加强民间投资融资支持……目前一系列鼓励民间投资发展的措施正抓紧落实,助力增强扩大有效投资的动力。

加快构建新发展格局,是党中央在复杂国内外形势下重塑中国经济新优势的深远谋划。扩大内需是

构建新发展格局的战略基点，意味着进一步释放投资潜力。

构建新发展格局，正带来新的投资机遇。不断释放的投资潜力，也在助力构建新发展格局。

**资料来源：**新华社. 稳投资持续加力　新基建蕴含新机遇——2022年中国经济年中观察之投资篇[EB/OL]. (2022-07-06)[2023-11-25]. https://www.gov.cn/xinwen/2022-07/06/content_5699557.htm, 有删节.

# 第一节　企业投资概述

## 一、企业投资的意义与分类

企业投资是指企业运用现在所持有的资金或其他资源，以期在未来一定时期内获得与风险成比例的收益。在市场条件下，企业能否把筹集到的资金投放到收益高、回收快、风险小的项目上，对企业的生存和发展十分重要。

**（一）企业投资的意义**

1. 投资是实现企业财务管理目标的基本前提

5.1　视频：2023年投资中最重要的三件事

企业财务管理的目标是不断提高企业价值、增加股东财富，为此，就要采取各种措施增加利润、降低风险。企业想要获得利润，就必须进行投资。对创造价值而言，投资决策是三项财务管理决策中最重要的决策。

2. 投资是企业发展生产的必要手段

在科学技术、社会经济迅速发展的今天，企业无论是维持简单再生产还是实现扩大再生产，都必须进行一定的投资。企业只有通过一系列的投资活动，才能创造价值、增强实力、广开财源。

3. 投资是企业降低经营风险的重要方法

企业把资金投向生产经营的关键环节或薄弱环节，可以使各种生产经营能力配套、平衡，形成更大的综合生产能力，从而降低企业的经营风险。

**（二）企业投资的分类**

根据不同的分类标准，投资有不同的分类。

1. 按投资与企业生产经营的关系分类

按投资与企业生产经营的关系分类，投资可分为直接投资和间接投资。

直接投资是指将资金直接投资在生产经营上，形成实际资产。这些实际资产包括存货、机器设备、建筑物、土地使用权及可用于生产商品和服务的无形资产等。间接投资又称证券投资，是指将资金投资在金融资产上，如股票和债券，以便取得利息、股利或资本利得收入的投资。

2. 按投资回收时间的长短分类

按投资回收时间的长短分类，投资可分为短期投资和长期投资。

短期投资又称流动资产投资，是指能够并且也准备在1年内或一个经营周期内收回的投资，主要包括对货币资金、应收账款、存货和短期有价证券的投资。长期投资则是指1年以上或一个经营周期以上才能收回的投资，主要指对厂房、设备等固定资产、无形资产、长期有价证券的投资。

3. 按投资的方向分类

按投资的方向分类,投资可分为对内投资和对外投资。

对内投资是指把资金投放在企业内部,购买各种生产经营用资产的投资,对内投资都是直接投资。对外投资是指把资金投放于企业外部,可以是购买金融资产的间接投资,也可以是与其他企业联营的直接投资。

4. 按投资项目之间的相互关系分类

按投资项目之间的相互关系分类,投资可分为独立项目投资、互斥项目投资和相关项目投资。

独立项目是指该项目的选择既不要求又不排斥其他投资项目。互斥项目是指投资该项目就不能投资于另一个项目,并且反过来也是这样的。相关项目是指该项目的实施依赖于其他项目的接受,如采用新的技术专利权就必须购买新的设备,则新的技术专利权的投资与新设备的投资就是相关项目投资。

5. 按投资项目现金流入与流出的时间分类

按投资项目现金流入与流出的时间分类,投资可分为常规项目投资和非常规项目投资。

常规项目是指只有一期初始现金流出,随后是一期或多期现金流入的项目。非常规项目的现金流量形式在某些方面与常规项目有所不同,如现金流出不发生在期初或期初和以后各期有多次现金流出等。

## 二、企业投资的程序

投资是一项具体而复杂的系统工程,按照序时的方法,企业投资的程序一般包括以下几个步骤。

5.2 视频:推进投资项目审批制度改革

### (一) 投资项目的决策

投资决策阶段是整个投资过程的开始阶段,也是最重要的阶段。投资决策阶段主要进行以下工作。

1. 投资项目的提出

提出新的、有价值的创意的投资方案是非常重要的。新投资方案可以来自企业各级部门,如产品方案通常来自研发部门或营销部门,设备更新的建议通常来自生产部门。

2. 投资项目的评价

财务管理人员进行投资项目的评价主要包括以下工作:

(1) 估计项目相关的现金流量。

(2) 选择某一个评价指标对项目进行评价。

(3) 形成严谨的可行性研究报告,向决策层提出决策建议。

3. 投资项目的决策

投资项目经过评价后,要由企业的决策层作出最后的决策,投资项目的决策分为三种情况:接受、拒绝和发还进行调整后再处理。

### (二) 投资项目的实施与监控

一旦决定进行某一项目投资,就要积极有效地实施并加以监控,包括积极为投资项目筹集资金、按照拟定的投资方案有计划分步骤地实施投资项目、对项目的实施进度和资金投放等进行控制与监督。在项目实施中定期进行后续分析,把实际的现金流量与风险和预期现金流量与风险进行对比,找出差异,分析差异存在的原因,并根据不同的情况作出不同的处理,如延迟投资、放弃投资、扩大投资或缩减投资等。

### (三) 投资项目的事后审计

投资项目的事后审计是指对已经完成的投资项目的投资效果进行的审计。这种审计主要由企业内部审计机构完成,是将投资项目的实际价值与预期值进行对比,发现投资项目实际报酬率与预期报酬率之间的偏差,分析产生偏差的原因,总结经验,也可以对投资管理部门进行绩效评价,以持续提高投资管理效率。

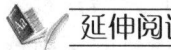
延伸阅读 5-1

**投资项目报酬率、资本成本与股东财富的关系**

投资项目评价的基本原理是:投资项目的报酬率大于资本成本时,企业的价值将增加;投资项目的报酬率小于资本成本时,企业的价值将减少。这一原理涉及项目的报酬率、资本成本和股东财富的关系。

企业的资本由债务和股东权益组成。债权人之所以愿意把钱借给企业,是因为他们想要赚取利息,而股权投资人把钱投入企业是希望赚取收益。假设一家企业的资产由 100 万元债务和 100 万元股东权益组成,债务的利息率为 10%,股东要求的收益率为 20%,则企业的资本成本为:

$$\frac{100}{200} \times 10\% \times (1 - 25\%) + \frac{100}{200} \times 20\% = 13.75\%$$

因此,为了同时满足债权人和股东的期望,企业的资产收益率为 13.75%。如果企业的资产获得的报酬大于 13.75%,债权人仍按 10% 取得利息,超额收益应全部属于股东。企业的收益大于股东的要求,必然会吸引新的投资者购买该企业股票,其结果是股价上升。股价代表了股东的财富,反映了资本市场对企业价值的估计。当企业投资取得高于资本成本的报酬时,就为股东创造了价值。

## 第二节 | 现金流量的一般分析

投资决策的关键是做好投资方案的经济评价工作,即采用特定指标对投资项目可行性进行分析。这些指标的计算都是以投资项目的现金流量为基础的。因此,现金流量是评价投资方案是否可行时必须先计算的一个基础性数据。

### 一、现金流量的构成

在投资决策中,现金流量是指一个项目引起的企业现金支出和现金收入增加的数量。这里所说的"现金"是广义的现金,不仅包括各种货币资金,还包括需要投入的企业现有的非货币资源的变现价值。例如,一个项目需要使用的厂房、设备、材料等的变现价值,而不是账面价值。

现金流量的构成按照不同的分类标准,可以有以下两种分类方法:

(1) 按照现金流动的方向,现金流量可分为现金流入量、现金流出量和净现金流量(net cash flow,简称 NCF)。现金流入量是指由该项目引起的企业现金收入的增加额;现金流出量是指由该项目引起的企业现金支出的增加额;净现金流量是指由项目引起的、一定期间现金流入量和现金流出量的差额。流入量大于流出量,净流量为正值;反之,净流量为负值。

(2) 按照现金流量发生的时间,现金流量可分为初始现金流量、营业净现金流量和终结现金流量。使用这种分类方法计算现金流量比较方便,因此下面将详细分析这三种现金流量及其主要内容。

### (一) 初始现金流量

初始现金流量是指开始投资时发生的、与该项目相关的现金流量。初始现金流量一般包括以下内容:

(1) 购建生产线的价款。它是指在项目投资中用于购建生产线的现金流出,包括购入或建造成本、运输成本、安装成本等,可以是一次性支出,也可能分几次支出。

(2) 垫支的营运资金。它是指在项目寿命期内垫支于流动资产的资金额,包括对材料、在产品、产成品和货币资金等流动资产的投资。垫支的营运资金只有在营业终了或出售(报废)该生产线时才能收回,并用于别的目的。

(3) 原有生产线的变价收入扣除相关税金后的净收益。变价收入主要是指固定资产更新时原有固定资产的变卖所得的现金收入。

(4) 其他相关投资费用。如与该项目相关的职工培训费、注册费等。

### (二) 营业净现金流量

营业净现金流量是指投资项目投入使用后,在其寿命周期内由于生产经营所带来的现金流入和流出的数量。项目生产经营期间,一般是以生产为主要特征,投资活动一般比较少。在回收额为零、没有追加投资的情况下,现金流入量只有营业收入一项,现金流出量则包括付现成本和企业所得税(企业所得税也是企业的一种现金支付)。营业净现金流量一般以年为单位进行计算,其计算公式如下:

$$\text{营业净现金流量} = \text{营业收入} - \text{付现成本} - \text{企业所得税}$$
$$= \text{税后利润} + \text{折旧}$$

式中:营业收入是指项目投产后每年增加的销售收入;付现成本是指需要每年支付现金的成本。成本中不需要每年支付现金的部分为非付现成本,主要是指折旧费,另外还包括无形资产的摊销额等。

### (三) 终结现金流量

终结现金流量是指投资项目完结时所发生的、与该项目相关的现金流量。终结现金流量一般包括以下内容:

(1) 生产线出售(报废)时的残值收入扣除所需要上缴的税金等支出后的净收入。

(2) 收回的营运资金。该生产线出售(报废)时,企业可以相应收回原来垫支的营运资金,假定回收率为1。

(3) 其他现金流入。如停止使用的土地的变价收入等。

## 二、现金流量的计算

在这部分内容中,为了便于清楚地说明现金流量的计算,将固定资产变价收入所涉及的税金问题忽略不计,有关税金的讨论将在下一章中进行。

**【例 5-1】** 某公司准备购入一台设备生产新产品以增加收益,现在 A、B、C 三个方案可供选择,各方案的基本情况如表 5-1 所示。

表 5-1　　　　　　　　　某公司购置设备的三个方案　　　　　　金额单位:元

| 项目 | A 方案 | B 方案 | C 方案 |
|---|---|---|---|
| 固定资产投资额 | 12 000 | 9 000 | 13 000 |
| 垫支营运资金 | | | 3 000 |
| 使用年限(年) | 3 | 4 | 4 |
| 期末残值 | 0 | 1 000 | 1 000 |
| 每年折旧(直线折旧法) | 4 000 | 2 000 | 3 000 |
| 年营业收入 | 15 000 | 第一年、第二年每年 14 000 元,第三年、第四年每年 13 000 元 | 第一年 13 000 元,以后每年递增 4 000 元 |
| 年付现成本 | 10 000 | 10 000 | 第一年 10 000 元,以后每年递增 2 000 元 |

假设企业所得税税率为 25%,下面将通过列表的形式计算每个方案的净现金流量。计算中,先计算每个方案的营业净现金流量,然后再结合初始现金流量和终结现金流量,最终得出三个方案各年的净现金流量,分别如表 5-2、表 5-3 和表 5-4 所示。

表 5-2　　　　　　　　　A 方案各年的净现金流量　　　　　　金额单位:元

| 年份 t | 0 | 1 | 2 | 3 |
|---|---|---|---|---|
| 营业收入(1) | | 15 000 | 15 000 | 15 000 |
| 付现成本(2) | | 10 000 | 10 000 | 10 000 |
| 折旧(3) | | 4 000 | 4 000 | 4 000 |
| 税前利润(4)=(1)-(2)-(3) | | 1 000 | 1 000 | 1 000 |
| 企业所得税税额(5)=(4)×25% | | 250 | 250 | 250 |
| 净利润(6)=(4)-(5) | | 750 | 750 | 750 |
| 营业净现金流量(7)=(1)-(2)-(5) | | 4 750 | 4 750 | 4 750 |
| 期初固定资产投资 | -12 000 | | | |
| 净现金流量 | -12 000 | 4 750 | 4 750 | 4 750 |

表 5-3　　　　　　　　　B 方案各年的净现金流量　　　　　　金额单位:元

| 年份 t | 0 | 1 | 2 | 3 | 4 |
|---|---|---|---|---|---|
| 营业收入(1) | | 14 000 | 14 000 | 13 000 | 13 000 |
| 付现成本(2) | | 10 000 | 10 000 | 10 000 | 10 000 |
| 折旧(3) | | 2 000 | 2 000 | 2 000 | 2 000 |
| 税前利润(4)=(1)-(2)-(3) | | 2 000 | 2 000 | 1 000 | 1 000 |
| 企业所得税税额(5)=(4)×25% | | 500 | 500 | 250 | 250 |

(续表)

| 年份 t | 0 | 1 | 2 | 3 | 4 |
|---|---|---|---|---|---|
| 净利润(6)=(4)-(5) | | 1 500 | 1 500 | 750 | 750 |
| 营业净现金流量(7)=(1)-(2)-(5) | | 3 500 | 3 500 | 2 750 | 2 750 |
| 期初固定资产投资 | -9 000 | | | | |
| 固定资产残值 | | | | | 1 000 |
| 净现金流量 | -9 000 | 3 500 | 3 500 | 2 750 | 3 750 |

表 5-4　　　　　　　C方案各年的净现金流量　　　　　金额单位:元

| 年份 t | 0 | 1 | 2 | 3 | 4 |
|---|---|---|---|---|---|
| 营业收入(1) | | 13 000 | 17 000 | 21 000 | 25 000 |
| 付现成本(2) | | 10 000 | 12 000 | 14 000 | 16 000 |
| 折旧(3) | | 3 000 | 3 000 | 3 000 | 3 000 |
| 税前利润(4)=(1)-(2)-(3) | | 0 | 000 | 4 000 | 6 000 |
| 企业所得税税额(5)=(4)×25% | | 0 | 500 | 1 000 | 1 500 |
| 净利润(6)=(4)-(5) | | 0 | 1 500 | 3 000 | 4 500 |
| 营业净现金流量(7)=(1)-(2)-(5) | | 3 000 | 4 500 | 6 000 | 7 500 |
| 期初固定资产投资 | -13 000 | | | | |
| 期初垫支营运资金 | -3 000 | | | | |
| 固定资产残值 | | | | | 1 000 |
| 营运资金收回 | | | | | 3 000 |
| 净现金流量 | -16 000 | 3 000 | 4 500 | 6 000 | 11 500 |

对表 5-2、表 5-3 和表 5-4 作以下说明:

(1) 年份 $t=0$ 代表第 1 年年初,$t=1$ 代表第 1 年年末,$t=2$ 代表第 2 年年末,依此类推。

(2) 在现金流量计量中所使用的现金流量都是与该方案相关的现金流量,是由该方案引起的"增量"现金流量。

(3) 为了方便计算,在现金流量计量中,假定初始现金流量在第 1 年年初一次进行,各年营业净现金流量在各年年末一次发生,终结现金流量在最后 1 年年末发生的。

(4) 在表 5-2、表 5-3 和表 5-4 的计算中,"$t=0$"的净现金流量=初始现金流量,"$t=1$"至"$t=n-1$"的净现金流量=营业净现金流量,"$t=n$"的净现金流量=营业净现金流量+终结现金流量。

(5) 在表 5-2、表 5-3 和表 5-4 的计算中,营业净现金流量采用公式"营业净现金流量=营业收入-付现成本-企业所得税"计算,也可采用公式"营业净现金流量=税后利润+折旧"计算。

**延伸阅读 5-2**

**投资决策中使用现金流量而非利润的原因**

传统的财务会计按权责发生制计算企业的收入与成本,并以收入减去成本后的利润作为收益,来评价企业的经济效益,而长期投资决策中却采用现金流量来评价投资项目的经济效益,不采用利润作为收益主要有以下几方面的原因:

(1) 现金流量的计量使用收付实现制,它以企业实际收到或付出的款项为计算基础,避免了企业因权责发生制而出现的应收应付问题给企业计算收益带来的弊端。

(2) 利润在各年的分布受折旧计提方法等人为因素的影响,而现金流量的分布不受这些人为因素的影响,可以保证评价的客观性。

(3) 使用现金流量来计算企业投资的投入与产出,能够使企业的投资始终站在投资主体的立场上评价其投资效益。

(4) 现金流量概念使资金时间价值在计算企业的投资效益中得以应用,有利于企业的投资决策者更新观念。

(5) 在投资分析中,现金流量状况比盈亏状况更重要,有利润的年份不一定有现金去投资某个项目。

通过以上的分析,你能否举例说明利润与现金流量的区别?

## 第三节 投资决策指标的分析

投资决策指标根据其是否考虑时间价值,可以分为贴现指标和非贴现指标两大类。贴现指标主要包括净现值、内含报酬率、获利指数。非贴现指标主要包括投资回收期、平均报酬率、平均会计报酬率,非贴现指标没有考虑资金时间价值,容易造成投资决策方案的错误选择,因此非贴现指标一般作为辅助方法。

在理解投资决策评价方法时,关键掌握三点:一是投资决策指标的计算;二是投资决策指标的决策规则;三是投资决策指标优劣的判断。

### 一、投资回收期

投资回收期(payback period,简称 PP)是指投资引起的现金流入累计达到与投资额相等时所需要的时间。投资回收期代表收回投资所需的年限,回收期越短,方案越有利。

投资回收期的计算要视现金流量特点而定。在原始投资一次支出,每年净现金流量相等时,投资回收期的计算公式如下:

$$PP = \frac{\text{初始投资额}}{\text{每年净现金流量}}$$

如果每年净现金流量不相等,或者初始投资是分几年投入的,则可使下式成立的 $n$ 为投资回收期,其计算公式如下:

$$\sum_{t=0}^{n} I_t = \sum_{t=0}^{n} O_t$$

或
$$PP = n + \frac{第\,n\,年末尚未收回的投资额}{第\,n+1\,年的\,NCF}$$

式中：$I_t$ 代表第 $t$ 年的现金流入量；$O_t$ 代表第 $t$ 年的现金流出量；$n$ 代表尚未收回投资额有余额最后一年的年数；$NCF$ 代表净现金流量。

**【例 5-2】** 沿用[例 5-1]的资料，计算 A、B、C 三个方案的投资回收期。

由于 A 方案每年净现金流量相等，A 方案的投资回收期为：

$$PP(A\,方案) = 12\,000 \div 4\,750 = 2.53(年)$$

由于 B、C 方案每年净现金流量不相等，通过列表表示各年年末尚未收回的投资额，从而确定投资回收期，分别如表 5-5、表 5-6 所示。

表 5-5　　　　　　　　　　　B 方案投资回收期计算表　　　　　　　　金额单位：元

| 年份 $t$ | 1 | 2 | 3 | 4 |
|---|---|---|---|---|
| 各年的净现金流量 | 3 500 | 3 500 | 2 750 | 3 750 |
| 年末尚未收回的投资额 | 5 500 | 2 000 | | |

表 5-6　　　　　　　　　　　C 方案投资回收期计算表　　　　　　　　金额单位：元

| 年份 $t$ | 1 | 2 | 3 | 4 |
|---|---|---|---|---|
| 各年的净现金流量 | 3 000 | 4 500 | 6 000 | 11 500 |
| 年末尚未收回的投资额 | 13 000 | 8 500 | 2 500 | |

表 5-5、表 5-6 中，各年年末尚未收回的投资额计算方法如下：

第一年尚未收回的投资额＝初始投资额－第一年的净现金流量

第二年至第 $n$ 年尚未收回的投资额＝上一年年末尚未收回的投资额－该年的净现金流量

$$PP(B\,方案) = 2 + 2\,000 \div 2\,750 = 2.73(年)$$
$$PP(C\,方案) = 3 + 2\,500 \div 11\,500 = 3.22(年)$$

投资回收期的优点是概念容易理解，计算简单。投资回收期的缺点是忽略了资金时间价值，也没有考虑回收期满后的现金流量。投资回收期优先考虑急功近利的项目，可能导致放弃长期成功的项目。因此，投资回收期主要用来测定方案的流动性而非营利性，常作为辅助方法使用。

## 二、平均报酬率

平均报酬率（average rate of return，简称 ARR）是指投资寿命周期内平均的年投资报酬率。其计算公式如下：

$$平均报酬率 = \frac{平均现金流量}{初始投资额} \times 100\%$$

**【例 5-3】** 沿用[例 5-1]的资料，计算 A、B、C 三个方案的平均报酬率。

$$ARR(A方案) = \frac{4\,750}{12\,000} \times 100\% = 39.58\%$$

$$ARR(B方案) = \frac{(3\,500 + 3\,500 + 2\,750 + 3\,750) \div 4}{9\,000} \times 100\% = 37.5\%$$

$$ARR(C方案) = \frac{(3\,000 + 4\,500 + 6\,000 + 11\,500) \div 4}{16\,000} \times 100\% = 39.06\%$$

采用平均报酬率进行投资决策时，应先确定一家企业要求的必要平均报酬率。在独立项目中，方案的平均报酬率大于企业要求的必要平均报酬率才是可行的；在互斥项目中，应选择平均报酬率最大的方案。

平均报酬率的优点是简明、易算、易懂。平均报酬率的缺点是没有考虑资金时间价值，不同期间的现金流量被看作具有相同的价值，并且企业要求的必要平均报酬率的确定具有很大的主观性，所以有时会作出错误的决策。

### 三、平均会计报酬率

平均会计报酬率(average accounting return，简称 AAR)是与平均报酬率非常相似的一个指标，它在计算时使用会计报表上的数据，以及普通会计的收益和成本观念，而不使用现金流量。其计算公式如下：

$$平均会计报酬率 = \frac{平均净利润}{初始投资额} \times 100\%$$

**【例 5-4】** 沿用[例 5-1]的资料，计算 A、B、C 三个方案的平均会计报酬率。

$$AAR(A方案) = \frac{750}{12\,000} \times 100\% = 6.25\%$$

$$AAR(B方案) = \frac{(1\,500 + 1\,500 + 750 + 750) \div 4}{9\,000} \times 100\% = 12.5\%$$

$$AAR(C方案) = \frac{(0 + 1\,500 + 3\,000 + 4\,500) \div 4}{16\,000} \times 100\% = 14.06\%$$

平均会计报酬率的优点是它是一种衡量盈利性的简单方法，使用的概念易于理解，使用的数据容易取得，并且考虑了整个项目寿命期的全部利润。平均会计报酬率的缺点是没有考虑资金时间价值，使用账面收益而非现金流量，忽视了折旧对现金流量的影响。

### 四、净现值(NPV)

#### (一) 净现值的计算公式

净现值(net present value，简称 NPV)是指特定项目未来现金流入的现值与未来现金流出的现值之间的差额。净现值的计算公式如下：

$$净现值 = 未来现金流入的现值之和 - 未来现金流出的现值之和$$

即

$$NPV = \sum_{t=0}^{n} \frac{I_t}{(1+k)^t} - \sum_{t=0}^{n} \frac{O_t}{(1+k)^t} = \sum_{t=0}^{n} \frac{I_t - O_t}{(1+k)^t}$$

$$= \sum_{t=0}^{n} \frac{NCF_t}{(1+k)^t} = \sum_{t=1}^{n} \frac{NCF_t}{(1+k)^t} - C$$

式中：$n$ 代表项目的期限；$k$ 代表折现率(资本成本或企业要求的报酬率)；$I_t$ 代表第 $t$ 年的现金流入量；$O_t$ 代表第 $t$ 年的现金流出量；$NCF_t$ 代表第 $t$ 年的净现金流量；$C$ 代表初始投资额。

**【例 5-5】** 沿用[例 5-1]的资料，假设资本成本为 10%，计算 A、B、C 三个方案的净现值。

A 方案每年的净现金流量相等，因此可利用普通年金现值的计算方法折算，即：

$$NPV(\text{A 方案}) = 4\,750 \times (P/A, 10\%, 3) - 12\,000$$
$$= 4\,750 \times 2.487 - 12\,000$$
$$= 11\,813.25 - 12\,000$$
$$= -186.75(\text{元})$$

B 方案与 C 方案每年的净现金流量不相等，因此必须分别计算各年净现金流量的现值并相加以汇总，即：

$$NPV(\text{B 方案}) = 3\,500 \times (P/F, 10\%, 1) + 3\,500 \times (P/F, 10\%, 2) + 2\,750 \times (P/F, 10\%, 3) + 3\,750 \times (P/F, 10\%, 4) - 9\,000$$
$$= 3\,500 \times 0.909 + 3\,500 \times 0.826 + 2\,750 \times 0.751 + 3\,750 \times 0.683 - 9\,000$$
$$= 10\,699 - 9\,000$$
$$= 1\,699(\text{元})$$

$$NPV(\text{C 方案}) = 3\,000 \times (P/F, 10\%, 1) + 4\,500 \times (P/F, 10\%, 2) + 6\,000 \times (P/F, 10\%, 3) + 11\,500 \times (P/F, 10\%, 4) - 16\,000$$
$$= 3\,000 \times 0.909 + 4\,500 \times 0.826 + 6\,000 \times 0.751 + 11\,500 \times 0.683 - 16\,000$$
$$= 18\,804.5 - 16\,000$$
$$= 2\,804.5(\text{元})$$

**相关思考 5-1**

**如果初始投资不全发生在第一年年初**

若[例 5-1]中 A 方案的设备是自行建造的，须经过 2 年的建造才能完成，初始投资分 2 年投入，第一年年初投入 8 000 元，第二年年初再投入 4 000 元，2 年建造完成后投入使用。若该设备投入使用后可以使用 3 年，使用后无残值。该方案产生的年营业净现金流量仍为 4 750 元。

请问：A 方案的净现值如何计算？

**（二）净现值法的决策规则**

净现值法的决策规则主要包括以下几点：

（1）在独立项目中，若净现值为正数，即折现后的现金流入大于折现后的现金流出，该投资项目的报酬率大于预计的贴现率，说明投资价值大于投资成本，项目可行，可以采纳；若净现值为零，即折现后的现金流入等于折现后的现金流出，该投资项目的报酬率等于预计的贴现率,项目没有必要采纳;若净现值为负数,即折现后的现金流入小于折现后的现金流出,该投资项目的报酬率小于预计的贴现率,项目不可行,应予放弃。

(2) 在互斥项目中,应选择净现值最大且净现值大于零的项目。

在[例5-5]计算中可以看出,B、C两个方案的净现值为正数,说明这两个方案的投资报酬率都大于10%,都是可行的。A方案净现值为负数,说明该方案的报酬率不到10%,该方案不可行。在互斥项目中,应选择净现值最大的C方案。

净现值法所依据的原理是:假设原始投资是按资本成本借入的,当净现值为正数时偿还本息后该项目仍有剩余的收益;当净现值为零时偿还本息后一无所获;当净现值为负数时该项目的收益不足以偿还本息。这一原理可以通过A、C两个方案的还本付息表来说明,分别如表5-7、表5-8所示。

表5-7　　　　　　　　A方案还本付息表　　　　　　　金额单位:元

| 年份 $t$ | 年初债款 | 年息10% | 年末债款 | 偿还现金 | 债款余额 |
|---|---|---|---|---|---|
| 1 | 12 000.0 | 1 200.0 | 13 200.0 | 4 750.0 | 8 450.0 |
| 2 | 8 450.0 | 845.0 | 9 295.0 | 4 750.0 | 4 545.0 |
| 3 | 4 545.0 | 454.5 | 4 999.5 | 4 750.0 | 249.5 |

表5-8　　　　　　　　C方案还本付息表　　　　　　　金额单位:元

| 年份 $t$ | 年初债款 | 年息10% | 年末债款 | 偿还现金 | 债款余额 |
|---|---|---|---|---|---|
| 1 | 16 000.0 | 1 600.0 | 17 600.0 | 3 000.0 | 14 600.0 |
| 2 | 14 600.0 | 1 460.0 | 16 060.0 | 4 500.0 | 11 560.0 |
| 3 | 11 560.0 | 1 156.0 | 12 716.0 | 6 000.0 | 6 716.0 |
| 4 | 6 716.0 | 671.6 | 7 387.6 | 11 500.0 | −4 112.4 |

A方案第三年年末还没有还清本息,尚欠249.5元,折合成现值为187.37元(249.5×0.751),相当于A方案的净现值。C方案第三年年末还本付息后,尚有4 112.4元剩余,折合成现值为2 808.77元(4 112.4×0.683),相当于C方案的净现值(两者之间的差异是由年金现值系数和复利现值系数只保留3位小数引起的)。

(三) 净现值法的优缺点

1. 净现值法的优点

(1) 考虑了资金时间价值及项目在整个寿命期内的经济状况。

(2) 意义明确直观,能够直接以净现值表示项目的净收益。

(3) 具有广泛的适用性,是一种较好的方法。

2. 净现值法的缺点

(1) 必须先确定一个符合经济现实的折现率,而折现率的确定往往是比较困难的。

(2) 不能真正反映项目投资中单位投资额的使用效率。

(3) 不能揭示项目本身可以达到的实际报酬率为多少。

## 五、内含报酬率

### (一) 内含报酬率的计算公式

内含报酬率(internal rate of return,简称 IRR)是指能够使未来现金流入量现值等于未来现金流出量现值的折现率,或者是使投资项目净现值为零的折现率。净现值法不能揭示项目本身可以达到的实际报酬率为多少,因此内含报酬率法有助于投资者了解项目的真实报酬率。内含报酬率的计算公式如下:

$$NPV = \sum_{t=0}^{n} \frac{I_t}{(1+IRR)^t} - \sum_{t=0}^{n} \frac{O_t}{(1+IRR)^t} = 0$$

或

$$NPV = \sum_{t=1}^{n} \frac{NCF_t}{(1+IRR)^t} - C = 0$$

求内含报酬率的公式是一个高次方程,不容易直接求解,须通过采用试算法和插值法求 IRR 的近似值。其计算步骤如下:

(1) 按每年的净现金流量是否相同分两种情况。

第一,若每年的净现金流量相等,则先计算年金现值系数,然后查年金现值系数表,在相同期内找出与计算得出的年金现值系数相邻近的较大和较小的两个折现率。

第二,若每年的净现金流量不相等,须先估计一个折现率,用它来计算项目的净现值。如果净现值为正数,说明项目本身的报酬率大于估计的折现率,应提高折现率后再进一步测试;如果净现值为负数,说明项目本身的报酬率小于估计的折现率,应降低折现率后再进一步测试。经过多次这样的测试,最终找出一个使净现值大于且接近于零的折现率,以及一个使净现值小于且接近于零的折现率。

(2) 利用插值法求出净现值为零的折现率,即该项目的内含报酬率。

**【例 5-6】** 沿用[例 5-1]的资料,计算 A、B、C 三个方案的内含报酬率。

由于 A 方案每年的净现金流量相等,可以采用普通年金现值系数的方法计算 A 方案的内含报酬率:

$$NPV(\text{A方案}) = 4\,750 \times (P/A, IRR, 3) - 12\,000 = 0$$
$$(P/A, IRR, 3) = 12\,000 \div 4\,750 = 2.526$$

查年金现值系数表得,$(P/A, 9\%, 3) = 2.531$,$(P/A, 10\%, 3) = 2.487$,所以 A 方案的内含报酬率应在 9%～10%,现用插值法计算如下:

$$\frac{IRR - 9\%}{10\% - 9\%} = \frac{2.526 - 2.531}{2.487 - 2.531}$$
$$IRR(\text{A方案}) = 0.11 \times 1\% + 9\% = 9.11\%$$

B 方案和 C 方案每年的净现金流量都不相同,因此须逐步进行测试。经过反复测试得出:

当 $k = 18\%$ 时,$NPV(\text{B方案}) = 3\,500 \times (P/F, 18\%, 1) + 3\,500 \times (P/F, 18\%, 2) + 2\,750 \times (P/F, 18\%, 3) + 3\,750 \times (P/F, 18\%, 4) - 9\,000 = 87.25(\text{元})$。

当 $k=19\%$ 时，$NPV$(B方案)$=3\,500\times(P/F,19\%,1)+3\,500\times(P/F,19\%,2)+2\,750\times(P/F,19\%,3)+3\,750\times(P/F,19\%,4)-9\,000=-87$(元)。

所以B方案的内含报酬率在 $18\%\sim19\%$，用插值法计算如下：

$$\frac{IRR-18\%}{19\%-18\%}=\frac{0-87.25}{-87-87.25}$$

$$IRR(\text{B方案})=0.50\times1\%+18\%=18.50\%$$

同样经过反复测试得出：

当 $k=16\%$ 时，$NPV$(C方案)$=3\,000\times(P/F,16\%,1)+4\,500\times(P/F,16\%,2)+6\,000\times(P/F,16\%,3)+11\,500\times(P/F,16\%,4)-16\,000=123.5$(元)。

当 $k=17\%$ 时，$NPV$(C方案)$=3\,000\times(P/F,17\%,1)+4\,500\times(P/F,17\%,2)+6\,000\times(P/F,17\%,3)+11\,500\times(P/F,17\%,4)-16\,000=-260.5$(元)。

所以C方案的内含报酬率在 $16\%\sim17\%$，用插值法计算如下：

$$\frac{IRR-16\%}{17\%-16\%}=\frac{0-123.5}{-260.5-123.5}$$

$$IRR(\text{C方案})=0.32\times1\%+16\%=16.32\%$$

### (二) 内含报酬率的决策规则

内含报酬率法的决策规则主要包括以下几点：

(1) 在独立项目中，只要计算出来的项目内含报酬率大于企业的资本成本或必要报酬率，项目可行；否则，不可行。

(2) 在互斥项目中，应选择内含报酬率最大的项目。

在[例5-6]计算中可以看出，假设该公司的资本成本为 $10\%$，则B、C两个方案的内含报酬率均大于 $10\%$，都是可行的；A方案的内含报酬率低于 $10\%$，不可行。B、C两个方案中，B方案的内含报酬率大于C方案，若是互斥项目，应选择B方案。

### (三) 内含报酬率的优缺点

**1. 内含报酬率法的优点**

(1) 考虑了资金时间价值及项目在整个寿命期内的经济状况。

(2) 能够直接衡量项目的真实报酬率，概念容易理解。

(3) 不需要事先确定一个基准折现率，而只需要知道基准折现率的大致范围即可。

**2. 内含报酬率法的缺点**

(1) 计算过程比较复杂，特别是每年净现金流量不相等的投资，一般须经过多次测算才能得出。

(2) 对具有非常规现金流量的项目而言，其内含报酬率可能不是唯一的，有时甚至不存在。

## 六、获利指数

### (一) 获利指数的计算公式

获利指数(profitability of index，简称PI)是指未来现金流入量现值与未来现金流出量现值的比率,在简化的情况下,等于投资项目所有未来净现金流量现值之和与初始投资现值的比率。获利指数又称现值指数或利润指数,表示 1 元初始投资取得的现值毛收益。其计算公式如下:

$$PI = \frac{未来净现金流量的现值之和}{初始投资额}$$

即

$$PI = \frac{\sum_{t=1}^{n} \frac{NCF_t}{(1+k)^t}}{C}$$

**【例 5-7】** 沿用[例 5-1]的资料,并根据[例 5-5]的数据,得出 A、B、C 三个方案的获利指数分别为:

$$PI(A 方案) = 11\,813.25 \div 12\,000 = 0.98$$
$$PI(B 方案) = 10\,699 \div 9\,000 = 1.19$$
$$PI(C 方案) = 18\,804.5 \div 16\,000 = 1.18$$

### (二) 获利指数的决策规则

获利指数法的决策规则主要包括以下几点:

(1) 在独立项目中,若获利指数大于 1,说明投资项目未来现金流量的现值之和大于初始投资的现值,项目是可行的,可以采纳;若获利指数等于 1,说明投资项目未来现金流量的现值之和等于初始投资的现值,项目没有必要采纳;若获利指数小于 1,说明投资项目未来现金流量的现值之和小于初始投资的现值,项目不可行,应予放弃。

(2) 在互斥项目中,应选择获利指数大于 1 最多的项目。在上例计算中可以看出,B、C 两个方案的获利指数都大于 1,说明这两个方案的投资报酬率都大于 10%,都是可行的;A 方案获利指数都小于 1,说明该方案的报酬率不到 10%,该方案不可行。在互斥项目中,应选择获利指数大于 1 最多的 B 方案。

### (三) 获利指数的优缺点

1. 获利指数的优点

获利指数的优点是考虑了资金时间价值;是一个相对数指标,反映投资的效率,能够真实反映投资项目的盈利能力,有利于初始投资额不同的项目之间的对比。

2. 获利指数的缺点

获利指数的缺点是只代表获得收益的能力而不代表实际可能获得的财富,忽略了互斥项目之间投资规模上的差异,所以在多个互斥项目的选择中,可能会得到错误的答案。

**延伸阅读 5-3**

#### 动态投资回收期

前文介绍的投资回收期没有考虑资金时间价值,所以其也称为静态投资回收期。在计算投资回收期时若考虑资金时间价值,则称其为动态投资回收期。动态投资回收期也是一种贴现指标,是对静态投资回收期的一种改进。

动态投资回收期是指使项目的累计现金流量现值等于其初始投资额所需要的时间,其计算方法类似于静态投资回收期。即动态投资回收期为可使下式成立的 $n$ 值：

$$\sum_{t=1}^{n}\frac{NCF_t}{(1+k)^t}=C$$

动态投资回收期仍存在没有考虑回收期满后的现金流量，并且计算起来比较复杂，也要计算净现值，所以不如直接使用净现值法。

请问：通过上述的介绍，你是否会计算[例5-1]中A、B、C三个方案的动态投资回收期？

### 延伸阅读5-4

**净现值与内含报酬率、获利指数的比较**

通过以上的分析我们可以看到，净现值、内含报酬率、获利指数都考虑了资金时间价值及整个项目周期内的经济状况，是科学的投资决策指标。那么这三种指标哪一种指标更好呢？下面来作一些比较。

1. 净现值与内含报酬率的比较

净现值和内含报酬率都是比较好的投资决策指标，采用净现值和内含报酬率对独立项目进行决策，两者对项目的可行性将得出一致的结论。但对于互斥项目，有时就会不一致。不一致的原因主要有以下两个：

(1) 投资规模不同。净现值是绝对数指标，内含报酬率是相对数指标。在评价方案时，比率高的方案绝对数不一定大，反之也一样。当一个项目的投资规模大于另一个项目时，规模较小项目的内含报酬率可能较大，但净现值可能较小。因此在两个互斥项目之间进行选择，实际上是在更多财富和更高内含报酬率之间的选择。所以，当互斥项目投资规模不同并且资金可以满足投资规模时，净现值法优于内含报酬率法，因为投资者期望得到的是更多财富，而非更高的内含报酬率。

(2) 现金流量发生的时间不同。有的项目早期现金流入比较大，而有的项目早期现金流入比较小。净现值与内含报酬率之所以会产生现金流量发生时间不同的问题，是因为这两种指标对"再投资率假设"不同。净现值指标隐含着早得到的现金流量是按投资者所要求报酬率进行再投资假设，而内含报酬率指标隐含着企业可以按项目本身内含报酬率进行再投资假设。如果用这两个指标得出的结论不一致，应采用净现值法的结论，选择净现值大的方案。

另外，对于非常规项目，内含报酬率可能不是唯一的，有时甚至不存在，而净现值不会出现这样的问题。因此，在没有资金限量的情况下，净现值法是一个比较好的方法。

2. 净现值与获利指数的比较

由于净现值与获利指数使用的是相同的数据，在评价投资项目的优劣时，常常是一致的，但有时也会产生不一致。不一致的原因是：净现值是一个绝对数指标，反映投资的效益，或是给企业带来的财富；而获利指数是一个相对数指标，反映投资的效率。最大的净现值符合企业的最大利益，净现值越大，企业的收益越高；而获利指数只反映投资回收的程度，不反映投资回收的多少。因此，在没有资金限量情况下的互斥项目决策中，应选择净现值大的投资项目。

## 本 章 小 结

本章主要学习了：企业投资的意义、分类及程序；现金流量的构成；初始现金流量、营业净现金流量及终结现金流量的构成；现金流量的计算；贴现指标（净现值、内含报酬率、获利指数）的计算、决策规则及优缺点；非贴现指标（投资回收期、平均报酬率、平均会计报酬率）的计算、决策规则及优缺点。

## 本章重要概念

现金流量　初始现金流量　营业净现金流量　终结现金流量　净现金流量　净现值　内含报酬率　获利指数　投资回收期　平均报酬率　平均会计报酬率

# 第六章　投资项目决策

> 内容提要
> 重点难点
> 学习目标
> 知识框架
> 思政育人
> 第一节　现金流量的影响因素
> 第二节　固定资产投资决策
> 本章小结
> 本章重要概念

## 内容提要

本章主要讲解了现金流量估计中应注意的问题,所得税和折旧对现金流量的影响,固定资产新建项目的投资决策,固定资产更新项目的投资决策。

## 重点难点

本章重点为所得税和折旧对现金流量的影响,固定资产新建项目的投资决策,固定资产更新项目的投资决策;难点为固定资产更新项目的投资决策。

## 学习目标

通过本章学习,学生应了解现金流量估计中应注意的问题;掌握所得税和折旧对现金流量的影响,固定资产新建项目的投资决策,固定资产更新项目的投资决策。

## 知识框架

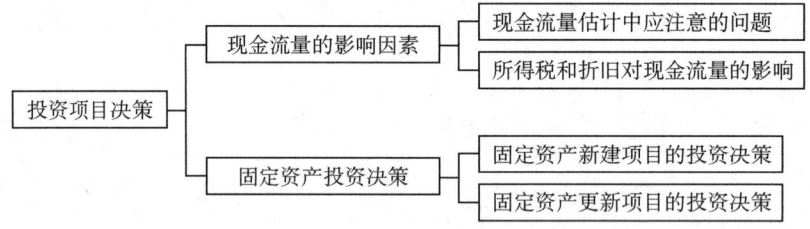

 **思政育人　固定资产投资平稳增长　推动经济社会高质量发展**

固定资产投资是拉动经济的"三驾马车"之一,是社会经济活动的重要组成部分,是优化产业结构的重要途径,也是拉动经济持续健康发展的重要动力。

2023年以来,固定资产投资保持增长态势,对经济社会发展的带动作用持续显现。1～11月,全国固定资产投资(不含农户)460 814亿元,同比增长2.9%,增速与1～10月持平。其中,项目投资(扣除房地产开发投资)同比增长7.2%,增速与1～10月持平。11月,固定资产投资(不含农户)环比增长0.26%。

## 一、制造业投资增速略有加快

在制造业企业盈利持续改善的带动下,8月以来,制造业投资增速持续向好。1~11月,制造业投资同比增长6.3%,增速比1~10月加快0.1个百分点,比全部固定资产投资高3.4个百分点。其中,电气机械和器材制造业投资增长34.6%,仪器仪表制造业投资增长21.5%,汽车制造业投资增长17.9%。

## 二、高技术产业投资增势良好

新动能持续成长,高技术产业投资增势良好。1~11月,高技术产业投资同比增长10.5%,增速比全部固定资产投资高7.6个百分点。

1~11月,高技术制造业投资同比增长10.5%,增速比制造业投资高4.2个百分点。其中,医疗仪器设备及仪器仪表制造业投资增长14.8%,计算机及办公设备制造业投资增长13.9%,电子及通信设备制造业投资增长11.5%。

1~11月,高技术服务业投资同比增长10.6%,增速比服务业投资高10.3个百分点。其中,科技成果转化服务业投资增长33.6%,专业技术服务业投资增长34.4%。

## 三、民间项目投资较快增长

一系列促进民营经济发展壮大的政策措施相继出台,在解决制约民营经济发展的难点、堵点、痛点问题上持续发力显效,民间投资基本平稳。1~11月,民间投资同比下降0.5%,降幅与1~10月持平。其中,民间项目投资(扣除房地产开发投资)增长9.1%。分行业看,电力、热力、燃气及水生产和供应业,科学研究和技术服务业,住宿和餐饮业民间投资增长较快,分别增长18.5%、15.5%和11.6%;基础设施民间投资增长14.2%,增速高于全部基础设施投资8.4个百分点;制造业民间投资增长9.2%,增速连续5个月回升。

## 四、民生补短板投资较快增长

在增发国债支持灾后重建和提升防灾减灾救灾能力相关项目带动下,基础设施投资平稳增长。1~11月,基础设施投资同比增长5.8%,增速比全部固定资产投资高2.9个百分点。其中,水上运输业投资增长22.0%,铁路运输业投资增长21.5%,水利管理业投资增长5.2%。

1~11月,电力、热力的生产和供应业投资同比增长28.5%,燃气生产和供应业投资增长19.3%。

## 五、大项目投资支撑有力

1~11月,计划总投资亿元及以上项目(以下简称大项目)投资同比增长9.6%,增速比全部固定资产投资高6.7个百分点;拉动全部投资增长4.9个百分点。其中,计划总投资10亿元及以上项目投资同比增长14.6%,增速比亿元及以上大项目高5.0个百分点。

下阶段,要继续做好增发国债项目实施各项工作,推动项目尽快形成实物工作量;持续有力推进"十四五"规划102项重大工程及其他经济社会发展重大项目实施;加快推进传统产业改造提升,积极培育壮大战略性新兴产业,激发数字经济创新发展新动能;多措并举促进民间投资,不断激发民间投资活力,持续扩大有效投资。

**资料来源**:国家统计局. 国家统计局投资司首席统计师罗毅飞解读2023年1—11月份投资数据[EB/OL]. (2023-12-15)[2023-12-24]. https://www.stats.gov.cn/sj/sjjd/202312/t20231215_1945593.html,有删节.

# 第一节 现金流量的影响因素

## 一、现金流量估计中应注意的问题

第五章介绍现金流量计算的时候,为了简便,省略了很多问题。事实上,估计投资方案的现金流量时会涉及很多变量,并且需要企业有关部门的参与。例如,需要销售部门负责预测销售价格和销售数量;需要研发部门估计投资的研发成本、设备购置等;需要生产部门估计制造成本、生产工艺安排等;需要财务部门协调各参与部门的人员,估计资本成本、可供资源的限制条件等。

在确定投资方案相关的现金流量时,应遵循的基本原则是:只有增量现金流量才是与项目相关的现金流量。增量现金流量是指接受或拒绝某个投资方案后,企业总现金流量因此发生的变动。只有那些由于采纳某个项目引起的现金流入增加额,才是该项目的现金流入;只有那些由于采纳某个项目引起的现金支出增加额,才是该项目的现金流出。

为了正确计算投资方案的增量现金流量,需要正确判断哪些支出会引起企业总现金流量的变动,哪些支出不会引起企业总现金流量的变动。在进行这种判断时,要注意以下四个问题。

### (一) 不要忽视机会成本

在投资方案的选择中,如果选择了一个投资方案,则必须放弃投资于其他方案的机会。在投资决策中,由于选择最优方案而放弃次优方案而丧失的潜在收益,这种收益就是选择本方案的机会成本。

例如,A公司在2×24年决定进行新建一条生产线的投资方案中,需要使用A公司一间闲置的厂房。在进行投资分析中,是否能够因为A公司不必动用资金购置厂房而不将厂房的成本考虑在内呢? 答案是否定的。因为若A公司不利用这间厂房,可将其移作他用(如出租、出售等)从而取得一定的收入,只是要在这间厂房新建生产线才放弃了这笔收入,因此这笔收入就是新建生产线的机会成本。

从以上的分析中我们可以看出,机会成本不是一种支出或费用,而是失去的收益。这种收益不是实际发生的,而是潜在的。机会成本总是针对具体方案的,离开被放弃的方案就无从计量确定。

机会成本在决策中的意义在于它有助于全面考虑可能采取的各种方案,以便为既定资源寻求最为有利的使用途径。

### (二) 区分相关成本和非相关成本

相关成本是指与特定决策相关的、在分析评价时必须加以考虑的成本。如差额成本、未来成本、重置成本、机会成本等,均属于相关成本。与此相反,与特定决策无关的、在分析评价时不必加以考虑的成本是非相关成本。如沉没成本、过去成本、账面成本等,往往是非相关成本。

例如,A公司在2×21年就打算新建该生产线了,当时请一家评估公司作过可行性分析,支付咨询费6万元。后来由于有了更好的投资机会,该方案被搁置下来,该笔费用已经入账。2×24年旧事重提,在进行投资分析时,这笔咨询费是否仍是相关成本呢? 答案是否定的。因为无论A公司是否采纳新建生产线的方案,这笔支出都已无法收回,它是一种沉没成本,与A公司未来的总现金流量无关。

### (三) 考虑投资方案对企业其他项目的影响

选择一个新方案后,该方案可能会对企业其他项目产生有利或不利的影响。

例如,上述生产线生产的产品上市后,原有其他产品的销量可能减少,而且整个企业的销售额也许不增加甚至减少。因此，企业在进行投资分析时，不应将新生产线的销售收入作为增量收入来处理，而应扣除其他项目因此减少的销售收入。也可能发生相反的情况，新产品上市后将促进其他项目的销售增长。这就要看新项目与原有项目是竞争关系，还是互补关系。事实上，诸如此类的交互影响是很难准确计量的，但决策者在进行投资分析时仍要将其考虑在内。

### （四）对营运资本的影响

在一般情况下，当企业新建一条生产线并使销售额扩大后，对于存货和应收账款等经营性流动资产的需求也会增加，企业必须筹措新的资金以满足这种额外需求；而企业扩充后，应付账款与一些应付费用等经营性流动负债也会同时增加，从而降低企业营运资本的实际需求。营运资金又称营运资本，是指增加的经营性流动资产与增加的经营性流动负债之间的差额。

当投资方案的寿命周期快要结束时，企业将与项目有关的存货出售，应收账款变为现金，应付账款和应付费用也随之偿付，营运资本恢复到原有水平。通常，在进行投资分析时，假定开始投资时筹措的营运资本在项目结束时收回。虽然是等量的一收一支，但发生的时间不同，考虑到资金时间价值，在投资分析时必须要重视。

## 二、所得税和折旧对现金流量的影响

### （一）税后成本和税后收入

对企业来说，每一笔收入都会使企业所得税增加；同样，每一笔费用的支出都会使企业所得税减少。在投资决策中，未来现金流量的估计应建立在税后的基础上。扣除了企业所得税影响后的费用净额，称为税后成本。税后成本的计算公式为：

税后成本＝支出金额×（1－企业所得税税率）

**【例 6-1】** 某公司目前的损益状况如表 6-1 所示。该公司正在考虑一项广告计划，每月支付 1 000 元，假设企业所得税税率为 25%，该项广告的税后成本是多少？

表 6-1　　　　　　做广告与不做广告对利润的影响　　　　　　单位：元

| 项目 | 目前（不做广告） | 做广告 |
| --- | --- | --- |
| 营业收入 | 10 000 | 10 000 |
| 成本和费用 | 5 000 | 5 000 |
| 新增广告成本 | 0 | 1 000 |
| 税前利润 | 5 000 | 4 000 |
| 企业所得税税额（25%） | 1 250 | 1 000 |
| 税后利润 | 3 750 | 3 000 |
| 新增广告的税后成本 |  | 750 |

表 6-1 中，做广告与不做广告的成本差额是 1 000 元，但对利润的影响却只有 750 元[1 000×(1－25%)]。

6.1 企业投融资决策中的税收策划分析

与税后成本相对应的是税后收入。同样由于企业所得税的作用，企业实际得到的现金流入是税后收入。税后收入的计算公式为：

$$税后收入＝收入金额×(1－企业所得税税率)$$

上式中的"收入金额"是指根据税法规定需要纳税的收入，不包括项目结束时收回垫支营运资金等现金流入。

### （二）折旧的抵税作用

企业所得税是企业的一种现金流出，它取决于利润大小和税率高低，而利润大小受折旧方法的影响，因此，讨论企业所得税必然会涉及折旧问题。折旧是在企业所得税税前扣除的一项费用，可以起到抵减企业所得税的作用，这种作用称为"折旧抵税"。折旧对税负的影响可按下式计算：

$$税负减少＝折旧×企业所得税税率$$

**【例 6-2】** 假设 A 公司和 B 公司全年营业收入、付现费用均相同，企业所得税税率为 25％。两者的区别是 B 公司有一项可以计提折旧的资产，每年计提折旧额都是 1 000 元，两家公司的折旧对税负的影响如表 6-2 所示。

表 6-2　　　　　　　　　折旧对税负的影响　　　　　　　　　单位：元

| 项目 | A 公司 | B 公司 |
| --- | --- | --- |
| 营业收入(1) | 10 000 | 10 000 |
| 付现营业成本(2) | 4 000 | 4 000 |
| 折旧(3) |  | 1 000 |
| 成本合计(4)＝(2)＋(3) | 4 000 | 5 000 |
| 税前利润(5)＝(1)－(4) | 6 000 | 5 000 |
| 企业所得税税额(6)＝(5)×25％ | 1 500 | 1 250 |
| 营业净现金流量(7)＝(1)－(2)－(6) | 4 500 | 4 750 |
| B 公司比 A 公司多出的现金 | 250 | |

A 公司税后利润 4 500 元(6 000－1 500)比 B 公司税后利润 3 750 元(5 000－1 250)多了 750 元，但营业现金流量却少了 250 元。其原因在于 B 公司有 1 000 元的折旧计入成本，使应税所得减少了 1 000 元，从而少纳税 250 元(1 000×25％)。这笔现金保留在 B 公司里，不必缴出。从增量分析的观点来看，由于增加了 1 000 元折旧，B 公司获得 250 元的现金流入。

### （三）税后现金流量

第五章介绍的营业净现金流量的计算公式为：

$$营业净现金流量＝营业收入－付现成本－企业所得税 \qquad (6-1)$$

下面我们将式(6-1)进行推导得出营业净现金流量另外两个常用的计算公式。

营业净现金流量＝营业收入－付现成本－企业所得税

＝营业收入－（营业成本－折旧）－企业所得税

＝营业利润＋折旧－企业所得税

＝税后利润＋折旧 (6-2)

＝（营业收入－营业成本）×（1－企业所得税税率）＋折旧

＝（营业收入－付现成本－折旧）×（1－企业所得税税率）＋折旧

＝营业收入×（1－企业所得税税率）－付现成本×（1－企业所得税税率）
　－折旧×（1－企业所得税税率）＋折旧

＝营业收入×（1－企业所得税税率）－付现成本×（1－企业所得税税率）
　＋折旧×企业所得税税率

＝税后收入－税后付现成本＋折旧抵税 (6-3)

上述三个计算公式相比较,式(6-3)更有优越性。因为企业所得税是根据利润计算的,在分析某个项目是否应该投资时,往往使用差额分析法确定现金流量,并不知道该项目能够产生的利润及与此相关的企业所得税是多少,这就妨碍了式(6-1)和式(6-2)的使用。式(6-3)并不需要知道企业的利润,使用起来比较方便。

**延伸阅读 6-1**

### 通货膨胀对现金流量的影响

通货膨胀是指在一定时期内,物价水平持续、普遍上涨的经济现象。通货膨胀会导致货币购买力下降,从而影响项目价值。通货膨胀对投资决策的影响表现在两个方面:一是影响现金流量的估计;二是影响资本成本的估计。

如果企业对未来现金流量的预测是基于年度的价格水平,并去除了通货膨胀的影响,这种现金流量称为实际现金流量,包含通货膨胀影响的现金流量则称为名义现金流量,这两者之间的关系为:

$$名义现金流量 = 实际现金流量 \times (1 + 通货膨胀率)^n$$

式中:$n$ 代表相对于基期的期数。

在投资决策中,应遵循一致的原则,即名义现金流量用名义资本成本进行折现,实际现金流量用实际资本成本进行折现。

## 第二节 固定资产投资决策

### 一、固定资产新建项目的投资决策

企业在不断发展壮大过程中,都会面临固定资产新建项目的投资决策问题。为了便于说明问题,作以下假设:

(1) 所有的初始投资都是在年初进行。

(2) 营业净现金流量都是在年末发生。

(3) 会计政策的处理与税法相关规定相同,即不需要为计算应纳税额而调整应纳所得税额。

【例 6-3】 假设某企业于 2×24 年拟新建一个固定资产投资项目。该项目需要一次

6.2 视频：2023 年全国固定资产投资

性投资 21 000 元,建设期限为 1 年,建设完成后可使用 5 年,按直线法计提折旧,预计净残值为 1 000 元。投入使用后,经营期第 1 年需垫支营运资金 5 000 元。经营期第一年的营业收入(不含增值税)为 16 000 元,以后每年增加 1 000 元,付现成本每年为 10 000 元。经营期满该固定资产净残值变价收入为 1 130 元(含增值税),经营期满收回垫支的营业资金。假设企业所得税税率为 25%,资本成本为 10%,试用净现值法分析该固定资产是否值得投资?

有关项目投资决策的计算如下:

$$年折旧额 = \frac{21\,000 - 1\,000}{5} = 4\,000(元)$$

$$应纳的增值税 = \frac{1\,130}{1+13\%} \times 13\% = 130(元)$$

$$应纳的企业所得税 = (1\,130 - 1\,000 - 130) \times 25\% = 0$$

固定资产新建项目投资的现金流量表如表 6-3 所示。

表 6-3    固定资产新建项目投资的现金流量表    金额单位:元

| 年份 t | 建设期 | | 经营期 | | | | |
|---|---|---|---|---|---|---|---|
| | 0 | 1 | 2 | 3 | 4 | 5 | 6 |
| 年营业收入(1) | | | 16 000 | 17 000 | 18 000 | 19 000 | 20 000 |
| 年付现成本(2) | | | 10 000 | 10 000 | 10 000 | 10 000 | 10 000 |
| 年折旧(3) | | | 4 000 | 4 000 | 4 000 | 4 000 | 4 000 |
| 税前利润(4)=(1)-(2)-(3) | | | 2 000 | 3 000 | 4 000 | 5 000 | 6 000 |
| 企业所得税税额(5)=(4)×25% | | | 500 | 750 | 1 000 | 1 250 | 1 500 |
| 税后净利润(6)=(4)-(5) | | | 1 500 | 2 250 | 3 000 | 3 750 | 4 500 |
| 营业净现金流量(7)=(6)+(3) | | | 5 500 | 6 250 | 7 000 | 7 750 | 8 500 |
| 期初固定资产投资 | -21 000 | | | | | | |
| 期初垫支营运资金 | | -5 000 | | | | | |
| 固定资产净残值变价收入 | | | | | | | 1 130 |
| 固定资产净残值变价收入应纳增值税 | | | | | | | 130 |
| 固定资产净残值变价收入应纳企业所得税 | | | | | | | 0 |
| 营运资金收回 | | | | | | | 5 000 |
| 净现金流量 | -21 000 | -5 000 | 5 500 | 6 250 | 7 000 | 7 750 | 14 500 |

表 6-3 中,项目第六年的净现金流量为 14 500 元[8 500+(1 130-130)+5 000]。根据表 6-3 现金流量的计算结果,该项目的净现值为:

$$NPV = -5\,000 \times (P/F, 10\%, 1) + 5\,500 \times (P/F, 10\%, 2) + 6\,250 \times (P/F, 10\%, 3) + 7\,000 \times$$
$$(P/F, 10\%, 4) + 7\,750 \times (P/F, 10\%, 5) + 14\,500 \times (P/F, 10\%, 6) - 21\,000$$
$$= 1\,472.82(元)$$

所以,该项目可以考虑投资。

## 二、固定资产更新项目的投资决策

固定资产更新是对技术上或经济上不宜继续使用的旧资产,用新的资产更换,或用先进的技术对旧的资产进行局部改建。

固定资产更新项目的投资决策主要研究两个问题:一是决定是否更新,即继续使用旧资产还是更换新资产;二是决定选择什么样的资产来更新。实际上,这两个问题是结合在一起考虑的,如果市场上没有比现有设备更适用的设备,那么就继续使用旧设备。由于旧设备可以通过修理继续使用,更新决策是继续使用旧设备与购置新设备的选择。

更新决策不同于一般的投资决策。一般来说,设备更新并不改变企业的生产能力,不增加企业的现金流入。更新决策的现金流量主要是现金流出。即使有少量的残值变现收入,也属于支出抵减,而非实质上的流入增加。由于只有现金流出,没有现金流入,这就给采用折现现金流量分析带来了困难。

通常,如果新旧设备的未来使用寿命不相同,则分析时主要采用平均年成本法,以平均年成本较低的方案作为较优方案;如果新旧设备的未来使用期限相同,则可采用差额分析法,先求出对应项目的现金流量差额,再用净现值法或内含报酬率法对差额进行分析、评价。

### (一) 新旧设备使用寿命不相同的更新决策——平均年成本法

固定资产平均年成本是指该资产引起的现金流出的年平均值。如果不考虑资金时间价值,它是未来使用年限内的现金流出总额与使用年限的比值。如果考虑资金时间价值,它是未来使用年限内现金流出总现值与年金现值系数的比值,即平均每年的现金流出。其计算公式为:

$$固定资产平均年成本 = \frac{未来年限内现金流出总现值}{年金现值系数}$$

在使用平均年成本法时应注意以下两个问题:

(1) 平均年成本法是把继续使用旧设备和购置新设备看成是两个互斥的方案,而不是一个更换设备的特定方案,也就是说,要有正确的"局外观"。因此,不能将旧设备的变现价值作为购置新设备的一项现金流入。

(2) 平均年成本法的假设前提是将来设备更换时,可以按原来的平均年成本找到可代替的设备。

【例 6-4】 某企业考虑用一台效率更高的新设备来代替旧设备。假设更新固定资产后并不增加企业的现金流入,旧设备与新设备的运行成本如表 6-4 所示。

表 6-4　　　　　　　　　旧设备与新设备的运行成本　　　　　金额单位:元

| 项目 | 旧设备 | 新设备 |
|---|---|---|
| 原值 | 3 200 | 3 500 |
| 预计使用年限(年) | 10 | 8 |
| 已经使用年限(年) | 4 | 0 |
| 最终残值 | 200 | 300 |
| 目前变现价值 | 1 600 | 3 500 |
| 年运行成本 | 1 000 | 600 |

假定该企业要求的必要报酬率为 10%,若不考虑企业所得税的影响,则继续使用旧设备的现金流量如图 6-1 所示,更换新设备的现金流量如图 6-2 所示。

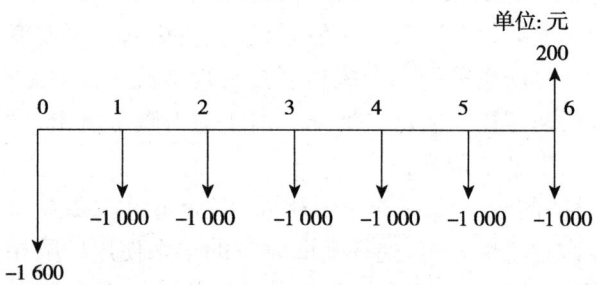

图 6-1　继续使用旧设备的现金流量

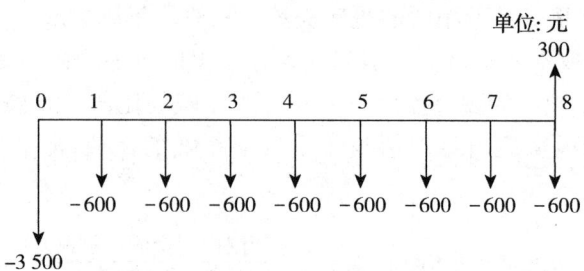

图 6-2　更换新设备的现金流量

图 6-1 中,继续使用旧设备第一年年初的现金流出是一种机会成本(继续使用旧设备而丧失变现收入)。因此,在考虑资金时间价值的基础上,旧设备与新设备的平均年成本分别为:

$$旧设备的平均年成本 = \frac{1\,600 + 1\,000 \times (P/A, 10\%, 6) - 200 \times (P/F, 10\%, 6)}{(P/A, 10\%, 6)}$$

$$= \frac{1\,600 + 1\,000 \times 4.355 - 200 \times 0.564}{4.355}$$

$$= 1\,341.49(元)$$

$$新设备的平均年成本 = \frac{3\,500 + 600 \times (P/A, 10\%, 8) - 300 \times (P/F, 10\%, 8)}{(P/A, 10\%, 8)}$$

$$= \frac{3\,500 + 600 \times 5.335 - 300 \times 0.467}{5.335}$$

$$= 1\,229.78(元)$$

通过以上的计算可知,更换新设备的平均年成本较低,应该更换新设备。

在上述的讨论中,我们没有考虑企业所得税的影响,然而通过本章第一节的介绍我们知道企业支付的并没有实际的那么多,因为运行成本是可以税前扣除的,可以起到减免企业所得税的作用,可以减少企业现金流出,另外折旧也具有抵税的作用。因此,若考虑企业所得税的影响,继续使用旧设备与更换新设备的现金流量又如何呢?下面通过一个例题加以说明。

【例 6-5】 沿用[例 6-4]的数据,假设企业所得税税率为 25%,企业对固定资产均采用直线法计提折旧(与税法规定一致),对固定资产处理时不考虑清理费用与相关的流转税,固定资产使用寿命结束时的变价收入等于净残值。则旧设备与新设备的运行成本如表 6-5 所示。

表 6-5　　　　　　　　　旧设备与新设备的运行成本　　　　　　　　单位:元

| 项目 | 旧设备 | 新设备 |
|---|---|---|
| 目前变现价值(1) | 1 600 | 3 500 |
| 目前账面价值(2)=原值-年折旧额×已使用年限 | 2 000 | 3 500 |
| 变现损失抵税(3)=[(2)-(1)]×25% | 100 | 0 |
| 年付现成本(4) | 1 000 | 600 |
| 年折旧额(5)=(原值-残值)÷使用年限 | 300 | 400 |
| 税后付现成本(6)=(4)×(1-25%) | 750 | 450 |
| 折旧抵税(7)=(5)×25% | 75 | 100 |
| 税后运行成本(8)=(6)-(7) | 675 | 350 |

继续使用旧设备的现金流量如图 6-3 所示,更换新设备的现金流量如图 6-4 所示。

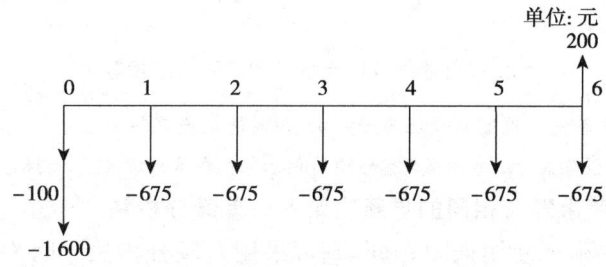

图 6-3　继续使用旧设备的现金流量

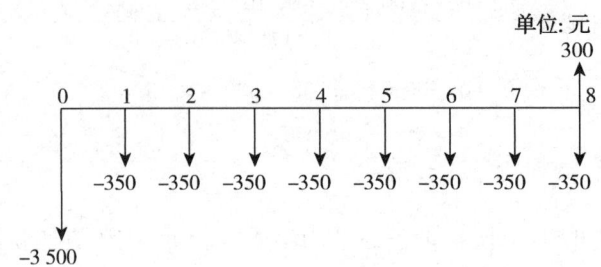

**图 6-4　更换新设备的现金流量**

图 6-3 的计算公式为：

$$继续使用旧设备第一年年初的净现金流出 = 丧失变现的净现金流量$$
$$= 变现价值 + 变现损失抵税$$
$$= 变现价值 - 变现收入纳税$$

因此，在考虑企业所得税和资金时间价值的基础上，旧设备与新设备的平均年成本分别为：

$$旧设备的平均年成本 = \frac{1\,600 + 100 + 675 \times (P/A, 10\%, 6) - 200 \times (P/F, 10\%, 6)}{(P/A, 10\%, 6)}$$

$$= \frac{1\,700 + 675 \times 4.355 - 200 \times 0.564}{4.355}$$

$$= 1\,039.45(元)$$

$$新设备的平均年成本 = \frac{3\,500 + 350 \times (P/A, 10\%, 8) - 300 \times (P/F, 10\%, 8)}{(P/A, 10\%, 8)}$$

$$= \frac{3\,500 + 350 \times 5.335 - 300 \times 0.467}{5.335}$$

$$= 979.78(元)$$

### 相关思考 6-1

**继续使用旧设备第一年年初的净现金流出**

[例 6-5] 中，若旧设备的变现价值为 2 200 元，其他条件不变。

请问：继续使用旧设备第一年年初的净现金流出为多少？

### 相关思考 6-2

**新设备最终残值与税法规定残值不相等**

[例 6-5] 中，若新设备税法规定的残值为 300 元，但最终报废残值为 200 元，其他条件不变。

请问：上述条件对新设备最后 1 年的净现金流量有何影响？在这种情况下，新设备的平均年成本为多少？

#### （二）新旧设备使用寿命相同的更新决策——差额分析法

如果新旧设备的未来使用期限相同，则可采用差额分析法。因为设备更新并不改变企业的生产能力，不增加企业的现金流入。更新决策的现金流量主要是现金流出。因此，采用差量分析法时，先计算两个方案（出售旧设备购置新设备和继续使用旧设备）的差量现金流量,然后根据差量现金流量计算差量现金流量的净现值。站在新设备的立场上,如果净现值大于零,则应出售旧设备购置新设备,否则继续使用旧设备。

**【例 6-6】** 某企业 2 年前以 200 000 元购入的一台设备,预计使用 10 年,预计净残值为 0,每年运行成本为 40 000 元,该设备目前的变现价值为 160 000 元(与账面价值相等)。现考虑用市场上生产效率更高的新设备代替旧设备。新设备价值为 240 000 元,预计使用 8 年,预计净残值为 0,每年运行成本为 20 000 元,更换新设备后不增加企业的现金流入。假设企业对固定资产均采用直线法计提折旧(与税法规定一致),企业所得税税率为 25%,资本成本为 10%,假设不考虑其他因素,企业是否应该更换设备?

根据上述数据,站在新设备的立场上,计算出售旧设备购置新设备与继续使用旧设备这两个方案的现金流量差额,具体如表 6-6 所示。

表 6-6　　　　　　　　　两个方案的现金流量差额　　　　　　　　　单位:元

| 项目 | 旧设备 | 新设备 | 差额 |
| --- | --- | --- | --- |
| 初始投资额 | 0 | 240 000 | 240 000 |
| 旧设备变价收入 | 0 | 160 000 | 160 000 |
| 年营业收入(1) | 80 000 | 80 000 | 0 |
| 年付现成本(2) | 40 000 | 20 000 | −20 000 |
| 年折旧额(3) | 20 000 | 30 000 | 10 000 |
| 营业净现金流量(4)=(1)×(1−25%)−(2)×(1−25%)+(3)×25% | | | 15 250 |

其中:

$$旧设备的年折旧额 = 200\,000 \div 10 = 20\,000(元)$$
$$新设备的年折旧额 = 240\,000 \div 8 = 30\,000(元)$$

则:

$$\Delta NCF_0 = -(240\,000 - 160\,000) = -80\,000(元)$$
$$\Delta NCF_{1-8} = 15\,250(元)$$
$$\begin{aligned}\Delta NPV &= 15\,250 \times (P/A, 10\%, 8) - 80\,000 \\ &= 15\,250 \times 5.335 - 80\,000 \\ &= 1\,358.75(元)\end{aligned}$$

因为 $\Delta NPV > 0$,所以该企业应出售旧设备,购置新设备。

### 相关思考 6-3

**更换新设备是否能够提高企业生产能力**

[例 6-6]中,若更换新设备后,能够将企业的年营业收入从 80 000 元提升到 100 000 元,付现成本从 40 000 元上升到 50 000 元,其他条件不变。

请问:可以采用哪些方法计算得到是否更换设备?

6.3 从固定资产投资看明年经济增长动力

**延伸阅读 6-2**

**投资项目风险的衡量与处置**

在前面的分析中,我们都假设项目的现金流量是可以确定的,但实际上真正意义上的投资项目总是有风险的,项目未来现金流量总会具有某种程度的不确定性。

投资项目的风险可以从以下三个层次来看:

(1) 项目的特有风险,即项目本身的风险,它可以用项目预期收益率的波动性来衡量。

(2) 项目的公司风险,即项目给公司带来的风险。项目的公司风险可以用项目对公司未来收入影响的大小来衡量。

(3) 项目的市场风险,即新项目给股东带来的风险。

从股东角度来看,项目的特有风险被公司资产多样化分散后剩余的公司风险中,有一部分能被股东的资产多样化组合而分散掉,从而只剩下任何多样化组合都不能分散掉的系统风险。从资产组合及资本资产定价理论角度看,度量新项目风险时,不应考虑新项目实施对企业现有风险水平可能产生的全部增减影响,因为企业股东可以通过构造一个证券组合,来消除单个股权的大部分风险。所以,唯一影响股东预期收益的是项目的系统风险,而这也是理论上与项目分析相关的风险度量。

项目风险处置一般有以下两种方法:

(1) 调整现金流量法,即把不确定的现金流量调整为确定的现金流量,然后用无风险的报酬率作为折现率计算净现值。其计算公式为:

$$净现值 = \sum_{t=0}^{n} \frac{a_t \times 现金流量期望值}{(1 + 无风险报酬率)^t}$$

式中:$a_t$ 代表 $t$ 年现金流量的肯定当量系数,它在 0～1。

(2) 风险调整折现率法,这种方法的基本思路是对高风险的项目采用较高的折现率计算净现值。其计算公式为:

$$净现值 = \sum_{t=0}^{n} \frac{预计净现金流量}{(1 + 风险调整折现率)^t}$$

## 本 章 小 结

本章主要学习了:现金流量估计中应注意的问题,所得税和折旧对现金流量的影响,税后营业净现金流量的三个计算公式,固定资产新建项目的投资决策,固定资产更新项目的投资决策,包括采用平均年成本法对使用寿命不相同的固定资产进行更新决策,采用差额分析法对使用寿命相同的固定资产进行更新决策。

## 本章重要概念

机会成本　相关成本　税后成本　税后收入　折旧抵税　税后现金流量　固定资产更新　平均年成本

# 第七章　长期筹资方式

- 内容提要
- 重点难点
- 学习目标
- 知识框架
- 思政育人
- 第一节　企业筹资概述
- 第二节　权益资本
- 第三节　债务资本
- 第四节　混合资本
- 本章小结
- 本章重要概念

## 内容提要

本章主要讲解了筹资的概念、渠道、方式，筹资类型的划分，资金需要量的预测方法，几种常见的权益资本、债务资本及混合资本的筹资方式。

## 重点难点

本章重点为资金需要量的预测及各种筹资方式的种类、优缺点；难点为资金需要量的预测。

## 学习目标

通过本章学习，学生应了解筹资的概念、渠道、方式及类型的划分；掌握销售百分比法的应用；掌握权益资本、债务资本、混合资本的几种主要筹资方式。

## 知识框架

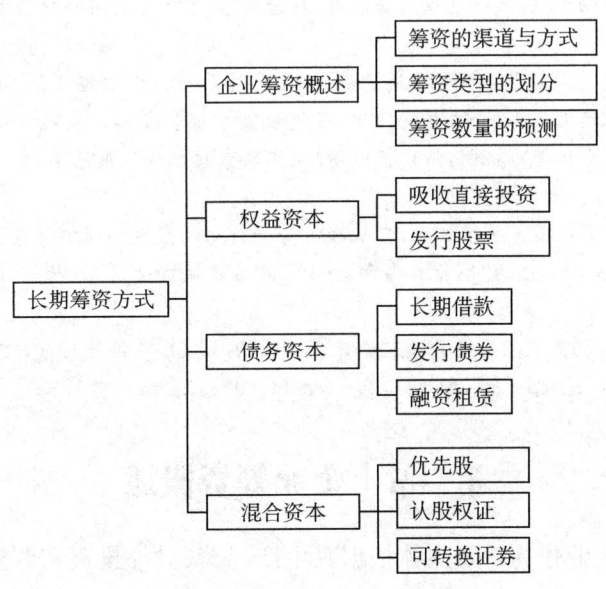

**思政育人　学习贯彻党的二十大精神　提高直接融资比重应向改革要动**

党的二十大报告提出,健全资本市场功能,提高直接融资比重,为优化融资结构、增强金融服务实体经济能力进一步指明了方向。

发展直接融资是资本市场的重要使命。党的十八大以来,为提高直接融资比重,党中央、国务院出台了一系列政策措施。在经济迈向高质量发展的现阶段,产业结构调整优化、发展方式绿色转型等诸多任务齐驱并进,直接融资特别是股权融资风险共担、利益共享的特点,能够加快创新资本形成,促进科技、资本和产业高水平循环。可以说,推动高质量发展对直接融资提出了更高要求。

当前,提高直接融资比重,既有广阔空间,又有不小难度。

说空间广阔,是因为我国拥有超大规模的市场体量和完整的产业体系,拥有4亿多人的中等收入群体和超2亿人的A股投资者队伍,资本要素需求加快扩大,居民财富管理意识日益增长,外资吸引力不断增强,提高直接融资比重面临难得的历史机遇。

说有难度,是因为我国间接融资长期居于主导地位,发展惯性强。同时,资本市场发展还不够充分,中介机构专业服务能力、长期投资和价值投资文化、市场诚信约束机制等方面还存在短板。总体看,当前我国直接融资比重仍然偏低,未能完全适应经济高质量发展的需要。

近年来,我国资本市场改革持续向纵深推进,推出科创板、改革创业板、设立北交所,注册制改革稳步向前,债券市场制度规则持续完善,对外开放不断深化,直接融资呈现加快发展态势。截至2021年年末,直接融资存量规模达98.8万亿元,约占社会融资规模存量的31.5%。

成效看得见,挑战依然艰巨。推动直接融资比重再上新台阶,还需向改革要动力,在完善制度上持续发力。

入口应更宽。目前,我国中小企业数量近5 000万家,而A股上市公司只有5 000家左右,大部分企业依然无法通过股票市场获得发展资金。资本市场大门向更多企业敞开,是提高直接融资比重的关键一招。未来,应稳步在全市场推行注册制,并以注册制带动发行、上市、交易、持续监管等基础制度改革,使市场价值发现功能更加有效,支持更多企业在资本市场找到发展资金和发展动力。

包容性应更强。不同类型、不同发展阶段企业的融资需求往往不同,建立健全多层次资本市场体系,增强服务的普惠性至关重要。要继续深化资本市场改革,形成错位发展、功能互补的市场体系,沪深主板突出"大盘蓝筹"特色,科创板坚守"硬科技"定位,创业板保持"三创四新"特点,北交所和新三板注重于服务中小企业。同时,稳步开展区域性股权市场制度,畅通各层次市场之间的转板机制,拓展市场深度、增强发展韧性。

上市公司质量应更高。上市公司发展质量如何,直接关系到投资回报高低,也是吸引更多资金入市的动力所在。要通过持续优化再融资、并购重组、股权激励等机制安排,支持上市公司加快转型升级、做优做强。要建立健全常态化退市机制,强化优胜劣汰,夯实直接融资发展基石,吸引更多投资者尤其是机构投资者愿意来、留得住。

提高直接融资比重是一项系统性工程,需从经济金融全局的高度加强统筹谋划,有效发挥政府部门、监管机构、市场主体等各方合力,引导资本要素向创新创业领域加速涌动,为实体经济高质量发展蓄势增能。

资料来源:金观平.提高直接融资比重应向改革要动力[N/OL].经济日报,(2022-11-25)[2023-12-24].http://paper.ce.cn/pc/content/202211/25/content_264699.html,有删节。

## 第一节　企业筹资概述

企业筹资是指企业作为筹资主体根据其生产经营、对外投资和调整资本结构等需要,通过筹资渠道和金融市场,运用筹资方式,经济有效地筹措和集中资本的活动。

提到筹资,最直接的问题就是钱从哪儿来?以什么方式来?所需的筹资数量是多少?

## 一、筹资的渠道与方式

企业筹资活动需要通过一定的渠道并采用一定的方式来完成。筹资渠道是指企业筹措资金的来源与通道。筹资方式是指可供企业在筹措资金时选用的具体筹资形式。资金从哪里来和如何取得资金,既有联系,又有区别。同一渠道的资金往往可以采用不同的方式取得,而同一筹资方式又往往可适用于不同的资金渠道。所以,应对筹资渠道和筹资方式加以研究。

### (一) 筹资渠道

我国企业目前筹资渠道主要包括以下几种:

(1) 国家财政资金。国家对企业的直接投资是国有企业特别是国有独资企业获得资金的主要渠道。现有国有企业的资金来源中,其资金大多是由国家财政以直接拨款方式而形成的,除此以外,还有些是国家对企业"税前还贷"或减免各种税款而形成的。不管是何种形式的资金来源,从产权关系上看,它们都属于国家投入的资金,产权归国家所有。

(2) 银行信贷资金。银行对企业的各种贷款,是我国目前各类企业最为重要的资金来源,我国银行分为商业性银行和政策性银行两种。商业性银行是以营利为目的、从事信贷资金投放的金融机构,它主要为企业提供各种商业贷款。政策性银行是为特定企业提供政策性贷款,其主要目的不是为了营利。

(3) 其他金融机构资金。其他金融机构主要指信托投资公司、保险公司、租赁公司、证券公司和财务公司等。它们所提供的各种金融服务,既包括信贷资金投放,又包括物资的融通,还包括为企业承销证券等金融服务。

(4) 其他企业资金。企业在生产经营过程中,往往形成部分暂时闲置的资金,并为一定的目的而进行相互投资;另外,企业间的购销业务可以通过商业信用方式来完成,从而形成企业间的债权债务关系,形成债务人对债权人的短期信用资金占用。企业间的相互投资和商业信用的存在,使其他企业资金也成为企业资金的重要来源。

(5) 居民个人资金。企业职工和居民个人的结余货币,作为"游离"于银行及非银行金融机构等之外的个人资金,可用于对企业进行投资,形成民间资金来源渠道,从而为企业所用。

(6) 企业自留资金。企业自留资金又称企业内部留存,是指企业内部形成的资金,主要包括提取公积金和未分配利润等。这些资金的重要特征之一是,它们无需企业通过一定的方式去筹集,而直接由企业内部自动生成或转移。

### (二) 筹资方式

筹资方式是指企业在筹措资金时所采用的具体形式。如果说筹资渠道是客观存在的,那么筹资方式则属于企业的主观行为。对于客观存在的各种渠道的资金,企业可以采取不同的方式予以筹集。筹资方式不仅与国家经济管理体制、财务管理体制等直接相关,还取决于资金市场的发展和完善状况。我国企业目前主要有以下几种筹资方式:①吸收直接投资。②发行股票。③银行借款。④发行债券。⑤融资租赁。⑥商业信用等。

对企业理财人员而言,选择筹资方式是一件十分重要的工作,直接关系到企业筹措资金的数量、成本和风险。因此,企业理财人员应该十分清楚每种筹资方式的含义及特征等,本章的第二节、第三节、第四节将对这些筹资方式加以详细说明。

 **相关案例 7-1**

### 为有源头活水来

内蒙古蒙牛乳业公司(以下简称蒙牛乳业)成立于 1999 年,3 年之后,蒙牛乳业以 1 947.31% 的成长速度名列 1999—2001 年中国超速成长百强企业首位;6 年之后,蒙牛乳业业务收入在全国乳制品企业中的排名由第 1 116 位上升至第 2 位。初生牛犊是怎样在激烈竞争的乳制品市场站稳脚跟的呢?创新的管理模式是蒙牛乳业发展的基础,而源源不断的资金注入则成为蒙牛乳业发展的直接动力,并在管理团队的运筹帷幄之中终于决胜千里。

蒙牛乳业从 1999 年成立后,用了 3 年的时间,先后进行了增资、股改等四次资本运作,实现了初步的原始积累,但是距离成为一家足以垄断乳业行业的巨头,它还差一个关键的因素——资金的支持。当时知名度不高的蒙牛,和众多中国中小企业一样几乎没有敲开任何一扇筹资的门:银行贷款无望;寄望于深圳创业板但最终搁浅;几家有望投资的企业,最终由于各种原因全放弃了。

经历了国内上市努力的失败后,自 2002 年 9 月起,摩根斯坦利、鼎辉、英联三家外商投资机构与蒙牛走到了一起,开始给蒙牛动起了资本运作的大手术。通过对境外壳公司开曼群岛公司注资,三家机构首次给蒙牛注入资金约 2.16 亿元人民币。2003 年 10 月,三家机构投资者对壳公司进行了第二次注资,共 3 523.4 万美元。当然,外商投资机构不会送来免费蛋糕,蒙牛获得资金的同时,必须要在一定期间内达到三家机构要求的业绩指标。资金带来的动力和业绩要求带来的压力促使蒙牛开始了跑步前进。

2004 年 6 月 10 日,蒙牛乳业(2319.HK)在中国香港挂牌上市,公开发售 3.5 亿股,公众超额认购达 206 倍,股票发行价高达 3.925 港元,筹资近 14 亿港元。

乳品行业的这头"快牛"在源源不断而来的"活水"滋润下,进入了一个更广阔的发展空间。

## 二、筹资类型的划分

企业从不同筹资渠道、利用不同筹资方式筹集的资本,由于具体的来源、方式、期限和用途等不同,形成不同的筹资类型。不同类型资本的结合,构成企业具体的筹资组合。

### (一) 按照资本性质的不同划分

企业筹资类型按照资本性质的不同,划分为权益资本和债务资本。权益资本和债务资本的关系构成企业的资本结构,成为企业筹资理财的一个核心问题。

1. 权益资本

权益资本又称股权资本或自有资本,是企业依法筹集(企业投资者投入)并长期拥有、可自主调配运用的资本,包括实收资本、资本公积、盈余公积和未分配利润等。

与债务资本相比,权益资本具有以下几个特点:

(1) 体现了投资者和企业之间的所有权关系。权益资本的所有权归属于企业的所有者。企业所有者依法凭其所有权参与企业的经营管理和利润分配,并对企业的债务承担有限或无限责任。

(2) 企业对权益资本依法享有经营权。在企业存续期间,企业有权调配使用权益资本,权益资本的持有者除了依法转让其投资,不得抽回其投入的资金,因而权益资本可以看作企业的"永久性资本"。

（3）一般没有固定的回报要求。权益资本的投资者得到的回报主要表现为分红或股利。企业当年的分配计划一般由董事会制定，并由股东大会审核批准，具体的分配数额和比例没有一定限制。如果企业需要将利润留在企业作为进一步发展的资本投入，或者当期没有足够利润，则可以不进行分配。

2. 债务资本

债务资本又称借入资本，是企业依法筹措并依约使用、按期还本付息的资本来源。债务资本对企业来说属于企业的负债，即企业将在一定条件下以其资产或劳务偿还的负债。

债务资本主要通过银行借款、发行债券、融资租赁等方式来筹集。与权益资本相比，债务资本具有以下几个特点：

（1）体现了债权人和企业之间的债权债务关系。债权人将资金借贷给企业，形成债权人对企业的债权及企业对债权人的负债。负债形成时，会通过合同等方式约定债权人和债务人双方的权利、义务，特别是债务人承诺在特定时间内还本付息。

（2）企业对债务资本依法享有经营权。在合同有效期内，企业有权调配使用债务资本。企业通过对债务资本进行经营管理，可以获得债务资本产生的收益，同时要承担对债权人还本付息的义务。

（3）需要定期还本付息。债务资本的提供者得到的回报主要表现为利息，不管是向银行借款还是发行债券，在规定期限内，企业都需要按照合同约定向资金的提供者支付一定利息，到期之后还需要偿付本金。这可能会给企业带来一定财务风险，但同时由于偿付的利息可以在税前扣除，又具有一定的抵税作用。

**（二）按照资本使用期限的长短划分**

企业筹资类型按照资本使用期限的长短，划分为长期资本和短期资本。长期资本和短期资本构成企业资本的期限结构。合理安排企业资本的期限结构，有利于实现企业资本的最佳配置和筹资组合。

1. 长期资本

长期资本是指使用期限在1年以上的资本。长期资本具有使用期限长、周转速度慢和筹资成本高等特点。企业的长期资本通常采用吸收直接投资、发行股票、发行债券、长期借款和融资租赁等方式来筹措。

2. 短期资本

短期资本是指使用期限在1年内的资本。企业生产经营活动中资本流入与流出变动往往并无规律，任何一家企业在任何时候都需要大量的短期资本，以满足公司正常生产经营的需要。企业短期资本一般是通过银行短期借款、发行融资券和商业信用等方式予以筹集，具有使用期限短、周转速度快和筹资成本低等特点。

**（三）按照资本的来源不同划分**

企业筹资类型按照资本的来源不同，划分为内部筹资和外部筹资。

1. 内部筹资

内部筹资是指企业通过留存收益的形式从企业内部筹措资本的筹资活动，它是在企业内部通过利润分配形成的,数额大小取决于企业可供分配的利润的规模及企业的利润分配政策。内部筹资无须支付筹资费用,可降低资本成本。内部筹资是在企业内部"自然而然"形成的,因此其被习惯地称为"自动化的资本来源"。

2. 外部筹资

外部筹资是指企业向外部筹措资本的一种筹资活动,在企业内部筹资无法满足资金需要的情况下企业应当从外部筹集资本。外部筹资是企业在市场经济条件下筹措资本的一个主要渠道。绝大多数企业在生产经营活动的各个阶段,都必须重视外部筹资工作,都要不失时机地开展大规模的外部筹资活动。企业外部筹资的渠道和方式很多,上面列述的筹资渠道和筹资方式,基本上都适用于外部筹资。

### (四) 按照企业是否以金融中介开展筹资活动划分

企业筹资类型按照企业是否以金融中介开展筹资活动,划分为间接筹资和直接筹资。

1. 间接筹资

间接筹资是指企业借助于银行或非银行金融机构所进行的筹资活动。间接筹资是传统的筹资方式,在这种方式下,银行或非银行金融机构发挥着中介作用,将其预先聚集起来的闲散资本提供给需要资本的企业。例如,银行借款就是我国企业经常采用的一种筹资方式,是借入资本的主要来源。间接筹资的优点是筹资成本相对较低,筹资数额、使用时间和还本付息等比较灵活。其缺点是筹资数量有限,且容易受到金融政策的影响。

2. 直接筹资

直接筹资是指不需要经过银行或非银行金融机构而直接同资金供应者达成协议,从而筹措资本的方式,如发行股票、发行债券等。直接筹资是现代的、不断发展的筹资方式。在直接筹资过程中,资本供给双方借助于现代金融手段直接实现资本的转移而不需要银行或非银行金融机构作为中介。直接筹资可以将社会闲散资金迅速转化为生产资金,筹资数额大,资金使用时间长,但筹资成本高。

## 三、筹资数量的预测

资金需要量预测是指企业根据生产经营的需求,对未来所需资金的估计和推测,它是企业制订筹资计划的基础。企业筹资数量的预测可以使用销售百分比法、趋势预测法和线性回归方程法等,其中销售百分比法是预测资金需要量的一种基本方法。

### (一) 销售百分比法的原理

销售百分比法是根据销售收入与资产负债表和利润表各项目之间的关系,预计各项目的金额,进而预测外部资金需要量的方法。

销售百分比法的原理建立在一定的假设基础之上:在一定期间内,利润表项目及大多数资产负债表项目的金额与销售收入的比率保持不变。例如,如果销售收入增加10%,则利润表中大部分项目也会增加10%,如销售成本等。我们把这一类项目称为敏感项目,某一敏感项目与销售收入之间的固定比率称为该项目的销售百分比。但有些项目与销售收入之间不存在非常直接的关系,即在短期内不随销售收入的变动而变动的项目,被称为非敏感项目。对不同的企业而言,敏感项目和非敏感项目不一定相同,具体要根据企业的实际情况进行分析。

因此,可以根据近期实际利润表、资产负债表中各项目金额与销售收入的百分比确定预计利润表、预计资产负债表中各项目与销售收入的百分比,据此编制预计利润表和预计资产负债表,并确定外部资金需要量。

#### (二)销售百分比法的基本步骤

销售百分比法的基本步骤可分为四步:第一步,预计利润表;第二步,计算留存收益增加额;第三步,预计资产负债表;第四步,计算外部资金需要量。

1. 预计利润表

预计利润表可用来预测留存收益,并为预计资产负债表、预测外部资金需要量提供依据。有关人员在了解基期利润表各项目与销售收入的关系之后,需要取得预测年度销售收入预计数,并编制预测年度的预计利润表。

【例7-1】 东兴公司预计2×24年公司销售收入可达到6 000万元,根据2×23年利润表各项目的销售百分比,计算并编制2×24年预计利润表。东兴公司2×24年预计利润表如表7-1所示。

表7-1　　　　　东兴公司2×24年预计利润表　　　　　单位:万元

| 项目 | 2×23年金额 | 销售百分比 | 2×24年预计金额 |
| --- | --- | --- | --- |
| 销售收入 | 4 000 | | 6 000 |
| 减:销售成本 | 2 500 | 62.50% | 3 750 |
| 销售费用 | 20 | 0.50% | 30 |
| 销售税金及附加 | 240 | 6.00% | 360 |
| 销售利润 | 1 240 | 31.00% | 1 860 |
| 减:管理费用 | 600 | 15.00% | 900 |
| 财务费用 | 40 | 1.00% | 60 |
| 利润总额 | 600 | 15.00% | 900 |
| 减:企业所得税 | 150 | 3.75% | 225 |
| 净利润 | 450 | 11.25% | 675 |

2. 计算留存收益增加额

留存收益是企业内部的资金来源,它可以满足或部分满足企业的资金需要。只要企业有盈利并且不是全部支付股利,则留存收益会使股东权益自动增长。表7-1中显示,2×24年东兴公司的预计净利润为675万元。若预计2×24年的股利支付率为40%,则2×24年的留存收益增加额为405万元[675×(1−40%)]。也就是说,东兴公司内部可以解决405万元的资金需要。

3. 预计资产负债表

预计资产负债表主要有以下几个步骤:

(1) 收集基期资产负债表资料,计算敏感项目与销售收入的百分比。

(2) 根据预测年度销售收入预计数和敏感项目的销售百分比,计算该项目在预测年度的预计数,非敏感项目预测金额则按照基期金额填写。

(3) 预计资产负债表中的留存收益为基期留存收益余额和预测年度留存收益增加额之和。

接[例 7-1],东兴公司 2×24 年预计资产负债表如表 7-2 所示。

表 7-2　　　　　　　　东兴公司 2×24 年预计资产负债表　　　　　　金额单位:万元

| 项　目 | 2×23 年金额 | 销售百分比 | 2×24 年预计金额 |
| --- | --- | --- | --- |
| 资产: | | | |
| 货币资金 | 60 | 1.5% | 90 |
| 应收账款 | 800 | 20.0% | 1 200 |
| 存货 | 1 000 | 25.0% | 1 500 |
| 预付账款 | 20 | N | 20 |
| 长期投资 | 100 | N | 100 |
| 固定资产净值 | 200 | 5.0% | 300 |
| 资产总额 | 2 180 | — | 3 210 |
| 负债和所有者权益: | | | |
| 短期借款 | 340 | N | 340 |
| 应付账款 | 440 | 11.0% | 660 |
| 应付费用 | 100 | 2.5% | 150 |
| 长期借款 | 300 | N | 300 |
| 负债合计 | 1 180 | — | 1 450 |
| 股本 | 500 | N | 500 |
| 留存收益 | 500 | N | 905* |
| 所有者权益合计 | 1 000 | — | 1 405 |
| 负债和所有者权益总额 | 2 180 | — | 2 855 |

\* 根据预计利润表计算出来的 2×24 年的留存收益增加额为 405 万元,则 2×24 年预计资产负债表中的留存收益总额应该为 905 万元(500+405)。

4. 计算外部资金需要量

以上的计算过程表明,东兴公司 2×24 年为了完成 6 000 万元的销售收入,需要增加资金 3 210 万元,本年需要在外部筹集资金 355 万元(3 210－2 855)。

(三) 销售百分比法的简易方法

销售百分比法可以根据其基本原理加以简化,得到简易的销售百分比法,用来预测外部资金需要量。其计算公式如下:

外部资金需要量＝资产增加额－负债增加额－留存收益增加额
　　　　　　＝敏感资产销售百分比×销售收入增加额－
　　　　　　　敏感负债销售百分比×销售收入增加额－
　　　　　　　预计销售收入×销售净利率×(1－股利支付率)

如果采用简化的销售百分比法来计算,则[例7-1]中东兴公司2×24年的外部资金需要量的计算如下:

销售收入增加额＝6 000－4 000＝2 000(万元)

销售净利率＝$\frac{450}{4\,000}$＝11.25%

敏感资产销售百分比＝1.5%＋20.0%＋25.0%＋5.0%＝51.5%

敏感负债销售百分比＝11.0%＋2.5%＝13.5%

外部资金需要量＝51.5%×2 000－13.5%×2 000－6 000×11.25%×(1－40%)
　　　　　　＝355(万元)

明确外部资金需要量后,企业理财人员必须考虑企业的目标资本结构、债务和权益市场状况、现有负债的限制性条件等多种因素,决定通过何种方式筹集所需资金。

## 第二节 权益资本

### 一、吸收直接投资

吸收直接投资是指企业以协议等形式吸收国家、其他法人、个人和外商直接投入资本,形成企业资本的一种筹资方式。吸收直接投资不以股票为媒介,适用于非股份制企业,是非股份制企业筹措权益资本的一种基本形式。

**(一)吸收直接投资的种类**

吸收直接投资的种类很多,企业可以根据自身的需要和有关规定选择采用,以便顺利地筹措所需要的权益资本。企业吸收的直接投资方式的资金可根据不同标准分类。

(1)按筹资来源划分,吸收直接投资可分为以下四类:

第一,吸收国家直接投资,形成企业的国有资本。

第二,吸收其他企业、事业单位等法人的直接投资,形成企业的法人资本。

第三,吸收企业内部职工和城乡居民的直接投资,形成企业的个人资本。

第四,吸收外国投资者的直接投资,形成企业的外商资本。

(2)按投资者的出资形式划分,吸收直接投资可分为以下两类:

第一,吸收现金投资。现金是企业吸收直接投资乐于采用的形式,因为企业吸收了一定的现金投资,就可以根据自身的生产经营规划购置资产、支付费用,运用灵活、支配方便。所以,企业一般都力争投资者以现金方式出资。各国的法规也大多对现金出资比例作出了具体规定,或由筹资各方协商确定适当的比例。

第二,吸收非现金投资。非现金投资包括两类:一是吸收实物资产投资,即投资者直接以房屋、建筑物、设备等固定资产和原材料、燃料、产品等流动资产投资;二是吸收无形资产投资,即投资者直接以专利权、商标权、商誉、非专利技术和土地使用权等无形资产投资。

**(二)吸收直接投资的条件**

企业采用吸收直接投资方式筹措权益资本,必须符合一定的条件或要求。具体包括

以下几个方面:

(1) 主体要求。采用吸收直接投资方式筹措权益资本的企业,应当是非股份制企业,包括国有企业、集体企业和合资或合作企业等。股份制企业按规定应以发行股票方式取得权益资本。

(2) 需要要求。企业通过吸收直接投资而取得的实物资产或无形资产,必须符合企业生产经营、科研开发的需要,在技术上能够应用。

(3) 评估要求。企业通过吸收直接投资而取得的非现金资产,必须对其价值进行合理的评估。评估时,一般可采用现行市价法、重置成本法和收益现值法等确定资产的价值。

**(三) 吸收直接投资的程序**

(1) 确定所需投入资本的数量。确定资金需要量是筹资的前提,企业在吸收直接投资之前,必须明确资金的用途,进而合理确定所需资金的数量。

(2) 选择吸收投入资本的来源。企业应根据具体情况选择资金的来源,决定是向国家、法人、个人还是外商吸收直接投资。

(3) 签署合同、协议或决定等文件。企业在与投资者进行磋商之后,应签署投资合同或出资协议等文件。对于国有独资企业,应由国家授权的投资机构签署增资拨款决定。

(4) 取得资金。按照签署的合同、协议或决定,适时适量取得资金。对以实物资产和无形资产形式进行的投资,应进行合理估价,办理合法的产权转移手续。

**(四) 吸收直接投资的优缺点**

吸收直接投资是我国企业筹资中最早采用的一种方式,也曾是我国国有企业、集体企业、合资或联营企业普遍采用的筹资方式。

1. 吸收直接投资的优点

(1) 企业采用吸收直接投资方式所筹集的资本属于公司的权益资本,与借入资本相比,它更能提高公司的资信和借款能力,对扩大企业经营规模,壮大企业实力具有重要作用。

(2) 企业吸收直接投资不仅可以取得现金,而且能够直接获得其所需要的先进设备与技术,这与仅筹集现金的筹资方式相比较,能尽快形成生产经营能力。

(3) 企业采用吸收直接投资的筹资方式,其向投资者分配利润可视企业经营情况而定,比较灵活,因而其财务风险较低。

2. 吸收直接投资的缺点

(1) 筹资成本较高。一般而言,采用吸收直接投资方式所筹集资本的成本较高,特别是企业经营状况较好和盈利较强时,更是如此。这是因为向投资者支付的报酬是根据其出资的数额和企业实现利润的多寡来计算的。

(2) 容易分散企业的控制权。采用吸收直接投资方式筹集资金,投资者一般都要求获得与投资数量相适应的经营管理权,这是接受外来投资的代价之一。如果外部投资者的投资较多,则投资者会有相当大的控制权。

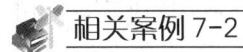
**相关案例7-2**

### 韩都衣舍赵迎光：为何选择引入"STAR VC"的投资

由黄晓明、李冰冰、任泉三位明星发起的"Star VC"宣布投资快时尚品牌韩都衣舍和短视频应用秒拍。作为已经有一定规模和品牌知名度的品牌，韩都衣舍创始人兼CEO赵迎光在接受采访时表示，之所以选择引入"Star VC"的投资，是因为其能够给品牌带来时尚度等层面的提升。

赵迎光表示，韩都衣舍在看到"Star VC"的投资计划之后，第一时间和"Star VC"取得了联系，很快获得了认可。他认为，韩都衣舍是一家做时尚品牌的公司，与明星有着很高的契合度，"Star VC"的几个发起人，都是有着相当知名度和影响力的明星，如果他们能够成为我们的投资人，对于我们品牌的时尚度，会带来积极影响。同时，他们的团队都有多年的投资经验，沟通合作起来也很高效。

赵迎光介绍说，此次引入明星投资人，也可以丰富股东结构，借其在娱乐、传媒领域的资源和经验，这对于韩都衣舍进行品牌营销等都有很大帮助，补齐之前的一些短板。他认为，有很多国际和国内的投资者希望投资入股韩都衣舍，但韩都衣舍对于选择投资人很慎重。这次与"Star VC"的合作可以实现双赢，因此最终决定接受他们投资入股的要求。

在获得投资之后，韩都衣舍计划重点构建有影响力的时尚品牌孵化平台，做一个平台型企业，让优秀的设计师团队实现品牌梦想。

赵迎光分析认为，在互联网的新渠道上，会诞生未来众多的、基于细分定位的小而美的品牌，韩都衣舍在做这个孵化平台的时候，需要整合资源；对不同定位的品牌进行营销宣传，必然会与明星、娱乐传媒进行各种方式的合作，如果有这些明星投资人从中协调，会顺利很多。

## 二、发行股票

股票是公司签发的证明股东所持股份的凭证。股份有限公司将资本划分为股份，每一股的金额相等，这些股份采取股票的形式。股票持有人即公司的股东。公司股东作为投资人，依法享有资产收益、参与重大决策和选择管理者等权利；同时，股东以其认购的股份为限对公司承担责任。

### （一）股票的种类

股份有限公司可以根据公司需要及投资者的投资意愿，发行不同类型的股票，以满足不同筹资者和投资者的需要。

1. 按照股东享有权利和承担义务的不同分类

按照股东享有权利和承担义务的不同，股票可以分为普通股和优先股。

（1）普通股。它是股份公司资本结构中最基本的部分。持有普通股票的股东，依据法定条件具有参与公司经营管理权及剩余收益分配权、股票转让权、优先认股权和剩余财产要求权等权利。目前我国股票市场上绝大部分股票为普通股票。

（2）优先股。它是一种混合性质的证券，在某一些方面类似于普通股，另一些方面又类似于债券。一般情况下，优先股股东可以优先于普通股股东享受固定股利，而且当公司解散时，优先股股东将优先于普通股股东清偿公司剩余财产。但优先股股东通常不享有公司经营管理的权利，也不具有表决权或表决权的行使受到限制。

2. 按照股票票面有无记名分类

按照股票票面有无记名，股票可以分为记名股票和无记名股票。

（1）记名股票。它是在股票票面上记载股东的姓名或名称的股票。对记名股票，公司应当置备股东名册，记载股东姓名或名称、股东住所、各股东所持股份数、各股东所持股票编号及各股东取得股份的日期。记名股票一律用股东本名，其转让、继承要办理过户手续。

（2）无记名股票。它是在股票票面上不记载股东的姓名或名称的股票。对无记名股票，公司只需记载股票数量、编号和发行日期。无记名股票的转让、继承不需要办理过户手续。

《公司法》规定，公司向发起人、国家授权投资的机构、法人发行的股票，应当为记名股票；向社会公众发行的股票，可以为记名股票，也可以为无记名股票。

3. 按照股票票面上有无金额分类

按照股票票面上有无金额，股票可以分为有面值股票和无面值股票。

（1）有面值股票。它是指在股票的票面上记载每股金额的股票，股票面值的主要功能是确定每股股票在公司中所占有的份额。另外，还表明在股份有限公司中股东对每股股票所负有限责任的最高限额。《公司法》规定，股票应当标明票面金额。

（2）无面值股票。它是指在股票票面上不记载每股金额的股票。无面值股票仅表示每一股在公司全部股票中所占有的比例，也就是说，这种股票只在票面上注明每股金额占公司全部资产的比例，其价值随公司财产价值的增减而增减。

4. 按照投资主体分类

按照投资主体，股票可以分为国家股、法人股、个人股和外资股。

（1）国家股。它是有权代表国家投资的部门或机构以国有资产向公司投入而形成的股份。

（2）法人股。它是公司法人依法以其可支配的资产向公司投入而形成的股份，或具有法人资格的事业单位和社会团体以国家允许用于经营的资产向公司投入而形成的股份。

（3）个人股。它是公司内部职工或城乡居民以个人合法财产投入公司而形成的股份。

（4）外资股。它是外国和我国港、澳、台投资者向公司投资而形成的股份。

5. 按照币种和上市地区的不同分类

按照币种和上市地区的不同，股票可以分为A股、B股、H股、N股和S股。

（1）A股。它是供境内个人或法人购买的，以人民币标明面值并以人民币认购和交易的股票。

（2）B股。它是在境内上市的外资股，它以人民币标明面值但以外币认购和交易。

（3）H股、N股和S股。这些是在境外上市的外资股，它以外币标明面值并以外币认购和交易。H股在中国香港上市，N股在纽约上市，S股在新加坡上市。

在以上的分类当中，普通股是最为基本和常见的形式，也是公司重要的资金来源，所以，除本章第四节中的优先股之外，其他涉及股票的内容如无特别说明均指普通股。

**（二）股票的发行**

1. 股票发行的基本要求

股份有限公司发行股票分为设立发行和增资发行。设立发行是指设立股份有限公司时，为筹集资金而进行的股票发行，它是股份有限公司首次发行股票的行为。增资发行是

7.1 A股市场分类

指股份有限公司成立后因增加资金的需要而进行的股票发行,它是股份有限公司在首次发行股票以后又发行股票的行为。

根据《公司法》《证券法》等规定,不论是设立发行还是增资发行均应满足以下要求:

(1) 股票发行必须公开、公平、公正,每股面额相等,同股同权,同权同利。

(2) 同次发行的股票,每股认购条件和价格相同。

(3) 股票发行的价格可以等于票面金额,也可以超过票面金额,但不得低于票面金额。也就是说,股票可以平价发行或溢价发行,但不得折价发行。

**延伸阅读 7-1**

股票的发行条件

股票发行是指符合条件的发行人以筹资或实施股利分配为目的,按照法定的程序,向投资者或原股东发行股份或无偿提供股份的行为。股票的发行条件包括:

(1) 公司的生产经营符合国家产业政策,具备健全且运行良好的组织机构。

(2) 公司发行的普通股只限一种,同股同权。

(3) 向社会公众发行的部分不少于公司拟发行的股本总额的 25%,其中公司职工认购的股本数额不得超过拟向社会公众发行的股本总额的 10%;公司拟发行的股本总额超过人民币 4 亿元的,中国证券监督管理委员会(以下简称中国证监会)按照规定可酌情降低向社会公众发行的部分的比例,但是,最低不少于公司拟发行的股本总额的 15%。

(4) 具有持续盈利能力,财务状况良好。

(5) 发行人在最近 3 年财务会计文件无虚假记载,无其他重大违法行为。

(6) 经国务院批准的国务院证券监督管理机构规定的其他条件。

2. 股票的发行程序

各国对股票发行程序都有严格的法律规定。根据我国《上市公司证券发行管理办法》的规定,上市公司申请发行股票应当遵循以下程序:

(1) 公司董事会依法作出决议,明确本次证券发行的方案、筹集资金使用的可行性报告和前次筹集资金使用的报告等事项,并提请股东大会批准。

(2) 公司股东大会就发行股票作出决定,明确本次发行证券的种类和数量、发行方式、发行对象及向原股东配售的安排、定价方法或价格区间、筹集资金用途、决议的有效期、对董事会办理本次发行具体事宜的授权等事项。

(3) 公司申请公开或非公开发行新股,应当由保荐人保荐,并向中国证监会申报。保荐人应按中国证监会的有关规定编制和报送发行申请文件。

(4) 中国证监会依照下列程序审核发行证券的申请:收到申请文件后 5 个工作日内决定是否受理;受理后对申请文件进行初审;发行审核委员会审核申请文件;作出核准或不予核准的决定。

(5) 自中国证监会核准发行之日起,公司应在 6 个月内发行证券;超过 6 个月未发行的,核准文件失效,须重新经中国证监会核准后方可发行。公司发行证券前发生重大事项的,应暂缓发行,并及时报告中国证监会。该事件对本次发行条件构成重大影响的,发行证券的申请应重新经中国证监会核准。

(6) 证券发行申请未获核准的公司,自中国证监会作出不予核准的决定之日起 6 个月后,可再次提出证券发行申请。

3. 股票的发行方式

股票发行方式是指公司发行股票的途径,主要有以下两类:

(1) 公募发行。公募发行是指公司公开向社会发行股票。我国股份有限公司采用募集方式设立时及向社会公开募集新股时,即属于公募发行。

(2) 私募发行。私募发行是指公司不公开向社会发行股票,只向少数特定的对象直接发行。我国股份有限公司采用发起方式设立时及不向社会公开募集新股时,即属于私募发行。

4. 股票的销售方式

股票销售方式是指公司向社会公募发行股票时所采取的销售方法,主要有以下两类:

(1) 自销。自销是指发行公司自己直接将股票销售给认购者。这种销售方式可由公司直接控制发行过程,并节省发行费用,但是筹资时间较长,并要由公司承担全部发行风险。

(2) 承销。承销是指发行公司将股票的销售业务委托给证券经营机构代理。这种销售方式是发行股票普遍采用的方式。《公司法》规定,股份有限公司向社会公开发行股票,必须与依法设立的证券经营机构签订承销协议,由证券经营机构承销。承销又分为包销和代销两种具体方式。包销是根据承销协议商定的价格,由证券经营机构一次性购进发行公司公开募集的全部股票,然后以较高的价格出售给社会上的认购者。对发行公司而言,包销的方式可以及时筹足资本,免于承担发行风险(股份未募足的风险由承销商承担),但是股票以较低的价格出售给承销商会损失部分溢价。代销是证券经营机构仅替发行公司代售股票,不承担股份未募足的风险,并由此获取一定的佣金。对发行公司而言,代销方式下股票销售价格较高,但是筹资速度较慢,并且要自己承担发行风险。

5. 股票的发行价格

股票的发行价格是指公司将股票出售给投资者的价格,也就是投资者认购股票时所支付的价格。设立发行股票时,发行价格由发起人决定;增资发行新股时,发行价格由股东大会决定。在确定股票价格时要全面考虑股票面额、股市行情和其他相关因素。股票发行价格通常有等价、时价和中间价三种。

(1) 等价是以股票票面金额为发行价格。

(2) 时价是以公司原发行股票的现行市场价格为基准来确定增发新股的价格。

(3) 中间价是以时价和等价的中间值来确定股票的发行价格。

按等价发行的股票又叫平价发行。按时价或中间价发行股票,发行价格既可能高于面额,又可能低于面额。高于面额发行叫溢价发行,低于面额发行叫折价发行。如前所述,我国股票只允许溢价或平价发行,不允许折价发行。

延伸阅读 7-2

### 首次公开募股

首次公开募股(initial public offerings,简称 IPO)是指一家企业或公司(股份有限公司)第一次将它的股份向公众出售的发行方式(首次公开发行是指股份有限公司首次向社会公众公开招股的发行方式)。

通常,上市公司的股份是根据相应证监会出具的招股书或登记声明中约定的条款通过经纪商或做市商进行销售。一般来说,一旦首次公开上市完成后,这家公司就可以申请到证券交易所或报价系统挂牌交易。有限责任公司在申请IPO之前,应先变更为股份有限公司。

另外一种获得在证券交易所或报价系统挂牌交易的可行方法是在招股书或登记声明中约定允许私人公司将它们的股份向公众销售。这些股份被认为是"自由交易"的,从而使得这家企业达到在证券交易所或报价系统挂牌交易的要求条件。大多数证券交易所或报价系统对上市公司在拥有最少自由交易股票数量的股东人数方面有着硬性规定。

### (三)股票筹资的优缺点

1. 股票筹资的优点

(1)筹资没有固定的利息负担。若公司盈利较多,并认为适合于分配股利,就可以分派股利;若公司盈利较少,或虽有盈利但资金短缺或有更好的投资机会,也可以少支付或不支付股利。这点与债券或借款不同,无论公司是否盈利及盈利多少,债券和借款都必须按期足额支付利息。

(2)股本没有固定的到期日,无须偿还,在公司经营期内可自行安排使用。普通股股本是公司的永久性资本,是公司最稳定的资本来源,除非公司破产清算才予以偿还。这对于保证公司对资本的最低需求、促进公司长期持续稳定经营具有重要意义。

(3)筹资风险较小。由于股票不存在还本付息的风险,可以避免因销售或盈余波动而给公司正常的生产经营秩序带来冲击。

(4)发行股票能增强公司的信誉。股本及由此产生的资本公积和留存收益,可以成为公司筹措债务资本的基础。较多的权益资本有利于提高公司的信用价值,同时也为利用更多的债务筹资提供强有力的支持。

(5)由于预期收益较高,用股票筹资容易吸收社会资本。尤其在向社会公众发行小面额的股票时,筹资速度快,取得资本的数额较大,从而能为公司筹措到更多的权益资本。

2. 股票筹资的缺点

(1)筹资成本高。这是因为投资人投资于股票的风险大,所要求的报酬率也高;并且,股利是以税后利润支付的,无抵税作用。此外,股票的发行成本也较高,这些都决定了股票的筹资成本较高。

(2)增发股票会增加新股东,容易分散公司的控制权。

(3)可能导致股价下跌。新股东对公司已积累的盈余具有分享权,这又会降低每股收益,从而导致普通股市价的下跌。另外,公司过度依赖股票,会被投资者视为消极信号,从而也会导致股价的下跌,进而影响公司使用其他筹资工具。

## 第三节 债务资本

### 一、长期借款

长期借款是指企业向银行等金融机构及其他单位借入的期限在1年以上的各种借款。

**(一) 长期借款的种类**

长期借款根据不同的标准有不同的分类。

1. 按提供贷款的机构分类

按提供贷款的机构分类,长期借款可分为政策性银行贷款、商业银行贷款和其他非银行金融机构贷款。

(1) 政策性银行贷款。它是指执行国家政策性贷款业务的银行提供的贷款,通常为长期贷款,且一般只贷给国有企业。我国的国家开发银行、进出口银行等,就属于政策性银行。

(2) 商业银行贷款。它是指商业银行出于盈利目的而提供的贷款,主要满足企业建设竞争性项目的需要。

(3) 其他非银行金融机构贷款。它是指除商业银行外的其他可从事贷款业务的金融机构提供的贷款,如信托投资公司、保险公司和企业集团财务公司等机构提供的贷款。其贷款期限很长,所要求的利率也很高,并且对借款企业的信用和担保品的选择也很严格。

2. 按担保条件分类

按担保条件分类,长期借款可分为信用贷款、担保贷款和抵押贷款。

(1) 信用贷款。它是指借款人不提供任何担保品,仅凭借款企业的信誉或其保证人的信用而发放的贷款。此种贷款通常适用于资信良好的企业,而且银行通常要收取较高的利息,并往往附加一定的条件。目前我国各专业银行向国有企业发放的贷款,大多数是信用贷款。

(2) 担保贷款。它是指凭借担保人的担保而发放的贷款,不需要抵押品作担保。这类贷款中的担保人一般资信较高。如果贷款到期时借款企业不能或不愿偿还贷款,则由担保人代为偿还。

(3) 抵押贷款。它是指以特定的抵押品作为担保的贷款。其抵押品可以是不动产或其他资产,但要求能在市场上出售。若贷款到期时借款企业无法或不愿偿还,银行或其他金融机构有权取消企业对抵押品的赎回权,并将其变卖,所得款项用于归还贷款。

3. 按贷款用途分类

按贷款用途分类,长期借款可分为基本建设贷款、更新改造贷款、科研开发贷款和新产品试制贷款。

(1) 基本建设贷款。它是指金融企业的一种中长期性的固定资产投资贷款。

(2) 更新改造贷款。它是指为了促进国民经济的发展,支持大型技术改造项目,专项措施项目,以及地方建筑安装企业、地质勘探单位更新改造的资金需要而发放的贷款。

(3) 科研开发贷款。它是指科研单位为研究、仿制和消化新技术,推广应用新技术成果向银行所申请的流动资金贷款、技术改造贷款和信托贷款。

(4) 新产品试制贷款。它是指企业为试制开发新产品而向银行申请的借款。

**(二) 长期借款的信用条件**

长期借款往往附加一些信用条件,常见的有以下两种。

1. 信用额度

信用额度是借款企业与贷款机构之间正式或非正式协议规定的企业借款的最高限

额。非正式协议下,贷款机构并不承担按最高限额保证贷款的法律义务。正式协议下,对规定的信用额度内的贷款,贷款机构必须予以保证。其中,有一种通常为大公司提供的正式信用额度,称为周转信用协定。贷款机构对周转信用协定负有法律义务,并因此向企业收取一定的承诺费用,承诺费用一般按照企业使用的信用额度的一定比率(0.2%左右)计算。

2. 补偿性余额

补偿性余额是贷款机构要求借款企业将借款10%～20%的平均余额留存在贷款机构。该措施主要是为了降低贷款的风险,提高贷款的实际利率,以补偿贷款机构的损失。

### 相关思考7-1

**补偿性余额对实际利率的影响**

在存在补偿性余额的情况下,企业取得的有效借款等于名义借款金额减去补偿性余额,但支付利息时却按名义借款金额计算,因此贷款的实际利率要高于名义利率。具体计算公式如下:

$$实际利率 = \frac{名义借款金额 \times 名义利率}{名义借款金额 \times (1-补偿性余额比例)} = \frac{名义利率}{1-补偿性余额比例}$$

### (三) 长期借款的程序

1. 选择贷款机构

企业应在考虑自身条件和贷款机构情况的基础上,选择适合的贷款机构。企业在选择贷款机构时,应当关注贷款机构对贷款风险的政策、贷款机构与借款企业的关系、贷款机构的专业化程度及贷款机构所提供的咨询等服务。

2. 提出借款申请

企业提出的借款申请应陈述借款的原因与金额、用款时间与安排、还款的期限与计划。贷款机构根据有关规定和贷款条件,对企业的借款申请进行审查。贷款机构审查的内容主要包括企业的财务状况、信用状况、盈利稳定性、发展前景及借款用途等。

3. 签订借款合同

贷款机构审查借款申请后,对符合规定和条件的,与借款企业进一步协商贷款的具体条件,签订借款合同。借款合同是规定借贷双方权利和义务的契约,其内容分为基本条款和限制条款,限制条款又有一般性限制条款、例行性限制条款和特殊性限制条款之分。基本条款是借款合同必须具备的条款;限制条款是为了降低贷款机构的贷款风险而对借款企业提出的限制条件,它不是借款合同的必备条款。限制条款中,一般性限制条款最为常见,例行性限制条款次之,特殊性限制条款比较少见。

借款合同的基本条款包括借款种类、借款用途、借款金额、借款利率、借款期限、还款资金来源及还款方式、保证条款和违约责任等。

借款合同的一般性限制条款通常包括:对企业流动资金保持量的规定;对企业支付现金股利的限制;对企业资本性支出规模的限制;对企业借入其他长期债务的限制等。

借款合同的例行性限制条款一般包括:企业定期向贷款机构报送财务报表;企业不准在正常情况下出售大量资产;企业要及时偿付到期债务;禁止企业贴现应收票据或转让应收账款;禁止以资产作其他承诺的担保或抵押等。

借款合同的特殊性限制条款可能包括:贷款专款专用;要求企业主要领导购买人身保险;要求企业主要领导在合同有效期内担任领导职务等。

4. 取得借款

借款合同生效后,贷款机构将款项转入企业的存款结算账户。

### (四) 长期借款筹资的优缺点

1. 长期借款筹资的优点

(1) 长期借款的资本成本较低。利用长期借款筹资,利息可以在税前支付,可以减少企业实际负担的利息费用,因此比股票筹资的成本要低得多;与债券相比,借款利率通常低于债券利率。此外,由于借款是在企业和银行之间直接商定的,可以大大减少交易成本。

(2) 长期借款有利于保持股东控制权。贷款机构无权参与企业的管理决策,因此不会分散股东对企业的控制权。

(3) 长期借款的筹资速度快。与发行股票、债券相比,长期借款筹资不需要证券发行前的准备、印刷等程序,一般所需的时间较短,程序较为简单,可以迅速获得资金。

(4) 长期借款的灵活性较大。在借款前,企业根据当时资本的需要与银行直接商定贷款的时间、数量和条件。在借款期间,若企业财务状况发生某些变化,也可以与银行进行再协商,变更借款条件。

2. 长期借款筹资的缺点

(1) 筹资风险高。借款通常有固定的利息负担和固定的偿付期限,在企业经营不佳时,可能产生不能偿付的风险,甚至引起破产。

(2) 限制条款较多。由于借款合同通常会包含一系列限制性条款,这对企业今后的筹资、投资和经营活动都有一定的限制。

(3) 长期借款的筹资数量有限。长期借款一般不能像债券、股票那样一次筹集到大笔资金,无法满足企业生产经营活动大规模的范围调整。

## 二、发行债券

债券是公司为筹集资本而发行的,承诺在一定期限内按约定利率向债权人还本付息的有价证券。发行长期债券是公司筹集长期资本的一种重要方式。

### (一) 债券的种类

公司债券的种类繁多,在第四章中已经介绍过按期限长短和发行主体进行的分类,这里介绍一些其他的分类方式。

1. 按照有无抵押担保品分类

按有无抵押担保品,债券分为信用债券和抵押债券。

(1) 信用债券。它又称无担保债券,它没有特定资产作担保,完全凭借发行公司的信用,因此只有信用良好的公司才可以发行此类债券,其利率通常高于担保债券。

(2) 抵押债券。它是指公司以某种资产作为担保发行的债券。根据担保品的不同,又可分为不动产抵押债券、抵押信托债券和设备信托债券。不动产抵押债券的担保财产一一般是不动产;抵押信托债券一般是以实际资产以外的证券类资产作为担保品;设备信托债券一般是为购买大型设备而发行的,借款人只有在偿还债务之后才能取得设备的所有权。

2. 按照是否记名分类

按是否记名,债券分为记名债券和无记名债券。

(1) 记名债券。它是指在债券上注明债权人姓名,同时在发行公司的债权人名册上登记的债券。转让记名债券时,除要交付债券外,还要在债券上背书和在公司债权人名册上更换债权人姓名。

(2) 无记名债券。它是指债券票面上未注明债权人姓名,也不用在债权人名册上登记债权人姓名的债券。无记名债券的转让可立即生效,无须背书,因而比较方便。

3. 按照是否可赎回分类

按是否可赎回,债券分为可赎回债券和不可赎回债券。

(1) 可赎回债券。它是指发行公司可以按照发行时规定的条款,依一定的条件和价格在公司认为合适的时间收回的债券。一般来讲,债券的赎回价格要高于债券面值,高出的部分称为"赎回溢价"。

(2) 不可赎回债券。它是指只能按债券期限到期还本,而不能提前偿还本金予以收回的债券。

4. 按照利率是否固定分类

按利率是否固定,债券分为固定利率债券和浮动利率债券。

(1) 固定利率债券。它是指债券的利息率在债券期限内是固定的。大多数债券属于固定利率债券。

(2) 浮动利率债券。它的利息率在整个债券期限内是随市场利率的变化而变化的。这种债券在发行前,选择某一具有代表性的利率作为标准利率,债券发行者规定债券利率随标准利率浮动的标准,债券发行者实际支付的利息将随标准利率的变化而变化。

(二) 债券的评级

债券的信用等级标志着债券质量的优劣,反映了债券还本付息能力的强弱和债券投资风险的高低。公司公开发行债券通常需要债券评级机构评定等级,债券的信用等级直接影响着公司发行债券的效果和投资者的投资选择。

7.2 秒懂债券信用评级

1. 债券的信用等级

按照债券的还本付息能力,国际上知名的信用评级机构穆迪公司、标准普尔公司、惠誉国际公司将公司债券从优到劣分为三等九级。标准普尔公司的债券信用等级分类及含义如表 7-3 所示。

表 7-3　　　　　　　标准普尔公司的债券信用等级分类及含义

| 级别等级 | 级别分类 | 符号表示 | 含义 |
| --- | --- | --- | --- |
| 一等 | 高质量等级 | AAA | 具有较高的还本付息能力,投资者没有风险 |
|  | 高级 | AA | 还本付息能力很高,投资者的风险很小 |
|  | 中上级 | A | 具有一定的还本付息能力,投资者风险较低 |

(续表)

| 级别等级 | 级别分类 | 符号表示 | 含义 |
|---|---|---|---|
| 二等 | 中级 | BBB | 具有一定的还本付息能力,但通常需要一定的保护措施,投资者要承受一定的风险 |
| | 中下级 | BB | 被判断为有投机性质的因素,还本付息能力低,投资者风险较大 |
| | 下级 | B | 不具备理想的投资条件,还本付息能力低,投资风险很大 |
| 三等 | 完全投机级 | CCC | 还本付息能力很低,有可能违约,投资风险极大 |
| | 最大投机级 | CC | 还本付息能力极低,投资风险最大 |
| | 最低等级 | C | 没有还本付息能力,投资者面临绝对风险 |

2. 债券评级的作用

债券评级对投资人和发行债券的公司都有重要意义。

对投资人而言,债券评级的作用主要体现在以下几个方面:

(1) 减少投资的不确定性,提高市场的有效性。

(2) 拓宽投资者眼界。专业债券评级机构的工作,可以帮助一般投资人对特定债券的性质有更广泛和更深入的了解。

(3) 作为投资者选择投资的标准。

(4) 作为投资者确定风险报酬的依据。

对债券发行公司而言,债券评级的作用主要体现在以下几个方面:

(1) 有利于发行公司更广泛地进入金融市场。通过债券评级可以扩大发行公司的知名度和影响力,能够吸引更多的投资者,大大增加债券投资者的范围。这对发行公司更好地接触资本市场无疑是很有帮助的。

(2) 增大了发行者的筹资灵活性。债券评级使债券发行变得相对容易,发行成本也大大降低,这些都使债券发行更经济,也更频繁。

(三) 债券的发行

1. 债券的发行程序

(1) 作出发行债券的决议或决定。股份有限公司和有限责任公司发行债券,由董事会制订方案,股东会作出决议。国有独资公司发行债券,由国家授权投资的机构或国家授权的部门作出决定。

(2) 提出发行债券的申请。公司应向国务院证券管理部门提出发行公司债券的申请,并提交公司登记证明、公司章程、公司债券募集办法及资产评估报告和验资报告。

国务院证券管理部门对符合《公司法》规定的,予以批准;否则不予批准。对已作出的批准如果发现不符合《公司法》规定的,应予撤销。债券尚未发行的,停止发行;已经发行的,由发行公司向认购人退还所缴款项并加算银行同期存款利息。

(3) 公告债券募集办法。债券募集办法中应载明以下事项:公司名称,拟发行债券的总额、票面金额、利率、还本付息的期限和方式,债券发行的起止日期,公司净资产额,已发行的尚未到期的公司债券总额,公司债券的承销机构。

(4) 发售债券,募集款项,登记债券存根簿。

2. 债券的发行方式

与股票相类似,债券的发行方式也有公募发行和私募发行两类。

公募发行是指发行公司通过承销团向社会发售债券,是世界各国普遍采用的债券发行方式,我国《企业债券管理条例》也要求经批准的公司公开发行债券。由于公募发行涉及众多投资者,其社会责任和影响都很大,为了保护投资人利益,各国对公募发行的条件都作了严格的规定,公募发行要求较高的信用等级。

私募发行是指由发行公司直接将债券发售给投资者,这种发行方式因受限制,较少采用。

3. 债券的发行价格

债券的发行价格是公司将债券出售给投资者的价格,也就是投资者认购债券时所支付的价格。债券发行价格的估算公式为:

$$债券发行价格 = 面值 \times 票面利率 \times (P/A, k, n) + 面值 \times (P/F, k, n)$$

式中:$k$ 代表投资者要求的必要报酬率或市场利率。

由上式可见,影响债券发行价格的一个重要因素是票面利率与市场利率的关系。当票面利率与市场利率一致时,债券发行价格等于票面金额,叫作平价发行。当票面利率与债券发行时的市场利率不一致时,就需要调高或调低其发行价格,以调节债券购销双方的利益。票面利率高于市场利率时,债券发行价格高于票面金额,叫作溢价发行;票面利率低于市场利率时,债券发行价格低于票面金额,叫作折价发行。

【例 7-2】 东兴公司发行面值为 1 000 元,票面利率为 10%,期限为 10 年的债券,每年年末付息,到期还本。其发行价格的计算可分为以下三种情况:

(1) 市场利率为 10% 时,票面利率=市场利率→平价发行。

$$债券发行价格 = 1\,000(元)$$

(2) 市场利率为 8% 时,票面利率>市场利率→溢价发行。

$$债券发行价格 = 1\,000 \times 10\% \times (P/A, 8\%, 10) + 1\,000 \times (P/F, 8\%, 10) = 1\,134(元)$$

(3) 市场利率为 12% 时,票面利率<市场利率,折价发行。

$$债券发行价格 = 1\,000 \times 10\% \times (P/A, 12\%, 10) + 1\,000 \times (P/F, 12\%, 10) = 887(元)$$

### (四) 债券筹资的优缺点

1. 债券筹资的优点

(1) 发行债券的资本成本较低。与长期借款类似,公司债券的利息可在税前支付,可以享受税收屏蔽方面的好处,因而其实际负担的资本成本较低。不过,发行债券的筹资费用高于长期借款,因此其资本成本通常比长期借款要高。

(2) 保障股东控制权。债券持有人无权参与公司的经营管理,因此发行债券筹资不会分散股东对公司的控制权。

(3) 便于调整资本结构。在发行可转换债券或可提前赎回债券的情况下,公司可根据需要主动合理地调整资本结构。

2. 债券筹资的缺点

（1）财务风险高。债券有固定的到期日，并且定期支付利息，发行公司必须承担还本付息的义务。在公司经营不景气时，也需要向投资者支付利息，这会给公司带来更大的财务风险，有时甚至会导致公司破产。

（2）限制条件较多。发行债券的限制条件往往比长期借款、租赁融资的限制条件要多，且更严格，从而限制了公司对债券筹资方式的使用，有时还会影响到公司以后的筹资能力。

（3）筹资数量有限。利用债券筹资在数量上有一定的限度，当公司的负债比率超过了一定程度后，债券筹资的成本就要上升，有时甚至会发行不出去。

### 三、融资租赁

租赁是指资产的所有人以收取租金为条件，在契约或合同规定的期限内，将资产的使用权让渡给使用者的一种经济行为。租赁有多种形式，主要分为经营租赁和融资租赁。经营租赁是由租赁公司向承租公司提供租赁设备，并提供设备维修保养和人员培训等的服务性业务。经营租赁通常为短期租赁，在本章不作重点讨论。

融资租赁又称资本租赁，它是由出租人按照承租人的要求融资购买设备，并在契约或合同规定的较长期限内提供给承租人使用的信用性业务。在融资租赁方式下，由于由出租人支付设备的全部价款，等于向承租人提供了100%的长期信贷。承租人采用融资租赁的主要目的是筹资，具有借款性质，因此融资租赁是承租公司筹集长期借入资本的一种特殊形式。

**（一）融资租赁的特点**

（1）融资合约比较稳定，在合约有效期内，租赁双方均无权单方面终止合约，除非租赁设备损坏或被证明已丧失使用功能。

（2）一般由承租人提出租赁要求，然后由出租人融资购买并出租给承租人使用。

（3）租赁期限较长，大多为租赁资产使用年限的一半以上。

（4）在融资租赁业务中，出租人不负责租赁资产的维修和保养，而由承租人负责。

（5）租赁期满，可以按以下方法处理租赁资产：将租赁资产折价转让给承租人，由出租人收回或延长租期续租等。

**（二）融资租赁的形式**

融资租赁按业务的不同特点，可细分为三种具体形式。

1. 直接租赁

直接租赁是融资租赁的典型形式。通常所说的融资租赁就是指直接租赁形式。这种形式的效果类似于以分期付款方式购买资产。

2. 售后租回

公司在出售某项设备的同时，按照特定条款从购买者手中租回该项设备，称为售后租回。售后租回一方面可以使公司取得出售设备的现金收入；另一方面又可以继续使用该项设备，因此它具有融资租赁的基本特征。售后租回的特点表现在：一般融资租赁所租赁的设备是新的,而且出租人要从制造商或供应商那里购买这些设备;而售后租回的设备有时是使用过的,而且是从设备的使用者——承租人手里购买。也就是说,售后租回的使用者、承租人和设备供应商是同一主体。

3. 杠杆租赁

杠杆租赁涉及承租人、出租人和贷款人三方当事人。从承租人的角度,杠杆租赁与其他融资租赁形式并无区别。对出租人来说就有所不同,出租人只支付购买资产所需资金的一部分,其余部分则以该项资产作担保向贷款人借款支付。在这种形式下,租赁公司既是出租人又是借款人,既要收取租金又要支付利息,但租赁收益一般高于借款成本,因此可获得财务杠杆利益,故称为杠杆租赁。

 延伸阅读 7-3

混 合 租 赁

现在大多数出租人都提供多种形式的租赁,因此在实务中,租赁不能单纯地划分为经营租赁或融资租赁,而是具有两者的特征,这样的租赁称为混合租赁。例如,包含解约条款是经营租赁的特征之一,但现在很多融资租赁也包含解约条款。不过,在融资租赁中,这些解约条款包含赔偿条款,通过赔偿条款,承租人必须支付足够多的赔款,以使出租人能补偿租赁资产的未摊销成本。

(三) 融资租赁的租金计算

在融资租赁方式下,承租公司必须按合同规定支付租金。租金的数额和支付方式会对承租公司未来的财务状况产生直接影响,因此是融资租赁的重要依据。公司理财人员应熟悉租金的构成、计算方式及支付方式,以便为公司的筹资决策提供财务支持。

1. 决定租金的因素

在确定租金时,一般要考虑以下因素:

(1) 租赁设备的购置成本,包括设备的买价、运费和途中保险费。

(2) 预计租赁设备的残值。

(3) 利息费用。它是指租赁公司为承租公司购置设备进行融资而发生的利息费用。

(4) 租赁手续费,包括租赁公司承办租赁设备发生的营业费用及一定的利润。

(5) 租赁期限。一般而言,租赁期限的长短不仅影响租金总额,而且影响每期租金的数额。

(6) 租金的支付方式。租金的支付方式主要按以下标准分类:一是按支付的间隔时间长短分为年付、半年付、季付和月付;二是按在期初或期末支付,分为先付租金和后付租金;三是按每次支付的数额是否相等,分为等额支付和不等额支付。在实际中租金支付方式大多为后付等额年金。一般而言,租金支付次数越多,每次支付的数额就越小。

2. 确定租金的方法

租金的计算方法很多,名称也不统一。目前国际上流行的租金计算方法主要有平均分摊法、等额年金法、附加利率法和浮动利率法。在我国的融资租赁实务中,大多采用平均分摊法和等额年金法。

(1) 平均分摊法。平均分摊法是指先以商定的利息率和手续费率计算租赁期间的利息和手续费,然后连同设备成本按支付次数平均分摊的方法。

在这种方法下,每次应该支付的租金的计算公式为:

$$R = \frac{(C-S)+I+F}{N}$$

式中:$R$ 代表每次应该支付的租金;$C$ 代表租赁设备的购置成本;$S$ 代表租赁设备的预计残值;$I$ 代表租赁期间的利息费用;$F$ 代表租赁期间的手续费;$N$ 代表租赁期限。

【例 7-3】 东兴公司于 2×23 年 1 月 1 日从租赁公司租入一套设备,价值 100 万元,租期为 5 年,预计租赁期满时的残值为 3 万元,归租赁公司所有。年利率为 9%,租赁手续费为设备价值的 2%,租金每年年末支付一次,则该公司每年应该支付的租金计算如下:

$$R = \frac{(100-3)+[100\times(1+9\%)^5-100]+100\times 2\%}{5} = 30.58(万元)$$

通过上面的分析可以看出,平均分摊法比较容易理解,而且计算也很简单,但它没有充分考虑资金时间价值因素。

(2) 等额年金法。等额年金法是运用年金现值原理来计算每期应付租金的方法。在这种方法中,通常将利率和手续费率综合考虑,来确定一个租赁费率,作为计算年金的贴现率。根据后付年金现值的计算公式,可推导出后付等额租金方式下每年年末支付租金的计算公式为:

$$R = \frac{PV}{(P/A, i, n)}$$

式中:$R$ 代表每次支付的租金;$PV$ 代表设备的购置成本(若租赁期满设备归承租公司所有)或设备的购置成本减去残值的现值(若租赁期满设备退回给出租人);$i$ 代表租赁费率;$n$ 代表支付租金期数。

【例 7-4】 东兴公司从租赁公司租入一台设备,设备价款为 1 000 万元,租赁期限为 10 年,到期后设备归承租公司所有,租赁费率(贴现率)为 12%,租金于每年年末等额支付,则每年应付的租金为:

$$R = \frac{1\,000}{(P/A, 12\%, 10)} = \frac{1\,000}{5.650} = 177(万元)$$

**(四) 融资租赁筹资的优缺点**

1. 融资租赁筹资的优点

(1) 能够迅速地获得所需资产。融资租赁是一项融资与融物相结合的筹资方式,往往比借款购买设备更迅速,并且公司在筹集资本的同时,即可获得长期资产的使用权。

(2) 增加了筹资的灵活性。租赁可以避免长期借款所附加的多种限制性条件,从而为公司经营活动提供了更大的弹性空间。

(3) 可以避免设备陈旧过时的风险。随着现代科学技术的不断进步,设备陈旧过时的风险很高,而多数租赁协议规定此种风险由出租人承担,承租公司可因此避免这种风险。

(4) 全部租金通常在整个租赁期内分散支付,不用到期归还大量本金,可适当减低公司不能偿付的风险。

2. 融资租赁筹资的缺点

（1）租赁成本高。尽管租赁没有明显的利息成本，但出租人所获得的报酬隐含于租金中。一般而言，许多租赁的租金（包括隐含报酬）要高于债券利息，其租金总额通常要高于设备价值30%左右。

（2）难以改良资产。未经出租人同意，承租人不得擅自对租赁资产加以改良。

## 第四节 混合资本

混合资本兼具权益资本和债务资本的特点，主要有优先股、认股权证和可转换证券三种筹资形式。

### 一、优先股

**（一）优先股的特征**

优先股是一种混合性证券，在某些方面类似于普通股，其他方面则类似于债券。其主要有以下特征：

（1）优先分配公司股利和剩余财产。在普通股发放股利之前，必须先发放优先股股利，而且在公司破产时，优先股股东的索取权优先于普通股股东，但次于公司债权。

（2）无表决权。优先股股东一般无表决权，因此不能参与公司决策，也就不能控制公司的经营管理。

（3）股利固定。这一点和债券类似，但其股利支付没有强制性，即使不支付股利，也不会造成违约，从而不会使公司面临破产。

**（二）优先股的种类**

优先股按具体权利的不同，可作进一步的分类。

1. 累积优先股和非累积优先股

累积优先股是指公司当年可供分配股利的利润不足以支付约定的优先股股利的，可以累积到以后年度，由以后年度可供分配股利的利润补足。非累积优先股则不能将当年未能支付的优先股股利累积到以后年度支付。

2. 参加优先股和不参加优先股

参加优先股是指当公司按规定向优先股股东和普通股股东分派股利后仍有剩余利润时，优先股可与普通股一道参加剩余利润的分配。参加优先股具体又分为全部参加优先股和部分参加优先股。全部参加优先股是指与普通股同等参加剩余利润分配的优先股。部分参加优先股是指在参加剩余利润分配时有股利上限的优先股。不参加优先股是指只能按约定的固定股利率获取股利，不能参加剩余利润分配的优先股。

3. 可赎回优先股和不可赎回优先股

可赎回优先股是指公司为了减轻股利负担或出于其他目的，可以按规定赎回的优先股。不可赎回优先股是指公司不能赎回的优先股。

4. 可转换优先股和不可转换优先股

可转换优先股是指可以按照规定的条件和比例转换为普通股的优先股。不可转换优

7.3 优先股试点管理办法

先股是指不可以转换为普通股的优先股。

**（三）优先股筹资的优缺点**

1. 优先股筹资的优点

（1）优先股从法律形式上看属于权益资本，没有固定的到期日，不用偿付本金，能够提高公司的资信和借款能力。

（2）发行优先股有利于保持普通股股东的控制权。优先股股东一般无表决权，不能参与公司的管理决策，因此不会分散普通股股东对公司的控制权。

2. 优先股筹资的缺点

（1）优先股的筹资成本较高。优先股股利是以税后利润支付的，因而不能获得税收上的好处，所以其成本一般高于债券的成本。

（2）优先股股利可能会形成一项财务负担。虽然公司可以不支付优先股股利，但公司股东一般希望能支付股利，因此只要条件允许，公司都会尽量支付股利。当公司经营状况不好时，股利会成为公司一项较重的财务负担，有时会加大公司的财务风险。

## 二、认股权证

认股权证是由公司发行的一种凭证，它规定其持有者有权在规定期限内，以特定价格购买发行公司一定数量的股票。从本质上看，认股权证是以股票或其他某种类型证券为标的物的一种长期买入期权，期权的买方为投资者，期权的卖方为发行公司。

**（一）认股权证的特征**

（1）期权性。认股权证实质上是给予持有者的一种期权，持有人既可以在将来实施这种权利，又可以不实施这种权利。

（2）附赠性。认股权证经常和公司的其他证券，通常是长期债券一起发行，以增加这些证券对投资者的吸引力。如当公司准备发行利率较低的长期债券时，往往伴随着认股权证的发行，目的是刺激投资者购买这些证券。

（3）可分离性。一般情况下，认股权证同原有的债券或股票是可以分离的，即它发行以后可以与其基础证券脱离，具有独立的价值，可以在证券市场上单独进行交易。

**（二）认股权证的作用**

（1）吸引投资者。在公司发行债券或优先股时，给予投资者购买普通股的选择权，可以有效刺激投资者的投资欲望，使公司较容易筹集到所需资金。

（2）为公司筹集额外资金。认股权证除吸引投资者关注公司的普通股、债券等筹资工具外，由于其本身具有独立的价值，能够为发行公司筹集一笔额外资金，从而增强公司的资本实力和运营能力。

## 三、可转换证券

可转换证券是指由股份有限公司发行的，可以按照一定条件转换为公司普通股的证券。可转换证券主要有可转换债券和可转换优先股。由于可转换债券和可转换优先股之间有许多相似之处，而且可转换债券在现实生活中的应用更为普遍，下面主要介绍与可转换债券有关的内容。

### (一)可转换债券的特征

可转换债券是一种以公司债券为载体,允许持有人在规定时间内按规定的价格转换为公司普通股的金融工具。

可转换债券的特性主要包括以下几点:

(1)期权性。可转换债券的期权性主要体现在它给予投资者的选择权上。在规定的期限内,投资者可以选择将债券转换为普通股票,也可以放弃转换权利。由于可转换债券持有人具有将来买入股票的权利,它实质上是一种买入期权,期权的卖方为发行公司。

(2)赎回性。可转换债券一般都有赎回条款,它规定发行公司在可转换债券转换前,可以按照一定条件赎回债券。发行公司行使赎回权的目的是迫使投资者将债券转换为股票。

(3)双重性。可转换债券在转换之前,属于债券性质。若在转换期间,投资人未将其转换为股票,则发行公司到期必须无条件支付本金及利息。而同时,只要投资者愿意,可按约定随时将可转换债券转换为公司股票,成为公司的股权投资者。

### (二)可转换债券的转换

**1. 转换比率和转换价格**

转换比率是可转换债券合约最重要的内容。它是指每张可转换债券能转换为普通股的数量。与转换比率相关的是转换价格,即可转换债券在转换为普通股时,投资者应支付的每股价格。通常,转换价格一般高出可转换债券发行时股票市价的10%~30%。在可转换债券出售后,通常都要随着股票的分割和股利分配调整其转换价格,如普通股1股分割为2股时,其转换价格也将下降50%。

转换比率和转换价格是一个问题的两个方面,知道了其中的一个,就可以计算出另外一个。两者的关系可以表示为:

$$转换价格 = \frac{债券面值}{可转换为普通股的股数} = \frac{债券面值}{转换比率}$$

或

$$转换比率 = \frac{债券面值}{转换价格}$$

**2. 转换期限**

可转换债券的转换期限是指按发行公司的规定,持有人可将其转换为普通股的期限。可转换债券转换期限的长短通常与可转换债券的期限有关。我国可转换债券的期限最短为3年,最长为5年。上市公司发行的可转换债券,在发行结束6个月后,持有人可以依据约定的条件随时转换股份。

### (三)可转换债券筹资的优缺点

**1. 可转换债券筹资的优点**

(1)发行初期资本成本较低。由于可转换债券给予其持有者在股票价格有利时进行转换的选择权,其实际利率低于同等条件的不可转换债券利率。

(2)有利于调整资本结构。可转换债券在转换前属于发行公司的负债,转换后属于发行公司的所有者权益,因此发行公司可以通过引导持有人的转换行为来调整公司的资本结构。

2. 可转换债券筹资的缺点

可转换债券筹资的缺点主要体现在不确定性上。如果发行人发行可转换债券的本意在于变相进行普通股筹资,但普通股价格并未如期上升,债券持有人不愿转股,则发行人将被迫承受偿债压力。如果可转换债券转股时的估价大大高于转换价格,则发行人将承担溢价损失。

## 本章小结

本章主要学习了:筹资的概念、渠道、方式;筹资类型的划分;筹资数量预测的销售百分比法;吸收直接投资与发行股票两种权益资本筹资方式;长期借款、发行债券和融资租赁三种债务资本筹资方式;优先股、认股权证和可转换证券三种混合资本筹资方式。

## 本章重要概念

筹资渠道　筹资方式　销售百分比法　吸收直接投资　普通股　优先股　发行债券　融资租赁　认股权证　可转换证券

# 第八章 长期筹资决策

> 内容提要
> 重点难点
> 学习目标
> 知识框架
> 思政育人
> 第一节 资本成本概述
> 第二节 杠杆利益与风险
> 第三节 资本结构决策
> 本章小结
> 本章重要概念

**内容提要**

本章主要讲解了资本成本的含义、结构、类型、作用和计算,财务管理中杠杆的原理、计算及应用,资本结构的影响因素和决策方法。

**重点难点**

本章重点为资本成本的计算;难点为杠杆度量及资本结构决策方法。

**学习目标**

通过本章学习,学生应掌握个别资本成本、加权平均资本成本的概念和计算;掌握经营杠杆、财务杠杆、联合杠杆的原理、计算及应用;了解资本结构的影响因素;掌握资本结构决策方法。

**知识框架**

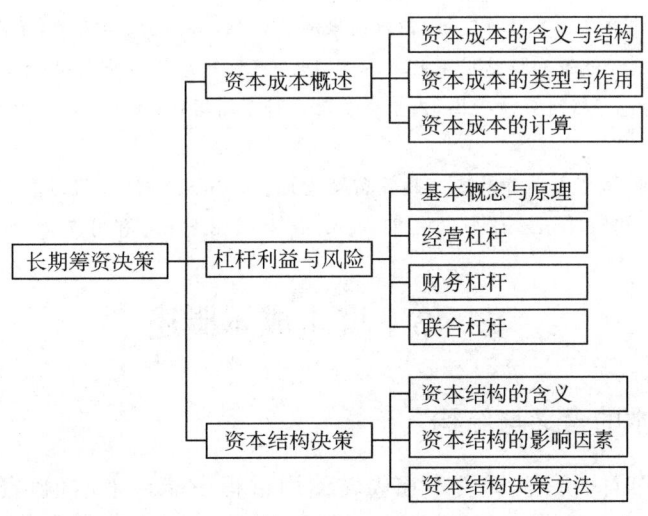

**思政育人　　　宏观杠杆率稳定为政策留足空间**

国家金融与发展实验室近日发布的《2022年中国杠杆率报告》显示,2022年我国宏观杠杆率共上升了10.4个百分点,从2021年年末的262.8%升至273.2%。

宏观杠杆率是一国非金融实体部门债务规模与国内生产总值的比值,能够反映一个国家在一段时期内的社会融资情况和总资产负债规模,从而为有效分析经济发展趋势和稳健性提供参考。

分析来看,导致去年宏观杠杆率上升的原因有多个方面:经济增长速度下降,拉高了宏观杠杆率水平。同时,政府部门加强财政资源统筹,保持必要支出强度,为统筹疫情防控和经济社会发展提供必要的财力支撑。

保持宏观杠杆率基本稳定,处理好经济发展与防范风险的关系,对于维护金融市场总体稳定,守住安全底线,具有重要意义。

自2022年以来,为应对经济下行压力,我国部署了稳经济的一揽子政策措施,这些逆周期调控政策对债务增长的影响会在当期体现,但对产出的影响相对滞后。因此,宏观杠杆率出现阶段性上升,既是外部冲击的客观反映,又是逆周期调控政策助力稳定宏观经济大盘的及时应对。

实际上,自2020年四季度以来,我国稳杠杆促增长取得显著成效,宏观杠杆率连续5个季度净下降,为后续应对各种复杂局面营造了宝贵的政策空间。

从国际比较看,自2020年以来,我国宏观杠杆率增幅明显低于其他主要经济体,以相对较少的新增债务支持了经济较快恢复。与此同时,我国经济表现继续保持领先,通胀总体可控。以温和的宏观杠杆率增幅支持实现增长较快、物价稳定的优化组合,正说明我国宏观政策有力、有度、有效。

杠杆具有对资金资源进行时空配置的功能,其本身并无好坏之分,正常合理应用有利于推动经济发展,而超出正常合理范围则不利于推动经济发展。换句话说,适当应用杠杆可以发挥其撬动作用,推动经济增长,片面追求杠杆则会增加发展风险。保持宏观杠杆率基本稳定,是着眼于总体、长期稳定的角度。

宏观杠杆率作为经济周期变化的"警戒线",当前保持基本稳定,能够反映我国金融风险总体可控、趋于收敛,这也为未来金融体系继续加大对实体经济的支持创造了空间。

考虑到市场主体融资需求稳步复苏、政府部门与企业部门加快投资步伐、消费能力与意愿稳中向好、增量政策性工具的推出以及地方债发行提速等因素,今年宏观杠杆率仍有上升的空间与可能,但增速与斜率有望放缓。

尽管内外部环境仍存在较多不确定性,但我国经济韧性强、潜力大、活力足,长期向好的基本面不会改变。随着稳经济一揽子政策和接续措施效果不断显现,有效防范化解重大金融风险,持续深化金融改革开放,经济运行回升态势将进一步巩固,内生增长动力将不断增强,我国宏观杠杆率仍将继续保持基本稳定。

**资料来源**:金观平.宏观杠杆率稳定为政策留足空间[N/OL].经济日报,(2023-02-21)[2023-12-25].http://paper.ce.cn/pc/content/202302/21/content_269143.html,有删节.

## 第一节 资本成本概述

### 一、资本成本的含义与结构

由于资本具有时间价值,即资本在周转使用过程中能带来增值,资本提供者让渡这种增值机会就要求有相应的报酬。在有风险的情况下,资本提供者还会要求额外的风险报酬。因此,企业要获得资本的使用权,必须付出相应的代价。这种代价可以理解为资本这种特殊商品的市场价格。另外,企业在筹集资本的过程中可能还需要支付一定的费用。综上所述,资本成本又称资金成本,是指企业筹措和使用资本而付出的代价,一般包括筹资费用和用资费用两部分。

筹资费用是在资本筹集过程中为获取资本而支付的各项费用,如发行股票、债券支付的印刷费用,以及发行手续费用、宣传广告费用、律师费用、资信评估费、公证费和担保费等。这些费用一般是在企业筹资时一次性支付的,在资本使用过程中不再发生,因而可以视为对筹资数额的一项扣除。

用资费用是企业为了占用资本而付出的代价,如向债权人支付的利息,向股东分派的股利等。用资费用在资本使用期间会反复发生,并随着使用资本数额的大小和期限的长短而变动。

资本成本可以用绝对数表示,也可以用相对数来表示。但在财务管理中,一般用相对数来表示,即表示为使用费用与实际筹资额的比率。其计算公式为:

$$资本成本 = \frac{每年的用资费用}{筹资总额 - 筹资费用} = \frac{每年的用资费用}{筹资总额 \times (1 - 筹资费用率)}$$

## 二、资本成本的类型与作用

资本成本有多种表现形式,根据不同的使用情况,一般有个别资本成本、加权平均资本成本和边际资本成本三种。

### (一) 个别资本成本

个别资本成本是指企业所筹集的各种长期资本各自的成本。不同的资本形式具有不同的个别资本成本。企业的长期资本由权益资本和债务资本两部分构成,其成本也分别被称为权益资本成本和债务资本成本。

个别资本成本可以用来比较各种筹资方式的优劣。长期资本的筹集有多种方式可以选择,可以把不同筹资方式下的资本成本作为比较的指标之一。

### (二) 加权平均资本成本

加权平均资本成本即所有资本的成本。它根据各种资本的个别资本成本以个别资本占全部资本的比重为权数进行加权平均计算,也可称为综合资本成本。企业通常通过多种渠道、采用多种方式筹措资本,此时,个别资本成本已经无法反映企业的整体资本成本水平,这就需要计算企业各种不同资本的加权平均资本成本。加权平均资本成本在企业的经营决策当中具有非常重要的作用。

(1) 加权平均资本成本是进行筹资组合决策的依据。企业长期资本通常是采用多种方式的筹资组合构成的,通过比较每种筹资组合方案的总体资本成本,可以进行不同筹资组合方案的选择。

(2) 加权平均资本成本是评价投资项目、比较投资方案的标准。一个投资项目,只有投资报酬率高于资本成本,该项投资才是有利可图的。因此,可以将资本成本视为最低报酬率,作为分析投资项目可行性、选择投资项目的取舍标准。

第一,在利用净现值指标进行决策时,常以资本成本作为贴现率。当净现值为正时,投资项目可行;反之,则不可行。因此,采用净现值指标评价投资项目时,离不开资本成本。

第二,在利用内含报酬率指标进行投资决策时,一般以资本成本作为基准率。即只有当投资项目的内含报酬率高于资本成本时,投资项目才可行;反之,则投资项目不可行。因此国际上通常将资本成本作为是否采用投资项目的取舍率,是比较、选择投资方案的主要标准。

(3) 加权平均资本成本是衡量企业经营业绩、制定激励报酬计划的基准。如果企业经营的利润高于资本成本,应当认为经营得好,对相关人员给予适当激励;反之,应当认为经营不善,必须加以改进,并对责任人进行一定惩罚。

### (三) 边际资本成本

边际资本成本是指资本每增加一个单位而增加的成本。个别资本成本和加权平均资本成本是企业过去筹集的或目前正在使用的资本的成本。然而,随着时间的推移或筹资条件的变化,尤其是随着筹资规模的变化,个别资本成本和加权平均资本成本都要发生变化。因此,企业在未来追加筹资时,还要考虑新筹集资本的成本,这就需要计算边际资本成本。

边际资本成本是企业进行追加筹资决策的依据。企业为扩大经营规模,必然增加筹资数量。当筹资数量增加,资本的边际成本超过了企业的承受能力时,企业就不能再增加筹资数额。

8.1 别让沉没成本误导决策

## 三、资本成本的计算

### (一) 个别资本成本

#### 1. 长期借款成本

根据资本成本的通用计算公式,长期借款资本成本的计算公式为:

$$K_l = \frac{I \times (1-T)}{L \times (1-F_l)} = \frac{L \times R_l \times (1-T)}{L \times (1-F_l)} = \frac{R_l \times (1-T)}{1-F_l}$$

式中:$K_l$ 代表长期借款成本;$I$ 代表长期借款年利息;$T$ 代表企业所得税税率;$L$ 代表长期借款筹资总额,即借款本金;$F_l$ 代表长期借款筹资费用率;$R_l$ 代表长期借款年利率。

由于长期借款的筹资费用主要是借款手续费,数额很低时可以忽略不计,上式可以简化为:

$$K_l = R_l \times (1-T)$$

【例 8-1】 星海公司从银行取得 3 年期长期借款 500 万元,手续费率 0.1%,年利率 8%,每年结息一次,到期一次还本。企业所得税税率 25%。该笔长期借款的资本成本计算如下:

$$K_l = \frac{500 \times 8\% \times (1-25\%)}{500 \times (1-0.1\%)} = \frac{8\% \times (1-25\%)}{1-0.1\%} = 6\%$$

#### 2. 债券成本

债券成本与长期借款成本相比较,相同点是利息也在企业所得税前支付,不同的是债券的筹资费用较高而不可忽略不计,这些筹资费用主要包括申请发行债券的手续费、债券注册费、印刷费、上市费及推销费用等。而且债券利率通常高于长期借款利率,因此债券成本一般高于长期借款成本。另外,由于债券发行可以有平价、溢价和折价等不同发行形式,在计算债券成本时,筹资额要以实际发行的价格为准。债券资本成本的计算公式为:

$$K_b = \frac{I_b \times (1-T)}{B \times (1-F_b)}$$

式中:$K_b$ 代表债券成本;$I_b$ 代表债券年利息,它等于债券面值与票面利率的乘积;$T$ 代表企业所得税税率;$B$ 代表债券筹资总额,即债券发行价格;$F_b$ 代表债券筹资费用率。

【例8-2】 星海公司发行面值为1 000元,期限为4年,票面利率为10%的债券5 000张,筹资费用为发行价格的4%,企业所得税税率为25%。

(1) 如果发行价格为1 100元,则该债券的资本成本为:

$$K_b = \frac{I_b \times (1-T)}{B \times (1-F_b)} = \frac{1\ 000 \times 10\% \times (1-25\%)}{1\ 100 \times (1-4\%)} = 7.1\%$$

(2) 如果发行价格为1 000元,则该债券的资本成本为:

$$K_b = \frac{I_b \times (1-T)}{B \times (1-F_b)} = \frac{1\ 000 \times 10\% \times (1-25\%)}{1\ 000 \times (1-4\%)} = 7.81\%$$

(3) 如果发行价格为900元,则该债券的资本成本为:

$$K_b = \frac{I_b \times (1-T)}{B \times (1-F_b)} = \frac{1\ 000 \times 10\% \times (1-25\%)}{900 \times (1-4\%)} = 8.68\%$$

3. 优先股成本

优先股每期的股利通常是固定的,这与债务资本类似,由于优先股股利是以税后利润支付的,没有抵税作用,优先股成本的计算不涉及税收调整问题。优先股资本成本的计算公式为:

$$K_p = \frac{D_p}{P_0 \times (1-F_p)}$$

式中:$K_p$ 代表优先股成本;$D_p$ 代表优先股每年的股利;$P_0$ 代表发行优先股的筹资总额,即优先股的发行价格;$F_p$ 代表优先股的筹资费用率。

【例8-3】 星海公司发行一批优先股,发行价格为每股6元,筹资费用率为4%,每年股利为0.6元/股,则该优先股的资本成本为:

$$K_p = \frac{D_p}{P_0 \times (1-F_p)} = \frac{0.6}{6 \times (1-4\%)} = 10.42\%$$

4. 普通股成本

普通股和优先股一样属于权益资本,股利均不能抵税,但与优先股不同的是,普通股各年的股利不一定相等,而是随着公司经营状况的变动而变动。确定普通股的资本成本,常见的计算思路有以下三种:

(1) 通过普通股估价方法确定其资本成本。根据第四章普通股的估价公式,普通股的

现值的计算公式为:

$$V = \sum_{t=1}^{n} D_t \times (P/F, K_s, t) + V_n \times (P/F, K_s, n)$$

式中:$V$ 代表股票现在的价格;$V_n$ 代表未来出售时预计的股票价格;$K_s$ 代表投资者要求的必要报酬率,从另一个角度来看也就是公司要承担的普通股资本成本;$D_t$ 代表第 $t$ 期的预期股利;$n$ 代表预计持有股票的期数。

该公式是计算普通股价值的基本模型,同样也是确定普通股成本的基本模型。由于普通股无到期日,即当 $n \to \infty$ 时,$V_n \times (P/F, K_s, n) \to 0$,则普通股的价值的计算公式为:

$$V = \sum_{t=1}^{n} D_t \times (P/F, K_s, t)$$

从上式可以看出,普通股的成本和股利有着极为重要的关系。根据普通股股利支付的不同特点,从上式中可以推导出不同的确定普通股成本的公式。

第一,股利每年固定不变。这时,股利实际上相当于永续年金,计算公式可以简化为:

$$K_s = \frac{D}{V}$$

如果把筹资费用考虑进去,则 $K_s = \dfrac{D}{V \times (1 - F_s)}$。

式中:$F_s$ 代表普通股的筹资费用率。

该公式又称零增长模型,即每年的普通股股利保持不变,股利增长率为零。

第二,股利固定增长。在现实生活中,随着公司的发展,一些公司的股利是不断增加的。根据第四章普通股的估价模型,在这种情况下,普通股的价值的计算公式为:

$$V = \frac{D_0 \times (1 + g)}{K_s - g} = \frac{D_1}{K_s - g}$$

式中:$g$ 代表股利年增长率;$D_1$ 代表第一年度股利。其他符号含义同前。

由该式可得普通股的成本的计算公式为:

$$K_s = \frac{D_0 \times (1 + g)}{V} + g$$

如果将股票发行时的筹资费用考虑进去,修正得出普通股资本成本的计算公式为:

$$K_s = \frac{D_0 \times (1 + g)}{V \times (1 - F_s)} + g = \frac{D_1}{V \times (1 - F_s)} + g$$

这一模型被称为股利增长模型,又被称为贴现现金流方法,是一种常见的确定普通股成本的方法。

**【例 8-4】** 星海公司发行一批普通股,发行价格为 8 元/股,筹资费用率为 5%,该公司有两套股利方案:一是每年分派现金股利 0.8 元/股;二是预计第一年分派股利 0.4 元/股,以后每年增长 6%。试计算两种股利方案下的普通股资本成本。

如果采用第一套方案,则普通股资本成本为:

$$K_s = \frac{D}{V \times (1 - F_s)} = \frac{0.8}{8 \times (1 - 5\%)} = 10.53\%$$

如果采用第二套方案,则普通股资本成本为:

$$K_s = \frac{D_1}{V \times (1-F_s)} + g = \frac{0.4}{8 \times (1-5\%)} + 6\% = 11.26\%$$

(2) 通过资本资产定价模型确定普通股成本。根据第四章的相关内容,资本资产定价模型可以表示为:

$$K_i = R_F + \beta_i \times (R_M - R_F)$$

式中:$K_i$ 代表第 $i$ 种股票或第 $i$ 种证券组合的必要报酬率;$R_F$ 代表无风险报酬率;$\beta_i$ 代表第 $i$ 种股票或第 $i$ 种证券组合的 $\beta$ 系数;$R_M$ 代表所有股票或所有证券的平均报酬率。

在市场均衡的条件下,投资者要求的必要收益率与筹资者的资本成本相等,即:

$$K_s = K_i = R_F + \beta_i(R_M - R_F)$$

上述公式表明,公司普通股的资本成本等于无风险利率加上适当的风险报酬率。

【例 8-5】 星海公司普通股的 $\beta$ 系数为 1.2,市场报酬率为 10%,无风险报酬率为 4%,则该公司普通股的资本成本为:

$$K_s = R_F + \beta_i(R_M - R_F) = 4\% + 1.2 \times (10\% - 4\%) = 11.2\%$$

(3) 债券收益加风险报酬率法。这种方法是在公司长期债券收益率的基础上加一定的风险报酬率作为公司普通股的成本。用计算公式表示为:

普通股成本＝长期债券收益率＋风险报酬率

长期债券收益率可从公司取得或通过投资银行得知,风险报酬率可通过对投资者的调查确定,一般为 4%～6%。这种方法的依据是,普通股股东比债权人承担更大的风险,因此他们要求的报酬率相对较高。

【例 8-6】 星海公司已发行债券的收益率为 7.5%。现增发一批普通股,经分析,该股票高于债券的额外风险报酬为 4%,则该批普通股的资本成本为:

$$K_s = 7.5\% + 4\% = 11.5\%$$

 延伸阅读8-1

### 计算普通股成本的三种方法的比较

普通股成本的三种计算方法中,估价方法计算比较简单,很容易计算普通股的成本,但存在的限制条件较多,如公司的股利分配不能为零,股利增长速度必须是固定不变的等。资本资产定价模型方法在计算上比较简单,但有较多的假定条件,如完全竞争等。债券收益加风险报酬率法计算也比较简单,但需要理财人员有较丰富的经验。总之,计算普通股成本既需要详细的计算,又需要合理的判断,两者缺一不可。对于以上三种计算普通股成本的方法,公司理财人员可以根据公司的实际情况进行选择。

根据 2001 年的一份调查报告显示,在美国,使用最为广泛的方法是资本资产定价模型方法。尽管大多数公司不止采用一种方法,但在调查中发现,大约 80% 的公司采用 CAPM 方法,只有大约 16% 的公司采用股利增长模型。非上市公司一般采用债券收益加风险报酬率法。

### 5. 留存收益成本

企业的留存收益是由企业的税后净利形成的,它属于普通股股东的权益。从表面上看,企业使用留存收益似乎不花费什么成本,但实际上,股东之所以愿意将其留存于企业,而不是作为股利分配投资于别的项目,必然要求有相应的报酬作为其补偿,其报酬率至少应该等于投资于企业普通股应获得的报酬,否则,股东会要求将留存收益分配并将其投资于其他的项目。换句话说,企业留存收益作为一种资本来源,也有其成本,只不过是一种机会成本。因此,留存收益成本的确定方法与普通股成本的确定方法基本相同。由于使用留存收益资本不需要支付发行费用,不需要考虑筹资费用。其计算公式为:

$$K_e = \frac{D_0 \times (1+g)}{V} + g = \frac{D_1}{V} + g$$

当企业的股利固定不变时,其计算公式为:

$$K_e = \frac{D}{V}$$

式中:$K_e$ 代表留存收益成本;其余符号含义同前。

**【例 8-7】** 星海公司普通股市场价格为 8 元/股,预计第一年分派股利 0.4 元/股,以后每年增长 6%,则该公司留存收益的资本成本为:

$$K_e = \frac{D_1}{V} + g = \frac{0.4}{8} + 6\% = 11\%$$

### (二)加权平均资本成本

掌握企业各种资本所占的比重和各自的成本之后,就可以据之计算加权平均资本成本(weighted average cost of capital,简称 WACC),其计算公式为:

$$K_\omega = \sum_{i=1}^{n} \omega_i K_i$$

式中:$K_\omega$ 代表加权平均资本成本;$K_i$ 代表第 $i$ 种资本的成本;$\omega_i$ 代表第 $i$ 种资本占全部资本的比重,即权数,$\sum_{i=1}^{n} \omega_i = 1$;$n$ 代表企业长期资本的种类。

需要特别指出的是,计算加权平均资本成本所用的权数,即 $\omega_i$ 一般有三种确定方法。

(1) 以账面价值作为权数,即以各类资本的账面价值为基础,计算各类资本占总资本的比重。按照账面价值确定权数,易于从资产负债表上直接取得相关资料,且计算结果较为稳定;但当债券和股票的市场价值脱离账面价值太多时,就会使加权平均资本成本产生较大偏差,不利于决策。

(2) 以市场价值作为权数,即以各类资本的市场价值为基础,计算各类资本的市场价值占总资本市场价值的比重。按照市场价值确定权数可以反映公司目前实际的资本成本水平,有利于决策;但当证券市场价格波动频繁、剧烈时,市场价值不容易获得。

(3) 以目标市场价值为权数,即以各类资本未来预计的目标市场价值为基础,计算各类资本未来目标价值占总资本目标价值的比重。按照债券、股票的目标市场价值确定权数,能够体现期望的资本结构。但实际上,要客观、合理地确定目标价值权数,是一件颇为困难的事情。

**【例 8-8】** 星海公司共有长期资本 1 000 万元,其中长期借款为 100 万元,债券为 250 万元,优先股为 100 万元,普通股为 350 万元,留存收益为 200 万元,其个别资本成本分别为 5.39%、7.05%、10.64%、14.53%、12%。试计算该公司加权平均资本成本。

$$K_\omega = \frac{100}{1\,000} \times 5.39\% + \frac{250}{1\,000} \times 7.05\% + \frac{100}{1\,000} \times 10.64\% + \frac{350}{1\,000} \times 14.53\% + \frac{200}{1\,000} \times 12\%$$
$$= 10.85\%$$

### (三)边际资本成本

边际资本成本是指企业追加筹资的资本成本。一般来说,企业不可能以某一固定的资本成本来筹措无限的资金,当筹集的资金超过一定限度时,资本成本将会有所变化。因此,企业在未来追加筹资时,应当更多地关注新筹措资金的成本,即边际资本成本。

企业追加筹资有可能只采取某一种筹资方式。在这种情况下,边际资本成本的确定与前述个别资本成本的确定方法相同。

在筹资数额较大或目标资本结构既定的情况下,追加筹资往往需要通过多种筹资方式的组合来实现。这时的边际资本成本是新筹措的各种资金的加权平均资本成本,各种资本的权数应以市场价值为基础来确定。

**【例 8-9】** 星海公司各种资本的目标比例为:长期借款 15%,债券 25%,普通股 60%。该公司为扩大经营规模,拟筹措新资 200 万元,决定按目标比例筹集。经测算,在既定筹资范围内的个别资本成本分别为:长期借款 5.5%,债券 7%,普通股 13%。星海公司既定筹资范围内的边际资本成本计算表如表 8-1 所示。

表 8-1　　　　　　星海公司既定筹资范围内的边际资本成本计算表

| 资金种类 | 个别资本成本 | 资金比例 | 边际资本成本 |
| --- | --- | --- | --- |
| 长期借款 | 5.5% | 15% | 0.825% |
| 债券 | 7.0% | 25% | 1.750% |
| 普通股 | 13.0% | 60% | 7.800% |
| 合计 | — | 100% | 10.380% |

当企业追加筹资的金额未定时,需要测算不同筹资范围内的边际资本成本,我们称之为边际资本成本规划。下面举例说明边际资本成本规划的具体步骤。

**【例 8-10】** 星海公司为了适应追加筹资的需要,准备筹措新资。追加筹资的边际资本成本规划可按以下步骤进行。

(1) 确定各种资本的目标比例。公司经过分析认为,各种资本的目标比例为:长期借款 15%,债券 25%,普通股 60%。

(2) 测算各种资本的个别资本成本。公司在对资本市场状况和自身筹资能力进行研究之后,测算出在不同筹资范围内各种资本的个别资本成本如表 8-2 所示。

表 8-2 星海公司在不同筹资范围内各种资本的个别资本成本

| 资本种类 | 追加筹资范围 | 个别资本成本 |
| --- | --- | --- |
| 长期借款 | 30 万元及以内<br>30～90 万元<br>90 万元以上 | 5.5%<br>6.0%<br>6.5% |
| 债券 | 100 万元及以内<br>100～200 万元<br>200 万元以上 | 7%<br>8%<br>9% |
| 普通股 | 300 万元及以内<br>300～600 万元<br>600 万元以上 | 13%<br>14%<br>15% |

（3）测算筹资总额分界点。筹资总额分界点是指各种资金的个别资本成本发生跳跃的分界点所对应的筹资总额的分界点。其测算公式为：

$$BP_{ji} = \frac{TF_{ji}}{\omega_j}$$

式中：$BP_{ji}$ 代表第 $j$ 种资金的第 $i$ 个分界点对应的筹资总额分界点；$TF_{ji}$ 代表第 $j$ 种资金的第 $i$ 个资本成本分界点；$\omega_j$ 代表第 $j$ 种资金的目标比例。

[例 8-10]中，各个筹资总额分界点计算如下。

第一，长期借款的个别资本成本分界点 30 万元和 90 万元对应的筹资总额分界点分别为：

$$\frac{30}{15\%} = 200(万元) \qquad \frac{90}{15\%} = 600(万元)$$

第二，债券的个别资本成本分界点 100 万元和 200 万元对应的筹资总额分界点分别为：

$$\frac{100}{25\%} = 400(万元) \qquad \frac{200}{25\%} = 800(万元)$$

第三，普通股的个别资本成本分界点 300 万元和 600 万元对应的筹资总额分界点分别为：

$$\frac{300}{60\%} = 500(万元) \qquad \frac{600}{60\%} = 1\,000(万元)$$

以上六个筹资总额分界点将追加筹资的范围分为七段：200 万元及以内；200～400 万元；400～500 万元；500～600 万元；600～800 万元；800～1 000 万元；1 000 万元以上。

（4）测算各个筹资范围内的边际资本成本。在各个筹资范围内，根据各种资本对应的个别资本成本和资本比例计算加权平均资本成本，即得到该范围内的边际资本成本。星海公司各个筹资范围内的边际资本成本如表 8-3 所示。

表 8-3　　　　星海公司各个筹资范围内的边际资本成本

| 筹资总额范围 | 资本种类 | 资本比例 | 个别资本成本 | 边际资本成本 |
| --- | --- | --- | --- | --- |
| 200 万元及以内 | 长期借款 | 15.00% | 5.50% | 0.83% |
| | 债券 | 25.00% | 7.00% | 1.75% |
| | 普通股 | 60.00% | 13.00% | 7.80% |
| | 合计 | — | — | 10.38% |
| 200～400 万元 | 长期借款 | 15.00% | 6.00% | 0.90% |
| | 债券 | 25.00% | 7.00% | 1.75% |
| | 普通股 | 60.00% | 13.00% | 7.80% |
| | 合计 | — | — | 10.45% |
| 400～500 万元 | 长期借款 | 15.00% | 6.00% | 0.90% |
| | 债券 | 25.00% | 8.00% | 2.00% |
| | 普通股 | 60.00% | 13.00% | 7.80% |
| | 合计 | — | — | 10.70% |
| 500～600 万元 | 长期借款 | 15.00% | 6.00% | 0.90% |
| | 债券 | 25.00% | 8.00% | 2.00% |
| | 普通股 | 60.00% | 14.00% | 8.40% |
| | 合计 | — | — | 11.30% |
| 600～800 万元 | 长期借款 | 15.00% | 6.50% | 0.98% |
| | 债券 | 25.00% | 8.00% | 2.00% |
| | 普通股 | 60.00% | 14.00% | 8.40% |
| | 合计 | — | — | 11.38% |
| 800～1 000 万元 | 长期借款 | 15.00% | 6.50% | 0.98% |
| | 债券 | 25.00% | 9.00% | 2.25% |
| | 普通股 | 60.00% | 14.00% | 8.40% |
| | 合计 | — | — | 11.63% |
| 1 000 万元以上 | 长期借款 | 15.00% | 6.50% | 0.98% |
| | 债券 | 25.00% | 9.00% | 2.25% |
| | 普通股 | 60.00% | 15.00% | 9.00% |
| | 合计 | — | — | 12.23% |

由表 8-3 可见，星海公司的边际资本成本随着追加筹资金额的增加逐渐上升。一般而言，边际投资报酬率则会随着投资规模的上升而逐渐下降。只有当边际资本成本低于边际投资报酬率时，筹资才是合理的，投资也才是有利的。因此，公司可以将不同筹资范围内的边际资本成本与不同投资规模内的边际投资报酬率相比较，以选择有利的投资机会和合理的筹资金额。

8.2 视频：
了解杠杆率

## 第二节 杠杆利益与风险

### 一、基本概念与原理

为了理解杠杆的利益与风险，必须先熟悉几个基本概念。

#### （一）固定成本与变动成本

按照成本习性，可以将成本划分为固定成本、变动成本和混合成本。

固定成本总额在一定时期和一定业务量范围内不随业务量增减而变动，这一范围称作相关范围，脱离了相关范围，固定成本就会发生变化。如当企业要增加生产能力时，就不处于"一定业务量范围"内，此时企业可能需要改进设备或增加新设备，都会使固定成本增加。一般来说，在相关范围内，折旧费用、租金、保险费、管理人员工资和办公费等都可视为固定成本。这些费用每年的支出水平基本相同，在产销量变动的一定范围内是固定的。正是由于这些成本是固定不变的，随着产量的增加，意味着它将分配给更多数量的产品。也就是说，每单位产品的固定成本，将随着产量的增加而逐渐变小。

变动成本是指其总额同业务量的总量呈同比例增减变动的成本，如直接材料、直接人工等。而产品单位成本中的变动成本是保持不变的。

在成本中，有些成本虽然也随业务量的变动而变动，但不成同比例变动，不能简单地归入变动成本和固定成本，这类成本被称为混合成本。

#### （二）边际贡献

边际贡献的概念与成本习性有关。边际贡献是销售收入减去变动成本后的差额。边际贡献只是从收入中扣除了变动成本，而没有考虑固定成本。当固定成本在相关范围内时，边际贡献越高，则企业的获利能力越强。

边际贡献除了用总量表示，还可以用单位边际贡献和边际贡献率来表示。单位边际贡献是售价减去单位变动成本后的差额，边际贡献率则是边际贡献在销售收入中所占的比重。

#### （三）杠杆原理

自然科学中的杠杆原理，是指通过杠杆作用，只用一个比较小的力量便可产生较大的效果。财务管理中的杠杆原理，是指由于固定成本（包括生产经营方面的固定成本和财务方面的固定费用）的存在，当业务量发生比较小的变动时，利润会产生比较大的变化。这种杠杆作用包括经营杠杆、财务杠杆和联合杠杆。

### 二、经营杠杆

经营杠杆（operating leverage）体现在对固定生产成本的利用。

#### （一）经营杠杆原理

1. 经营杠杆的概念

经营杠杆又称营业杠杆或营运杠杆，是指由于存在固定生产成本而造成的息税前利润变动率大于销售量变动率的现象。在考察经营杠杆时，隐含着两个前提假设：企业只生产一种产品,且该产品的产销量相等;息税前利润的增加来自销售量的增加,销售单价、单位变动成本、固定成本总额等其他因素均保持不变。经营杠杆反映了资产报酬的波动性,用息税前利润(earnings before interest and tax,简称 EBIT)表示资产总报酬,其计算公式为:

$$EBIT = (p-b) \times Q - a = M - a$$

式中:$EBIT$ 代表息税前利润;$p$ 代表销售单价;$b$ 代表单位变动成本;$a$ 代表固定成本;$M$ 代表边际贡献。

2. 经营杠杆的利益

影响息税前利润的因素包括产品售价、产品需求和产品成本等因素。当产品成本中存在固定成本时,如果其他条件不变,销售量的增加虽然不会改变固定成本总额,但会降低单位产品分摊的固定成本,从而提高单位产品利润,使息税前利润的增长率大于销售量的增长率,进而产生经营杠杆效应。

【例 8-11】 星海公司生产一种小型挖掘机,单价为 10 万元,每台设备变动成本为 5 万元。公司每月发生固定成本 100 万元。2×23 年 1 月,销售量为 50 台,2 月,销售量为 80 台。星海公司是否利用了经营杠杆?如果是,经营杠杆体现在哪里?

(1) 销售量增加对息税前利润的影响。

$$1 月息税前利润 = (10-5) \times 50 - 100 = 150(万元)$$
$$2 月息税前利润 = (10-5) \times 80 - 100 = 300(万元)$$

很明显,由于销售量增加,星海公司的息税前利润在其他情况都没有发生变化时得到了提高。

(2) 经营杠杆利益。

2 月与 1 月相比,销售量增长率为 $\frac{80-50}{50} \times 100\% = 60\%$,与此同时,息税前利润增长率为 $\frac{300-150}{150} \times 100\% = 100\%$。由于经营杠杆的存在,息税前利润的增长率超过了销售量增长率。

3. 经营杠杆的风险

经营杠杆的放大效应在企业经营良好、销售量增加时,会产生经营杠杆利益。然而不得不注意的是,当企业经营出现问题、销售量下降时,这种放大效应依然存在,但变成了放大企业的风险。

【例 8-12】 星海公司生产的小型挖掘机 1 月销售量为 80 台,2 月销售量为 50 台,其他数据同[例 8-11],这时又会发生什么?

2 月与 1 月相比,销售量变动率为 $\frac{50-80}{80} \times 100\% = -37.5\%$,与此同时,息税前利润增长率为 $\frac{150-300}{300} \times 100\% = -50\%$。显然,由于经营杠杆的放大效应,公司销售量下降给息税前利润带来了更大影响。

## (二)经营杠杆度量

固定成本的存在给企业带来了经营杠杆,但不同企业中经营杠杆的作用程度并不完全一致。如何考察不同企业的经营杠杆作用呢?经营杠杆系数(degree of operating leverage,简称DOL)是对经营杠杆进行度量的最常用指标。经营杠杆系数是指息税前利润变动率相当于销售量变动率的倍数。其基本计算公式为:

$$DOL = \frac{\Delta EBIT/EBIT}{\Delta Q/Q}$$

式中:$EBIT$ 代表基期息税前利润;$\Delta EBIT$ 代表息税前利润变动额;$Q$ 代表基期销售量;$\Delta Q$ 代表销售量变动额。

经营杠杆系数还可以通过简化公式计算。

用 $Q_0$ 代表基期销售量,$p$ 代表单价,$b$ 代表单位变动成本,$a$ 代表固定成本总额,$Q_1$ 代表本期销售量,$M$ 代表边际贡献,则有:

$$DOL = \frac{\Delta EBIT/EBIT}{\Delta Q/Q} = \frac{\frac{EBIT_1 - EBIT_0}{EBIT_0}}{\frac{Q_1 - Q_0}{Q_0}} = \frac{\frac{(p-b)(Q_1-Q_0)}{(p-b)Q_0 - a}}{\frac{Q_1 - Q_0}{Q_0}} = \frac{M}{M - a}$$

$$= \frac{基期边际贡献}{基期边际贡献 - 固定成本}$$

【例8-13】星海公司的营业资料同[例8-11],试计算该公司2×23年2月的经营杠杆系数。

(1) 以基本公式计算。由[例8-11]可知,2月息税前利润增长率为100%,销售量增长率为60%,则经营杠杆系数为1.67。

(2) 以简化公式计算。

$$DOL = \frac{M}{M - a} = \frac{50 \times (10 - 5)}{50 \times (10 - 5) - 100} = 1.67$$

8.3 举债经营的艺术

## 三、财务杠杆

财务杠杆(financial leverage)体现在对成本固定的债务资本和优先股资本的利用。

### (一) 财务杠杆原理

1. 财务杠杆的概念

一般来说,债务资本的成本和优先股资本的成本,即利息费用和优先股股利,在一定期间内是固定不变的。由于固定利息费用和优先股股利的存在,使普通股每股收益的变动幅度大于息税前利润变动幅度的现象,叫作财务杠杆。每股收益(earnings per share,简称EPS)是指企业税后利润与股本总数的比率。在财务杠杆中,一般认为每股收益的增长来自息税前利润的提高,而在息税前利润增加时利息费用和优先股股利保持不变。每股收益的计算公式为:

$$EPS = \frac{(EBIT - I) \times (1 - T) - PD}{N}$$

式中：$EBIT$ 代表息税前利润；$I$ 代表利息费用；$T$ 代表企业所得税税率；$PD$ 代表优先股股利；$N$ 代表发行在外普通股股数。

2. 财务杠杆的利益

由于债务利息和优先股股利是固定的，息税前利润增加，使每一单位息税前利润需要负担的利息费用和优先股股利下降，最终使每股收益增加，而且每股收益的增长幅度要大于息税前利润的增长幅度。

**【例 8-14】** 星海公司每月需支付利息费用 50 万元，无优先股，企业所得税税率为 25％，星海公司共有普通股 100 万股。其他资料同［例 8-11］。星海公司是否利用了财务杠杆？如果是，财务杠杆体现在哪里？

(1) 息税前利润的增长。

$$1 月息税前利润 = (10-5) \times 50 - 100 = 150(万元)$$
$$2 月息税前利润 = (10-5) \times 80 - 100 = 300(万元)$$

公司息税前利润增长率为 100％。

(2) 每股收益的增长。

$$1 月每股收益 = \frac{(150-50) \times (1-25\%)}{100} = 0.75(元)$$
$$2 月每股收益 = \frac{(300-50) \times (1-25\%)}{100} = 1.875(元)$$

每股收益增长率为 150％。

由于财务杠杆的存在，每股收益增长率超过了息税前利润增长率。

3. 财务杠杆的风险

财务杠杆的放大效应在企业业绩向好时，会产生财务杠杆利益，然而不得不注意的是，当企业业绩下滑时，这种放大效应依然存在，会放大企业的财务风险。

**【例 8-15】** 星海公司的生产销售资料同［例 8-12］，每月需要支付利息费用 50 万元，没有优先股，企业所得税税率为 25％，共有普通股 100 万股。情况又将如何？

(1) 息税前利润的下降。

$$1 月息税前利润 = (10-5) \times 80 - 100 = 300(万元)$$
$$2 月息税前利润 = (10-5) \times 50 - 100 = 150(万元)$$

息税前利润下降了 50％。

(2) 每股收益的下降。

$$1 月每股收益 = \frac{(300-50) \times (1-25\%)}{100} = 1.875(元)$$
$$2 月每股收益 = \frac{(150-50) \times (1-25\%)}{100} = 0.75(元)$$

每股收益下降了 60％。

**(二) 财务杠杆度量**

为了反映财务杠杆的作用程度，需要测算财务杠杆系数（degree of financial leverage，

简称 DFL)。财务杠杆系数是指每股收益变动率相当于息税前利润变动率的倍数。其基本计算公式为:

$$DFL = \frac{\Delta EPS/EPS}{\Delta EBIT/EBIT}$$

式中:$EPS$ 代表基期每股收益;$\Delta EPS$ 代表每股收益变动额;$EBIT$ 代表基期息税前利润;$\Delta EBIT$ 代表息税前利润变动额。

财务杠杆还可以通过简化公式计算。用 $EBIT_0$ 代表基期息税前利润,$EBIT_1$ 代表当期息税前利润,则上式中的 $EPS = \frac{(EBIT_0 - I) \times (1-T) - PD}{N}$,$\Delta EPS = (EBIT_1 - EBIT_0) \times \frac{(1-T)}{N}$,将其代入基本公式,化简可得:

$$DFL = \frac{EBIT_0}{EBIT_0 - I - \frac{PD}{1-T}}$$

**【例 8-16】** 星海公司的营业资料同[例 8-14],试计算该公司 2×23 年 2 月的财务杠杆系数。

(1) 以基本公式计算。

由[例 8-14]可知,2月每股收益增长率为 150%,息税前利润增长率为 100%,则财务杠杆系数为 1.5。

(2) 以简化公式计算。

$$DFL = \frac{EBIT_0}{EBIT_0 - I - \frac{PD}{1-T}} = \frac{150}{150 - 50} = 1.5$$

### 延伸阅读 8-2

#### 逆 水 行 舟

不管是经营杠杆,还是财务杠杆,其作用的发挥都离不开对固定成本费用的利用。通过对杠杆利益和风险的分析,我们已经了解到,只有在企业业绩逐期向好时杠杆才会给企业带来更大收益;反之,则是巨大的风险。而且,要通过消灭固定成本费用来避免这种风险几乎是不可能的,无法想象一个具备一定规模的现代企业没有固定的经营成本和利息费用。既然如此,企业的经营就如同逆水行舟,不进则退。

亚洲金融风暴之前,韩国企业大多信奉"大马不死",韩国第二大企业大宇集团就是典型代表。为了企业的安全和发展,此类企业往往不惜代价迅速扩大企业规模。1993 年,大宇集团董事长金宇中提出"世界化经验"战略时,大宇集团在海外的企业只有 15 家,而到 1998 年年底已增至 600 多家,"等于每 3 天增加一家企业"。在此过程中,企业自身的积累无法满足需要,所以大量资金来源于债务。不论是向银行借款,还是企业自己发行债券,都需要企业按期支付利息,在金融风暴这样的大变动之时,这些债务都成为埋于企业内部的定时炸弹。1999 年 11 月 1 日,大宇集团向新闻界正式宣布,该集团董事长金宇中及 14 名下属企业的总经理决定辞职,以表示"对大宇的债务危机负责,并为推行结构调整创造条件"。韩国媒体认为,这意味着"大宇集团解体进程已经完成""大宇集团已经消失"。2006年5月,韩国法院以做假账等罪名判处前大宇集团会长金宇中10年有期徒刑。

我国企业也存在类似问题。以三九集团为例,自1992年以来,集团经历中外合资、增资扩股、买壳上市、自行上市等一系列重大资本运作,一向是财源滚滚。而且集团更是惯于向银行大举借贷,从而维持其十余年来高歌猛进、一派兴盛的表象。然而,盛极而衰的时刻终于在2001年到来了。三九集团因占用上市公司资金而遭中国证监会通报批评并立案稽查。2004年5月,集团党委书记、总裁、董事长赵新先被免除全部职务。虽然负债不是三九集团的全部问题,却是一个非常关键的因素。截至2003年年底,三九集团及其下属公司欠银行98亿元,其中三九集团6.6亿元,三九药业34亿元,三九医药33亿元,另两家三九集团旗下的三九生化、三九发展14亿多元。

如此庞大的企业都避免不了陷入这样的境地,可见杠杆这柄"双刃剑"的威力之大。

### 四、联合杠杆

#### (一)联合杠杆的概念

从销售量到息税前利润,从息税前利润到每股收益,固定生产经营成本和固定财务费用的存在,产生了经营杠杆和财务杠杆。如果把经营杠杆和财务杠杆结合起来,就构成了从销售量到每股收益的整个影响过程,也就成为通常用到的联合杠杆(total leverage)。联合杠杆也称总杠杆,是指经营杠杆和财务杠杆的综合。在联合杠杆的作用下,每股收益的变动远远大于销售量的变动。

#### (二)联合杠杆的度量

对联合杠杆的度量,可以用经营杠杆和财务杠杆的综合程度,也就是联合杠杆系数(degree of total leverage,简称DTL)来反映。联合杠杆系数是普通股每股收益变动率相当于销售量变动率的倍数,它是经营杠杆系数和财务杠杆系数的乘积。其基本计算公式为:

$$DTL = DOL \times DFL = \frac{\Delta EPS/EPS}{\Delta Q/Q}$$

在此基础上,还可以用经营杠杆系数和财务杠杆系数的简化公式来表示联合杠杆系数:

$$DTL = DOL \times DFL = \frac{M}{M-a} \times \frac{EBIT}{EBIT - I - \frac{PD}{1-T}} = \frac{M}{EBIT - I - \frac{PD}{1-T}}$$

【例8-17】 根据[例8-11]至[例8-16]中的有关资料,计算星海公司2×23年2月的联合杠杆系数。

(1)根据基本公式计算。

当星海公司销售量增长60%时,每股收益增长150%,则联合杠杆系数为2.5。

(2)根据简化公式计算。

$$DTL = DOL \times DFL = 1.67 \times 1.5 = 2.51(倍)$$

也就是说,当公司的销售量增长1倍时,每股收益会增长2.51倍。

## 第三节 资本结构决策

### 一、资本结构的含义

资本结构是指企业各种资本的来源及其比例关系。在现实的经济生活中,企业中不同的资本所占的比重不可能永远保持稳定,必然会发生各种变化,此时企业的加权平均资本成本、可选择的投资项目、各种杠杆的效应、企业的价值和股东的回报等都会发生或多或少的变化。所以,选择一个合适的资本结构对于每个企业来说都至关重要。资本结构有狭义和广义之分。狭义的资本结构是指长期资本的结构;广义的资本结构是指全部资本,包括长期资本和短期资本的结构。本节分析的是狭义的资本结构,即长期资本结构。

### 二、资本结构的影响因素

在第三章我们分析过风险与报酬均衡的原则。这一原则适用于企业的各种经营活动,在资本结构的决策中也是如此。所以,在考虑确定适合企业的资本结构时,应对以下因素需要给予关注。

**(一)销售收入的稳定性**

与销售收入不稳定的企业相比,销售收入相对比较稳定的企业,其债务资本比重可以适当增大,企业可以负担较多的固定财务费用。

**(二)企业的资产结构**

具有可以用来作为抵押物的资产的企业,倾向于高负债。一般来讲,一般用途的资产能被许多企业用来作为抵押物,而特定用途的资产则不行。因此,不动产公司的负债率通常都非常高,而技术开发公司的负债率都较低。

**(三)企业的风险状况**

增加负债将增大企业的财务风险,进而增大企业的总风险。在决定资本结构时,必须考虑企业的风险承受能力。一般来讲,当其他条件都相同时,经营风险较低的企业能更多地利用财务杠杆,承担较高的财务风险,因而有较高的负债率;而经营风险较高的企业的负债率较低。

**(四)企业的成长率**

企业的发展速度越快,成长率越高,对外部资本的依赖性就越强。由于信息不对称,这类企业的股票价值容易被低估,它们可能更多地利用债务。但同时由于这类企业面临的不确定性较大,使它们在利用债务上也十分谨慎。

**(五)企业的盈利能力**

在实践中,一些回报率很高的企业一般都很少负债。它们的高回报率使其内部积累在很大程度上能满足企业的资本需求。

**(六)政府的税收政策**

由于负债可以产生税收屏蔽效应,企业所得税税率高的企业的负债权益比可能相应较高,以充分利用债务产生的税收屏蔽效应。

#### (七) 管理人员的态度

由于没有人能证明哪种资本结构会导致更高的股票价格,管理人员对待风险的态度也是影响资本结构的重要因素。比较稳健的管理人员,可能会采用比同行业企业更低的负债率;而一些喜欢冒险的管理人员可能使用比较高的负债率。

#### (八) 贷款人和信用评级机构的影响

企业能否以借债的方式筹集资本及筹集资本的数量,不仅取决于企业管理人员对负债的态度,还取决于企业的信用等级评定和贷款人的态度。如果企业的信用等级不高,贷款人将不愿意借债给企业,从而使企业无法达到它所希望的负债水平。

#### (九) 企业的财务灵活性

企业的财务灵活性是指在企业需要资本时,从不同筹资渠道获取资本的能力。由于企业从每一渠道筹集资本的数量是有限的,而且是相互影响的,企业当前的筹资决策和资本结构的确定必然会对未来的筹资方式和筹资数量产生影响。例如,企业当前的负债率很高,可能会使企业在今后一段时间内不能利用债务筹资,或者只能以较高的成本筹资。因此,企业在筹集资本时,不仅需要考虑筹资方式问题,而且还需要考虑不同筹资方式的筹集时机问题。

#### (十) 市场状况

股票市场和债券市场的波动会影响企业的目标资本结构。例如,在"垃圾债券"市场不景气时期,对于信用等级在BBB之下的企业来说,发行长期债券就十分困难,除非其利率相当高。这迫使需要资本的低信用等级企业转向股票市场或短期债券市场筹集资本,而暂且不考虑其最优资本结构。等市场条件好转,这些企业再发行长期债券,进而将其资本结构调整为目标资本结构。

### 三、资本结构决策方法

资本结构决策就是确定企业的最优资本结构。最优资本结构是指在特定的条件下,使企业筹资的加权平均资本成本最低、企业价值最大的资本结构。资本结构决策在筹资管理中是至关重要的问题。各种长期资本尤其是债务性资本与权益性资本的比例安排恰当,有利于企业获得财务杠杆利益、降低加权平均资本成本并增加企业价值。常见的资本结构决策方法有比较资本成本法、每股收益分析法和公司价值分析法。

#### (一) 比较资本成本法

比较资本成本法是指在一定财务风险条件下,测算可供选择的不同长期筹资组合方案的加权平均资本成本,并以此为依据确定最优资本结构。应用比较资本成本法,可分为初始资本结构决策和追加资本结构决策两种情况。

1. 初始资本结构决策

初始资本结构决策是对企业拟订的初始筹资总额,先设计出若干个资本结构不同的筹资方案,分别计算各方案的加权平均资本成本,并根据加权平均资本成本的高低来选择筹资方案。

【例8-18】星海公司初创时,设计了三个筹资方案,其具体情况如表8-4所示。试用比较资本成本法来确定该公司的筹资方案。

表 8-4　　　　　　　　　　三个筹资方案的具体情况　　　　　　　　　　单位：万元

| 筹资方式 | 方案Ⅰ | | 方案Ⅱ | | 方案Ⅲ | |
| --- | --- | --- | --- | --- | --- | --- |
| | 筹资额 | 资本成本 | 筹资额 | 资本成本 | 筹资额 | 资本成本 |
| 长期借款 | 200 | 7.0% | 50 | 6% | 300 | 8% |
| 债券 | 100 | 7.5% | 150 | 8% | 250 | 9% |
| 优先股 | 100 | 10.0% | 300 | 11% | 50 | 10% |
| 普通股 | 600 | 13.0% | 500 | 13% | 400 | 13% |
| 合计 | 1 000 | — | 1 000 | — | 1 000 | — |

对三个筹资方案，分别计算加权平均资本成本，选择成本最低者作为最佳筹资方案。

方案Ⅰ：

$$K_\omega = \frac{200}{1\,000} \times 7\% + \frac{100}{1\,000} \times 7.5\% + \frac{100}{1\,000} \times 10\% + \frac{600}{1\,000} \times 13\% = 10.95\%$$

方案Ⅱ：

$$K_\omega = \frac{50}{1\,000} \times 6\% + \frac{150}{1\,000} \times 8\% + \frac{300}{1\,000} \times 11\% + \frac{500}{1\,000} \times 13\% = 11.3\%$$

方案Ⅲ：

$$K_\omega = \frac{300}{1\,000} \times 8\% + \frac{250}{1\,000} \times 9\% + \frac{50}{1\,000} \times 10\% + \frac{400}{1\,000} \times 13\% = 10.35\%$$

由以上计算可以看出，方案Ⅲ的加权平均资本成本最低，所以应选用方案Ⅲ。

2. 追加资本结构决策

企业在生产经营中，会不断产生新的资金需求，这就要求企业追加筹资，其结果就是原有的资本结构可能发生变化。按照最佳资本结构的要求，选择追加筹资方案可用两种方法：一种方法是计算追加筹资方案的边际资本成本，并进行比较；另一种方法是将备选追加筹资方案与原有资本结构汇总，计算比较各追加筹资方案下汇总资本结构的加权平均资本成本。

【例 8-19】　星海公司原有资本结构为［例 8-18］中的方案Ⅲ，现有两个追加筹资方案可供选择，原有资本结构与追加筹资方案资料如表 8-5 所示。

表 8-5　　　　　　　　　原有资本结构与追加筹资方案资料　　　　　　　　　单位：万元

| 筹资方式 | 原有资本结构 | | 方案 A | | 方案 B | |
| --- | --- | --- | --- | --- | --- | --- |
| | 金额 | 资本成本 | 金额 | 资本成本 | 金额 | 资本成本 |
| 长期借款 | 300 | 8% | 50 | 6% | 200 | 8% |
| 债券 | 250 | 9% | 0 | 0 | 0 | 0 |
| 优先股 | 50 | 10% | 30 | 11% | 0 | 0 |
| 普通股 | 400 | 13% | 420 | 13% | 300 | 13% |
| 合计 | 1 000 | — | 500 | — | 500 | — |

第一种方法：计算两个追加筹资方案的边际资本成本。
方案 A：

$$K_\omega = \frac{50}{500} \times 6\% + \frac{30}{500} \times 11\% + \frac{420}{500} \times 13\% = 12.18\%$$

方案 B：

$$K_\omega = \frac{200}{500} \times 8\% + \frac{300}{500} \times 13\% = 11\%$$

相比之下，方案 B 的边际资本成本较低，应按方案 B 追加筹资。
第二种方法：按照汇总资本的加权平均资本成本进行决策。汇总计算结果为：
方案 A：

$$K_\omega = \frac{300+50}{1\,500} \times \left(\frac{300}{300+50} \times 8\% + \frac{50}{300+50} \times 6\%\right) + \frac{250}{1\,500} \times 9\% +$$

$$\frac{50+30}{1\,500} \times \left(\frac{50}{50+30} \times 10\% + \frac{30}{50+30} \times 11\%\right) + \frac{400+420}{1\,500} \times 13\%$$

$$= \frac{350}{1\,500} \times 7.71\% + \frac{250}{1\,500} \times 9\% + \frac{80}{1\,500} \times 10.38\% + \frac{820}{1\,500} \times 13\%$$

$$= 10.96\%$$

方案 B：

$$K_\omega = \frac{300+200}{1\,500} \times 8\% + \frac{250}{1\,500} \times 9\% + \frac{50}{1\,500} \times 10\% + \frac{400+300}{1\,500} \times 13\%$$

$$= 10.57\%$$

比较起来，方案 B 汇总资本的加权平均资本成本较低，应按方案 B 追加筹资。可以看到，这种方法所得到的结论与第一种方法的结论相同。

比较资本成本法通俗易懂，计算过程也不是十分复杂，是确定资本结构的一种常用方法。但由于可供比较的筹资方案有限，所确定的最佳筹资方案只是备选方案中的最佳，真正的最佳方案可能并未列入备选方案。

### （二）每股收益分析法

一方面，负债的偿还能力建立在未来盈利能力的基础之上，研究资本结构不能脱离企业的盈利能力。企业的盈利能力一般用息税前利润表示。另一方面，负债筹资通过它的杠杆作用来增加股东财富。确定资本结构不能不考虑它对股东财富的影响。股东财富用每股收益来表示。将以上两方面联系起来，分析资本结构与每股收益之间的关系，找到每股收益无差别点，进而确定合理的资本结构的方法，就是每股收益分析法，或者息税前利润—每股收益分析法。

每股收益分析法是利用每股收益无差别点进行资本结构决策的方法。每股收益无差别点是指两种或两种以上筹资方案下普通股每股收益相等时的息税前利润点。在每股收益无差别点时，两种筹资方案的每股收益是相等的，其用公式表示如下：

$$\frac{(\overline{EBIT} - I_1) \times (1-T) - PD_1}{N_1} = \frac{(\overline{EBIT} - I_2) \times (1-T) - PD_2}{N_2}$$

式中：$\overline{EBIT}$ 代表每股收益无差别点；$I_1$，$I_2$ 代表两种筹资方案下的债务利息；$PD_1$，$PD_2$ 代表两种筹资方案下的优先股股利；$N_1$，$N_2$ 代表两种筹资方案下的普通股股数；$T$ 代表企业所得税税率。

**【例 8-20】** 星海公司目前资本结构为：总资本 500 万元，其中长期借款为 200 万元，年利率为 8%；普通股资本为 300 万元（300 万股，面值 1 元）。企业所得税税率为 25%。现公司准备扩大生产规模，需要追加筹资 500 万元，有三种备选筹资方案：

方案一：增加长期借款 500 万元，年利息 54 万元。

方案二：增发优先股 500 万元，年股利额 50 万元。

方案三：增发普通股 100 万股，每股发行价格 5 元。

根据财务人员分析，追加筹资后公司的预计息税前利润为 500 万元。根据上述数据，可计算如下：

（1）发行普通股与增加长期借款两种方案的每股收益无差别点为：

$$\frac{(\overline{EBIT}-16)(1-25\%)}{300+100}=\frac{(\overline{EBIT}-16-54)(1-25\%)}{300}$$

解得：$\overline{EBIT}=232$（万元）。

所以在息税前利润为 232 万元时，发行普通股和增加长期借款对公司来说没有区别，两种方案的每股收益相等。

（2）发行普通股与发行优先股两种方案的每股收益无差别点为：

$$\frac{(\overline{EBIT}-16)(1-25\%)}{300+100}=\frac{(\overline{EBIT}-16)(1-25\%)-50}{300}$$

解得：$\overline{EBIT}=282.67$（万元）。

所以在息税前利润为 282.67 万元时，发行普通股和发行优先股对公司来说没有区别，两种方案的每股收益相等。

每股收益受到经营利润水平、债务资本成本水平等因素的影响，用每股收益的变化来判断资本结构是否合理，即能够提高普通股每股收益的资本结构，就是合理的资本结构。在每股收益无差别点上，采用债务性或权益性筹资方案，每股收益都是相等的。当预计息税前利润大于每股收益无差别点时，应当选择债务性筹资方案；反之，应选择权益性筹资方案。[例 8-20]中两组筹资方案的每股无差别点分析图如图 8-1 所示。

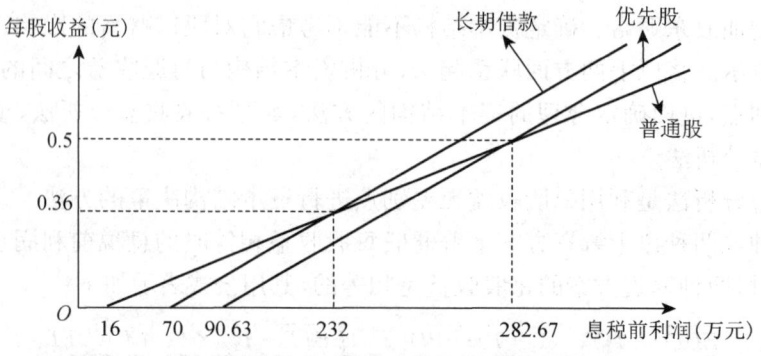

图 8-1　每股收益无差别点分析图

从图 8-1 中可以看出,当发行普通股与增加长期借款对比时,如果息税前利润大于 232 万元,应该使用增加长期借款筹资方式,而如果息税前利润小于 232 万元,应该采用发行普通股的筹资方式;当发行普通股与发行优先股对比时,如果息税前利润大于 282.67 万元,应该采用发行优先股的筹资方式,而如果息税前利润小于 282.67 万元,应该采用发行普通股的筹资方式。这些判断的依据就是哪种筹资方式能够带来更多的普通股每股收益。当公司预计息税前利润为 500 万元时,也就是大于 232 万元,也大于 282.67 万元时,增加长期借款带来的每股收益大于发行优先股带来的每股收益,进而两者的每股收益又都大于发行普通股带来的每股收益。所以在三种备选方案中,增加长期借款应是最佳方案。

每股收益分析法是以每股收益的增加幅度作为标准来判断何种筹资方式是有利于资本结构优化的方法。这种方法的不足之处在于没有考虑风险因素。

**(三) 公司价值分析法**

公司价值分析法是在考虑财务风险的基础上,根据资本结构、资本成本和公司价值之间的关系,确定最佳资本结构的一种方法。公司价值分析法与比较资本成本法和每股收益分析法相比,充分考虑了公司的财务风险和资本成本等因素的影响,进行资本结构决策以公司价值最大化为目标,更符合公司价值最大化的财务目标。不过这种方法的测算原理和测算过程比较复杂,通常用于资本规模较大的上市公司。这种方法的基本步骤如下。

(1) 测算公司价值。公司价值等于长期债务(包括长期借款和长期债券)价值与股票价值之和,即:

$$V = B + S$$

式中:$V$ 代表公司价值;$B$ 代表长期债务价值;$S$ 代表公司股票价值。

为简便起见,设长期债务价值等于其面值或本金,而股票价值等于未来股利收益的现值之和。假设未来公司每年净利润相等,且全部用于股利发放,公司将持续经营下去,借用永续年金的概念,得到:

$$S = \frac{(EBIT - I) \times (1 - T)}{K_s}$$

式中:$K_s$ 代表普通股资本成本。

(2) 测算公司资本成本。公司的综合资本成本等于长期债务和股票的加权平均资本成本,即:

$$K_\omega = K_b \times \frac{B}{V} + K_s \times \frac{S}{V}$$

式中:$K_b$ 代表长期债务资本成本;$K_\omega$ 代表综合资本成本。

(3) 测算最佳资本结构。使得公司价值最大、综合资本成本最低的资本结构就是公司的最佳资本结构。

【例 8-21】星海公司息税前利润为 500 万元,目前公司的全部资本由普通股构成,股票账面价值为 2 000 万元,假设企业所得税税率为 25%,公司认为目前的资本结构不太合理,希望通过举借债务的方式予以调整。经咨询测算,不同债务水平对公司债务资本成本和股票资本成本的影响如表8-6所示。

表8-6　　　　　不同债务水平对公司债务资本成本和股票资本成本的影响

| B（万元） | $K_d$ | $\beta$ | $R_F$ | $R_M$ | $K_s$ |
| --- | --- | --- | --- | --- | --- |
| 0 | — | 1.20 | 10% | 14% | 14.80% |
| 200 | 8% | 1.25 | 10% | 14% | 15.00% |
| 400 | 10% | 1.30 | 10% | 14% | 15.20% |
| 600 | 12% | 1.50 | 10% | 14% | 16.00% |
| 800 | 14% | 1.80 | 10% | 14% | 17.20% |
| 1 000 | 16% | 2.10 | 10% | 14% | 18.40% |

根据表8-6的资料,运用公司价值分析法的有关公式,可计算出筹集不同金额的债务资本时,公司总价值和资本成本的数据。公司市场价值和资本成本如表8-7所示。

表8-7　　　　　　　　　公司市场价值和资本成本

| B（万元） | S（万元） | V（万元） | $K_d$ | $K_s$ | $K_\omega$ |
| --- | --- | --- | --- | --- | --- |
| 0 | 2 533.78 | 2 533.78 | 0 | 14.80% | 14.80% |
| 200 | 2 420.00 | 2 620.00 | 8% | 15.00% | 14.31% |
| 400 | 2 269.74 | 2 669.74 | 10% | 15.20% | 14.05% |
| 600 | 2 006.25 | 2 606.25 | 12% | 16.00% | 14.39% |
| 800 | 1 691.86 | 2 491.86 | 14% | 17.20% | 15.05% |
| 1 000 | 1 385.87 | 2 385.87 | 16% | 18.40% | 15.72% |

在表8-7中,以债务资本200万元为例,此时税前债务资本成本为8%,股权资本成本为15%,则普通股市场价值为:

$$S = \frac{(500 - 200 \times 8\%)(1 - 25\%)}{15\%} = 2\,420(万元)$$

$$V = 200 + 2\,420 = 2\,620(万元)$$

$$K_\omega = 8\% \times (1 - 25\%) \times \frac{200}{2\,620} + 15\% \times \frac{2\,420}{2\,620} = 14.31\%$$

从表8-7中可以看到,在没有长期债务时,星海公司的总价值就是普通股的市场价值,为2 533.78万元。当长期债务开始增加时,公司的价值也开始上升,当长期债务为400万元时,公司价值达到最大,为2 699.74万元,同时公司的加权平均资本成本最低,为14.05%。当长期债务超过400万元时,公司价值开始下降,加权平均资本成本开始上升。所以,当公司长期债务为400万元时,公司的资本结构达到了最佳,此时长期债务占公司总价值的14.98%（400÷2 669.74×100%）,普通股资本占公司总价值的85.02%（2 269.74÷2 669.74×100%）。

### 延伸阅读8-3

#### 资本结构理论

资本结构比例的高低通过资本成本和财务风险直接影响企业价值的高低。关于资本结构与资本成本和企业价值的关系,西方已形成若干理论,统称资本结构理论。以1958年MM理论的形成为标志,资本结构理论大致可以划分为早期的资本结构理论和现代资本结构理论。早期资本结构理论中的代表性理论有净收益理论、净营业收益理论和传统理论;现代资本结构理论中的代表性理论有MM理论和权衡理论。

1. 净收益理论

净收益理论认为,利用债务可以降低企业的综合资本成本,负债程度越高,企业的综合资本成本越低,企业价值越大。该理论主要基于以下两个基本假设:一是债务资本成本和权益资本成本均不受财务杠杆的影响,无论负债程度多高,企业的债务资本成本和权益资本成本都不会变化;二是在企业的筹资方式中,长期债务成本总是低于权益资本成本。这样,当负债比率达到100%时,企业价值将达到最大。

2. 净营业收益理论

净营业收益理论认为,不论负债比率如何变化,企业的综合资本成本总是保持不变,资本结构与企业的价值无关,决定企业价值高低的关键要素是企业的净营业收益。如果企业增加成本较低的债务资金,即使债务成本不变,但由于加大了股东承担的风险,权益资本要求的报酬率随之上升;又因为负债的成本总是低于权益资本的成本,那么负债比重上升对降低综合资本成本的好处恰好被上升的权益资本成本所抵消。因此,资本结构的变化不会影响企业的综合资本成本,也不会影响公司总价值,企业总价值的大小总是取决于企业的净营业收益。

3. 传统理论

传统理论也称折中理论,是对上述净收益理论和净营业收益理论的一种折中理论。该理论认为,企业利用财务杠杆尽管会导致权益资本成本的上升,但在一定程度内却不会完全抵销因利用成本相对较低的债务所带来的好处,从而使综合资本成本下降,企业总价值上升。但是,超过一定程度地利用财务杠杆,权益资本成本的上升就会完全抵销并超过使用债务带来的好处,企业的综合资本成本开始上升。一旦债务成本也开始上升,并和权益资本成本的上升共同作用,综合资本成本就会加快上升,从而使企业价值降低。综合资本成本从下降变为上升的转折点,是综合资本成本的最低点,这时的负债比率就是企业的最优资本结构。因此,企业可以通过选择适当的负债比率来提高企业的总价值。

4. MM理论

现代资本机构研究的起点是MM理论。1958年,美国著名财务学家莫迪利亚尼和米勒联合发表了《资本成本、公司价值和投资理论》一文,探讨了企业价值与资本结构的关系,确立了MM资本结构理论的基本体系。MM理论的提出奠定了西方现代资本结构理论的基础,使资本结构理论逐渐成为一种科学的理论。

在资本市场完善、利率一致、资本可以自由流通、预期报酬率相同的证券价格相同、不存在公司和个人所得税等一系列假定之下,MM理论提出了两个重要命题。

命题Ⅰ:企业的总价值由预期的息税前利润按其适用的风险等级的折现率折现后决定,不论有无负债资本,只有预期的息税前盈余相等,处于同一风险等级的企业其总价值相等。也就是说,综合资本成本的高低由企业的经营风险决定,有负债企业的综合资本成本与具有相同风险等级的未使用负债的企业的权益资本成本相等,企业的总价值不受资本结构的影响。

命题Ⅱ:有负债的企业的权益资本成本等于无负债的企业的权益资本成本加上风险报酬,而风险报酬的大小由负债融资程度和无负债经营企业权益资本成本和债务资本成本之差决定。有负债的企业的权益资本成本会随负债融资程度的上升而增加,但企业的总价值并不会随着负债的增加而上升,因为便宜的负债给企业带来的财务杠杆利益会被上升的权益资本成本所抵销。其结果是有负债的公司的综合资本等于无负债公司的权益成本,企业的总价值不受资本结构的影响。

修正的 MM 资本结构理论提出,有债务的企业价值等于有相同风险但无债务企业的价值加上债务的节税利益。在考虑企业所得税的情况下,由于负债利息的税负抵减效应,企业价值与企业资本结构密切相关,而且负债比率越高,综合资本成本越大,企业价值也越大。

5. 权衡理论

MM 理论的根本缺陷在于假定资本市场是完善的,在考虑税收因素后,又过度地突出了负债的减税利益对提升企业价值的作用,忽视了由负债引起的财务风险可能给企业带来的成本或损失,这些成本或损失主要包括财务拮据成本和代理成本。在不完善的资本市场中,由于财务拮据成本和代理成本的存在,抵销了一部分负债的减税利益。在进行资本结构决策时,必须在负债的减税利益与财务拮据成本和代理成本之间进行权衡,由此形成了资本结构的权衡理论。

## 本 章 小 结

本章主要学习了:资本成本的含义、结构、类型、作用;个别资本成本的计算;加权平均资本成本的计算;边际资本成本的计算;杠杆的概念及原理;经营杠杆、财务杠杆、联合杠杆的含义及度量;资本结构的含义;资本结构的影响因素;资本结构决策方法,包括比较资本成本法、每股收益分析法和公司价值分析法三种。

## 本 章 重 要 概 念

资本成本　加权平均资本成本　边际资本成本　经营杠杆　财务杠杆　联合杠杆　资本结构　最优资本结构

# 第九章　流动资产管理

- ➤ 内容提要
- ➤ 重点难点
- ➤ 学习目标
- ➤ 知识框架
- ➤ 思政育人
- ➤ 第一节　流动资产概述
- ➤ 第二节　流动资产持有政策
- ➤ 第三节　现金管理
- ➤ 第四节　应收账款管理
- ➤ 第五节　存货管理
- ➤ 本章小结
- ➤ 本章重要概念

## 内容提要

本章主要讲解了流动资产的含义、特点和管理要求，流动资产持有政策，流动资产三个重要组成部分的管理，最佳现金持有量的确定，应收账款的信用政策，经济订货批量的确定。

## 重点难点

本章重点、难点均为最佳现金持有量的确定，经济订货批量的确定。

## 学习目标

通过本章学习，学生应掌握最佳现金持有量和经济订货批量的确定；了解应收账款的信用政策的相关内容。

## 知识框架

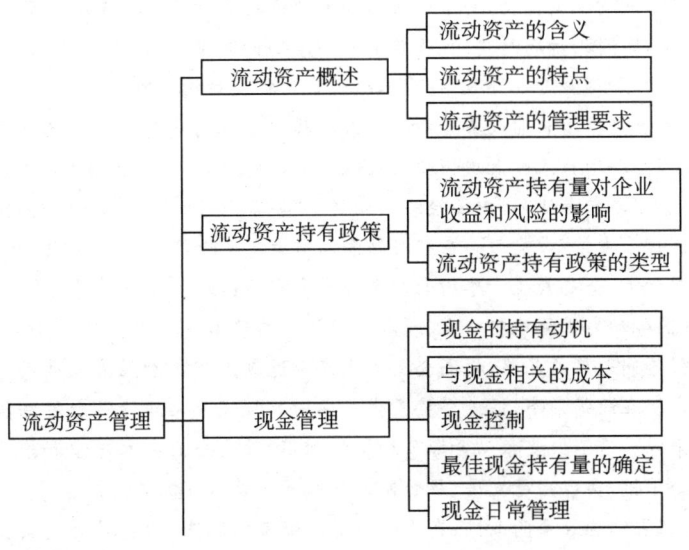

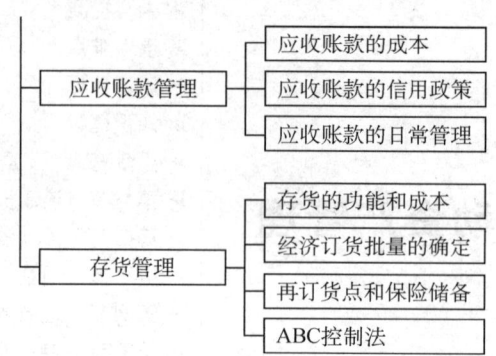

 **思政育人　　高质量发展下的资源配置结构效率提升**

　　长期以来,资源配置研究主要关注生产要素在各个经济主体间的配置效率,往往忽视了在不同部门和地区间的配置结构演变。资源配置结构效率是对资源配置效率的进一步延伸,旨在通过推动多种生产要素在经济主体间配置结构的协调优化和系统发展,促进整个经济的产出、结构、技术和福利持续改善。因此,探寻有效降低资源结构错配和效率低下的发展掣肘,推动资源配置结构效率提升的理论机制和实践方向,对于加快推进新型工业化进程、实现经济高质量发展具有重要意义。

　　改革开放以来,中国经济实现快速增长,但长期依赖高投入、高消耗的粗放型经济增长模式,造成了难以忽视的资源错配,导致全要素生产率持续走低,资源配置结构日趋失衡。

　　一方面,资源配置结构失衡是导致资源配置结构效率损失的重要原因。传统的增长理论认为,资本、劳动力等生产要素按照边际产出均等的原则进行配置,就能够实现资源最优配置,但由于现实世界中的市场不完全性和制度改革时滞性,资源配置难以满足边际产出均等原则,从而产生配置扭曲,而多种资源配置扭曲最终导致资源配置结构失衡。分维度来看,对于资本配置,长期以来由于国有企业和非国有企业之间拥有不同的信贷约束,而金融摩擦的异质性加大了中小企业的融资难度,导致资本配置扭曲难以消除;对于劳动配置,不同产业和区域间的工资差距在引导劳动力和人力资本优化配置的同时,还会受户籍制度、人才落户政策和地区文化心理的影响,导致人力资本配置偏离最优配置水平;对于土地配置,中国特有的土地制度不仅能稳定经济增长和地方财政收入,也有可能挤压制造业部门的投资强度,致使资本和劳动力在不同产业间的配置失衡,而不同区域间的建设用地指标管理差异也可能造成土地供需的空间配置失衡。综上,金融摩擦、市场结构、税收政策和制度安排等因素都有可能导致不同资源在不同行业和区域之间的配置扭曲,加剧资源配置效率损失,引致资源配置结构失衡。

　　另一方面,全要素生产率增长为改善资源配置效率提供了动力支撑。从理论研究来看,长期以来西方学者普遍认为,中国经济增长依赖大规模要素投入驱动,缺乏内在动力和创新机制,全要素生产率增长缓慢。针对这一观点,国内学者认为,中国经济增长具有"要素内嵌式"特征,主要通过技术引进和模仿创新来实现,具有明显的"干中学"效应。而在经济转向高质量发展阶段后,学者们进一步指出,伴随着能源消耗和环境污染日趋加重,全要素生产率增长应重视要素空间错配和社会福利损失等负面影响。从现实需求来看,近年来我国劳动力供给绝对减少、资本边际收益率整体下降、"干中学"效应持续减弱以及能源环境约束进一步加强等问题日益凸显,提高全要素生产率逐渐成为推动经济发展动力变革、实现经济高质量发展的关键所在。在此背景下,促进全要素生产率增长就成为化解资源配置结构失衡,推动资源配置系统发展的动力来源。这不仅要推动资源节约集约利用,加快企业技术进步和产业结构升级,更要寻求增长的均衡性或公平性,实现绿色发展、社会包容和经济增长的有机统一。

　　可见,提升资源配置结构效率的关键,在于化解资源配置结构失衡,推动全要素生产率增长,进而释放经济发展的"结构红利"和"技术动力",助推经济高质量发展。习近平总书记在二十届中央政治局第二次集体学习时提出,要更好统筹扩大内需和深化供给侧结构性改革,增强国内大循环动力和可靠性。将这一论断落实到资源配置层面,意味着在经济高质量发展的现实诉求下,要在供给和需求两端同时发力,促进资源配置的动力稳定、结构优化、社会公平和环境协调。其中,"动力稳定"不仅要促进资源配置从数量追赶向质量提升、从要素驱动向创新驱动、从规模升级向结构升级的转变,还要提高资源投入质量,通过增加新的生产要素实现新旧动能转换。"结构优化"强调要实现投入与产出两端的资源配置结构优化,以提升资源配置效率和加快技术创新。"社会公平"强调资源配置要以实现共同富裕为根本目标,落实协调和共享发展理念,推动城乡融合和区域协调发展。"环境协调"强调资源配置要打破"褐色经济"发展模式,注重资源和环境等关键自然资本的不可替代性,实现经济社会的可持续发展。

资料来源:杨万平,李冬.高质量发展下的资源配置结构效率提升[N/OL].中国社会科学报,(2023-10-31)[2023-12-25]. https://www.nisd.cass.cn/zcyj_zjft/20231102/t20231102_5694518.shtml,有删节。

# 第一节 流动资产概述

## 一、流动资产的含义

流动资产是指在1年内或超过1年的一个营业周期内变现或运用的资产,包括现金、银行存款、应收账款及存货等。流动资产在周转过渡中,从货币形态开始,依次改变其形态,历经原材料、各种物料占用的储备资金、机器设备占用的固定资金、人工和制造费用等占用的生产资金及库存商品完工入库占用的成品资金,最后又回到货币形态,各种形态的资金与生产流通紧密相结合,是企业资产中必不可少的组成部分。

## 二、流动资产的特点

(1) 流动资产的资金占用形态具有变动性。企业的流动资产必须同时分别占用在生产储备资金、未完工产品资金、成品资金和货币资金与结算资金等各种资金形态上,并且不断地由货币资金转为生产储备资金,由生产储备资金转化为未完工产品资金,由未完工产品资金转化为成品资金,再由成品资金转化为货币资金或结算资金。

(2) 流动资产的占有数量具有波动性。随着企业再生产过程的变化,流动资产占用的数量时高时低,占用的时间时长时短,具有波动性。

(3) 流动资产循环与生产经营周期具有一致性。生产经营周期决定着流动资金的循环时间,而流动资产周转又综合反映企业供、产、销全过程。

(4) 流动资产的资金来源具有灵活多样性。由于流动资产占用数量具有波动性,因而企业筹集流动资金的方式比筹集长期资金的方式更具灵活性与多样性。

## 三、流动资产的管理要求

(1) 既要保证生产经营需要,又要合理节约使用资金。流动资产管理,必须先保证企业完成生产经营任务的合理需要,增产与节约是辩证统一的关系,必须正确处理保证生产经营需要和节约合理使用资产两者之间的关系。

（2）流动资金管理和流动资产管理相结合。流动资产是流动资金赖以存在的物资形态。只有各项流动资产安全完整，使用合理，流动资金才能完整无缺，占用减少，效益提高。所以，要管理好流动资金，必须做到管理流动资金的部门和人参与管理流动资产；同时，管理流动资产的部门和人，也应参与管理流动资金，把流动资金管理和流动资产管理结合起来。

（3）资金使用和物资运动相结合。资金是物资的货币表现，资金使用同物资运用有密切的联系。在流动资金管理工作中，必须把资金使用同物资运用结合起来，做到钱出去、货进来，货出去、钱进来，坚持钱货两清的原则。企业必须严格遵守结算纪律，这样才能保证每个企业的经营能够顺利进行。

 延伸阅读9-1

### 流动资产的分类

在会计中，从不同的角度，流动资产可以有不同的分类方式。而且，不同的行业也有不同的流动资产构成。

工业企业的流动资产可分为：

（1）储备资产：从购买到投入生产为止，处于生产准备阶段的流动资产，包括原材料及主要材料、辅助材料、燃料、修理用备件、低值易耗品、包装物和外购半成品等。

（2）生产资产：从投入到产成品制成入库为止，处于生产过程中的流动资产，包括在产品、自制半成品和待摊费等。

（3）成品资产：从产品入库到产品销售为止，处于产品待销过程中的流动资产，包括产成品和准备销售的半成品和零部件等。

（4）结算资产：各种发出商品、应收账款和应收票据等。

（5）货币资产：银行存款、库存现金等。

商业企业的流动资产可分为：

（1）商品资产：库存商品和在途商品等。

（2）非商品资产：包装物、物料用品、低值易耗品和待摊费用。

（3）结算资产：各种应收、预付款和应收票据等。

（4）货币资产：银行存款、库存现金等。

工业企业和商业企业中同种流动资产的构成比例有很大不同，商业企业的比重大大高于工业企业。

## 第二节 流动资产持有政策

流动资产的持有政策主要解决流动资产的持有量问题，在西方有时也称为营运资金的持有政策。

### 一、流动资产持有量对企业收益和风险的影响

流动资产持有量往往表示成实现一定数量的销售额所要求的流动资产数量。不同的流动资产数量体现了不一样的风险与收益关系。

较高的流动资产持有量，意味着企业拥有的现金、有机证券、应收账款和保险储备存

货等流动资产相对较多。持有较多的营运资金,可以使企业有较大把握按时支付一些流动负债和即将到期的长期债务,及时供应原材料并准时向客户提供产品与服务,从而保证企业的生产经营活动正常进行。这种情况下企业的经营风险较小。但是在一般情况下,流动资产的收益低于长期资产,较高的流动资产比重也就意味着较低的公司收益。

如果流动资产的持有量较低,也就是说流动资产占销售额的比重较低,相对上一种情况来说会使企业的报酬率提高。但是较少的现金、有价证券和较低的存货保险储备量会降低企业的短期债务偿还能力和支付能力,有可能造成信用损失、原材料供应中断等经营风险。

企业在生产、销售计划确定的情况下,可以准确制订现金预算计划,把作为资金运用的流动资产和作为资金来源的流动负债在期限上连接起来,以便使企业在最低流动资产水平上实现顺利经营,也就是找到收益和风险的最佳结合点,这就是流动资产在理论上的最佳持有量。但在实际经济生活中,由于普遍存在的经营活动的不确定性,使企业的很多内外环境不能准确预测,所以理论上的最佳持有量很难实现。

因此,流动资产持有量的确定实际上就是对收益和风险两者之间的关系进行的权衡与选择。

## 二、流动资产持有政策的类型

根据流动资产和销售额之间的数量关系,企业的流动资产持有政策可以分为三种。

### (一) 宽松的持有政策

宽松的持有政策要求企业在一定的销售水平上保持较多的流动资产,这种政策的特点是收益低、风险小。该政策下企业拥有较多的现金、短期有价证券和存货,能按期支付到期债务,并且为应对不确定情况保留了大量资金,使风险大大减少。但由于现金、短期有价证券投资收益较低,存货占用使资金营运效率低下,降低了企业的盈利水平。

### (二) 适中的持有政策

适中的持有政策要求企业在一定的销售水平上保持适中的流动资产,既不过高又不过低,流入的现金恰恰满足支付的需要,存货也恰好满足生产和销售所用。这种政策的特点是收益和风险平衡。在企业能够比较准确地预测未来各种经济情况时,可采用该政策。

### (三) 紧缩的持有政策

紧缩的持有政策要求企业在一定的销售水平上保持较低的流动资产,这种政策的特点是收益高、风险大。此时企业的现金、短期有价证券、存货和应收账款等流动资产降到最低限度,可降低资金占用成本,增加企业收益;但同时也可能由于资金不足造成拖欠货款或不能偿还到期债务等不良情况,加剧企业风险。在外部环境相对稳定、企业能非常准确地预测未来的情况下,可采用该政策。

从理论上来讲,如果企业面对的多种内外情况,如销售额、订货时间和付款时间等都是一定的,那么企业只需持有能够满足需要的最低数量的流动资产。超过这个最低数量的流动资产不仅会增加企业利润,还会使企业发生筹资费用;而低于这个最低数量的流动资产会使企业出现存货短缺、支付困难或必须制定过于严格的应收账款管理政策等。但是,实际经济生活中往往存在许多难以预计的不确定性。流动资产的占用水平是由企业的内外条件等多种因素共同作用形成的结果,这些因素都是不断变化的,所以很难恰当地对适中政策的流动资产持有量加以量化。在财务管理的实际工作中,企业应当根据自身的具体情况和环境条件,对未来进行合理预测,将流动资产与流动负债尽量相匹配,确定一个对企业来说较为适当的流动资产持有量。

## 第三节 现金管理

现金是指在生产经营过程中暂时停留在货币形态的资金,包括库存现金、银行存款、银行本票和银行汇票等。但由于短期有价证券的变现能力很强,所以财务管理者将短期有价证券视为"现金等价物",其内容包括国库券、可转让存单和商业票据等。现金管理就是在现金的流动性和收益性之间权衡选择的过程。

### 一、现金的持有动机

经济学家凯恩斯(Keynes)认为,企业持有现金有三个动机,即交易动机、预防动机和投机动机。

#### (一) 交易动机

交易动机(transaction motive)是指企业持有现金以便满足日常经营业务的开支的需要,如购买材料、支付工资、支付水电费、缴纳税款和发放现金股利等。由于企业每天的现金收入与现金支出在时间上和数量上很难同步等量,企业有必要保留一定的现金余额以便企业在现金支出大于现金收入时,不至于中断交易。交易动机的现金需要量主要取决于企业的产销业务量水平。

#### (二) 预防动机

预防动机(precautionary motive)是指企业为了应付意外紧急事件而持有现金的需要。由于市场环境的变化和其他各种不确定因素的存在,使企业持有的现金要超过其正常情况下的现金需要量。一般而言,预防动机的现金需要量取决于:①企业愿意承担风险的程度。②企业临时举债的能力。③企业现金预算的可靠程度。

#### (三) 投机动机

投机动机(speculative motive)是指企业持有现金是用于不寻常的购买机会的需要。例如,可能发生低价购买,预期有价证券价格上升,市场出现有利的汇率波动等机会,这时企业可以利用手中持有的现金进行投机交易,从中获得收益。

### 二、与现金相关的成本

企业持有现金的成本通常由以下三个部分组成。

1. 持有成本

持有成本是指企业因保留一定的现金余额而增加的管理费用及丧失的再投资收益。其中前者主要是由于对该项现金余额进行管理而增加的费用支出,如管理人员的工资与必要的安全措施费用等。这部分费用具有固定成本性质,它在一定的范围内与现金持有量关系不大。后者是由于企业不能同时用该现金进行有价证券投资所产生的机会成本,它是变动成本,它与现金持有量的额度密切相关,即现金持有量越大,机会成本就越高;反

之,就越小。因此,它属于决策的相关成本。机会成本的计算公式如下:

$$机会成本 = 现金持有量 \times 有价证券利率(或报酬率)$$

2. 转换成本

转换成本是指企业买卖有价证券时付出的交易费用,如委托买卖佣金、委托手续费、证券过户费和实物交割手续费等。转换成本与证券变现次数呈线性关系,与货币最佳持有量呈反比关系。固定性转换成本的计算公式如下:

$$固定性转换成本 = 证券变现次数 \times 每次的转换成本$$

3. 短缺成本

短缺成本是指企业因缺乏必要的现金,无法应付日常支付可能蒙受的损失。现金的短缺成本随现金持有量的增加而减少,随现金持有量的减少而增加。

现金成本的分类、含义和影响因素如表 9-1 所示。

表 9-1 现金成本的分类、含义和影响因素

| 分类 | 含义 | 影响因素 |
| --- | --- | --- |
| 持有成本 | 企业因保留一定的现金余额而增加的管理费用及丧失的再投资收益<br>(1) 管理费用:管理成本是企业持有现金所发生的管理费用<br>(2) 机会成本:现金作为企业的一项资金占用所付出的代价 | 管理成本与现金持有量关系不大<br>机会成本与现金持有量成正比 |
| 转换成本 | 企业用现金与有价证券相互转换的成本 | 转换成本并不全是固定成本,转换成本与现金持有量成反比 |
| 短缺成本 | 现金持有量不足而又无法通过有价证券变现加以补充而给企业造成的损失 | 短缺成本与持有量成反比 |

### 三、现金控制

现金控制的目标是在保证企业正常生产经营及适度资产流动性的前提下,尽量降低现金的持有量和持有成本,以提高企业整体资金的收益水平。在正常的市场环境下,一般流动性较强的资产,其收益性相对较低,这就意味着如果企业持有的现金过多,则会降低企业资金的收益水平;但是,如果持有现金太少,又会影响企业交易的正常进行,坐失良好的购买机会,同样会降低企业资金的收益水平,甚至对企业的信誉造成一定的影响。由此看来,企业在现金控制方面,面临着现金不足和现金过量的双重挑战。现金控制的目标,就是在资产的流动性和盈利性之间权衡抉择,使企业获得最大的长期效益。

现金控制的内容包括:①现金流量控制,包括加速收款、延缓支付和力争现金流入与流出同步。②通过编制现金预算预测企业现金需求量。③通过特定的方法确定企业最佳现金持有量。当企业实际现金持有量超出最佳现金持有量时,可以进行短期有价证券投资;当企业实际现金持有量低于最佳现金持有量时,可以出售短期有价证券或进行短期筹资,以便将实际现金持有量调整到最佳现金持有量的水平。

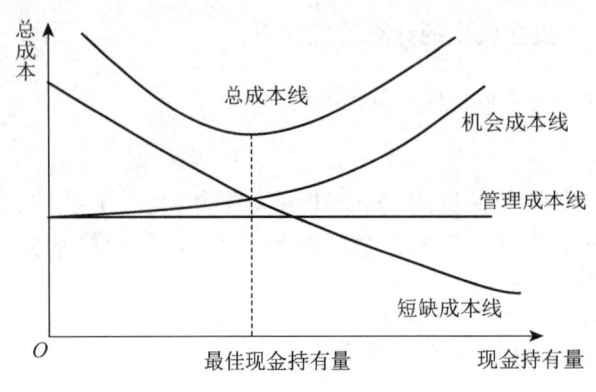

图 9-1 相关成本与现金持有量关系图

## 四、最佳现金持有量的确定

### (一) 成本分析模式

成本分析模式是根据现金有关成本,分析预测其总成本最低时现金持有量的一种方法。成本分析模式只考虑持有一定量的现金而产生的机会成本及短缺成本,而不考虑管理费用与转换成本。相关成本与现金持有量之间的关系如图 9-1 所示。

由图 9-1 可知,最佳货币持有量是总成本最低时的货币持有量。

【例 9-1】 某公司现有甲、乙、丙三种现金持有量备选方案,如表 9-2 所示。

表 9-2　　　　　　　　现金持有量备选方案　　　　　　　　单位:元

| 方案 | 甲 | 乙 | 丙 |
| --- | --- | --- | --- |
| 现金持有量 | 50 000 | 60 000 | 70 000 |
| 机会成本率 | 9% | 9% | 9% |
| 管理费用 | 2 200 | 2 200 | 2 200 |
| 短缺成本 | 3 400 | 2 400 | 900 |

根据表 9-2 编制公司最佳现金持有量测算表,如表 9-3 所示。

表 9-3　　　　　　　　公司最佳现金持有量测算表　　　　　　　　单位:元

| 方案 | 现金持有量 | 机会成本 | 短缺成本 | 总成本 |
| --- | --- | --- | --- | --- |
| 甲 | 50 000 | 4 500 | 3 400 | 7 900 |
| 乙 | 60 000 | 5 400 | 2 400 | 7 800 |
| 丙 | 70 000 | 6 300 | 900 | 7 200 |

通过比较可知,丙方案的总成本最低,因此,70 000 元为最佳现金持有量。

### (二) 存货模式

存货模式的着眼点也是现金相关总成本最低。在这些成本中,管理费用因其相对稳定,同现金持有量的多少关系不大,因此在存货模式中将其视为决策无关成本而不予考虑。现金的短缺成本存在很大的不确定性和无法计量性,也不予考虑。在存货模式中,只对机会成本和固定性转换成本予以考虑。能够使现金管理的机会成本与固定性转换成本之和保持最低的现金持有量,即最佳现金持有量。

现金持有量与相关成本关系图如图 9-2 所示。

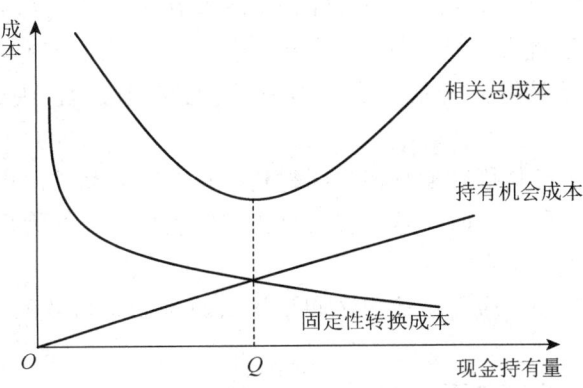

图 9-2　现金持有量与相关成本关系图

设 $A$ 为预算期内货币（现金）需要总量，$Q$ 为最佳现金持有量，$R$ 为有价证券利率或报酬率，$F$ 为平均每次证券变现的固定费用，即转换成本，$TC$ 为现金管理总成本，则：

现金管理总成本 ＝ 持有机会成本 ＋ 固定性转换成本

用公式表示为：

$$TC = \frac{Q}{2} \times R + \frac{A}{Q} \times F$$

通过求导，可以确定出最佳现金持有量及最低现金管理总成本。

$$TC' = \left(\frac{Q \times R}{2} + \frac{A \times F}{Q}\right)' = \frac{R}{2} - \frac{A \times F}{Q^2}$$

令 $TC' = 0$，得：

最佳现金持有量 $Q = \sqrt{\dfrac{2AF}{R}}$

证券变现次数为 $\dfrac{A}{Q}$

最低现金管理总成本 $TC = \sqrt{2AFR}$

【例 9-2】　某企业预计全年需要现金 600 000 元，现金与有价证券的转换成本为每次 100 元，有价证券的利息率为 30%，则：

最佳现金持有量 $Q = \sqrt{\dfrac{2AF}{R}} = \sqrt{\dfrac{2 \times 600\,000 \times 100}{30\%}} = 20\,000$（元）

最低现金管理总成本 $TC = \sqrt{2AFR} = \sqrt{2 \times 600\,000 \times 100 \times 30\%} = 6\,000$（元）

证券变现次数为 $\dfrac{A}{Q} = \dfrac{600\,000}{20\,000} = 30$（次）

### （三）现金周转模式

现金周转模式是根据现金周转速度来确定企业最佳现金持有量的一种方法。当企业一定时期的现金需求总量一定的情况下,现金平均余额的大小将取决于现金本身的周转期的长短,周转期越长,现金持有量越大;周转期越短,现金持有量越小。现金周转期是指自现金投入生产开始到最终又以现金形式回归所需的时间长短。现金周转期取决于以下三个因素：

(1) 存货周转期。存货周转期是指将原材料转化成产成品并出售所需要的时间。

(2) 应收账款周转期。应收账款周转期是指将应收账款转换为现金所需要的时间,即从产品销售到收回现金的时间。

(3) 应付账款周转期。应付账款周转期是指从收到尚未付款的材料开始到现金支出之间所用的时间。

现金周转期的计算公式如下：

$$现金周转期 = 存货周转期 + 应收账款周转期 - 应付账款周转期$$

现金周转期确定后就可以确定现金最佳持有量,其计算公式如下：

$$最佳现金持有量 = 日平均现金需要量 \times 现金周转期$$

$$日平均现金需要量 = \frac{年现金需要量}{360}$$

**【例 9-3】** 某企业预计全年需要现金 720 万元,存货周转期为 90 天,应收账款周转期为 40 天,应付账款周转期为 30 天,则有：

$$现金周转期 = 90 + 40 - 30 = 100(天)$$

$$最佳现金持有量 = \frac{720}{360} \times 100 = 200(万元)$$

## 五、现金日常管理

### (一) 现金收入管理

9.1 人工智能的八大财资应用场景

企业现金收入的主要途径是企业账款的回收,而企业账款的回收通常需要经过四个时点：客户开出付款票据、企业收到票据、票据交存银行和企业收到现金。这样,企业账款的回收时间就由票据的邮寄时间、票据在企业停留时间和票据结算时间三个部分组成。票据在企业停留的时间可以由企业本身通过建立规章制度、奖惩激励机制等方法来控制,但对于票据邮寄时间和票据结算时间仅靠企业自身的力量是远远不够的,必须采取有效措施充分调动客户和银行的积极性,才能实现有效控制。对此,可采取以下方法。

1. 折扣、折让激励法

企业与客户之间共同寻求的都是经济利益,从这点出发,在企业急需现金的情况下,可以通过一定的折扣、折让来激励客户尽快结付账款。方法可以是在双方协商的前提下一次性给予客户一定的折让,也可以是根据不同的付款期限,给出不同的折扣。例如,10 天内付款,给予客户 3% 的折扣,20 天内给予 2% 的折扣,30 天内给予 1% 的折扣等。使用这种方法的技巧在于企业本身必须根据现金的需求程度和取得该笔现金后所能发挥的经济效益,以及为此而折扣、折让形成的有关成本,进行精确地预测和分析,从而确定出一个令企业和客户双方都能满意的折扣或折让比率。

2. 邮政信箱法

邮政信箱法起源于西方国家,是企业为了加速现金流转而惯用的手法。具体做法是:企业在各主要城市租用专门的邮政信箱,并开设分行存款户,授权当地银行定期开箱,在取得客户票据后立即予以结算,并通过电子汇兑等最快捷的汇兑方式将货款及时拨回企业总部所在地银行。这种方法可以使客户直接将票据邮寄给客户所在地的邮箱,而不是身处异地的企业总部,它不仅缩短了票据的邮寄时间,还免除了企业办理收账、货款存入银行等手续,从而有效地缩短账款收取时间。但由于被授权开启邮政信箱的当地银行不可能免费提供服务,它不仅要求扣除相应的补偿性余额,还要求加收办理额外服务的劳务费用。这样,企业的现金成本必然增加很多。因此,是否采用邮政信箱法,必须视企业提前收取这笔资金后所能产生的经济效益与预计为此增加的成本大小而定。收益大于成本的可以采用;反之,则不必采用。而且即便决定采用此方法也不能过于盲目,必须根据企业以前年度的销售情况进行分析,归纳统计出企业主要客户网点,然后对各客户网点逐一进行模拟测试,再根据模拟测试的结果和该网点客户与企业业务往来的频率,来确定设立特定用途的邮政信箱。另外,设立邮政信箱的使用期限也必须有效地加以控制。

3. 银行业务集中法

银行业务集中法是一种通过建立多个收款中心来加速现金流转的方法。其具体做法是:企业指定一个主要开户行(通常是指定企业总部所在地的基本结算开户行)为集中银行,然后在收款额较为集中的各营业网点所在区域设立收款中心,客户收到账单后直接与当地收款中心联系,办理货款结算,中心收到货款后立即存入当地银行,当地银行在进行票据交换后,立即转给企业总部所在地的集中银行。

这种方法的优点是可以缩短客户邮寄票据所需时间和票据托收所需时间,也缩短了现金从客户到企业的中间周转时间;缺点是同样由于多处设立收款中心,相应增加了现金成本。这种方法在技巧上除了可以采用与邮政信箱法相同的方式,还可以将各网点的收款中心业务直接委托给当地银行办理,这样既减少了中间环节,又节省了人力和财力。

4. 大额款项专人处理法

大额款项专人处理法是通过企业设立专人负责制度,将现金收取的职责明确落实到具体的责任人,在责任人的努力下,提高办事效率,从而加速现金流转速度。这种方法的优点是便于管理;缺点是缩短的时间相对较少,且也会增加相应的现金成本。采用这种方法时,必须保持人员的相对稳定,因为处理同样类型的业务,有经验的人员通常比没有经验的人员做事要高效、快捷。

(二) 现金支出管理

现金支出管理的症结所在是现金支出的时间。从企业角度而言,与现金收入管理相反,尽可能地延缓现金的支出时间是控制企业现金持有量最简便的方法。当然,这种延缓必须是合理合法的,且是不影响企业信誉的;否则,企业延期支付所带来的效益必将远小于为此而遭受的损失。通常企业延期支付账款的方法主要有以下几种。

1. 推迟支付应付账款法

一般情况下,供应商在向企业收取账款时,都会给企业预留一定的信用期限,企业可以在不影响信誉的前提下,尽量推迟支付的时间。

2. 汇票付款法

汇票付款法是在支付账款时,可以采用汇票付款的尽量使用汇票,而不采用支票或银行本票,更不是直接支付现钞。因为,在使用汇票时,只要不是"见票即付"的付款方式,在受票人将汇票送达银行后,银行还要将汇票送交付款人承兑,并由付款人将一笔相当于汇票金额的资金存入银行,银行才会付款给受票人,这样就有可能合法地延期付款。而在使用支票或银行本票时,只要受票人将支票存入银行,付款人就必须无条件付款。

3. 合理利用"浮游量"

现金的浮游量是指企业现金账户上现金金额与银行账户上所示的存款额之间的差额。有时,企业账户上的现金余额已为零或负数,而银行账上的该企业的现金余额还有很多。这是因为有些企业已开出的付款票据,银行尚未付款出账,而形成的未达账项,对于这部分现金的浮游量,企业可以根据历年的资料,进行合理地分析预测,有效地加以利用。要点是预测的现金浮游量必须充分接近实际值,否则容易开出空头支票。

4. 分期付款法

对企业而言,无论是谁都不能保证每一笔业务都能做到按时足额付款,这是常理。因此,如果企业与客户是一种长期往来关系,彼此间已经建立了一定的信用,那么在出现现金周转困难时,适当地采取"分期付款"的方法,客户是完全可以理解的。但拒绝支付又不加以说明,或每一笔业务无论金额大小都采用"分期付款法"则对客户的尊重和信用度就会大打折扣。为此,可采用大额分期付款、小额按时足额支付的方法。另外,对于采用分期付款方法时,一定要妥善拟订分期付款计划,并将计划告知客户,且必须确保按计划履行付款义务,这样就不会失信于客户。

**延伸阅读 9-2**

**外包加工节现法**

对于生产型企业,特别是工序繁多的生产型企业,可采取部分工序外包加工的方法,有效地节减企业现金。举例说明如下:某生产型企业其元器件、零部件的采购必将需要采购成本,加工则需要支付员工的工资费、保险费,生产线的维护、升级等也同样需要占用大量的流动资金,因此可以采取外包加工的方法。外包后,只需要先付给外包单位部分定金就可以了。在支付外包单位的账款时,还可以采用上述诸方法合理地延缓付款时间。

## 第四节 应收账款管理

9.2 应收账款概述

应收账款是企业流动资产投资的重要组成部分。随着市场经济的发展,商业信用的推行,企业应收账款数额明显增多,应收账款管理已成为流动资产管理中一个重要的问题。企业进行应收账款投资,一方面可以提高企业的竞争能力,扩大销售,减少存货;另一方面,应收账款的各种成本的增加又不可避免。因此,制定合理的信用政策,权衡应收账款的收益与风险,比较不同方案下的成本与收益,追求应收账款管理效益最大化,就成为应收账款的管理目标。

## 一、应收账款的成本

1. 机会成本

应收账款的机会成本是指因资金投放在应收账款上而丧失的其他投资收益,如投资于有价证券就会有利息收入。这一成本的大小通常与企业维持赊销业务所需要的资金数量(即应收账款占用的资金)、机会成本率有关。其计算公式为:

$$应收账款的机会成本 = 维持赊销业务所需资金 \times 机会成本率$$

上式中,机会成本率一般按有价证券利息率或投资报酬率计算,维持赊销业务所需资金可以按以下方法计算。

(1) 计算应收账款平均余额。

$$应收账款平均余额 = \frac{年赊销额}{360} \times 平均收款天数$$

在年赊销额不易取得时,通常用年销售收入指标代替。

(2) 计算维持赊销业务所需要的资金。

$$维持赊销业务所需要的资金 = 应收账款平均余额 \times 变动成本率$$

在上述分析中,假设企业的单位变动成本和固定成本总额不变,随着赊销业务的扩大,只有变动成本随之上升。

【例 9-4】 某企业预计年销售收入净额为 450 万元,应收账款的平均收款天数为 60 天,产品变动成本率为 70%,同期市场有价证券利率为 10%,则应收账款的机会成本计算如下:

$$应收账款平均余额 = \frac{450}{360} \times 60 = 75(万元)$$

$$维持赊销业务所需要的资金 = 75 \times 70\% = 52.5(万元)$$

$$应收账款的机会成本 = 52.5 \times 10\% = 5.25(万元)$$

2. 坏账损失

应收账款的坏账损失是企业因应收账款无法收回而发生的损失。应收账款发生坏账的可能性一方面与特定的客户的资信状况和经济实力密不可分,另一方面与收账期的长短有关。一般地,收账期越长,应收账款发生坏账的可能性越大;收账期越短,应收账款发生坏账的可能性越小。其计算公式为:

$$坏账损失 = 赊销收入 \times 预计坏账损失率$$

3. 管理成本

应收账款的管理成本是指对应收账款进行日常管理而发生的各种费用,主要包括了解客户资信状况的信用调查费用、应收账款的收账费用等。管理成本的高低往往会影响到坏账的水平,即企业的管理水平越高,投入的管理费用就越多,则发生坏账的可能性就会相应降低。

## 二、应收账款的信用政策

应收账款的信用政策,即应收账款的管理政策,是指企业为对应收账款投资进行规划与控制而确立的基本原则与行为规范,包括信用标准、信用条件和收账政策三部分的内容。

### (一)信用标准

信用标准是客户获得企业商业信用所应具备的最低条件,通常以预期的坏账损失率表示。企业为减少坏账损失,按时收回货款,往往只对资信状况符合企业要求的客户予以赊销。

1. 影响信用标准的因素

企业在信用标准的确定上,面临着两难的选择。这也是风险、收益和成本的对称性关系在企业信用标准制定方面的客观反映。因此,必须对影响信用标准的因素进行定性分析。企业在制定或选择信用标准时,应考虑以下三个因素:

其一,同行业竞争对手的情况。

其二,企业承担违约风险的能力。

其三,客户的资信程度。

客户资信程度的高低通常决定于五个方面,即客户的信用品质(character)、偿付能力(capacity)、资本(capital)、抵押品(collateral)、经济状况(conditions),简称为5C系统。

(1)信用品质。信用品质代表客户履约或赖账的可能性,是决定是否给予客户信用的首要因素。

(2)偿付能力。客户偿付能力的高低取决于资产,特别是流动资产的数量、质量(变现能力)及其与流动负债的结构关系。

(3)资本。资本反映了客户的经济实力与财务状况的优劣,是客户偿付债务的最终保证。

(4)抵押品。抵押品是客户提供的可以作为资信安全保证的资产。

(5)经济状况。经济状况是指不利经济环境对客户偿付能力的影响及客户是否具有较强的应变能力。

2. 信用分析

收集到有关客户的信用信息之后,企业必须对申请信用的客户进行信用分析。信用分析的方法有定性分析和定量分析,我们在这里介绍信用评分制度。信用评分制度是确定客户资信状况的一种定量方法,是对客户的各项信用特征进行数量化的打分,据此确定是否给予申请者信用的一种信用分析方法。企业的信用分析一般按下列步骤进行:

(1)设立信用等级的评价标准。商业信用是一种短期筹资行为,企业最关注信用申请人资产的流动性和按时付款的能力。则流动比率、速动比率、应收账款周转率、存货周转率等就受到重视。另外,客户的品德、财务实力等因素也不容忽视,可按赊购款履约情况、权益比率及盈利能力比率等指标来衡量。各信用指标的量化标准可结合行业水平和企业的信用管理要求来确定。甲公司信用标准如表9-4所示。

表 9-4　　　　　　　　　　　　甲公司信用标准

| 信用指标 | 信用标准 | |
|---|---|---|
| | 信用好 | 信用差 |
| 流动比率 | 2.3 | 1.4 |
| 速动比率 | 1.2 | 0.8 |
| 现金比率 | 0.5 | 0.3 |
| 产权比率 | 1.4 | 2.0 |
| 利息保障倍数 | 4.0 | 2.5 |
| 应收账款周转率(次) | 8.0 | 6.0 |
| 存货周转率(次) | 6.0 | 4.0 |
| 总资产报酬率 | 25% | 10% |
| 营运资金对负债比率 | 1.2 | 0.8 |
| 赊购支付情况 | 及时 | 拖欠 |

(2) 确定客户的信用风险。利用既有或潜在客户的财务报表数据，计算各自的指标值，并与上述标准比较。比较的方法是：若某客户的某项指标值等于或低于差的信用标准，则该客户的拒付风险系数增加10%；若某客户的某项指标值介于好和差的信用标准之间，则该客户的拒付风险系数增加5%；若某客户的某项指标值等于或高于好的信用标准，则视该客户无拒付风险系数。最后，将客户的各项指标的拒付风险系数累加，作为该客户的信用风险系数。乙公司为甲公司的客户，甲公司会对其信用风险的进行测算。乙公司信用风险测算表如表 9-5 所示。

表 9-5　　　　　　　　　　　　乙公司信用风险测算表

| 信用指标 | 实际值 | 信用风险系数 |
|---|---|---|
| 流动比率 | 2.7 | 0 |
| 速动比率 | 1.5 | 0 |
| 现金比率 | 0.4 | 5% |
| 产权比率 | 1.3 | 0 |
| 利息保障倍数 | 7.0 | 0 |
| 应收账款周转率(次) | 9.5 | 0 |
| 存货周转率(次) | 5.5 | 5% |
| 总资产报酬率 | 28% | 0 |
| 营运资金对负债比率 | 100% | 5% |
| 赊购支付情况 | 及时 | 0 |
| 信用风险系数累计 | | 15% |

(3) 确定客户的信用等级。企业根据以上计算的信用风险系数的大小进行风险排序，确定各客户的信用级别，如累计拒付风险系数在5%内的为A级客户，拒付风险系数在

5%～10%的为B级客户等。对于不同信用等级的客户,分别采取不同的信用对策,包括拒绝或接受客户信用订单,给予不同的信用优惠条件或附加某些限制条款等。

### (二) 信用条件

信用条件是企业接受客户信用订单时所提出的付款要求。一旦某客户符合企业的信用标准而成为信用客户时,就会面临信用条件的选择。信用条件主要包括信用期限、现金折扣和折扣期限等。

#### 1. 信用期限

信用期限是企业要求客户付款的最长期限,只要客户在此期限内能够付清账款,便认为该客户没有违约。信用期限越长,表明客户享受的信用条件更加优越。因为客户在较长的时间内可以无偿地占用企业的应收账款,既节约了客户的融资成本,又可能获得一定的投资收益,因此对客户具有较大的吸引力。但对企业而言,延长信用期限,尽管有利于销售收入的扩大,但同时也意味着企业应收账款投资及相应的机会成本、管理成本的增加,并且还可能加剧企业的坏账风险。所以,企业是否给客户延长信用期限,应当联系延长信用期限增加的边际收入与增加的边际成本的对称关系而定。从理论上讲,如果延长信用期限增加的边际收入大于相应增加的边际成本,就可以延长信用期限,直到增加赊销的边际收入等于由此而产生的边际成本为止;否则,宜缩短信用期限。

#### 2. 现金折扣和折扣期限

延长信用期限会增加应收账款占用的时间。许多企业为了加速资金周转,及时收回货款,减少坏账损失,往往在延长信用期限的同时,采用一定的优惠措施。即在规定的时间内提前偿付货款的客户可按销售收入的一定比率享受折扣。如"2/10,$n/45$"表示赊销期限为45天,若客户在10天内付款,则可享受2%的折扣。现金折扣实际上是对现金收入的扣减,企业决定是否提供及提供多大程度的现金折扣,着重考虑的是提供折扣后所得的收益是否大于现金折扣的成本。

企业究竟应当核定多长的现金折扣期限及给予客户多少现金折扣优惠,必须与信用期限及加速收款所得到的收益与付出的现金折扣成本结合起来考察。因为同延长信用期限一样,采用现金折扣方式在有利于刺激销售的同时,也需要付出一定的成本代价,即给予客户现金折扣造成的价格损失。如果加速收款带来的机会收益能够绰绰有余地补偿现金折扣成本,企业就可以采取现金折扣或进一步改变当前的折扣方针;否则,就不应采取现金折扣优惠,以继续维持当前的折扣方针为宜。

除上面表述的信用条件外,企业还可以根据需要,采取阶段性的现金折扣期与不同的现金折扣率,如"$3/10,2/20,1/30,n/60$"。

延伸阅读9-3

#### 商 业 折 扣

容易与现金折扣相混淆的概念是商业折扣。商业折扣又称价格折扣,是企业为了鼓励客户多买而给予的价格优惠,每次购买的数额越多,价格也就越是便宜。在这种情况下,销售企业的销售收入是按商业折扣后的价格计算的,因此不存在调整销售收入的问题。而现金折扣的主要目的是刺激客户尽快付款,因此,当客户接受了现金折扣优惠时,就会使企业原来计算的销售收入额相对调减,即企业销售收入净额等于账面销售收入剔除现金折扣额。

**【例 9-5】** 某企业预测的 2×23 年度赊销额为 2 400 万元,其信用条件是"$n/30$",变动成本率为 65%,资本成本率(或有价证券利息率)为 20%。假设企业收账政策不变,固定成本总额不变。该企业准备了三个信用条件的备选方案:方案 A,维持"$n/30$"的信用条件。方案 B,将信用条件放宽到"$n/60$"。方案 C,将信用条件放宽到"$n/90$"。为各种备选方案估计的赊销水平、坏账百分比和收账费用等有关数据如表 9-6 所示。

表 9-6　　　　　　　　　　信用条件备选方案表　　　　　　　　金额单位:万元

| 项目 | 方案 A | 方案 B | 方案 C |
| --- | --- | --- | --- |
| 年赊销额 | 2 400 | 2 640 | 2 800 |
| 应收账款平均收款天数(天) | 30 | 60 | 90 |
| 应收账款平均余额 | 200 | 440 | 700 |
| 维持赊销业务所需资金 | 130 | 286 | 455 |
| 坏账损失率 | 2% | 3% | 5% |
| 坏账损失 | 48.0 | 79.2 | 140.0 |
| 收账费用 | 24 | 40 | 56 |

其中:

$$应收账款平均余额 = \frac{年赊销额}{360} \times 平均收款天数$$

$$维持赊销业务所需资金 = 应收账款平均余额 \times 变动成本率$$

根据以上资料,可计算信用条件分析评价表如表 9-7 所示。

表 9-7　　　　　　　　　　信用条件分析评价表　　　　　　　　单位:万元

| 项目 | 方案 A | 方案 B | 方案 C |
| --- | --- | --- | --- |
| 年赊销额 | 2 400 | 2 640 | 2 800 |
| 变动成本 | 1 560 | 1 716 | 1 820 |
| 信用成本前收益 | 840 | 924 | 980 |
| 信用成本: | | | |
| 　机会成本 | 26 | 57.2 | 91 |
| 　坏账损失 | 48 | 79.2 | 140 |
| 　收账费用 | 24 | 40.0 | 56 |
| 　合计 | 98 | 176.4 | 287 |
| 信用成本后收益 | 742 | 747.6 | 693 |

根据表 9-7 可知,应选择方案 B。

**【例 9-6】** 承[例 9-5],如果企业选择了方案 B,但为了加速应收账款的回收,决定将赊销条件改为"$2/10, 1/20, n/60$"(方案 D),估计约有 60% 的客户(按赊销额计算)会利用 2% 的折扣,15% 的客户将利用 1% 的折扣。坏账损失率降为 2%,收账费用降为 30 万元。根据上述资料,有关指标可计算如下:

应收账款平均收账天数 $= 60\% \times 10 + 15\% \times 20 + (1 - 60\% - 15\%) \times 60 = 24$(天)

应收账款平均余额 $= \dfrac{2\,640}{360} \times 24 = 176$(万元)

维持赊销业务所需资金 $= 176 \times 65\% = 114.4$(万元)

应收账款机会成本 $= 114.4 \times 20\% = 22.88$(万元)

坏账损失 $= 2\,640 \times 2\% = 52.8$(万元)

现金折扣 $= 2\,640 \times (2\% \times 60\% + 1\% \times 15\%) = 35.64$(万元)

根据以上资料可编制信用条件分析评价表如表9-8所示。

表9-8　　　　　　　　　信用条件分析评价表　　　　　　　　单位:万元

| 项目 | 方案 B | 方案 D |
| --- | --- | --- |
| 年赊销额 | 2 640.00 | 2 640.00 |
| 减:现金折扣 | 0 | 35.64 |
| 年赊销净额 | 2 640.00 | 2 604.36 |
| 变动成本 | 1 716.00 | 1 716.00 |
| 赊销条件改变前收益 | 924.00 | 888.36 |
| 信用成本: |  |  |
| 　机会成本 | 57.20 | 22.88 |
| 　坏账损失 | 79.20 | 52.80 |
| 　收账费用 | 40.00 | 30.00 |
| 　合计 | 176.40 | 105.68 |
| 赊销条件改变后收益 | 747.60 | 782.68 |

计算结果表明,实行现金折扣以后,企业的收益增加35.08万元(782.68 - 747.60),因此,企业最终应选择方案"$2/10,\,1/20,\,n/60$"(方案D)作为最佳方案。

### (三) 收账政策

收账政策又称收账方针,是指当客户违反信用条件,拖欠甚至拒付账款时企业所采取的收账策略与措施。

为了保障应收账款的安全回收,协调与客户的关系,企业要谨慎制定收账政策,如果政策过严,催收过急,可能会得罪那些无恶意拖欠的客户,而失去后续订单,影响产品销售和利润水平;但收账政策过于宽松,可能会放任部分恶意拖欠货款的客户,而且收款期的延长也会增加企业的信用成本。企业对逾期应收账款的收账程序多种多样,主要包括邮寄信函、电话催问、上门收款和法律诉讼等,这些收账方式的选择有一定的层次性,是一个循序渐进的过程。

一般而言,企业的收账政策越积极,发生在收账程序上的费用越高,坏账损失就越少。但这两者之间的关系并非线性关系,初始的收账支出可能只会减少较少的坏账损失,进一步增加收账费用将对抑制坏账损失产生明显效果,但到一定程度后,追加收账费用便不能带来坏账损失的直接减少,此时,应停止增加收账费用。坏账损失与收账费用的关系如图9-3所示。

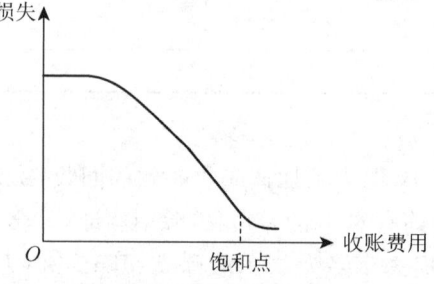

图9-3　坏账损失与收账费用的关系

**【例 9-7】** 假设某企业的应收账款原有的收账政策和拟改变的收账政策备选方案资料如表 9-9 所示,假设资本成本率为 20%,试作出决策。

表 9-9　　　　　　　　　　　收账政策备选方案资料

| 项目 | 现行收账政策 | 拟改变的收账政策 |
| --- | --- | --- |
| 年收账费用(万元) | 6 | 10 |
| 平均收账天数(天) | 60 | 30 |
| 坏账损失占赊销额的百分比 | 3% | 2% |
| 赊销额(万元) | 480 | 480 |
| 变动成本率 | 60% | 60% |

收账政策分析评价表如表 9-10 所示。

表 9-10　　　　　　　　收账政策分析评价表　　　　　　　金额单位:万元

| 项目 | 现行收账政策 | 拟改变的收账政策 |
| --- | --- | --- |
| 赊销额 | 480 | 480 |
| 应收账款平均收账天数(天) | 60 | 30 |
| 应收账款平均余额 | $\frac{480}{360} \times 60 = 80$ | $\frac{480}{360} \times 30 = 40$ |
| 应收账款占用的资金 | $80 \times 60\% = 48$ | $40 \times 60\% = 24$ |
| 收账成本: <br> 机会成本 <br> 坏账损失 <br> 年收账费用 | <br> $48 \times 20\% = 9.6$ <br> $480 \times 3\% = 14.4$ <br> 6 | <br> $24 \times 20\% = 4.8$ <br> $480 \times 2\% = 9.6$ <br> 10 |
| 收账总成本 | 30 | 24.4 |

可见,改变收账政策的方案是可以接受的。

### 三、应收账款的日常管理

信用政策建立后,企业要做好应收账款的日常控制工作,进行信用调查和信用评价,以确定是否同意客户赊欠货款,当客户违反信用条件时,还要做好账款的催收工作。

**(一)建立信用限额管理制度**

信用限额是指企业给予某客户赊购商品的最高限额。由于信用限额是在企业对客户的商业信用之前,根据客户的经济实力和企业愿意承担风险的大小确定的,有利于降低应收账款的信用风险水平,控制信用的泛滥和企业资金的紧张程度。

企业与客户之间的购销业务往往比较频繁,如果每次购货都进行客户的信用审查,会大大增加信用调查费用,而实行信用限额制度后,只要客户的应付账款余额在信用额度之内,就不需要进行信用审查。可见,限额制度可以提高应收账款的管理效率。但是,企业对客户的信用限额要定期进行审查和修正,因为客户的财务状况和面临的风险在不断地变化，若客户的财务状况恶化，而企业的信用信息失灵，信用限额管理制度有可能使企业遭受损失。

### （二）进行应收账款追踪分析

应收账款一旦形成，企业就必须考虑如何按期足额收回的问题。要达到这一目的，企业就有必要在收账之前，对该应收账款进行追踪分析。应收账款是存货变现过程的中间环节，对应收账款的追踪分析主要应放在赊销产品的销售与变现方面。客户以赊销方式购入商品后，如果能实现销售并收回货款，又具有良好的信用，则赊销企业回款一般没有问题。但客户的商品也有可能积压或赊销，此时客户的现金支付能力相对匮乏。客户能否履行赊销企业的信用条件取决于两个因素：一是客户的信用品质；二是客户现金的持有量与调剂程度。如果客户的信用品质良好，持有一定的现金余额或可调剂程度大，他们一般是不会以损失商业信誉为代价而拖欠企业账款的。

### （三）应收账款账龄分析

应收账款的账龄分析就是应收账款账龄结构分析，是指企业在某一时点，将发生在外的各笔应收账款按照开票日期进行归类，并计算出各账龄应收账款的余额占总计余额的比重。一般来讲，逾期拖欠的时间越长，账款催收的难度越大，成为坏账的可能性就越高。因此，进行账龄分析，应密切注意应收账款的回收情况。

### （四）加强对坏账的管理

坏账损失是指因应收账款最终无法收回而给企业带来的直接损失。坏账损失有以下两种情况：一是因债务人破产或死亡，以其破产财产或遗产清偿后，仍不能收回的应收款项；二是债务人逾期未履行偿债义务，并有明显特征表明无法收回的款项。在信用社会里，坏账损失对企业来说，无法完全避免，企业应尽力减少损失，同时做好善后处理事宜。

企业对坏账损失应建立严格的审批程序，以防止各种弊端的发生，积极参与客户的破产善后处理事宜，尽可能减少损失，对逾期未收回已作坏账转销的应收款项不能就此放弃收款的权利，仍然要积极关注客户的信用能力的改善情况。

 延伸阅读9-4

坏 账 损 失

坏账损失及其核算是应收账款核算的一个重要方面。顾名思义，坏账损失是指由于坏账而产生的损失，了解坏账损失及其核算要先从什么是坏账谈起。

一笔应收账款在什么时候才能被确认为坏账，其条件通常是会计准则或制度给出的。不论会计准则或制度如何变化，在会计实务中，坏账的确认都要遵循财务报告的基本目标和会计核算的一般原则，尽量做到真实、准确、切合本单位的实际。一般来说，应收账款符合下列条件之一的，就应将其确认为坏账：

（1）债务人死亡，以其遗产清偿后仍然无法收回的账款。

（2）债务人破产，以其破产财产清偿后仍然无法收回的账款。

（3）债务人较长时期内未履行其偿债义务，并有足够的证据表明无法收回或收回可能性极小的账款。

上述三个条件中的每一个条件都是充分条件，其中第三个条件是需要会计人员作出职业判断的。我国现行制度规定，上市公司坏账损失的决定权在公司董事会或股东大会。

## 第五节 存 货 管 理

### 一、存货的功能和成本

存货(inventory)是指企业或商家在日常活动中持有以备出售的原料或产品、处在生产过程中的在产品、在生产过程或提供劳务过程中耗用的材料、物料等,销售存仓等。存货区别于固定资产等非流动资产的最基本的特征是,企业持有存货的最终的目的是出售,不论是可供直接销售,如企业的产成品、商品等,还是需经过进一步加工后才能出售,如原材料等。

**(一)存货功能**

存货功能包括:保证企业不间断生产;满足产品销售批量化、经常化的需要;保证企业均衡生产并降低生产成本;为避免或减少经营中可能出现的失误和意外事故对企业造成的损失。

**(二)存货成本**

存货成本主要有进货成本、储存成本和缺货成本。

1. 进货成本

进货成本主要由存货的采购成本及订货成本构成。在一定时期进货总量确定的情况下,无论企业采购次数如何变动,存货的采购成本通常是保持相对稳定的(假设物价与税率不变,无采购数量折扣),属于决策的无关成本。相反,企业为组织进货而开支的办公费、差旅费、邮资、电报电话费等订货成本则与进货次数成正比例关系,即订货次数越多,需要支付的订货成本就越多;反之,则越少。因此,订货成本属于决策的相关成本。

2. 储存成本

储存成本是指企业为持有存货而发生的费用,主要包括存货资金占用费(以贷款购买存货的利息成本)或机会成本(以现金购买存货而丧失的证券投资收益等)、仓储费用、保险费用和存货残损霉变损失等。储存成本可以按照与储存数额的关系分为变动性储存成本与固定性储存成本,固定性储存成本与存货储存数量的多少没有直接联系,属于决策无关成本;变动性储存成本与存货储存数量成正比例变动的关系,属于决策相关成本。

3. 缺货成本

缺货成本是指因为存货不足而给企业造成的停产损失、延误发货的信誉损失及丧失销售机会的损失等。如果生产企业能够以替代材料解决库存材料供应中断之急的话,缺货成本便表现为替代材料紧急采购的额外开支。缺货成本能否作为决策的相关成本,应视企业是否允许出现存货短缺而定。如果企业允许缺货,则缺货成本与存货数量呈反向关系,即属于决策相关成本;如果企业不允许缺货,则缺货成本为零,也就无须加以考虑。

上述分析可知,决定存货经济批量的成本因素主要包括订货成本、变动性储存成本(简称储存成本)及允许缺货时的缺货成本。不同的成本项目与进货批量呈现着不同的变动关系。减少进货批量,增加进货次数,在使储存成本降低的同时,却会导致订货成本与缺货成本的提高;相反,增加进货批量,减少进货次数,尽管有利于降低订货成本与缺货成本,但同时却会使储存成本提高。因此,如何协调各项成本间的关系,使其总和保持最低水平,是企业组织进货过程需解决的主要问题。

## 二、经济订货批量的确定

经济订货批量是指能够使一定时期的总成本达到最低点的进货数量。

### (一) 基本模式

在此,仅对经济进货批量的基本模式加以讨论。经济进货批量基本模式是就以下假设前提而言的:

(1) 企业一定时期的进货总量可以较为准确地预测。

(2) 存货的耗用或销售比较均衡。

(3) 存货的价格稳定,且不存在数量折扣优惠。

(4) 每次的进货数量和进货日期完全由企业自行决定,且每当存货量降为零时,下一批存货均能够马上一次到位。

(5) 仓储条件及所需资金不受限制。

(6) 不允许出现缺货情形。

由于企业不允许缺货,即每当存货数量降至零时,下一批订货便会随即全部购入,故不存在缺货成本。此时与存货订购批量、批次直接相关的就只有订货成本和储存成本两项。订货成本与储存成本总和最低水平下的进货批量,就是经济进货批量。由于确定经济进货批量的模式与确定最佳现金持有量的存货模式基本原理相同,可以得出下列计算公式:

$$Q = \sqrt{\frac{2AF}{C}}$$

$$Tc = \sqrt{2AFC}$$

$$N = \frac{A}{Q}$$

式中:$Q$ 代表经济进货批量;$A$ 代表某种存货年度计划进货总量;$F$ 代表平均每次的订货成本;$C$ 代表单位存货年储存成本;$Tc$ 代表进货费用与储存成本的最低数额;$N$ 代表年最佳进货批次。

【例 9-8】 某企业每年需耗用甲材料 3 000 千克,单位储存成本为 2 元,平均每次进货费用为 120 元,则:

$$Q = \sqrt{\frac{2AF}{C}} = \sqrt{\frac{2 \times 3\,000 \times 120}{2}} = 600 \,(千克)$$

$$Tc = \sqrt{2AFC} = \sqrt{2 \times 3\,000 \times 120 \times 2} = 1\,200 \,(元)$$

$$N = \frac{A}{Q} = \frac{3\,000}{600} = 5 \,(次)$$

上述计算表明,当进货批量为 600 千克时,进货费用与储存成本总额最低。大于或小于这一数量时,将对企业产生不利的影响。

需要指出的是,经济进货批量的基本模式只是建立在上述各种假设基础上的一种理想化的进货控制方法。实际工作中,通常还存在着数量优惠(即商业折扣)及允许一定程度的缺货情形发生等,这就使得上述假设条件很难完全具备。因此,企业不能机械套用这一基本模式来确定存货的经济进货批量,而必须同时结合价格折扣及缺货成本等不同的情况具体分析,灵活运用。

### (二)有数量折扣的经济批量模型

许多供应商为了鼓励更多的订货而提供数量折扣。此时,企业必须在提高订货数量得到的折扣收益与增加的储存成本之间进行权衡。如果增加订货得到的折扣大于增加的储存成本,则应该增加订货量;反之,则应该放弃折扣。此时,需要分别计算取得数量折扣和放弃数量折扣两种情况下的成本,其成本低者为最优订货批量。

【例9-9】 安达家具公司每年需要某种木材1 000立方米,每次订货成本为2 000元,每立方米木材年储存成本为100元。要求:①计算安达家具公司的经济订货批量。②安达家具公司所购木材每立方米价格为1 500元,如果一次订购400立方米可以取得2%的数量折扣,则公司应以多大批量订货?

(1)经济进货批量的计算如下:

$$Q = \sqrt{\frac{2AF}{C}} = \sqrt{\frac{2 \times 1\,000 \times 2\,000}{100}} = 200(立方米)$$

(2)按照经济订货批量采购,放弃数量折扣,则总成本为:

$$\begin{aligned}总成本 &= 采购成本 + 订货成本 + 储存成本 \\ &= 1\,000 \times 1\,500 + \frac{1\,000}{200} \times 2\,000 + \frac{200}{2} \times 100 \\ &= 1\,520\,000(元)\end{aligned}$$

不按经济订货批量采购,取得数量折扣,则总成本为:

$$\begin{aligned}总成本 &= 采购成本 + 订货成本 + 储存成本 \\ &= 1\,000 \times 1\,500 \times (1-2\%) + \frac{1\,000}{400} \times 2\,000 + \frac{400}{2} \times 100 \\ &= 1\,495\,000(元)\end{aligned}$$

### 三、再订货点和保险储备

#### (一)再订货点

一般情况下,企业不能等存货用光再去订货,而要在没有用完时提前订货。在提前订货的情况下,企业再次发出订货单时,尚有存货的库存量,称为再订货点。其计算公式如下:

$$再订货点 = 存货在途时间 \times 日消耗量$$

#### (二)保险储备

为了防止需求增大或送货延迟所造成缺货或供货中断的损失,而多储备一些存货称为保险储备(安全存量)。保险储备的存在不会影响经济订货批量的计算,但会影响再订货点的确定。考虑保险储备的再订货点的计算公式如下:

考虑保险储备的再订货点 = 存货在途时间 × 日消耗量 + 保险储备

保险储备量加大会使储存成本升高。

【例 9-10】 假设某企业的原材料的保险储备量为 100 件,交货期为 10 天,每天原材料的耗用量为 5 件,则该企业的再订货点是多少?

$$再订货点 = 5 × 10 + 100 = 150(件)$$

### 四、ABC 控制法

一家大型企业经常有成千上万种存货。在这些存货中,有的价格昂贵,有的不值一文;有的数量庞大,有的寥寥无几。如果不分主次,面面俱到,对每一种存货都进行周密的规划和严格的控制,就会抓不住重点,不能有效地控制主要的存货资金,甚至浪费人力、物力和财力。

9.3 技术科普:物联网 RFID 技术在企业库存管理中的应用

ABC 控制法(activity based classification,简称 ABC 控制法)正是针对这一问题而提出来的重点管理方法。这种方法把存货分成 A、B、C 三大类,目的是对存货资金进行有效管理。A 类存货种类虽少,但占用的资金多,应集中主要力量进行管理,应对其经济批量进行认真规划,对收入和发出要进行严格控制;C 类存货虽然种类繁多,但占用的资金不多,不必耗费大量人力、物力和财力去管理,这类存货的经济批量可凭经验确定,不必花费大量的时间和精力去进行规划和控制;B 类存货介于 A 和 C 类之间,也应给予相当重视,但不必像 A 类那样进行非常严格的控制。ABC 控制法存货分类如表 9-11 所示。

表 9-11　　　　　　　　　ABC 控制法存货分类

| 项目 | 特点 | 金额比例 | 品种数量比例 | 管理方法 |
| --- | --- | --- | --- | --- |
| A 类存货 | 金额巨大、品种数量较少 | 70% | 10% | 按品种重点管理 |
| B 类存货 | 金额一般、品种数量相对较大 | 20% | 20% | 按类别一般管理 |
| C 类存货 | 价值很小、品种数量繁多 | 10% | 70% | 按总金额灵活掌握 |

 延伸阅读 9-5

零 存 货

零存货是适时生产系统(JIT)对存货管理的基本要求。为了消除产品制造周期中可能存在的"停工待料"或"有料待工"等浪费现象,JIT 要求做到在供、产、销三个环节上都没有库存储备量,即达到零存货。

要达到零存货,就要求企业必须选择好稳定、可靠的供应商将所需的原材料、外购件等适时送达生产现场交企业使用;各生产程序之间也不保存半成品,前道生产程序应根据下道生产程序的加工要求保质保量地生产,并适时送达后一道生产程序;在销售环节上也要做到没有产成品存货,要广开销售渠道,建立完备的销售体系,做到在最后一个生产程序保质保量地加工出产成品后,就能够及时将产品销售出去。

企业实现零存货的益处主要表现在以下两个方面:一方面,零存货消除了原材料的库存现象,大大节省了原材料的保管、储存、领发手续和对原材料存货的确认和计价等方面的开支;另一方面,企业由于实现了零存货,产品成本不受期初存货成本结转的影响,这不仅可以大大简化产品成本的计算工作,而且由于当期产品成本中没有掺杂上期成本高低的因素,有助于正确评价企业当期生产经营工作的质量和经营业绩。

## 本章小结

本章主要学习了:流动资产三个重要组成部分的管理;现金的持有动机和持有成本;最佳现金持有量的确定;应收账款的信用政策和收账政策;存货的成本和经济订货批量的确定。

## 本章重要概念

现金持有动机　现金持有成本　最佳现金持有量　信用政策　存货成本　经济订货批量

9.4 第九章课件

# 第十章　流动负债管理

- 内容提要
- 重点难点
- 学习目标
- 知识框架
- 思政育人
- 第一节　短期筹资政策
- 第二节　商业信用
- 第三节　短期银行借款
- 第四节　短期融资券
- 本章小结
- 本章重要概念

**内容提要**

本章主要讲解了短期筹资政策的种类，商业信用的相关概念及其管理，短期银行借款的相关概念及其管理，短期融资券的相关概念及其管理。

**重点难点**

本章重点为商业信用的概念及商业信用的成本；难点为短期融资券的成本。

**学习目标**

通过本章学习，学生应了解短期筹资政策；掌握商业信用的相关概念及其管理；理解短期银行借款、短期融资券的相关概念及其管理。

**知识框架**

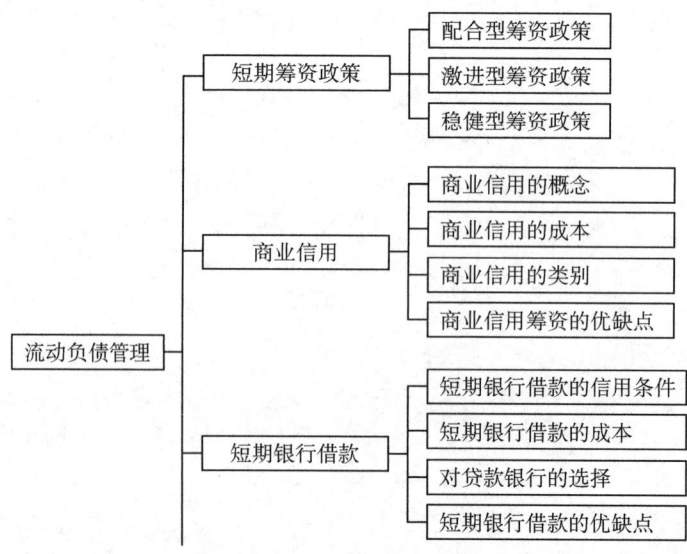

流动负债管理 **第十章**

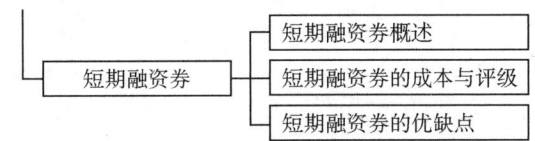

 **思政育人**　　金融"活水"助力科技型企业发展

根据党的二十大的"营造有利于科技型中小微企业成长的良好环境"政策指引。2023年6月16日，国务院常务会议审议通过《加大力度支持科技型企业融资行动方案》。会议强调，要引导金融机构根据不同发展阶段的科技型企业的不同需求，进一步优化产品、市场和服务体系，为科技型企业提供全生命周期的多元化接力式金融服务；要把支持初创期科技型企业作为重中之重；加快形成以股权投资为主，"股贷债保"联动的金融服务支撑体系。

台力电机是一家专注于传动行业的科技型企业，2021年开始转型生产应用于新能源、医疗设备和工业机器人等行业的大功率减速电机，产销一路提升。2023年，企业在广交会上又成功签约了几个大单，生产节奏紧张忙碌。

2023年7月，在中国人民银行台州市分行组织的万家民营科技型企业大走访活动中，工商银行三门县支行行长带队走训台力电机。了解到企业存在周转资金需求，该银行便第一时间为其制定了融资方案，发放贷款2 000万元。"我们去年买了厂房，今年买了设备，资金紧张正想找你们帮忙，来得真是太及时了！"企业负责人连连道谢。

近几年，像台力电机这样获得金融支持的民营企业不胜枚举。党的二十大报告明确提出：毫不动摇巩固和发展公有制经济，毫不动摇鼓励、支持、引导非公有制经济发展，充分发挥市场在资源配置中的决定性作用，更好发挥政府作用。面对中华民族伟大复兴战略全局和世界百年未有之大变局，提升我国产业链韧性和安全水平、推动经济实现高质量发展、增加就业机会保障社会稳定，必须坚持"两个毫不动摇"，发挥多种所有制经济共同发展的协同优势，集聚一切有益力量推动经济社会的发展。

资料来源：徐贝贝.政策密集出台 更多金融资源流向民营企业[N/OL].金融时报-中国金融新闻网，(2023-09-27)[2023-12-26].https://www.financialnews.com.cn/gc/sd/202309/t20230927_279717.html,有删节.

## 第一节　短期筹资政策

企业的短期筹资政策一般是针对不同类型的资产来说的。按照资产周转时间的长短（即流动性）可以把企业的资产分为两大类：一类是流动资产；另一类是长期资产（在这里主要指固定资产）。按照流动资产的用途，又可以将流动资产划分为临时性流动资产和永久性流动资产。临时性流动资产是指受季节性或周期性影响的流动资产，如季节性存货、销售高峰期增加的应收账款等。永久性流动资产是为了满足企业长期稳定的资金需要，即使处于经营低谷时也必须保留的流动资产。

企业的短期筹资政策是对临时性流动资产、永久性流动资产和固定资产的来源进行管理。可供企业选择的筹资政策主要有以下三种。

### 一、配合型筹资政策

配合型筹资政策是指企业的负债结构与企业资产的寿命周期相对应的筹资政策。其

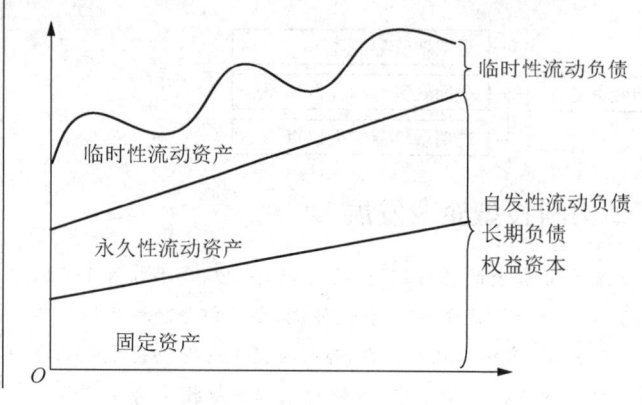

图 10-1　配合型筹资政策

特点是临时性流动资产所需资金用临时性流动负债筹集,永久性流动资产和固定资产所需资金用自发性流动负债和长期负债、权益资本筹集(图10-1)。配合型筹资政策的基本思想是企业将资产和资金来源在期限和数额上相匹配,以降低不能偿还到期债务的风险;同时,采用较多的流动负债筹资也可以使资本成本保持较低水平,这一政策可以用以下两个公式来表示:

$$临时性流动资产 = 临时性流动负债$$

$$永久性流动资产 + 固定资产 = 自发性流动负债 + 长期负债 + 权益资本$$

在这种政策下,只要企业短期筹资计划严密,实现现金流动与预期安排一致,则在经营低谷时,企业自发性流动负债外没有其他流动负债,在经营高峰期企业才举借临时性流动负债。

但是,在企业的经济活动中,由于现金流动和各类资产使用寿命的不确定性,往往做不到资产与负债的完全配合。在企业的生产经营高峰期内,一旦企业的销售和经营不理想,未能取得预期的现金收入,便会发生偿还临时性负债的困难。因此,配合型筹资政策是一种理想的筹资模式,在实际生活中较难实现。

## 二、激进型筹资政策

激进型筹资政策的特点是临时性流动负债不但要满足临时性流动资产的需要,还要满足一部分永久性流动资产的需要,有时甚至全部流动资产都要由临时性流动负债支持(图10-2)。对此可以用以下两个公式来表示:

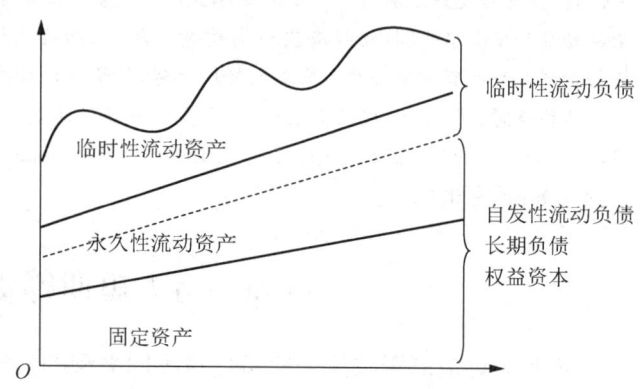

图 10-2　激进型筹资政策

$$临时性流动资产 + 部分永久性流动资产 = 临时性流动负债$$

$$永久性流动资产 - 靠临时性流动负债筹得的部分 + 固定资产 = 自发性流动负债 + 长期负债 + 权益资本$$

临时性流动负债的资本成本相对于长期负债和权益资本来说一般较低,而激进型筹资政策下临时性流动负债所占比例较大,所以该政策下企业的资本成本低于配合型筹资政策。而由于企业为了满足永久性流动资产的长期、稳定的资金需要,必然要在临时性流动负债到期后重新举债或申请债务展期,将不断地举债和还债,加大了筹资和还债的风险。激进型筹资政策是一种收益高、风险大的营运资金筹集政策。

### 三、稳健型筹资政策

稳定型筹资政策的特点是临时性流动负债只满足部分临时性流动资产的需要,其他流动资产和长期资产用自发性流动负债、长期负债和权益资本筹集(图 10-3)。对此可以用两个公式来表示:

$$部分临时性流动资产 = 临时性流动负债$$

$$永久性流动资产 + 靠临时性流动负债未筹足的临时性流动资产 + 固定资产 = 自发性流动负债 + 长期负债 + 权益资本$$

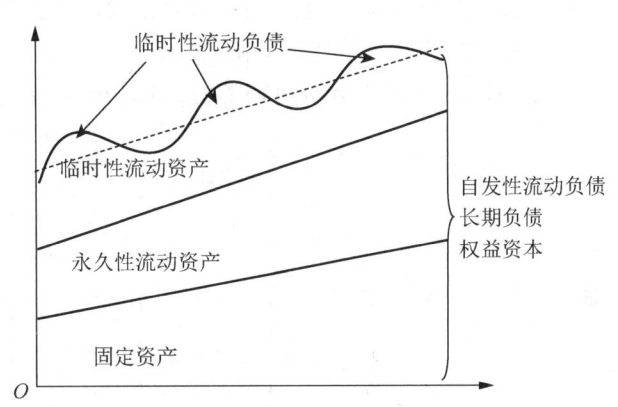

图 10-3 稳健型筹资政策

在这种政策下,临时性流动负债在企业的全部资金来源中所占比例较小,企业保留较多营运资金,可降低无法偿还到期债务的风险,同时蒙受短期利率变动损失风险也较低。但降低风险的同时也降低了企业的收益,因为长期负债和权益资本在企业的资本来源中比重较高,并且两者的资本成本高于临时性流动负债的资本成本,而且在生产经营淡季,企业仍要负担长期债务的利息。即使将过剩的长期资金投资于短期有价证券,其投资收益一般也会低于长期负债的利息。所以稳健型筹资政策是一种风险低、收益也低的筹资政策。

一般来说,如果企业对营运资金的使用能够达到游刃有余的程度,则最有利的筹资政策就是采用收益和风险相匹配的配合型筹资政策。

第九章和本章分别介绍了三种流动资产持有政策和三种短期筹资政策,在营运资金管理中,它们并不是孤立的,而是同一事物的两个方面,流动资产持有政策和短期筹资政策需要协调配合。当企业采用某一种流动资产持有政策时,必然要求其选择与之相适应的短期筹资政策,形成一个完整的资金运转体系。这种配合关系一般有以下几种情况:

第一,企业采用宽松的流动资产持有政策。当企业采用宽松的流动资产持有政策时,一定销售额水平上有较多的流动资产支持,使企业资金短缺风险和偿债风险最小;但由于流动资产投资比例高,使企业盈利能力较低。此时使用不同的短期筹资政策与之配合会产生不同的效果:采用风险和收益平衡的配合型短期筹资政策,对宽松的流动资产持有政策起不到中和作用,企业总体来说还是风险小、收益低;采用风险大、收益高的激进型筹资政策,用大量流动负债筹资,可以在一定程度上平衡企业持有过多流动资产带来的低风险、低收益,使企业总体的收益和风险基本均衡;采用风险小、收益低的稳健型筹资政策,与宽松的持有政策的作用叠加,使企业总体的风险更小、收益更低。

第二,企业采用适中的流动资产持有政策。当企业采用适中的流动资产持有政策时,一定销售额水平上的流动资产数量适当,企业的收益和风险适中。此时分别以三种短期筹资政策与之配合,也会产生不同的综合效果:采用风险和收益居中的配合型筹资政策,则会使企业总体的风险和收益处于平均水平;采用激进型筹资政策,则增加了企业的风险水平和收益能力;采用稳健型筹资政策,则降低了企业的风险水平和收益能力。

第三,企业采用紧缩的流动资产持有政策。当企业采用紧缩的流动资产持有政策时,一定销售额水平上的流动资产比例较低,使企业资金短缺风险和偿债风险最大,但同时盈利能力也相对较高。此时同样可以分别用三种短期筹资政策与之配合,产生不同的综合效应,与配合型筹资政策匹配,则对风险和收益没有太大影响,总体来说企业的风险依然很大,收益也较高;与激进型筹资政策配合,则出现两个风险高、收益高的政策的结合,加大了企业总体的资金风险,也在一定程度上提高了企业的收益水平,与稳健型筹资政策配合,则可以对紧缩的持有政策产生平衡效应。

流动资产持有政策与短期筹资政策的配合效应如图10-4所示。

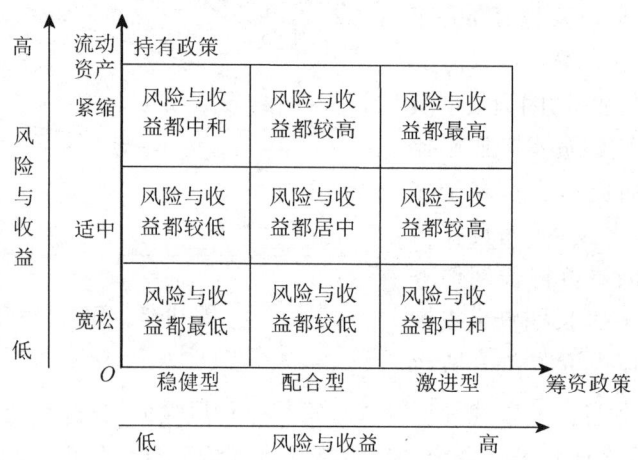

图 10-4 流动资产持有政策与短期筹资政策的配合效应

# 第二节 商 业 信 用

## 一、商业信用的概念

10.1 供应链票据传递商业信用赋能中小企业

商业信用是指商品交易中以延期付款或预收货款进行购销活动而形成的企业之间的借贷关系。商业信用是企业之间由于商品和货币在时间上和空间上分离而形成的直接信用行为。其表现形式有应付账款、应付票据和预收货款,其中应付账款是典型的商业信用的表现形式。

商业信用是短期筹资的最主要方式。由于它的形成与商品交易直接联系,手续简单,很容易成为企业短期资金来源。在西方国家,商业信用占短期筹资的比重约为40%。在我国这一比例更高。当然,这与我国特殊的信用环境、企业制度有关。一般来说,当融资渠道不多、经济处于紧缩期、市场上资金供应不足时,商业信用的规模会大些,商业信用在短期融资中的比重会更高些。

## 二、商业信用的成本

在规范的商业信用行为中,债权人为了控制应收账款的期限和额度,往往向债务人提出信用条件。如在第九章中讲到的,"2/10,$n$/30"就是一种信用条件,它表示信用期限为30天,企业若在10天内付款,可享受2%的购货折扣,而在10天之后,30天之内付款则没有折扣。

在商业信用政策中给予购货折扣和折扣期限的目的,是促使客户尽早付款,以控制卖方公司的应收账款数额。至于买方是否接受折扣优惠并提前付款,需考虑放弃这笔现金折扣所形成的隐含利息成本,即商业信用成本是否过高。

1. 放弃现金折扣的信用成本

倘若买方企业购买货物后在卖方规定的折扣期内付款,可以获得免费信用,这种情况下企业没有因为取得延期付款信用而付出代价。例如,某应付账款规定付款信用条件为"2/10,$n$/30",即买方若在10天内付款,可获得2%的付款折扣;若在10~30天付款,则无折扣;允许买方付款期限最长为30天。

$$放弃现金折扣的信用成本 = \frac{折扣率}{1-折扣率} \times \frac{360}{信用期-折扣期}$$

【例10-1】 某企业按"2/10,$n$/30"的付款条件购入货物60万元。如果企业在10天以后付款,便放弃了现金折扣1.2万元,信用额为58.8万元。放弃现金折扣的信用成本为:

$$放弃现金折扣的信用成本 = \frac{折扣率}{1-折扣率} \times \frac{360}{信用期-折扣期} = \frac{2\%}{1-2\%} \times \frac{360}{30-10}$$
$$= 36.73\%$$

10.2 放弃现金折扣的信用成本公式解释

上式表明,放弃现金折扣的信用成本与折扣百分比大小、折扣期长短和信用期长短有关,与贷款额和折扣额没有关系。如果企业在放弃现金折扣的情况下,推迟付款的时间越长,其信用成本便会越小,但展期信用的结果是企业信誉恶化导致信用度的严重下降,日后可能招致更加苛刻的信用条件。

2. 放弃现金折扣的信用决策

企业放弃应付账款现金折扣的原因,可能是企业资金暂时的缺乏,也可能是基于将应付的账款用于临时性短期投资,以获得更高的投资收益。如果企业需筹措资本已完成提前付款,所要付出的筹资成本若高于放弃现金折扣的成本,则应当放弃现金折扣。如果企业将应付账款额用于短期投资,所获得的投资报酬率高于放弃折扣的信用成本率,则应当放弃现金折扣。

【例10-2】 企业采购一批材料,供应商报价为10 000元,付款条件为"3/10,2.5/30,1.8/50,$n$/90"。目前企业用于支付账款的资金需要在90天时才能周转回来,在90天内付款,只能通过银行借款解决。如果银行利率为12%,确定企业材料采购款的付款时间和价格。

根据放弃折扣的信用成本率计算公式,10天付款方案,放弃折扣的信用成本率为

13.92％；30 天付款方案，放弃折扣的信用成本率为 15.38％；50 天付款方案，放弃折扣的信用成本率为 16.50％。由于各种方案放弃折扣的信用成本率均高于借款利息率，初步结论是要取得现金折扣，借入银行借款以偿还贷款。

10 天付款方案，得折扣 300 元，用资 9 700 元，借款 80 天，利息 258.67 元，净收益 41.33 元。

30 天付款方案，得折扣 250 元，用资 9 750 元，借款 60 天，利息 195 元，净收益 55 元。

50 天付款方案，得折扣 180 元，用资 9 820 元，借款 40 天，利息 130.93 元，净收益 49.07 元。

总结：30 天付款方案是最佳方案，其净收益最大。

### 三、商业信用的类别

商业信用按照其是否支付代价，分为免费信用、有代价信用和展期信用。免费信用是指企业在规定的折扣期内享受折扣而获得的信用。有代价信用是指放弃折扣时企业能享受的额外商业信用，这部分信用的代价就是隐含利息成本。展期信用是指买方在规定的信用期届满后推迟付款而强制获得的信用，这种做法会降低隐含利息成本。

企业在利用商业信用时，要视具体情况进行选择。如果企业能以更低的利率取得银行贷款，则最好只利用免费信用。享受展期信用虽然可以降低隐含利息成本，但也存在一定的风险，有可能导致企业信誉的恶化，因此要在两者之间进行权衡。

### 四、商业信用筹资的优缺点

1. 商业信用筹资的优点

商业信用筹资作为一种比较常用的短期筹资方式，其优点主要包括以下几个方面：

（1）使用方便。因为商业信用与商品买卖同时进行，属于一种自发性筹资，不是非常正规的安排，而且不需办理手续，一般也不附加条件，所以使用比较方便。

（2）成本低。如果没有现金折扣，或企业不放弃现金折扣，则利用商业信用筹资没有实际成本。

（3）限制少。商业信用的使用灵活且具有弹性。如果企业利用银行借款筹资，银行往往对贷款的使用规定一些限制条件，而商业信用则限制较少。

2. 商业信用筹资的缺点

商业信用筹资还存在一定的不足，其主要缺点是：商业信用的时间一般较短，尤其是应付账款，不利于企业对资本的统筹运用，如果拖欠，则有可能导致企业信用地位和信用等级下降。另外，如果企业取得现金折扣，则付款时间会更短，而要放弃现金折扣，则企业会付出较高的资本成本。在法制不健全的情况下，若企业缺乏信誉，容易造成企业之间的相互拖欠，影响资金运转。

## 第三节 短期银行借款

短期银行借款是指企业根据合同向商业银行借入的期限在 1 年内的借款。

### 一、短期银行借款的信用条件

按照国际惯例,短期银行借款往往附加一些信用条件,主要有授信额度、周转授信协议、补偿性余额等。

1. 授信额度

授信额度是借款人与银行之间的非正式协议中关于借款人最高借款额度的规定。按照这种规定,借款人可以在规定的期限内向银行借入不高于这个额度的资金。例如,在某年的 12 月 31 日,银行同意如果某公司的经营状况良好,则下一年银行可向该公司贷款 80 000 元。如果在下一年的 1 月 20 日,该公司已借入了 15 000 元的短期借款,则表明其授信额度减少了 15 000 元,公司可在该年的任何时间,向银行申请授信额度范围内的剩余借款。但在非正式协议下,银行并不承担按最高借款额度保证借款的法律义务。

2. 周转授信协议

周转授信协议是银行和借款人之间的一种正式协定。在这种协定中,规定了在未来规定的期限内银行最多可以贷给借款人的资金。这种做法与授信额度不同的是,借款人必须向银行支付一笔承诺费(一般为尚未借款额度的一定比例)以保证履行借入规定额度资金的义务。如果借款人在规定期限内不能如数借款,承诺费将归银行所有。例如,假定某公司与商业银行签订一项未来 4 年内借款 10 亿元的周转授信协议,承诺费率为公司尚未借用的授信额度的 0.25%。那么,如果该公司在 4 年中没有借入这笔资金,它需要支付 250 万元的承诺费;如果借入 4 亿元,还有 6 亿元未借,则需支付 150 万元的承诺费。

周转授信协议一般用于有大额贷款发生的场合,这样做的目的是保证银行不致因借款人不履约而导致资金闲置、利息损失。

周转授信协议和授信额度有类似之处,但两者的不同在于:周转授信协议是一种正式的协议,银行有保证贷款的法定义务,并要向借款人收取承诺费;而授信额度是非正式的协议,银行不存在保证贷款的法定义务,也不用收取承诺费。

3. 补偿性余额

西方国家的银行发放贷款时,一般要求借款人将贷款额的 10%～20% 留存于银行,作为补偿性余额。这样规定的目的主要是降低银行贷款的风险,提高贷款的有效利率,以补偿银行的损失。由于有补偿性余额,借款人实际负担的成本要比名义成本高。例如,某公司需借入 8 万元以清偿债务,银行要求必须保留贷款额的 20% 作为补偿性余额。为此,公司必须借入 10 万元才能满足资金需求。如果名义利率为 8%,对公司来说,实际负担的利率是 10%。

### 二、短期银行借款的成本

银行借款成本用借款利率来表示。按照国际惯例,短期银行借款的利率会因借款企业的类型、借款金额及时间的不同而不同。例如,银行向信用好、贷款风险低的企业只收取较低的利率;反之,则收取较高的利率。此外,银行贷款利率有单利、复利、贴现利率和附加利率等种类。因此,企业应根据不同情况,确定短期借款的成本,以便作出选择。

1. 单利

单利计息是将贷款金额乘以贷款期限与利率计算利息的方法。多数银行通常按单利计算并收取短期贷款利息,企业通常亦按单利比较不同银行的借款成本。在单利情况下,短期借款成本取决于设定利率和银行收取利息的方法。若单利在借款到期日随本金一并支付,则设定利率就是实际利率。

2. 复利

以复利计息,意味着存在对利息计息的情况。按照复利计算利息,借款人实际负担的利率——有效利率要高于名义利率。在贷款到期以前定期付息的次数越多,有效利率高出名义利率的部分就越大。

3. 贴现利率

在贴现利率情况下,银行会在发放贷款的同时,先扣除贷款的贴现利息,而以贷款面值与贴现利息的差额贷给企业。因此,借款人拿到的金额低于借款面值,当然,贷款到期时也免去了利息。在以贴现利率的方式贷款时,借款人的借款成本还会高于名义利率,并且高出的程度远大于复利贷款方式。

【例 10-3】 假定某公司以贴现方式借入 1 年期贷款 2 万元,名义利率为 12%。这时,该公司实际拿到的资金是 1.76 万元,利息是 2 400 元。因此,贴现贷款的有效利率为:

$$\text{贴现贷款的有效利率} = \frac{\text{利息}}{\text{贷款金额} - \text{利息}} \times 100\% = \frac{2\,400}{20\,000 - 2\,400} \times 100\% = 13.64\%$$

则有效利率比名义利率高出 1.64 个百分点。

4. 附加利率

附加利率是指即使是分期偿还贷款,银行通常亦按贷款总额和名义利率来计算收取利息。在附加利率方式下,虽然借款公司可以利用的借款逐期减少,但利息并不减少,故实际负担的利息费用较高。

【例 10-4】 某公司以分期付款方式借入 20 000 元,名义利率为 12%,付款方式为 12 个月等额还款。因此,全年平均拥有的借款额为 10 000 元(20 000÷2)。按照 2 400 元的利息,借款公司的有效利率为:

$$\text{有效利率} = \frac{\text{利息}}{\text{借款人收到的贷款金额} \div 2} \times 100\% = \frac{2\,400}{20\,000 \div 2} \times 100\% = 24\%$$

这样的借款成本是相当高的。

### 三、对贷款银行的选择

企业在短期银行借款筹资过程中,有一项重要的工作就是选择银行。在金融市场越来越完善的情况下,选择合适的银行,对企业生产经营业务长期稳定发展具有特别重要的意义。企业应该注意银行间存在的重大区别,这些区别主要包括以下几个方面:

(1) 银行对待风险的基本政策。不同的银行对待风险的政策是不同的,一些银行偏好比较保守的信贷政策,而另一些银行则喜欢开展一些所谓的"创新性业务"。这些政策多少反映了银行管理者的个性和银行存款的特征。业务范围大、分支机构多的银行能够很好地分散风险,而一些专业化的小银行能承受的信用风险则要小得多。

(2) 银行所能提供的咨询服务。一些银行在提供咨询服务和在公司初创时期向公司发放大量贷款方面比较积极。某些银行甚至设有专门机构向客户提供建议和咨询。

(3) 银行对待客户的忠诚度。财务管理学上所指的银行忠诚度是指在企业困难时期,银行支持借款人的行为。不同的银行,其对客户的忠诚度是不同的。一些银行要求企业无论遭受何种困难,都必须无条件地偿还贷款。而另一些银行十分顾及所谓的"老交情",即使自己遇到困难,也要千方百计地支持那些与自己有着多年业务关系的企业,帮助这些企业获得更有利的发展条件。

(4) 银行贷款的专业化程度。银行在贷款专业化方面有着极大的差异。大银行有专门的部门负责不同类型的针对行业特征的专业化贷款,小银行则比较注重企业生产经营所处的经济环境。借款者可以从十分熟悉经营业务并且经验丰富的银行那里获得更主动的支持和更富创造性的合作。因此,理财者应该慎重选择银行。

### 四、短期银行借款的优缺点

1. 短期银行借款的优点

与其他短期筹资方式和长期借款相比,短期银行借款具有一定的优点,主要包括:

(1) 银行资金充足,实力雄厚,能随时为企业提供较多的短期借款。对于季节性和临时性的资金需求,采用银行短期借款尤为方便。而那些规模大、信誉好的大公司,更可以较低的利率借入资金。

(2) 企业取得借款的条件和手续较简单,筹资效率较高。

(3) 借款数额及借款时间弹性较大,可在资金需要增加时借入,在资金需要减少时还款,便于企业灵活安排资金。

2. 短期银行借款的缺点

(1) 资本成本较高。采用银行短期借款成本比较高,不仅不能与商业信用相比,与短期融资券相比也高出许多。而抵押借款因需要支付管理费用和服务费用,成本更高。

(2) 限制较多。向银行借款时,银行要对企业的经营和财务状况进行调查以后才能决定是否贷款,有些银行还要对企业有一定的控制权,要求企业把流动比率、负债比率维持在一定的范围之内,这些都会构成对企业的限制。

(3) 筹资风险大,实际利率高,在存在补偿性余额和附加利率情况下更是如此。

在我国,短期银行借款是绝大多数企业短期资金的主要来源。目前短期银行借款按目的和用途可分为周转借款、临时借款、结算借款、贴现借款等。企业应该根据自身情况并结合短期银行借款的优缺点进行融资分析和决策。

## 第四节 短期融资券

短期融资券又称商业票据、短期债券,是大型工商企业或金融企业为筹措短期资金而发行的无担保短期债券。

10.3 视频:
短期融资券

### 一、短期融资券概述

1. 短期融资券的发展过程

短期融资券源于商业票据。商业票据是一种古老的商业信用工具,产生于18世纪。它最初是随商品和劳务交易而签发的一种债务凭证。例如,一笔交易不是采用现金交易,而是采用票据方式进行结算,则当货物运走后,买方按合同规定的时间、地点、金额开出一张远期付款的票据给卖方,卖方持有票据,直至到期日再向买方收取现金。这种商业票据是随商品、劳务交易而产生的商业信用。商业票据是一种双名票据,即票据上列明收款方和付款方的名称。持有商业票据的企业如在预定的付款期之前需要现金,可以向商业银行或贴现公司贴现。贴现是指持有商业票据的企业将票据出让给银行或贴现公司,后者按票面额扣除从贴现日到票据到期日的利息后,将余额付给持票企业,当贴现的票据到期后,再持票向付款方索取票面款项。这种方式使办理贴现的银行或贴现公司得到了利息又收回了本金,是一种很好的短期投资方式。于是,有的投资人便比照这种贴现方式,从持票人手中买下商业票据,待票据到期后持票向付款方收回资金。有时,贴现票据的银行因为资金短缺,也将贴现的票据重新卖出,由新的购买人到期收取款项。

有些大公司发现了商业票据的这一特点,便凭借自己的信誉,开始脱离商品交易过程来签发商业票据,以筹措短期资金。20世纪20年代,美国汽车制造业及其他高档耐用商品市场开始兴盛,为增加销售量,企业一般都采用赊销、分期付款等方式向外销售,在应收账款上进行了大量投资,从而使企业感到资金不足,在银行借款受到多种限制的情况下,开始大量发行商业票据筹集短期资金。这样,商业票据与商品、业务的交易相分离,演变成一种在货币市场上进行融资的票据,发行人与投资者成为一种单纯的债权、债务关系,而不是商品买卖或劳务供应关系。商业票据上用不着再列明收款人,只需列明付款人,成为单名票据。为了与传统商业票据相区别,人们通常把这种专门用于融资的票据叫短期融资券或短期商业债券。

2. 短期融资券的特点及利用情况

(1) 短期融资券的一般特点。短期融资券的期限较短,一般为2～6个月,平均期限为5个月。其面值很高,通常在10万元以上。在美国的短期融资券市场上,往往以10万美元为一个交易单位。短期融资券的利率较低,通常低于银行优惠贷款利率1～2个百分点,但又比同期国债利率高出1/4个百分点。同时,短期融资券是否是一个有效的短期融资工具,取决于短期融资券市场的流通性。

短期融资券的这些特点主要是因为发行人多为资信很好的知名大公司。一般来说,短期融资券的期限短、发行人信誉高,因而市场的流动性较强。

(2) 美国短期融资券的利用情况。美国存在一个很发达的短期融资券市场,短期融资券的发行已成为各种类型企业一个十分重要的短期筹资方式。这些企业行业遍及公用事业、金融、保险、银行持股公司及加工制造业等。短期融资券以其较低的风险和一定的收益率也吸引着大量投资者,许多大机构如银行、共同基金、养老资金、保险公司等,将其作为资产组合的一个必要组成部分。

(3) 我国短期融资券的利用情况。作为货币市场一部分的商业本票市场在我国还处于起步阶段。企业发行短期融资券于1987年在上海开始试点,1989年在全国推行。按照规定,企业发行短期融资券只能在确定发生短期资金需要时,经批准方可采用;每次的发行限额在100~30 000万元,期限分为3个月、6个月、9个月三种;利率以低于1年期定期储蓄存款利率为准,到期一次还本付息。短期融资券分为记名和不记名两种,单位购买为记名,个人购买为不记名。短期融资券可以在证券交易柜台上进行交易。

我国实行的短期融资券筹资在解决企业流动资金的不足、加速资金周转、健全金融工具、优化资金投向等方面都有着十分重要的意义。在政府和企业协力开发多种融资渠道的努力下,短期融资券市场的发展及短期融资券发行规模的扩大将是一个必然趋势。

3. 短期融资券的种类

按不同的标准,可对短期融资券进行不同的分类。

(1) 短期融资券按发行方式不同,可分为经纪人代销的融资券和直接销售的融资券。经纪人代销的融资券又称间接销售融资券,它是指先由发行人卖给经纪人,然后由经纪人再卖给投资者的融资券。经纪人主要有银行、投资信托公司和证券公司等。企业委托经纪人发行融资券,要先支付一定数额的手续费。

直接销售的融资券是指发行人直接销售给最终投资者的融资券。直接发行融资券的公司通常是经营金融业务的公司或自己有附属金融机构的公司,它们有自己的分支网点,有专门的金融人才,因此,有力量自己组织推销工作,从而节约了间接发行时应付给证券公司的手续费。

(2) 短期融资券按发行人不同,可分为金融企业的融资券和非金融企业的融资券。金融企业的融资券主要是指由各大公司所属的财务公司、各种信托投资公司和银行控股公司等发行的融资券。这类融资券一般都采用直接发行方式。

非金融企业的融资券是指那些没有设立财务公司的工商企业所发行的融资券。这类企业一般规模不大,多采用间接方式来发行融资券。

(3) 短期融资券按其发行和流通范围不同,可分为国内融资券和国际融资券。国内融资券是一国发行者在其国内金融市场上发行的融资券。发行这种融资券一般只要遵循本国法规和金融市场惯例即可。国际融资券是一国发行者在其本国以外的金融市场上发行的融资券。发行这种融资券,必须遵循有关国家的法律和国际市场上的惯例。在美国货币市场和欧洲货币市场,这种国际短期融资券很多。

## 二、短期融资券的成本与评级

1. 短期融资券的成本

短期融资券的成本也就是利息,是在贴现的基础上支付的。短期融资券的成本(年度利率)的计算公式如下:

$$i = \frac{r}{1 - r \times \frac{n}{360}}$$

式中:$i$ 代表年度利率;$r$ 代表票面利率;$n$ 代表票据期限。

【例10-5】 ABC公司发行了为期120天的优等短期融资券,其票面利率是12%,则该短期融资券的成本是多少?

$$i = \frac{r}{1 - r \times \frac{n}{360}} = \frac{12\%}{1 - 12\% \times \frac{120}{360}} = 12.5\%$$

如果有多个短期融资券的发行方案可供选择,那么应该选择年度利率最低的方案,以使成本最低。

另外,发行短期融资券的公司一般都保持备用的信用额度,以便为出售短期融资券时发生的问题提供保证,如果一家公司到期不能偿还它的短期融资券,就可以动用备用的信贷限额。对于这种备用的信贷限额,银行一般要按年收取0.25%~0.5%的费用,这将增加成本。

【例10-6】 ABC公司以10%的票面利率发行了50亿元为期90天的优等短期融资券。ABC公司利用备用的信用额度所获资金的成本是0.25%。另外,其他直接费用率为每年0.5%,则ABC公司的短期融资券的总成本是多少?

第一,计算年度利率。

$$i = \frac{r}{1 - r \times \frac{n}{360}} = \frac{10\%}{1 - 10\% \times \frac{90}{360}} = 10.26\%$$

第二,计算总成本。

$$总成本 = 10.26\% + 0.25\% + 0.5\% = 11.01\%$$

2. 短期融资券的评级

短期融资券的信用质量一般由评估中介机构来评价。在美国,主要是由穆迪投资服务公司和标准普尔公司等机构来评价。一般而言,这些机构都采用类似的评级标准。穆迪公司有两类基本的短期融资券的信用级别:"优等"和"非优等"。优等这一类又被分成P-1(质量最好),P-2、P-3。标准普尔有A、B、C和D四种基本的短期融资券级别分类,其中的A类和穆迪公司的"优等"这一类别相对应,又可以分为A-1$^+$(质量最好),A-1,A-2和A-3。

级别最高的融资券,即P-1或A-1$^+$,借款成本最低,被中断进入市场的可能性最小。有时,级别为P-1或A-1$^+$的融资券和级别为P-3或A-3的融资券的收益差别超过了2个百分点。进一步说,在市场危机时,级别低于P-1或A-1的票据很难存续。即使是在市场繁荣时期,通常级别低于P-3或A-3的融资券也没有市场。

### 三、短期融资券的优缺点

1. 短期融资券的优点

(1)短期融资券的筹资成本较低。在西方国家中,短期融资券的利率加上发行成本,通常要低于银行的同期的银行贷款利率。但在我国,目前由于短期融资券市场刚刚建立,还不够完善,有时候会出现短期融资券的利率高于银行借款利率的情况。

（2）短期融资券的数额比较大。一般而言，银行不会向企业发放巨额的短期借款，因此银行短期借款常常面临着数额的限制。而发行短期融资券的数额往往较大，可以筹集更多的资金。

（3）发行短期融资券可以提高企业信誉和知名度。由于能在货币市场上发行短期融资券的都是著名的大企业，一家企业如果能发行自己的短期融资券，说明该企业有较好的信誉。同时，随着发行企业的短期融资券被广泛地了解，其威望和知名度也大大提高。

2. 短期融资券的缺点

（1）发行短期融资券的风险比较大。短期融资券到期必须归还，一般不会有延期的可能。如果到期不归还，则会对企业的信誉等产生比较大的负面影响，因此风险比较大。

（2）发行短期融资券的弹性比较小。只有当企业的资金需求达到一定数量时才能使用短期融资券，如果数量较小，则会加大单位资金的筹资成本。另外，短期融资券一般不能提前偿还，即使企业资金比较充裕，也要到期才能还款。

（3）发行短期融资券的条件比较严格，并不是任何企业都能发行短期融资券，必须是信誉好、实力强、效益高的企业才能发行，而一些小企业或信誉不太好的企业则不可能利用短期融资券来筹集资金。

## 本章小结

本章主要学习了：短期筹资政策的种类，包括配合型、激进型、稳健型三种；商业信用的概念；商业信用的成本计算；短期银行借款的信用条件；短期银行借款的成本计算；短期融资券的成本与评级。

10.4 第十章课件

## 本章重要概念

流动负债　配合型筹资政策　激进型筹资政策　稳健型筹资政策　商业信用　授信额度　周转授信协议　补偿性余额　短期融资券

# 第十一章　利润分配管理

- 内容提要
- 重点难点
- 学习目标
- 知识框架
- 思政育人
- 第一节　利润及利润分配概述
- 第二节　股利理论
- 第三节　股利政策
- 第四节　股利支付
- 本章小结
- 本章重要概念

**内容提要**

本章主要讲解了利润及利润分配的主要内容，传统和现代股利理论，四种不同类型的股利政策，股利支付程序和股利支付方式。

**重点难点**

本章重点为利润分配的顺序，股利政策；难点为股利支付。

**学习目标**

通过本章学习，学生应掌握传统和现代股利理论的代表性观点，四种不同类型的股利政策；了解利润及利润分配、股利支付的相关内容。

**知识框架**

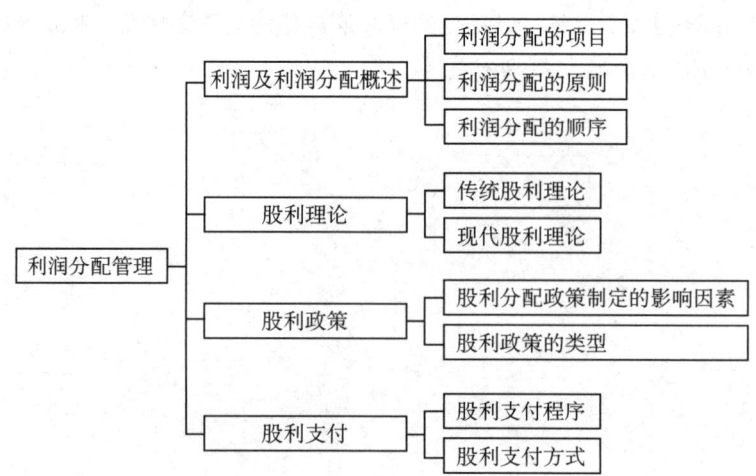

**思政育人　优化分红规则上市公司现金分红新规来了**

党的二十大报告明确提出要扎实推进共同富裕,强调完善按要素分配政策制度。实行劳动、资本、土地、技术、管理、知识、数据等生产要素由市场评价贡献、按贡献决定报酬的机制,有利于提高效率效益、推动创新发展和转型升级。这就需要持续推动资本市场稳定健康发展,丰富居民可投资金融产品,完善上市公司分红激励机制。

12 月 15 日,中国证监会发布《上市公司监管指引第 3 号——上市公司现金分红》(以下简称《现金分红指引》),以及《关于修改〈上市公司章程指引〉的决定》(以下简称《章程指引》),进一步健全上市公司常态化分红机制,提高投资者回报水平,新规自公布之日起施行。沪深证券交易所同步修改完善规范运作指引,明确操作性要求。《现金分红指引》修订内容主要如下:进一步明确现金分红导向,推动提高分红水平;简化中期分红程序,推动进一步优化分红方式和节奏;加强对超出能力分红公司的约束,引导合理分红;结合独董制度改革,《现金分红指引》删除独立董事发表意见的强制要求,调整为独立董事认为现金分红方案可能损害上市公司和中小股东利益情形的,有权发表意见,实现与独董制度改革的衔接;结合全面实行股票发行注册制,同步修改《现金分红指引》相关制定依据。《章程指引》相关条款修改主要有两个方面:一是鼓励上市公司在符合利润分配的条件下增加现金分红频次,引导形成中期分红习惯,稳定投资者分红预期,同时增加对中期分红的完成时限要求;二是督促公司在章程中细化分红政策,明确现金分红的目标,更好地稳定投资者预期,同时引导公司在章程中制定分红约束条款,防范公司在利润不真实、债务过高的情形下实施分红放大风险。中国证监会表示,持续稳定的分红有助于增强投资者回报,推动树立长期价值投资理念,促进市场平稳健康发展,同时也有助于提高资金使用效率,引导公司专注主业。推动分红既需要以公司自治为基础,又需要通过监管手段推动和引导,增强分红意识,培育分红习惯。

资料来源:吴晓璐.证监会重磅发布! 现金分红新规来了![EB/OL].证券日报网,(2023-12-15)[2023-12-26].http://www.zqrb.cn/stock/gupiaoyaowen/2023-12-15/A1702640274390.html,有删节.

# 第一节　利润及利润分配概述

利润分配是将企业实现的净利润,按照国家财务制度规定的分配形式和分配顺序,在企业和投资者之间进行的分配。利润分配的过程与结果,是关系到所有者的合法权益能否得到保护,企业能否长期、稳定发展的重要问题,为此,企业必须加强利润分配的管理和核算。企业利润分配的主体是投资者和企业,利润分配的对象是企业实现的净利润;利润分配的时间即确认利润分配的时间是利润分配义务发生的时间和企业作出决定向内向外分配利润的时间。

## 一、利润分配的项目

按照《公司法》的规定,企业利润分配的项目主要包括以下内容:

(1) 法定盈余公积金。盈余公积金是从税后净利润中提取形成,用于弥补企业亏损,扩大企业生产经营或转增为资本。法定盈余公积金:按税后净利的 10% 提取,但盈余公积金累计达到企业注册资本的 50% 时,可不再得提取。

(2) 任意盈余公积金。由企业股东会根据需要决定是否计提及提取的比例。

(3) 股利(向投资者分配的利润)。企业向股东支付股利(向投资者分配利润)要在提取盈余公积金和公益金之后。企业用盈余公积金弥补亏损后,为维护其股票信誉,经过股东大会特别决议,可用盈余公积金支付股利,但支付股利后留存的法定盈余公积金不得少于注册资本的25%。

## 二、利润分配的原则

### (一) 依法分配原则

企业利润分配的对象是企业缴纳企业所得税后的净利润,这些利润是企业的权益,企业有权自主分配。国家有关法律、法规对企业利润分配的基本原则、一般次序和重大比例也作了较为明确的规定,其目的是保障企业利润分配的有序进行,维护企业和所有者、债权人及职工的合法权益,促使企业增加积累,增强风险防范能力。国家有关利润分配的法律和法规主要有《公司法》《中华人民共和国外商投资法》等,企业在利润分配中必须切实执行上述法律、法规。利润分配在企业内部属于重大事项,企业的章程必须在不违背国家有关规定的前提下,对本企业利润分配的原则、方法和决策程序等内容作出具体而又明确的规定,企业在利润分配中也必须按规定办事。

### (二) 资本保全原则

资本保全是责任有限的现代企业制度的基础性原则之一,企业在分配中不能侵蚀资本。利润的分配是对经营中资本增值额的分配,不是对资本金的返还。按照这一原则,一般情况下,企业如果存在尚未弥补的亏损,应先弥补亏损,再进行其他分配。

### (三) 充分保护债权人利益原则

债权人的利益按照风险承担的顺序及其合同契约的规定,企业必须在利润分配之前偿清所有债权人到期的债务,否则不能进行利润分配。同时,在利润分配之后,企业还应保持一定的偿债能力,以免产生财务危机,危及企业生存。此外,企业在与债权人签订某些长期债务契约的情况下,其利润分配政策还应征得债权人的同意或审核方能执行。

### (四) 多方及长短期利益兼顾原则

利益机制是制约机制的核心,而利润分配的合理与否是利益机制最终能否持续发挥作用的关键。利润分配涉及投资者、经营者和职工等多方面的利益,企业必须兼顾,并尽可能地保持稳定的利润分配。在企业获得稳定增长的利润后,应增加利润分配的数额或百分比。同时,由于发展及优化资本结构的需要,除依法必须留用的利润外,企业仍可以出于长远发展的考虑,合理留用利润。在积累与消费关系的处理上,企业应贯彻积累优先的原则,合理确定提取盈余公积金和分配给投资者利润的比例,使利润分配真正成为促进企业发展的有效手段。

## 三、利润分配的顺序

利润分配的顺序根据《公司法》等有关法规的规定,企业当年实现的净利润,一般应按照下列内容、顺序和金额进行分配。

1. 计算可供分配的利润

将本年净利润(或亏损)与年初未分配利润(或亏损)合并,计算出可供分配的利润。如果可供分配的利润为负数(即亏损),则不能进行后续分配;如果可供分配利润为正数

（即本年累计盈利），则进行后续分配。

**2. 提取法定盈余公积金**

在不存在年初累计亏损的前提下，法定盈余公积金按照税后净利润的10%提取。法定盈余公积金已达注册资本的50%时可不再提取。提取的法定盈余公积金用于弥补以前年度亏损或转增资本金。但转增资本金后留存的法定盈余公积金不得低于注册资本的25%。

**3. 提取任意盈余公积金**

任意盈余公积金计提标准由股东大会确定，如确因需要，经股东大会同意后，也可用于分配。

**4. 向股东（投资者）支付股利（分配利润）**

企业以前年度未分配的利润，可以并入本年度分配。企业股东会或董事会违反上述利润分配顺序，在抵补亏损和提取法定公积金之前向股东分配利润的，必须将违反规定发放的利润退还企业。

**延伸阅读 11-1**

**盈余公积的内容**

对于外商投资企业，我国《企业会计制度》规定，利润分配中提取盈公积包括以下内容：

（1）提取储备基金。储备基金是指按照法律、行政法规规定从净利润中提取的、经批准用于弥补亏损和增加资本的储备基金。

（2）提取企业发展基金。企业发展基金是指按照法律、行政法规规定从净利润中提取的、用于企业发展生产和经批准用于增加资本的企业发展基金。

（3）提取职工奖励及福利基金。职工奖励及福利基金只能用于职工非经常性奖金，如特别贡献奖、年终奖等和职工集体福利，不能挪作他用，即使企业解散也不能改变其性质和用途。

当企业解散时，应将未用完的职工奖励及福利基金转入职工新的工作单位。虽然职工奖励及福利基金来源于企业税后利润，但性质上属于企业对职工的负债。

（4）利润归还投资。利润归还投资是指中外合资经营企业按照规定在合作期间以利润归还投资者的投资。在进行了以上分配后的余额即企业的未分配利润，未分配利润留待以后进行分配。

## 第二节 股利理论

### 一、传统股利理论

传统股利理论认为，投资者更喜欢现金股利，而不大喜欢将利润留存给企业。这是因为对投资者来说，现金股利是"抓在手中的鸟"，是实在的，而企业留利是"躲在林中的鸟"，随时都可能飞走。既然现在的留利并不一定转化为未来的股利，在投资者看来，企业分配的股利越多，企业的市场价值也就越大。

11.1 视频：什么是股利？

**（一）股利重要论**

股利重要论又称"在手之鸟"理论。该理论认为，用留存收益再投资给投资者带来的收益具有较大的不确定性，并且投资的风险随着时间的推移会进一步增大，因此投资者更喜欢现金股利,不愿意将收益留存在公司内部,去承担未来的投资风险,该理论的主要代表人物是麦伦·戈登(Myron Gordon)和约翰·林特纳(John Lintner)。该理论基于投资者偏爱即期收入和即期股利能消除不确定性的特点,认为股票价格变动较大,在投资者眼里股利收益要比留存收益再投资带来的资本利得更为可靠。由于投资者一般为风险厌恶型,宁可现在收到较少的股利,也不愿承担较大的风险等到将来收到更多的股利,故投资者一般偏好现金股利而非资本利得。在这种思想下,该理论认为股利政策与股东财富息息相关,股利支付的提高将会增加股东财富。

## (二) 股利无关论

最著名的MM股利无关论由莫迪格利安尼(Modigliani)和米勒(Miller)在1961年提出的,因为两人姓氏的第一个字母均为M而简称为MM理论。莫迪格利安尼和米勒认为,在一个信息对称的完善资本市场里,在企业投资决策既定的条件下,企业的价值和企业的财务决策是无关的。因此,是否分配现金股利对股东的财富和企业价值没有影响,股利政策与股价无关,企业的股利政策不会影响股票的市价。

延伸阅读 11-2

### 完美资本市场

完美资本市场是指无摩擦(无交易成本、无企业所得税、投资者完全理性、对投资决策具有同质预期、信息完全对称)的资本市场。

1. 完美资本市场的满足条件

(1) 无交易成本。

(2) 不存在税收。

(3) 有众多买家或卖家,其中没有一个人能够影响证券的交易价格。

(4) 个人和公司都有着同样的入市便利。

(5) 获取信息无须成本,所以每个人都有着相同的信息。

(6) 每个人都有着共同的预期。

(7) 不存在与财务危机有关的成本。

2. 完美资本市场的特征

(1) 市场上有大量的投资者,任何一个投资者的行为都不会对证券交易价格产生影响,所有投资者均是理性的、期望效用最大化的投资者。

(2) 市场是完全竞争的,没有交易费用和税收,全部资产均可以进行完全分割,并可进行交易。

(3) 市场处于信息的有效状态,即信息是没有成本的,每个投资者均可以获得同样的信息。

3. 税收效应理论

法勒和塞尔文通过研究认为,在不存在税收因素的条件下,公司选择何种股利支付方式并不是非常重要。但是,如果现金红利和资本利得的税赋不同,如现金股利税赋高于资本利得的税赋,那么,在公司及投资者看来,支付现金股利就不再是最优的股利分配政策。由此可见,在存在税赋差别的前提下,公司选择不同的股利支付方式,不仅会对公司的市场价值产生不同的影响,而且会使公司(及个人投资者)的税收负担出现差异,即使在税率相同的情况下,资本利得只有在实现之时才缴纳资本增值税,相对于现金股利课税而言,仍然具有延迟纳税的好处。

## 二、现代股利理论

现代股利政策认为,在完善资本市场环境中,股利政策并不重要,每个股东都能无成本地选择企业的股利政策,以适应自己偏好,所以股利不影响企业价值。但是,在现实经济中,由于资本市场存在不对称税负、不对称信息和交易成本三种缺陷,企业的股利政策将对企业的价值产生影响,这时股利政策就显得十分重要。

### (一)追随者效应理论

追随者效应理论是税差理论的进一步发展。该理论认为股东的税收等级不同,导致他们对待股利水平的态度不同。有的税收等级高,而有的税收等级低。企业应据此调整股利政策,使其符合股东的愿望达到均衡。高股利支付率的股票将吸引一类追随者,由处于低边际税率等级的投资者持有;低股利支付率的股票将吸引另一类追随者,由处于高边际税率等级的投资者持有。

### (二)信号传递理论

股利具有信息内涵的思想萌芽于林特纳,由莫迪格利安尼和米勒最早提出。巴恰塔亚(Bhattacharya)在 1979 年建立了第一个股利的信号传递模型。该理论从放松 MM 理论的投资者和管理当局拥有相同的信息假定出发,认为当局与企业外部投资者之间存在着信息不对称,管理当局占有更多的有关企业前景方面的内部信息。

### (三)代理成本理论

简森(Jensen)和梅克林(Meckling)于 1976 年提出的代理成本学说为整个企业的委托——代理问题研究奠定了理论框架和分析基础。简森和梅克林将代理关系定义为一种契约,在这种契约下,一个人或更多的人(委托人)聘用另一人(即代理人)代表他们来履行某些服务,其中包括把若干决策权托付给代理人。由于信息不对称产生了道德风险和逆向选择问题,他们将代理成本定位为委托人发生的监督支出、代理人发生的约束性支出和委托人承担的剩余损失。

### (四)股利信息不对称理论、交易成本理论、成长机会理论

信息不对称是指企业管理者与投资者在有关企业信息方面存在时间及数量上的不一致性。股利信息不对称理论认为,企业的管理者比外部投资者占有更多的内部信息,且在时间上也比外部投资者早得多。交易成本理论认为,虽然股东可以创造自制股利或将其所获股利用于再投资,但是在交易中会发生交易成本(如经纪人佣金等)。成长机会理论认为,当企业进入成熟期后,通常从某一时刻起开始支付股利,并逐步提高所付股利占净利润的比例。经验证据表明,企业股利政策的模式一般保持不变,当股利政策改变时,股票平均价格会发生重大变化。因此,企业一般保持稳定的股利政策。

 **延伸阅读 11-3**

### 股利之谜

无论是传统股利理论,还是现代股利理论,无论是从税差理论角度、信号效应角度,还是从代理成本理论角度,中外学者都未能达成一致意见,"股利之谜"仍是一个未知的领域。现代公司财务学是在放松了 MM 理论的假设条件和基于现实条件的基础上发展起来的。从理论的发展脉络可以看

出,已经越来越多涉及利益相关人之间及股东之间的利益分化对股利策的影响。在国外,股利政策的研究通常都以MM理论为研究线索,通过放松其严格的假设条件来研究现实世界的股利问题。进入20世纪70年代后,财务学者将不对称信息理论研究成果应用于财务理论,这些理论对现实世界公司的财务决策给予了重新的解释,突破了传统只重视外部可见因素的研究而忽略了对可分配收益有决定权的个人动机研究,人们开始认识到不对称信息决定了契约的不完美,这将导致作为决策主体的个人动机在财务决策中起到不可低估的作用,同时与动机相关的公司内部治理结构和外部治理环境也成了研究的重点。

## 第三节 股利政策

### 一、股利分配政策制定的影响因素

公司在制定股利政策时,必须充分考虑股利政策的各种影响因素,从保护股东、公司本身和债权人的利益出发,才能使公司的收益分配合理化。

**(一)法律因素**

1. 资本保全的限制

法律规定公司不能用资本(包括股本和资本公积)发放股利。股利的支付不能减少法定资本,如果一家公司的资本已经减少或因支付股利而引起资本减少,则不能支付股利。

2. 企业积累的限制

为了制约公司支付股利的任意性,按照法律规定,公司税后利润必须先提取法定公积金。此外还鼓励公司提取任意公积金,只有当提取的法定公积金达到注册资本的50%时,才可以不再提取。提取法定公积金后的利润净额才可以用于支付股利。

3. 净利润的限制

法律规定公司年度累计净利润必须为正数时才可发放股利,以前年度亏损足额弥补。

4. 超额累积利润的限制

由于股东接受股利缴纳的所得税高于其进行股票交易的资本利得税,于是很多国家规定公司不得超额累积利润,一旦公司的保留盈余超过法律认可的水平,将被加征额外税额。我国法律对公司累积利润尚未作出限制性规定。

5. 无力偿付的限制

基于对债权人的利益保护,如果一家公司已经无力偿付负债,或股利支付会导致公司失去偿债能力,则不能支付股利。

**(二)股东因素**

1. 稳定的收入和避税

一些股东的主要收入来源是股利,他们往往要求公司支付稳定的股利。他们认为通过保留盈余引起股价上涨而获得资本利得是有风险的。若公司留存较多的利润,将受到这部分股东的反对。另外,一些股利收入较多的股东出于避税的考虑(股利收入的所得税高于股票交易的资本利得税),往往反对公司发放较多的股利。

2. 控制权的稀释

公司支付较高的股利,就会导致留存盈余减少,这意味着将来发行新股的可能性加大,而发行新股必然稀释公司的控制权,这是公司拥有控制权的股东们所不愿看到的局面。因此,若他们拿不出更多的资金购买新股,宁肯不分配股利。

### (三) 公司因素

1. 盈余的稳定性

公司是否能获得长期稳定的盈余,是其股利决策的重要基础。盈余相对稳定的公司与盈余相对不稳定的公司相比,具有较高的股利支付能力,因为盈余稳定的公司对保持较高股利支付率更有信心。收益稳定的公司面临的经营风险和财务风险较小,筹资能力较强,这些都是其股利支付能力的保证。

2. 资产的流动性

较多地支付现金股利会减少公司的现金持有量,使资产的流动性降低;而保持一定的资产流动性,是公司经营所必需的。

3. 举债能力

具有较强举债能力(与公司资产的流动性有关)的公司因为能够及时地筹措到所需的现金,有可能采取高股利政策;而举债能力弱的公司则不得不多滞留盈余,因而往往采取低股利政策。

4. 投资机会

拥有良好投资机会的公司,需要有强大的资金支持,因而往往少发放股利,将大部分盈余用于投资。缺乏良好投资机会的公司,保留大量现金会造成资金的闲置,于是倾向于支付较高的股利。正因为如此,处于成长中的公司多采取低股利政策,处于经营收缩中的公司多采取高股利政策。

5. 资本成本

与发行新股相比,保留盈余不需花费筹资费用,是一种比较经济的筹资渠道。所以,从资本成本考虑,如果公司有扩大资金的需要,也应当采取低股利政策。

6. 债务需要

具有较高债务偿还需要的公司,可以通过举借新债、发行新股筹集资金偿还债务,也可直接用经营积累偿还债务。如果公司认为后者适当的话(如前者资本成本高或受其他限制难以进入资本市场),将会减少股利的支付。

### (四) 其他因素

1. 债务合同约束

公司的债务合同,特别是长期债务合同,往往有限制公司现金支付程度的条款,这使公司只得采取低股利政策。

2. 通货膨胀

在通货膨胀的情况下,公司折旧基金的购买力水平下降,会导致没有足够的资金来源重置固定资产。这时盈余会被当作弥补折旧基金购买力水平下降的资金来源,因此在通货膨胀时期公司股利政策往往偏紧。

## 二、股利政策的类型

股利政策是关于公司是否发放股利、发放多少股利及何时发放股利等方面的方针和策略。管理当局在制定股利政策时,通常是在综合考虑了上述各种影响因素的基础上,对各种不同的股利政策进行比较,最终选择符合本公司特点与需要的股利政策。

### (一) 剩余股利政策

剩余股利政策是指公司生产经营所获得的税后利润应先较多地考虑满足公司有利可图的投资项目的需要,即增加资本或公积金的政策。当增加的资本额达到预定的目标资本结构(最佳资本结构)时,如果有剩余,则派发股利;如果没有剩余,则不派发股利。

1. 剩余股利政策的优点

充分利用留存利润筹资成本最低的资本来源,保持理想的资本结构,使综合资本成本最低,实现公司价值的长期最大化。

2. 剩余股利政策的缺点

完全遵照执行剩余股利政策,将使股利发放额每年随投资机会和盈利水平的波动而波动。则:①在盈利水平不变的情况下,股利将与投资机会的多寡呈反方向变动;投资机会越多,股利发放越少;反之,投资机会越少,股利发放越多。②在投资机会维持不变的情况下,股利发放额将因公司每年盈利的波动而同方向波动。

剩余股利政策一般适用于公司初创阶段。

### (二) 固定股利支付率政策

固定股利支付率政策是指公司确定固定的股利支付率,并长期按此比率从净利润中支付股利的政策。

1. 固定股利支付率政策的优点

(1) 使股利与企业盈余紧密结合,以体现多盈多分、少盈少分、不盈不分的原则。

(2) 保持股利与利润间的一定比例关系,体现了风险投资与风险收益的对称。

2. 固定股利支付率政策的缺点

(1) 公司财务压力较大。根据固定股利支付率政策,公司实现利润越多,派发股利也就应当越多。而公司实现利润多只能说明公司盈利状况好,并不能表明公司的财务状况就一定好。在此政策下,用现金分派股利是刚性的,这必然给公司带来相当的财务压力。

(2) 缺乏财务弹性。股利支付率是公司股利政策的主要内容,股利分配模式的选择、股利政策的制定是公司的财务手段和方法。在公司发展的不同阶段,公司应当根据自身的财务状况制定不同的股利政策,这样更有利于实现公司的财务目标。但在固定股利支付率政策下,公司丧失了利用股利政策的财务方法,缺乏财务弹性。

(3) 确定合理的固定股利支付率难度很大。一家公司如果股利支付率确定低了,则不能满足投资者对现实股利的要求;反之,公司股利支付率确定高了,就会使大量资金因支付股利而流出,公司又会因资金缺乏而制约其发展。可见,确定公司较优的股利支付率是具有相当难度的工作。

固定股利支付率政策只能适用于稳定发展的公司和公司财务状况较稳定的阶段。

### (三) 固定股利或稳定增长股利政策

固定股利或稳定增长股利政策是指公司将每年派发的股利额固定在某一特定水平上,然后在一段时间内不论公司的盈利情况和财务状况如何,派发的股利额均保持不变或稳定增长的政策。只有当企业对未来利润增长确有把握,并且这种增长被认为是不会发生逆转时,才增加每股股利额。这一政策的特点是,不论经济状况如何,也不论企业经营业绩好坏,应将每期的股利固定在某一水平上保持不变,只有当公司管理当局认为未来盈利将显著地、不可逆转地增长时,才会提高股利的支付水平。

1. 固定股利或稳定增长股利政策的优点

(1) 稳定的股利向市场传递公司正常发展的信息,增强投资者对公司的信心,稳定股票的价格。

(2) 稳定的股利有利于投资者安排股利收入和支出(特别是那些对股利高依赖性的股东)。

(3) 稳定的股利政策可能与剩余股利理论相偏离,但股价除受投资机会和资本结构影响外,还可能受到股东的心态等多种因素的影响,有时维持稳定的股利水平可能更重要。

2. 固定股利或稳定增长股利政策的缺点

(1) 公司股利支付与公司盈利相脱离,造成投资的风险与投资的收益不对称。

(2) 它可能会给公司造成较大的财务压力,甚至侵蚀公司留存利润和公司资本。公司很难长期采用该政策。

(3) 固定股利或稳定增长股利政策一般适用于经营比较稳定的公司。

### (四) 低正常股利加额外股利政策

低正常股利加额外股利政策是指公司事先设定一个较低的经常性股利额,一般情况下,公司每期都按此金额支付正常股利,只有公司盈利较多时,再根据实际情况发放额外股利的政策。

1. 低正常股利加额外股利政策的优点

低正常股利加额外股利政策的优点是股利政策具有较大的灵活性。低正常股利加额外股利政策,既可以维持股利的一定稳定性,又有利于公司的资本结构达到目标资本结构,使灵活性与稳定性较好地相结合,因而为许多公司所采用。

2. 低正常股利加额外股利政策的缺点

(1) 股利派发缺乏稳定性,额外股利随盈利的变化,时有时无,给人飘浮不定的印象。

(2) 如果公司较长时期一直发放额外股利,股东就会误认为这是"正常股利",一旦取消,极易造成公司"财务状况"逆转的负面影响,股价下跌在所难免。

11.2 上市公司股利政策研究——以科顺股份为例

延伸阅读11-4

#### 股利政策的选择

以上四种股利政策各有利弊,上市公司选取股利政策时,必须结合自身情况,选择最适合本公司当前和未来发展的股利政策。其中居主导地位的影响因素是,公司目前所处的发展阶段。公司应根据自己所处的发展阶段来确定相应的股利政策。

公司的发展阶段一般分为初创阶段、高速增长阶段、稳定增长阶段、成熟阶段和衰退阶段。由于每个阶段生产特点、资金需要、产品销售等不同,股利政策的选取类型也不同。

公司股利分配政策的选择如表11-1所示。

表11-1　　　　　　　　　　公司股利分配政策的选择

| 公司发展阶段 | 特　　点 | 适应的股利政策 |
| --- | --- | --- |
| 公司初创阶段 | 公司经营风险高,融资能力差 | 剩余股利政策 |
| 公司高速发展阶段 | 产品销量急剧上升,需要进行大规模的投资 | 低正常股利加额外股利政策 |
| 公司稳定增长阶段 | 销售收入稳定增长,公司的市场竞争力增强,行业地位已经巩固,公司扩张的投资需求减少,广告开支比例下降,净现金流入量稳步增长,每股净利呈上升态势 | 稳定增长型股利政策 |
| 公司成熟阶段 | 产品市场趋于饱和,销售收入难以增长,但盈利水平稳定,公司通常已积累了相当的盈余和资金 | 固定型股利政策 |
| 公司衰退阶段 | 产品销售收入锐减,利润严重下降,股利支付能力日绌 | 剩余股利政策 |

## 第四节　股　利　支　付

### 一、股利支付程序

公司股利的发放必须遵守相关的要求,按照日程安排来进行。一般情况下,先由董事会提出分配预案,然后提交股东大会决议通过才能进行分配。股东大会决议通过分配预案后,要向股东宣布发放股利的方案,并确定股权登记日、除息日和股利发放日。

(1) 股利宣告日,即股东大会决议通过并由董事会将股利支付情况予以公告的日期。公告中将宣布每股应支付的股利、股权登记日、除息日及股利支付日。

(2) 股权登记日,即有权领取本期股利的股东资格登记截止日期。凡是在此指定日期收盘之前取得公司股票,成为公司在册股东的投资者都可以作为股东享受公司分派的股利。在这一天之后取得股票的股东则无权领取本次分派的股利。

(3) 除息日,即领取股利的权利与股票分离的日期。在除息日之前购买的股票才能领取本次股利,而在除息日当天或是以后购买的股票,则不能领取本次股利。由于失去了"付息"的权利,除息日的股票价格会下跌。

(4) 股利发放日,即公司按照公布的分红方案向股权登记日在册的股东实际支付股利的日期。

【例11-1】 假定A公司于2×23年11月15日发布公告:本公司董事会在2×23年11月15日的会议上决定,本年度发放每股为5元的股利;本公司将于2×24年1月2日将上述股利支付给已在2×23年12月15日登记为本公司股东的人士。

2×23年11月15日为A公司的股利宣告日;2×23年12月15日为其股权登记日;2×24年1月2日为股利支付日。

## 二、股利支付方式

股利支付方式可以分为不同的种类,主要有以下四种。

**1. 现金股利**

现金股利是最常见的一种分红方式,也是大多数股东喜欢的方式,但发放现金股利需要充足的变现能力、强的资产作保证,对一个正在迅速发展的公司而言,资金需求量大,发放现金股利,并不多见,这也是国内上市公司派发现金红利较少的原因。

11.3 视频:股利支付方式

**2. 股票股利**

股票股利是指增加发行股票给现有股东。从会计角度看,股票股利只是资金在股东权益账户之间的转移,将资金从留存盈利账户转移到股东权益账户,不改变股东的股权比例,也不增加公司资产。理论上讲,对股东而言,股票股利除了增加其所持的股票数量,几乎没有任何价值,因为公司的盈利不变,其所持的股份比例不变,股价会同比例减少,所以,每位股东所持有股票的市场价值总额也保持不变。但对公司而言,股东分享了公司的利润而又无须分配现金,由此可以将更多的现金保存下来用于再投资,有利于公司长期健康、稳定地发展。发放股票股利在国内习惯称为送红股。股票分割是指将一股面值较高的股票交换成数股面值较低的股票的行为。例如,将原来的1股股票交换成2股股票。股票分割不属于某种股利,但其所产生的效果与发放股票股利相似。

**3. 财产股利**

财产股利是公司以现金以外的资产支付的股利,主要是以公司所拥有的其他公司的有价证券,如债券、股票等,作为股利支付给股东。

**4. 负债股利**

负债股利是公司以负债支付的股利,通常以公司的应付票据支付给股东,不得已情况下也有发行公司债券抵付股利的。财产股利和负债股利实际上是现金股利的替代。这两种股利方式目前在我国很少使用,但并非法律所禁止。

 **延伸阅读 11-5**

### 我国上市公司分红方案

从上市公司的分红方案来看,主要采用送配股和发放现金红利并用的股利支付方式。采用这种方式对公司而言,有以下好处:

(1) 公司通过送红股,使股东感到公司发放了红利,而公司又没有现金的流出。

(2) 通过送股,扩大了流通在外股数。通过配股,将会使投资者再次投资于本公司股票,公司可以再从资本市场上获得资金。

国内上市公司之所以敢于连续采用这种分红方式,是由国内特殊的情况形成的。

(1) 资本市场股票供应量不能满足投资者的需要,公司丝毫不用担心自己的股会因为送配股而大幅度降低。

(2) 上市公司多为国有企业,国有股、法人股都是不具备流通条件的,公司不担心自己在股票市场上的行为不佳而被兼并收购,外部压力较小。

在分析股份制企业的分红方案时,要对分红方案作连续3~5年的对比分析,从公司的分红政策的变化间接考察其财务政策和经营状况。以上介绍的方法从股东权益状况、企业盈利能力、投资价值及股利政策几个方面对股份有限公司进行分析与评价,多是站在投资人的角度来考虑。信贷人员利用这些指标提供的信息,从投资人对公司的信心程度及预测投资人将会采取的行动中,可以作为判断公司的现状及发展趋势的一种依据,同时结合其他指标的分析对股份公司作出全面评价并指导信贷决策。

## 本章小结

本章主要学习了:利润分配的项目、原则和顺序;传统和现代股利理论的代表性观点;股利分配应考虑的因素;四种不同的股利政策及其优缺点;股利支付程序和股利支付方式。

## 本章重要概念

利润分配　股利理论　股利政策　现金股利　股票股利　负债股利　财产股利

11.5 第十一章课件

# 第十二章　成本控制管理

> 内容提要
> 重点难点
> 学习目标
> 知识框架
> 思政育人
> 第一节　成本控制概述
> 第二节　成本控制的方法
> 第三节　标准成本制度及其制定
> 第四节　作业成本法
> 本章小结
> 本章重要概念

## 内容提要

本章主要讲解了成本控制的定义及内容,成本控制的方法,标准成本的一般公式,直接材料、直接人工、制造费用标准成本的制定,作业成本法的原理及程序。

## 重点难点

本章重点为标准成本的一般公式,标准成本的制定;难点为标准成本的制定,作业成本法。

## 学习目标

通过本章学习,学生应了解成本控制的内容;理解成本控制的方法;掌握标准成本制定的一般公式及直接材料、直接人工、制造费用标准成本的制定;理解作业成本法的原理。

## 知识框架

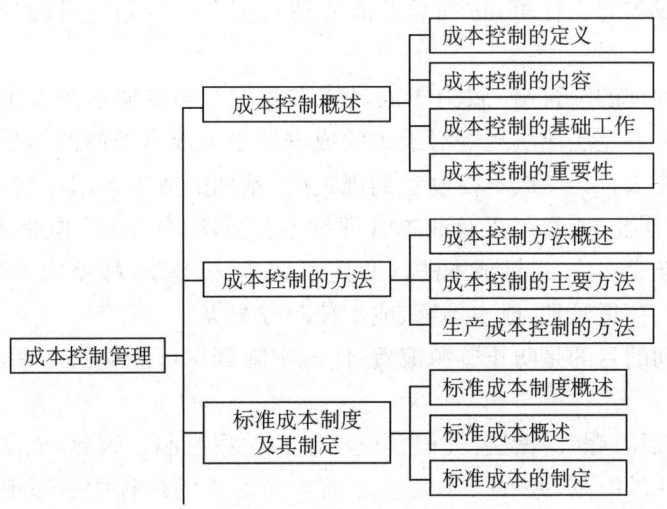

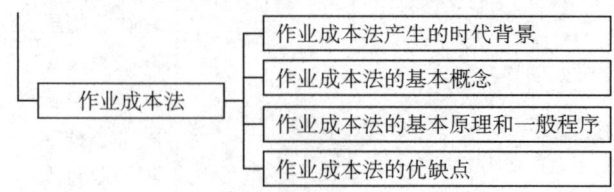

### 思政育人　　　节约资源，绿色发展

中国目前还处于资源消耗强度较大的发展阶段，随着国家绿色发展的号召，资源消耗强度会相应下降。作为迈入新发展阶段的中国式现代化国家，中国具有明显的后发优势。走资源节约的发展道路，靠体制创新，靠技术进步，靠加强管理，靠全体企业和职工成本管理意识的提升和加强，资源紧缺问题是可以缓解的，中国式现代化绿色发展之路是光明的。

作为学生也一样，要有厉行节约、杜绝浪费的思想。在工作岗位上，也要不断优化资源配置，通过成本控制管理来提高企业效益。

**资料来源**：贾雪梅.《成本管理》课程思政教学设计[EB/OL].(2023-10-13)[2023-12-26]. https://www.xjou.cn/images/uploadfiles/202310/20231013130129_0431.pdf，有删节。

12.1 格兰仕的成本管控：用"流程"控制"成本"

## 第一节　成本控制概述

### 一、成本控制的定义

成本控制的过程是运用系统工程的原理对企业在生产经营过程中发生的各种耗费进行计算、调节和监督的过程，也是一个发现薄弱环节、挖掘内部潜力、寻找一切可能降低成本的过程。科学地组织实施成本控制，可以促进企业改善经营管理、转变经营机制、全面提高企业素质，使企业在市场竞争的环境下生存、发展和壮大。

成本控制是指以成本作为控制的手段，通过制定成本总水平指标值、可比产品成本降低率及成本中心控制成本的责任等，达到对经济活动实施有效控制的目的的一系列管理活动与过程。

成本控制是成本管理的一部分，致力于满足成本要求。满足成本要求主要是指满足顾客、最高管理者、相关方及法律法规等对组织的成本要求。成本控制的结果应能使被控制的成本达到规定的要求。为使成本控制达到规定的、预期的成本要求，就必须采取适宜的和有效的措施，包括作业、成本工程及成本管理技术与方法，如 ABC 作业成本法、ABM 作业成本管理、SC 标准成本法、目标成本法、CD 降低成本法、SCM 战略成本管理、质量成本管理、环境成本管理、存货管理、成本预警、成本控制方案等。

开展成本控制活动的目的是防止资源浪费，使成本降到尽可能低的水平，并保持已降低的成本水平。

成本控制反对"秋后算账"的做法，提倡预先控制和过程控制。因此，成本控制必须遵循预先控制和过程方法的原则，并在成本发生之前或在发生的过程中去考虑和研究为什么要发生这项成本，应不应该发生，应该发生多少，应该由谁来发生，应该在什么地方发生,是否必要,决定后应对过程活动进行监视、测量、分析和改进。

## 二、成本控制的内容

### (一) 按照成本形成过程划分

1. 产品投产前的控制(事前控制)

产品投产前的控制内容主要包括产品设计成本、加工工艺成本、物资采购成本、生产组织方式、材料定额与劳动定额水平等。这些内容对成本的影响最大,可以说产品总成本的 60％取决于这个阶段的成本控制工作的质量。这项控制工作属于事前控制方式,在控制活动实施时真实的成本还没有发生,但它决定了成本将会怎样发生,它基本上决定了产品的成本水平。

2. 制造过程中的控制(事中控制)

制造过程中是成本实际形成的主要阶段。绝大部分的成本支出在这里发生,包括原材料、人工、能源动力、各种辅料的消耗、工序间的物料运输费用、车间及其他管理部门的费用支出。投产前控制的种种方案设想,控制措施能否在制造过程中贯彻实施,大部分的控制目标能否实现和这阶段的控制活动紧密相关,它主要属于事中控制方式。由于成本控制的核算信息很难做到及时,会给事中控制带来很多困难。

3. 流通过程中的控制(事后控制)

流通过程中的控制内容主要包括产品包装、厂外运输、广告促销、销售机构开支售后服务等费用。目前,在强调加强企业市场管理职能的时候,很容易不顾成本地采取种种促销手段,反而抵销了利润增量,所以也要作定量分析。

### (二) 按成本构成划分

1. 原材料成本控制

在制造业中原材料费用占了总成本的很大比重,一般在 60％以上,高的可达 90％,是成本控制的主要对象。影响原材料成本的因素有采购、库存费用、生产消耗、回收利用等,所以原材料控制可从采购、库存管理和消耗三个环节着手。

2. 薪酬费用控制

薪酬在成本中占有一定的比重,增加薪酬又被认为是不可逆转的。控制薪酬与效益同步增长,减少单位产品中薪酬的比重,对于降低成本有重要意义。控制薪酬成本的关键在于提高劳动生产率,它与劳动定额、工时消耗、工时利用率、工作效率、工人出勤率等因素有关。

3. 制造费用控制

制造费用开支项目很多,主要包括折旧费、租赁费、辅助生产费用、车间管理人员薪酬等,虽然它在成本中所占比重不大,但因其不引人注意,浪费现象十分普遍,是不可忽视的一项内容。

4. 企业管理费控制

企业管理费指为管理和组织生产所发生的各项费用,开支项目非常多,也是成本控制中不可忽视的内容。上述这些都是绝对量的控制,即在产量固定的假设条件下使各种成本开支得到控制。在现实系统中还要达到控制单位产品成本的目标。

### 三、成本控制的基础工作

成本控制的起点,或者说成本控制过程的平台就是成本控制的基础工作。成本控制不从基础工作做起,成本控制的效果和成功可能性将受到很大影响。成本控制的基础工作有以下几个方面。

#### (一)定额制定

定额是企业在一定生产技术水平和组织条件下,人力、物力、财力等各种资源的消耗达到的数量界限,主要有材料定额和工时定额。成本控制主要是制定消耗定额,只有制定出消耗定额,才能在成本控制中起作用。工时定额的制定主要依据各地区收入水平、企业工资战略、人力资源状况等因素。在现代企业管理中,人力成本越来越大,工时定额显得特别重要。在工作实践中,根据企业生产经营特点和成本控制需要,还会出现动力定额、费用定额等。定额管理是成本控制基础工作的核心,建立定额领料制度,控制材料成本、燃料动力成本,建立人工包干制度,控制工时成本,以及控制制造费用,都要依赖定额制度。没有很好的定额,就无法控制生产成本;同时,定额也是成本预测、决策、核算、分析、分配的主要依据,是成本控制工作的重中之重。

#### (二)标准化工作

标准化工作是现代企业管理的基本要求,它是企业正常运行的基本保证,它促使企业的生产经营活动和各项管理工作达到合理化、规范化、高效化,是成本控制成功的基本前提。在成本控制过程中,下面四项标准化工作极为重要。

1. 计量标准化

计量是指用科学方法和手段,对生产经营活动中的量和质的数值进行测定,为生产经营,尤其是成本控制提供准确数据。如果没有统一计量标准,基础数据不准确,就无法获取准确成本信息,更无从谈控制。

2. 价格标准化

成本控制过程中要制定两个标准价格,一是内部价格,即内部结算价格,它是企业内部各核算单位之间,各核算单位与企业之间模拟市场进行"商品"交换的价值尺度;二是外部价格,即在企业购销活动中与外部企业产生供应与销售的结算价格。标准价格是成本控制运行的基本保证。

3. 质量标准化

质量是产品的灵魂,没有质量,再低的成本也没有意义。成本控制是质量控制下的成本控制,没有质量标准,成本控制就会失去方向,也谈不上成本控制。

4. 数据标准化

制定成本数据的采集过程,明晰成本数据报送人和入账人的责任,做到成本数据按时报送,及时入账,数据便于传输,实现信息共享;规范成本核算方式,明确成本的计算方法;对成本的书面文件按照国家公文格式,统一表头,形成统一的成本计算图表格式,做到成本核算结果准确无误。

#### (三)制度建设

在市场经济中,企业运行的基本保证:一是制度;二是文化。制度建设是根本,文化建设是补充。没有制度建设,就不能固化成本控制运行,就不能保证成本控制质量。成本控制中最重要的制度是定额管理制度、预算管理制度、费用申报制度等。在实际中,制度建设涉及两个问题:一个是制度不完善,在制度内容上,制度建设更多地从规范角度出发,看起来像命令。正确的做法应该是制度建设要从运行出发,这样才能使责任人找准位置,便于操作。另一个是制度执行不到位,老是强调管理基础差、人员限制等客观原因,一出现利益调整内容,就收缩起来,导致制度形同虚设。

### 四、成本控制的重要性

**(一)成本控制是企业增加盈利的根本途径,直接服务于企业的目的**

无论在什么情况下,降低成本都可以增加利润。即使是不完全以营利为目的的政府企业,如果成本很高,不断亏损,其生存受到威胁,也难以在调控经济、扩大就业和改善公用事业等方面发挥作用,同时还会影响国家财政,加重纳税人负担,对国计民生不利,失去其存在的价值。

**(二)成本控制是抵抗内外压力,求得生存的主要保障**

企业外有同业竞争、政府课税和经济环境逆转等不利因素,内有职工改善待遇和股东要求分红的压力。企业用以抵御内外压力的武器主要是降低成本、提高产品质量、创新产品设计和增加产销量。提高售价会引发经销商和供应商相应的提价要求和增加流转税的负担,而降低成本可避免这类压力。

**(三)成本控制是企业发展的基础**

企业成本低了,可减价扩销,经营基础巩固了,才有力量去提高产品质量,创新产品设计,寻求新的发展。许多企业陷入困境的重要原因之一,是在成本失控的情况下盲目发展,一味在促销和开发新品上冒险,一旦市场萎缩或决策失误,企业没有抵抗能力,很快就垮下去了。

相关案例 12-1

**枣庄矿业集团实施标准成本控制管理**

山东枣庄矿业集团公司是全国煤炭系统首家率先实施标准成本控制管理方法的煤炭公司。该公司铁运处根据要求积极充实完善了标准成本控制考核结算方法。

按照标准成本的定义,铁运处通过统计分析往年成本支出数据,调查现有实际运营成本和理论技术测定的方法,结合本处现有的运量和实际运用设备,确立了标准成本的项目和开支范围,编制了标准成本目录,核定了单位标准用量。根据处标准成本管理控制试行办法,结合年初下达的经营指标分解指标,各二级主体单位测算、制定出了本部门的成本标准,按照标准成本的内容,将任务落实到各生产岗位,把目标控制到各生产业务流程,对各项可控成本分类细化到最末端,凡是影响成本升降,大到原材料,小到低值易耗品,都要明确责任人和控制目标。

通过几个月的试行推广,全处上下努力,做到事事讲节约,人人有指标,处处有考核,有效地起到了成本管理的事前预测、事中控制和事后分析的管理效能,实现了全员、全过程成本控制,避免了在生产运输环节中各种费用要素的无谓浪费,进一步优化了资源配置。

## 第二节 成本控制的方法

### 一、成本控制方法概述

成本控制方法是指完成成本控制任务和达到成本控制目的的手段。成本控制方法是多种多样的,不同的阶段、不同的问题,所采用的方法是不一样的。即使同一个阶段,对于不同的控制对象或出于不同的管理要求,其控制方法也不尽相同。例如,仅就事前控制来说,有用于产量或销售问题的本量利分析法;有用于产品设计和产品改进的价值分析法;有解决产品结构问题的线性规划法;有用于材料采购控制的最佳批量法。因此,对于一家企业来说,具体选用什么方法,应视本单位的实际情况而定,必要时还可以自己设计出一个适合自己需要的特殊方法。

选择成本控制方法需要先了解成本的特性与分类,通常从以下三个方面考虑:

(1) 成本发生的变动性与固定性。变动成本随产量的变动而变化,固定成本则不受产量因素的影响。

(2) 成本对产品的直接性和间接性。直接生产成本与产品生产直接相关,间接生产成本与产品生产相关性不明显。

(3) 成本的可控性和不可控性。可控成本与不可控成本随时间条件的变化会发生相互转化。

对于变动成本,如直接材料、直接人工,可采取按消耗定额和工时定额进行控制的方法。对于固定成本,如固定制造费用,则可采取按计划或预算进行控制的方法。从成本控制的范围来讲,直接生产成本可将指标分解落实到生产班组、员工,间接生产成本则应分类将指标分解落实到有关职能部门及员工。从成本的可控性来讲,需按不同的责任层次、管理范围落实成本责任,使归口控制的成本对各责任单位来讲具有可控性,真正起到控制的作用。

实行成本控制的步骤为:制定并下达成本标准,作为控制的依据;发动员工积极参与成本标准的实现;根据成本标准审核成本开支,防止损失浪费的发生;计算脱离成本标准的差异,分析其发生原因,确定责任归属;修改成本标准,改进成本控制方法,使成本进一步降低。

实行成本控制要求企业各级管理人员重视成本控制工作,保持成本标准的先进合理性,建立健全经济责任制,明确权责划分和奖惩办法,树立全面经济核算观点,正确处理产量、质量和成本的关系。

### 二、成本控制的主要方法

1. 绝对成本控制法

绝对成本控制法是指把成本支出控制在一个绝对金额中的成本控制方法。标准成本和预算控制是绝对成本控制的主要方法。

2. 相对成本控制法

相对成本控制法是指企业为了增加利润,要从产量、成本和收入三者的关系来控制成本的方法。

实行相对成本控制法，一方面可以了解企业在多大的销量下收入与成本的平衡；另一方面可以知道当企业的销量达到多少时，企业的利润最高。所以，相对成本控制法是一种更行之有效的方法，它不仅是基于实时实地的管理思想，更是从前瞻性的角度，服务于企业战略发展的管理来实现成本控制。

3. 全面成本控制法

全面成本控制法是指对企业生产经营所有过程中发生的全部成本、成本形成的全过程，企业内所有员工参与的成本控制方法。

企业应围绕财富最大化这一目标，根据自身的具体实际和特点，建立管理信息系统和成本控制模式，确定以成本控制方法、管理重点、组织结构、管理风格、奖罚办法等相结合的全面成本控制体系，实施目标管理与科学管理相结合的全面成本控制制度。

4. 定额法

定额法是指以事先制定的产品定额成本为标准，在生产费用发生时，就及时提供实际发生的费用脱离定额耗费的差异额，让管理者及时采取措施，控制生产费用的发生额，并且根据定额和差异额计算产品实际成本的一种成本计算和控制的方法。

5. 本量利分析法

本量利分析法是在成本性态分析和变动成本法的基础上发展起来的，主要研究成本、销售数量、价格和利润之间数量关系的方法。它是企业进行预测、决策、计划和控制等经营活动的重要工具，也是管理会计的一项基础内容。

6. 成本企划法

成本企划法实质是成本的前馈控制，即先确定一定的方法和步骤，根据实际结果偏离目标值的情况和外部环境变化采取相应的对策，调整先前的方法和步骤，然后针对未来的必达目标，据此对目前的方法与步骤进行弹性调整，因而是一种先导性和预防性的控制方法。

7. 目标成本法

目标成本法是日本制造业创立的成本管理方法，是以给定的竞争价格为基础决定产品的成本，以保证实现预期的利润，即先确定客户会为产品或服务所付的价款，然后再设计能够产生期望利润水平的产品、服务及运营流程。

### 三、生产成本控制的方法

#### （一）生产成本控制的主要方法

1. 定额成本法

（1）劳动工时定额。职工生产单位时间内应完成的产品数量。

（2）物质消耗定额。物质消耗定额包括原材料消耗定额、能源消耗定额、工具消耗定额、保用品消耗定额。

（3）人员定额。物质消耗定额包括单位作业时间内规定的从事作业人员。

（4）作业定额。作业定额包括生产作业计划期量、在制品、半成品期量。

2. 标准成本法

标准成本法是把生产过程开始之前的事前计划，生产过程进行的事中控制和生产过程完成之后的事后计算和分析有机结合起来的一种成本计算方法。有了标准成本，就可以把它作为事中控制和事后计算的基准,并一步分析差异的原因,为管理决策提供有用的差别成本信息。

标准成本法一般适用于产品品种较少的大批量生产企业,尤其是存货品种变动不大的企业,并且对企业的管理有很高的要求。而单件、小批和试制性生产企业因为要反复制定、修改标准成本,得不偿失,比较少采用。

标准成本要按照直接材料、直接人工和制造费用分别制定。每个项目都要确定标准数量和标准价格,再把它们的乘积作为该项目的标准成本。正常和即期的标准成本都应当制定得合理、恰当。太高的标准难以实现,高不可攀,适得其反,会挫伤员工的积极性;太低的标准为懒惰、低效率和浪费开了方便之门,影响了企业的效益。为了制定合适的标准,必须全厂各部门共同努力,技术部门与执行标准的员工共同确定数量标准,财会部门和有关部门共同确定价格标准,在企业经理领导下,各部门沟通、协商,共同制定出经过努力可以达到的标准成本。

3. 目标成本法

目标成本法是对产品进行利润计划和成本管理的方法。目标成本法的目的是研发及设计阶段设计好产品的成本,而不是试图在制造过程降低成本。目标成本的计算公式如下:

目标成本＝目标售价－目标利润
目标成本＝预计销售收入－应交税金－目标利润
目标利润＝预计销售收入×目标销售利润率

目标成本管理的核心在于目标成本的制定和目标成本的分解,产品各零件、部件的目标成本按价值分析方法获取。

4. 作业成本法

作业成本法是20世纪80年代初期在国外的一些公司中开始萌芽的,至今已有30多年的历史。在这30多年的发展过程中,作业成本法在许多先进的公司中得以实施,并取得了卓越的成效。

作业成本法先将企业所消耗的制造费用通过资源动因分配到作业,形成作业的成本,然后再将作业的成本通过作业成本动因分配到成本对象,形成成本对象的成本。通过这一过程,作业成本法改进了传统的成本分配方法采用单一成本分配基础(如直接人工小时、机器小时等)的弱点,力图找到资源消耗与成本对象之间的因果关系,从而得到更加精确的产品成本。

5. 价值工程法

人们买商品,并非买物品"本身",而是在买它的"机能""用途""作用",也就是它的"价值"。怎样用最低的"成本"来达到产品需要的"机能"? 这是价值工程法要考虑的核心问题。

(1) 价值工程的四项原则:①价值原则。所有的对象都有不经济,不合理的地方,都可以使成本更低。②标准化原则。扩大标准件,减少专用件;减少自制件,扩大外购件;减少品种、规格、用料、用人。③排除原则。去掉无用、多余、过量的功能、生产方式和组织方式。④替代原则。在保持相同的性能和要求下,研究用不同的零件、不同的材料、不同的用人、地点、运输方式等。

（2）价值分析的内容：①是什么。②有什么用处。③要达到什么质量功能。④结构、形状可否改变。⑤尺寸可否改变。⑥公差或加工记号是否要求过分。⑦可否改变设计，去掉无用零件。⑧有无可改作标准件、通用件、外购件。⑨能否合并或减少零件。⑩有无更好的替代加工方法。⑪有无更易加工的材料。⑫有无更便宜的材料。⑬有无可替代的新材料。⑭有无减少加工、检验、装配的工具。

6．减少浪费法

半成品堆积如山，生产线却停工待料；成品积压，客户却天天催货；放在旁边的是不需要做的，需要做的却不在旁边；一边交期紧急，一边返工返修不断；很容易买到的螺栓、螺母却保留一两年的用量；整批产品常常因为一两个零件而搁浅耽误；有人没事做，有事没人做。这些在企业里常见的现象，都是浪费。浪费就是不产生增加价值的加工、动作、方法、行为和计划。

在企业里浪费通常有以下几个方面：

（1）过量生产造成的浪费。只考虑本工序生产方便，不考虑下道工序，特别是装配的实际需要；只考虑本工序的尽其所能，忽略了上下道工序间的平衡和配套；多劳多得造成生产者"提前和超额"；超出下道工序需要的数量；考虑员工工作安排生产以后要用的产品；计划失误、信息传递失误造成的浪费；害怕换模生产超出实际需要、以后需要的产品；强烈的本位主义，忽视计划的安排和调度。

（2）过剩的浪费。设计过剩；品质过剩；检查过剩；设备精度过剩；包装过剩。

（3）等待的浪费。①分工过细的等待：工作分配找调度员，维修找机修工，检验找检验员，换模找调整工等。②设备的等待：闲置、空余，时工时停，只停不开。③物料的等待：仓库里、现场久放不用的材料、在制品。④场地的等待：未能产生使用效果的空地、建筑物。⑤时间的等待：上下道工序没有衔接造成的脱节。⑥人员的等待：有事没人做，有人没事做。

（4）加工的浪费。负荷不足、经常空转的流水线；机床运转中过长、过高的行程；超过设计要求的加工精度；用大型精密设备加工普通零件；用高效率设备加工一般数量零件；超过产品本身价值的包装；建筑物过于保守的隐蔽工程、没有作用的装饰。

（5）搬运的浪费。中转环节过多，包括重复地放置、堆放、移动、整理；车间及设备平面布局不合理的往返运输；搬运工具不合理、搬运容器不合理；计划不周及不良品增多造成的搬运。

（6）库存的浪费。大部分企业资金不足的原因是其资金全部变成了库存被"贮存"起来了。

（7）动作的浪费。

（8）产品缺陷的浪费。产品报废带来的损失；返工返修带来的人员工时的损失；材料的损失；额外检查的损失；设备占用的损失；可能造成降级降价的损失。

**（二）在生产成本控制过程中应遵守两个基本原理**

（1）控制成本发生的过程（过程控制方法 PDCA 循环）。

（2）持续地降低和保持，最终使成本降到尽可能低的水平。

**（三）在生产成本控制过程中需要解决四个基本问题**

（1）浪费源和提高成本因素是否得到识别和确定。

（2）如何消除或减少这些浪费源和提高成本因素。

(3) 是否已经消除了这些浪费源和提高成本因素。
(4) 已降低的成本水平是否得到持续控制和保持。

**(四) 四个核心控制方法**
(1) 成本管理的核心就是把成本降到尽可能低的水平并保持已降低的成本水平。
(2) 降低和保持成本的核心就是控制提高成本因素。
(3) 控制提高成本因素的核心就是全面、系统、充分和准确地识别和确定和提高成本因素(包括浪费和浪费源)。
(4) 识别和确定提高成本因素的核心就是了解和掌握成本因素的发生过程和原因。

# 第三节 标准成本制度及其制定

12.2 视频：标准成本——企业制定销售价格、预算和考核的依据

标准成本制度是在泰罗的科学管理制度的影响下于20世纪初在美国产生的,随着该制度内容的不断发展和完善,逐渐被西方国家的企业广为采用,并成为企业日常成本管理中应用最为普遍和有效的一种成本控制制度。标准成本制度是针对实际成本计算系统不能提供成本控制确切信息的缺点而研究出来的一种成本控制制度,该制度是工业经济发展的产物,是支撑基于物质资本逻辑的工业经济发展的主要管理制度之一。

## 一、标准成本制度概述

### (一) 标准成本制度的定义

标准成本制度是以健全的生产、工程、技术测定等科学方法制定的标准成本为基础,将实际发生的成本与标准成本进行比较,揭示和分析成本差异,并对成本差异进行账务处理的一种成本控制制度。标准成本制度是成本中心业绩评价的基础。

### (二) 标准成本制度的内容

标准成本制度的主要内容包括标准成本的制定、成本差异计算与分析、成本差异的账务处理三部分。其中,标准成本的制定属于成本的前馈控制,成本差异计算与分析属于成本的反馈控制,成本差异的账务处理则是成本的日常核算功能。因此,标准成本制度实现了对成本前馈控制、反馈控制及核算功能的有机结合。

### (三) 标准成本制度的步骤

(1) 根据健全的生产、工程、技术测定等科学方法制定单位产品标准成本。
(2) 依据每种产品的实际产量和单位标准成本计算每种产品的标准成本。
(3) 汇总计算每种产品的实际成本。
(4) 计算每种产品标准成本与实际成本的差异。
(5) 分析每种产品差异产生的原因。
(6) 对每种产品的标准成本及其差异进行账务处理。
(7) 向每种产品成本的负责人及其领导提供成本报告。

### (四) 标准成本制度的作用

**1. 有利于简化成本核算**

在标准成本制度下,企业对各项成本差异单独设置账户进行归集,在期末一次性调整,从而大大简化了日常成本核算的工作。与此同时,由于标准成本和成本差异分别列示,企业日常的成本核算可以免受实际业务的干扰。

2. 有利于对各标准成本中心进行业绩评价

标准成本制度将标准成本中心划分为不同的级别(制造业的级别是工厂、车间、工段、班组等),每一级别的标准成本中心都能揭示出标准成本差异,这样可以对每一级别的标准成本中心及其成员的业绩进行合理的评价与考核。

3. 有利于进行成本控制

根据科学方法制定的标准成本既剔除了过去存在的浪费和不合理支出,又考虑了未来发展趋势和应采取的措施,因此标准成本在作为事前成本控制主要手段的同时,也成为了事中成本控制的主要依据。标准成本制度可以合理配置企业资源,促进企业成本优化目标的实现。

4. 有利于进行经营决策

一方面,标准成本制度体现了成本要素合理配置的标准成本,既可以作为确定产品价格的依据,又可以作为企业进行本量利分析的原始数据资源;另一方面,标准成本制度便于企业管理当局根据成本差异分析情况,作出采取新工艺、新操作、新技术的决策以控制成本。

## 二、标准成本概述

### (一)标准成本的制定

标准成本是依据体现企业已经达到的生产技术水平和有效经营管理的各生产流程的操作规范,利用健全的生产、工程、技术测定(包括时间及动作研究、统计分析、工程实验等方法)等科学方法确定的按照成本项目反映的应当发生的单位产品成本目标。

标准成本是用来评价实际成本、衡量工作效率的一种预计成本。一方面,标准成本剔除了不应该发生的浪费和不合理支出;另一方面,标准成本考虑了未来发展趋势和应采取的措施,因此标准成本能够体现企业的目标和要求。

标准成本一般是由会计部门会同采购部门、技术部门和其他相关的经营管理部门,在对企业生产经营的具体条件进行分析、研究和技术测定的基础上采用科学的方法共同制定的。

标准成本亦称"价格标准"或"成本标准",是指单位产品的标准成本,是根据单位产品的标准消耗量和标准单价计算出来的。其计算公式如下:

$$标准成本=单位产品标准成本=单位产品标准消耗量\times 标准单价$$

### (二)标准成本的种类

1. 理想标准成本

理想标准成本是以现有技术、设备和经营管理达到最优状态为基础确定的最低水平的成本。理想标准成本制定的依据是材料无浪费、设备无事故、产品无废品、工时全有效的最优生产条件和理想生产要素价格。其中,设备无事故是指理论上可能达到的设备利用程度,只扣除不可避免的机器修理、改换品种、调整设备等时间,而不考虑产品销售不佳、生产技术故障等造成的影响;工时全有效是指最熟练的工人在岗全力以赴工作;理想生产要素价格是指原材料、劳动力等生产要素在计划期间最低的价格水平。

理想标准成本的主要用途在于提供一个完美无缺的目标以揭示实际成本下降的潜力,这意味着即使全体职工共同努力也常常无法达到理想标准成本,因此这种成本不宜作为现实考核的依据。

2. 正常标准成本

正常标准成本是以正常的技术、设备和经营管理水平为基础,根据下期一般发生的生产要素消耗量、生产要素预计价格和预计的生产经营能力利用程度制定的标准成本。与理想标准成本相比,这种标准成本在制定时考虑了生产经营中一般难以避免的损耗和低效率。因此,正常标准成本大于理想标准成本,它是经过一定努力可以达到的成本,可以调动职工的积极性。正常标准成本的采用是有条件的,即国内外政治经济形势稳定、企业生产经营比较平稳。

在标准成本制度中,广泛使用正常标准成本。它具有以下特点:

(1) 客观性和科学性。正常标准成本是用科学方法根据客观实验和过去实践经验充分研究后制定出来的,因此具有客观性和科学性。

(2) 现实性。正常标准成本排除了各种偶然性和意外情况,又保留了目前条件下难以避免的损失,代表正常情况下的消耗水平,因此具有现实性。

(3) 激励性。正常标准成本是应该发生的成本,可以作为评价业绩的尺度,成为督促职工努力争取的目标,因此具有激励性。

(4) 稳定性。正常标准成本可以在工艺技术水平和管理有效性水平变化不大时持续使用,不需要经常修订,因此具有稳定性。

3. 现实标准成本

现实标准成本是在正常标准成本基础上,根据现行期间最可能或应该发生的生产要素价格、生产经营效率和生产经营能力利用程度而制定的标准成本。该成本是期望可以达到的标准成本,即它是一种经过努力可以达到的既先进又合理,切实可行且接近现实的成本。现实标准成本包含了企业在目前的生产经营条件下还不能避免的某些不应有的低效率、失误和过量的消耗,因此在数量上该成本大于正常标准成本。

在这三种标准成本中,理想标准成本小于正常标准成本,而正常标准成本又小于现实标准成本。现实标准成本是一种经过努力可以达到的既先进又合理,切实可行且接近现实的成本,因此该成本在实际工作中被广为采用。

### (三) 标准成本的一般公式

产品标准成本的制定通常按完全成本法成本项目进行,主要有直接材料、直接人工和制造费用三个项目。

制定标准成本,通常首先确定直接材料和直接人工标准成本;其次制定制造费用标准成本;最后确定单位产品的标准成本。

无论是哪一个成本项目,在制定时都需要分别确定其用量标准和价格标准,两者相乘即每个成本项目的标准成本,各个成本项目的标准成本汇总后得出单位产品的标准成本。用量标准包括单位产品消耗量、单位产品直接人工工时等,主要由生产技术部门主持制定,吸收标准执行部门与相关职工参加。价格标准包括原材料单价、小时工资率、小时制造费用率等,由会计部门和有关部门共同研究制定。其中,材料单价的制定与采购部门协商,小时工资率的制定与劳资部门和生产部门协商,小时制造费用率的制定与各生产车间协商。标准成本的计算公式如下:

$$某一成本项目标准成本 = 该成本项目的用量标准 \times 该成本项目的价格标准$$

$$单位产品标准用量 = \sum(该成本项目的用量标准 \times 某成本项目的价格标准)$$

$$= 直接材料标准成本 + 直接人工标准成本 + 制造费用标准成本$$

具体成本项目的标准成本公式如下:

$$直接材料标准成本 = 直接材料用量标准 \times 直接材料价格标准$$

$$直接人工标准成本 = 工时用量标准 \times 工资率标准$$

其中:　　$$工资率标准 = 标准工资总额 \div 标准总工时$$

$$变动制造费用标准成本 = 工时标准 \times 变动制造费用标准分配率$$

$$固定制造费用标准成本 = 工时标准 \times 固定制造费用标准分配率$$

其中:　　$$固定制造费用标准分配率 = 固定制造费用预算总额 \div 标准总工时$$

### 三、标准成本的制定

#### (一) 直接材料标准成本的制定

直接材料标准成本由直接材料用量标准和直接材料价格标准两个因素决定。

1. 直接材料用量标准的制定

直接材料用量标准,是指企业在现有生产技术条件下,由产品设计部门、工艺技术部门和使用原材料的员工共同研究后确定的生产单位产品所需耗用的各种直接材料的数量,即材料的消耗定额。这一标准包括形成产品实体必不可少的材料消耗量,以及难以避免的各种损失。

直接材料用量标准一般根据企业产品的设计、生产、工艺及企业经营管理水平的现状,考虑成本优化(尤其是成本降低)的要求和材料在使用过程中发生的边角料等必要损耗,以产品的零部件为对象制定的各种原材料的消耗定额。

2. 直接材料价格标准的制定

直接材料的价格标准,是指以采购合同价格为基础,预计未来的各种变动因素由会计部门、质量管理部门和采购部门共同协商确定的取得某种材料所应支付的单位价格,即标准单价。直接材料价格标准一般包括材料买价、运杂费和正常损耗等成本,是取得材料的完全成本。

3. 直接材料标准成本的计算公式

直接材料标准成本根据确定的用量标准和材料价格标准确定,具体计算公式如下:

$$某单位产品耗用的某种材料标准成本 = 该种材料用量标准 \times 该种材料价格标准$$

$$某单位产品耗用的直接材料标准成本 = \sum 该种产品耗用的各种材料标准成本$$

$$= \sum(某种材料用量标准 \times 某种材料价格标准)$$

具体成本项目的标准成本公式如下：

直接材料标准成本＝直接材料用量标准×直接材料价格标准

直接材料标准成本如表 12-1 所示。

表 12-1　　　　　　　　　直接材料标准成本

| 标　　准 | A 材料 | B 材料 |
|---|---|---|
| 价格标准:元 | | |
| 预计发票价格 | 9.6 | 5.5 |
| 装卸检验费等 | 1.2 | 1.1 |
| 正常损耗等 | 0.4 | 0.4 |
| 每千克标准价格 | 11.2 | 70.0 |
| 用量标准:千克 | | |
| 图纸或设计用量 | 9.5 | 6.0 |
| 允许损耗量 | 1.5 | 1.0 |
| 单位产品标准用量 | 11.0 | 7.0 |
| 成本标准:元/千克 | | |
| 材料甲(11.2×11) | 123.2 | |
| 材料乙(7×7) | | 49.0 |
| 直接材料标准成本 | 172.2 | |

### （二）直接人工标准成本的制定

直接人工标准成本由人工工时用量标准与直接人工价格标准两个因素决定。

1. 直接人工用量标准的制定

直接人工用量标准是单位产品的标准工时，是指在现有生产技术条件下，考虑提高劳动生产率的要求，按照产品的加工工序分别制定的单位产品所需用的标准工作时间。产品的加工工序时间一般包括产品加工必不可少的时间、上下工序停留时间、机器设备的清理停工时间、生产工人必要的工间休息时间，不可避免的废品所耗用的时间。单位产品耗用的各工序标准工时由工程技术部门和生产部门以作业研究和工时研究为基础参考有关的统计资料制定的。

2. 直接人工价格标准的制定

直接人工价格标准是指由劳动工资部门根据用工情况制定的标准工资率。在不同的工资制度下，工资率标准的具体内容有一定的差异。

在计件工资制下，标准工资率就是单位产品所支付的生产工人计件工资单价除以产品工时标准；在计时工资制下，标准工资率就是单位工时标准工资率，它是由标准工资总额除以标准总工时来计算的，即：

标准工资率＝标准工资总额÷标准总工时

3. 直接人工标准成本的计算公式

单位产品直接人工标准成本＝人工工时用量标准×该产品标准工资率

直接人工标准成本如表 12-2 所示。

表 12-2 　　　　　　　　　　直接人工标准成本

| 标　　准 | 第一工序 | 第二工序 |
|---|---|---|
| 生产工人人数（人） | 18.0 | 24.0 |
| 每人每月工时（小时）(25.5×8) | 204.0 | 204.0 |
| 出勤率（%） | 98.0 | 98.0 |
| 每人平均实际工时（小时） | 200.0 | 200.0 |
| 每月工时总额（小时） | 3 600.0 | 4 800.0 |
| 每月工资总额（元） | 28 800.0 | 60 000.0 |
| 每小时工资（元） | 8.0 | 12.5 |
| 单位产品工时（小时） | | |
| 　加工作业时间 | 16.0 | 22.0 |
| 　设备调整时间 | 1.0 | 1.0 |
| 　工间休息时间 | 0.5 | 0.5 |
| 　其他工时 | 0.5 | 0.5 |
| 　单位产品工时合计 | 18.0 | 24.0 |
| 直接人工标准成本（元） | 144.0 | 300.0 |
| 合　　计 | 444.0 | |

（三）制造费用标准成本的制定

制造费用的标准成本又称制造费用预算，需要按照部门分别编制，由制造费用的用量标准和制造费用的价格标准两个因素决定。某种产品制造费用的标准成本是将生产该产品的各个部门单位制造费用标准加以汇总而得。各部门制造费用标准成本由变动制造费用标准成本和固定制造费用标准成本两部分组成，两者在完全成本法和变动成本法下的各自处理是不同的。

1. 变动制造费用标准成本的制定

变动制造费用的用量标准通常采用单位产品直接人工工时标准，这一标准应该与变动制造费用保持良好的线性关系。变动制造费用的用量标准除了单位产品直接人工工时标准，还有机器工时或其他用量标准。

变动制造费用的价格标准即标准分配率，是根据变动制造费用预算和直接人工总工时计算所得，即：

变动制造费用标准分配率＝变动制造费用预算总额÷标准总工时

单位产品变动制造费用标准成本 ＝ 该产品所耗用人工工时标准成本 × 变动制造费用标准分配率

变动制造费用标准成本如表 12-3 所示。

表 12-3　　　　　　　　　　　变动制造费用标准成本

| 部　　门 | 第一车间 | 第二车间 |
|---|---|---|
| 变动制造费用预算(元) | | |
| 消耗材料 | 1 200.0 | 2 400.0 |
| 间接人工 | 800.0 | 2 800.0 |
| 燃料 | 550.0 | 1 300.0 |
| 电力 | 700.0 | 2 200.0 |
| 运输 | 550.0 | 1 200.0 |
| 其他 | 160.0 | 660.0 |
| 合计 | 3 960.0 | 10 560.0 |
| 生产量标准(人工小时) | 3 600.0 | 4 800.0 |
| 变动制造费用标准分配率 | 1.1 | 2.2 |
| 直接人工用量标准(人工小时) | 18.0 | 24.0 |
| 变动制造费用标准成本(元) | 19.8 | 52.8 |
| 合　　计 | 72.6 | |

2. 固定制造费用标准成本的制定

在变动成本法下，固定制造费用属于期间成本，因此不计入产品成本。变动成本法下的固定制造费用不存在标准分配率问题，固定制造费用的控制通过预算管理来进行。

在完全成本法下，固定制造费用需要计入产品成本，并制定其标准成本。为了进行差异分析，固定制造费用的用量标准与变动制造费用的用量标准要保持一致。固定制造费用标准分配率根据固定制造费用预算和直接人工标准总工时计算所得，即：

固定制造费用标准分配率＝固定制造费用预算总额÷标准总工时

单位产品固定制造费用标准＝该产品所耗用人工工时标准成本×固定制造费用标准分配率

固定制造费用标准成本如表 12-4 所示。

表 12-4　　　　　　　　　　　固定制造费用标准成本

| 部　　门 | 第一车间 | 第二车间 |
|---|---|---|
| 固定制造费用(元) | | |
| 管理人员工资 | 600.00 | 1 300.00 |
| 间接人工 | 400.00 | 1 900.00 |
| 折旧费 | 300.00 | 550.00 |
| 保险费 | 300.00 | 1 000.00 |
| 其他 | 128.00 | 530.00 |
| 合计 | 1 728.00 | 5 280.00 |
| 生产量标准(人工小时) | 3 600.00 | 4 800.00 |
| 固定制造费用标准分配率 | 0.48 | 1.10 |
| 直接人工用量标准(人工小时) | 18.00 | 24.00 |
| 部门固定费用标准成本(元) | 8.64 | 26.40 |
| 合　　计 | 35.04 | |

3. 标准成本卡及单位标准成本的制定

单位产品的标准成本一般根据已经确定的直接材料、直接人工和制造费用的标准成本来确定。在通常情况下,每一种产品设置一张标准成本卡,单位产品标准成本的构成通过标准成本卡反映。标准成本卡为生产部门、会计部门、仓库等领用材料、分派人工、支出费用提供依据。

根据表 12-1 至表 12-4,编制甲产品标准成本卡如表 12-5 所示。

表 12-5　　　　　　　　　　甲产品标准成本卡　　　　　　　　　　单位:元

| 成本项目 | 用量标准 | 价格标准 | 标准成本 |
| --- | --- | --- | --- |
| 直接材料: | | | |
| A 材料 | 11.00 | 11.20 | 123.20 |
| B 材料 | 7.00 | 7.00 | 49.00 |
| 小计 | | | 172.20 |
| 直接人工: | | | |
| 第一车间 | 18.00 | 8.00 | 144.00 |
| 第二车间 | 24.00 | 12.50 | 300.00 |
| 小计 | | | 444.00 |
| 制造费用: | | | |
| 变动费用(第一车间) | 18.00 | 1.10 | 19.80 |
| 变动费用(第二车间) | 24.00 | 2.20 | 52.80 |
| 小计 | | | 72.60 |
| 固定费用(第一车间) | 18.00 | 0.48 | 8.64 |
| 固定费用(第二车间) | 24.00 | 1.10 | 26.40 |
| 小计 | | | 35.04 |
| 单位产品标准成本合计 | | 723.84 | |

## 第四节　作业成本法

### 一、作业成本法产生的时代背景

作业成本法的基本思想最早由美国会计学者科勒在 20 世纪 30 年代末 40 年代初提出,但对它的全面研究却是 20 世纪七八十年代的事情,它在企业中的应用则始于 20 世纪 80 年代末期。新技术革命和日趋激烈的市场竞争,以及由此带来的企业生产经营管理思想和方法的深刻变革,都要求成本会计进行变革,呼吁新的成本计算方法的出现。于是,从作业消耗资源,产品消耗作业,生产导致作业的发生,作业导致成本的发生这一基本认识出发,以作业量为成本分配基础,以作业为成本计算的基本对象,旨在为企业作业管理提供更为相关,相对准确的成本信息的成本计算方法——作业成本法就应运而生了。

作业成本法的本质就是要确定分配间接费用的合理基础——作业,并引导管理人员将注意力集中在发生成本的原因——成本动因上,而不是仅仅关注成本结果本身;通过作业成本计算和有效控制,来克服传统的以交易或数量为基础的成本系统中间接费用责任不清的缺陷,将以前的许多不可控间接费用变成可控的。因此,可以说作业成本法的产生是一场真正的成本会计革命。

## 二、作业成本法的基本概念

要了解作业成本法就必须先了解其所使用的一些特有的概念。现分述如下。

### (一) 作业

"作业"是作业成本法下最基本的概念,是进行作业成本计算的核心和基础。一般认为,作业是企业为了提供一定数量的产品或劳务所消耗的人力、技术原材料、方法和环境的集合体。通俗地讲,作业也就是基于一定目的,以人为主体,消耗一定资源的特定范围内的工作。常见的作业可以分为以下四类。

1. 单位作业

单位作业是使单位产品受益的作业,此类作业是重复性的,每生产一单位产品即需要作业一次,所消耗成本将随产品数量而变动,与产品产量成比例变动,如直接材料、直接人工等。

2. 批次作业

批次作业是使一批产品受益的作业。如对每批产品的检验、机器准备、原材料处理、订单处理等。这些作业的成本与产品的批数成比例变动。

3. 产品作业

产品作业是使某些产品受益的作业,如对每一种产品编制数控规划、材料清单等。这种作业的成本与产品产量及批数无关,但与产品项目成比例变动。

4. 维持性作业

维持性作业是使某个机构或某个部门受益作业,它与产品的种类和某种产品的多少无关。

### (二) 作业链和价值链

与作业相关联的概念是作业链和价值链概念。作业成本法认为,企业管理深入到作业层次以后,现代企业实质上就是一个为了满足顾客需要而建立的一系列有序的作业集合体,从而形成一个由此及彼,由内向外的作业链。作业链图示如图 12-1 所示。每完成一项作业要消耗一定量的资源,而作业的产出又形成一定的价值。最终产品,作为企业内部一系列需要的总产品,凝聚了在各个作业上形成而最终转移给顾客的价值。因此作业链也表现为价值链,作业

图 12-1 作业链图示

的推移也表现为价值在企业内部的逐步积累和转移,最后形成转移给外部顾客的总价值,这个总价值即产品的成本。

### (三) 成本动因

作业成本法的核心在于把"作业量"与传统成本计算系统中的"数量"(如人工工时、机器工时等)区别开来,并主张以作业量作为分配大多数间接成本的基础。1987 年,库珀和卡普兰提出了成本动因的概念。他们认为作业成本法要把区间成本与隐藏其后的推动力

联系起来,这种推动力就是成本动因。

成本动因就是决定成本发生的那些重要的活动或事项。成本动因可以是一个事件、一项活动或作业,它支配成本行为,决定成本的发生。所以,要把间接成本分配到各产品中去,必须要了解成本行为,识别恰当的成本动因。根据成本动因在资源流动中所处的位置,通常可将其分为资源动因和作业动因两类。

1. 资源动因

资源动因是指资源被各种作业消耗的方式和原因,它反映作业中心对资源的消耗情况,是资源成本分配到作业中心的标准。例如,如果人工方面的费用主要与从事各项作业的人数相关,可以按照人数来向各作业中心(作业成本库)分配人工方面的费用。在这里,从事各项作业的人数就是一个资源动因。

2. 作业动因

作业动因是指各项作业被最终产品或劳务消耗的方式和原因,它反映产品消耗作业的情况,是作业中心的成本分配到产品中去的标准。例如,如果在各种产品或劳务的每份订单上所消耗的费用基本相当,就可以按照订单份数来向各种产品或劳务分配订单作业成本。在这里,订单份数就是一项作业动因。

### 三、作业成本法的基本原理和一般程序

**(一) 作业成本法的基本原理**

作业成本法下,费用分配与归集是基于以下基本认识来进行的:
(1) 作业消耗资源,产品消耗作业。
(2) 生产导致作业的发生,作业导致成本的发生。

作业成本法对直接材料、直接人工等直接成本的核算与传统的成本计算方法并无不同,其特点主要体现在间接制造费用的核算上。

在传统作业成本计算方法下,对于间接制造费用,通常是在全厂范围内采用一个费用分配率进行一次性分配,或者是先将制造费用按生产部门归集,然后再按一系列的部门分配率进行分配。至于各生产部门制造费用分配的标准,则根据各生产部门的生产特点选取。例如,劳动密集型的部门以机器工时为制造费用的分配标准,以耗用原材料为主的部门以原材料成本为制造费用的分配标准等。

上述传统的制造费用分配方法最显著的特点是,假设制造费用的发生完全与生产数量相联系,因而它把直接人工工时、直接人工成本、机器工时、原材料成本或主要成本作为制造费用的分配标准。由此可见,传统的制造费用分配方法,满足的只是与生产数量相关的制造费用的分配。

在作业成本法下,对制造费用的核算进行了根本性变革。具体包括以下几点:
(1) 将制造费用由全厂统一或按部门归集和分配,改为由若干成本库分别进行归集和分配。
(2) 增加了分配标准,由单一标准(直接人工工时或机器工时等)分配改为按引起制造费用发生的多种成本动因进行分配。

作业成本法下,制造费用的核算分为两步:第一步,将制造费用计入作业基础成本库

中；第二步，得出和使用一系列作业成本动因分配率，将归集的成本——分配给各种产品。

由上述的 ABC 制造费用分配的基本运动程序可以看出，它的正确实施主要取决于作业成本库的选择，将制造费用归集到各作业成本库的中介标准的选择及作业成本动因的选择这三个方面的问题。

### （二）作业成本法的一般程序

根据上述作业成本法费用分配的原理，对作业成本法的一般程序进行以下说明：

(1) 在作业分析的基础上，确认作业和主要作业，划分作业中心。要实施作业成本法，应先对企业生产经营的全过程进行作业分析，确认作业和主要作业，并以主要作业为主体，将同质作业合并建立作业中心，以便按作业中心建立作业成本库。

(2) 以作业中心为成本库归集费用。根据作业分析所确定的作业中心建立作业成本库，并按照作业成本库来归集费用，计算各作业中心的作业成本。需要特别指出的是，在建立作业成本库时，应保证库内所归集的成本的同质性。同质性是指可以用共同的成本动因来解释库内所归集成本的动因。

在作业成本库建立之后，如何将各类资源的价值耗费向各该作业成本库（亦即向各作业成本库所代表的作业）进行分配，就成为本步骤的重要内容。按照作业成本的计算的规则，作业量的多少决定着资源的耗用量，资源耗用量的高低与最终产品的产出量没有直接关系。所以这一步骤分配资源的价值耗费的基础是反映资源消耗量与作业量之间关系的资源动因，即如何正确地确定资源动因是正确地将各类资源耗费分配计入各作业成本库的关键。

(3) 将作业成本库归集的成本分配计入最终产品或劳务，计算产品或劳务的成本。该成本计算步骤应遵循的作业成本计算规则是：产出量的多少决定着作业的耗用量，这种作业消耗量与产出量之间的关系即前文述及的作业动因。作业动因是将作业成本库成本分配到产品或劳务中去的标准，也是将作业消耗费与最终产出相沟通的中介。

## 四、作业成本法的优缺点

### （一）作业成本管理的优点

(1) 扩展了成本习性的概念。作业成本法用成本动因解释成本习性，把成本划分为短期变动成本、长期变动成本和固定成本三类。作业成本管理是把管理的重心深入到作业层，将作业作为企业管理的起点和核心，并假设企业所耗用的一切资源都是因作业而发生的。

(2) 使企业产品成本计算更正确。采用作业成本法计算产品成本，除直接材料、直接人工可直接归集于产品外，制造费用也分别按各项作业活动归集到同质的成本库中，然后分别选择合理的作业分配标准，将成本库中的制造费用分摊于产品中。成本分配标准更多、更具体，使许多传统的不可控的间接成本成为可控的直接成本，进而为成本控制提供更准确的信息。

(3) 优化了产品组合，提高了企业战略决策水平。产品组合决策是利用整个企业的"生产价值"来决定产品获利能力及优先生产次序。在作业成本法中，管理人员可以很容易地计算出直接归属产品的成本。

12.3 视频：如何通过作业成本法对企业流程进行管理与优化？

(4) 动态追踪分析。作业成本管理通过对所有作业活动进行动态追踪分析,从成本动因入手,目的是尽可能消除不增值作业,提高增值作业的效率,优化作业链和价值链,增加顾客价值,提供及时有用的信息,将损失、浪费减少到最低限度,从而提高决策、计算、控制的科学性和有效性,提高企业的市场竞争能力和盈利能力,增加企业价值,实现企业目标。

(二) 作业成本管理的缺点

(1) 成本管理的内向型局限。作业成本管理虽然深入到企业的作业层次,并提出作业链和价值链的概念,但它仍着重于企业内部生产领域的改善与控制,提高企业的内部效率,因此它仍属于内向型的管理,未能将成本控制扩大到企业的外部领域,也没能从长期的、产品全生命周期角度进行成本控制。

(2) 工作量大,实施成本高。作业成本管理的工作量大,企业作业过程复杂,作业中心多,成本动因基础数据收集的工作量很大,相对应的计量成本也高。

(3) 各作业中心之间成本协调、配套管理跟不上。有些企业过分注重公布成本因素的月变化情况,但在针对各个成本库和作业中心之间如何相互协调、控制成本产生的过程、削减成本费用方面,却缺少相应的措施和手段。

## 本 章 小 结

本章主要学习了:成本控制的内容;成本控制的方法;标准成本的一般公式;直接材料、直接人工、制造费用标准成本的制定;作业成本法的原理及程序。

## 本章重要概念

成本控制　绝对成本控制法　相对成本控制法　全面成本控制法　定额法　本量利分析法
定额成本法　标准成本法　作业成本法　目标成本法

# 第十三章　财务管理方法

- ➢ 内容提要
- ➢ 重点难点
- ➢ 学习目标
- ➢ 知识框架
- ➢ 思政育人
- ➢ 第一节　财务管理方法概述
- ➢ 第二节　财务预算
- ➢ 第三节　财务分析
- ➢ 第四节　业绩评价
- ➢ 本章小结
- ➢ 本章重要概念

## 内容提要

本章主要讲解了财务管理方法概述，财务预算的不同编制方法，财务分析的短期偿债能力、长期偿债能力指标、营运能力指标、盈利能力指标及杜邦财务综合分析，成本中心、利润中心、投资中心及基于EVA的业绩评价等内容。

## 重点难点

本章重点为财务预算的编制方法和财务指标分析；难点为财务指标分析。

## 学习目标

通过本章学习，学生应掌握不同的预算编制方法及财务指标的计算；了解财务管理方法概述和业绩评价。

## 知识框架

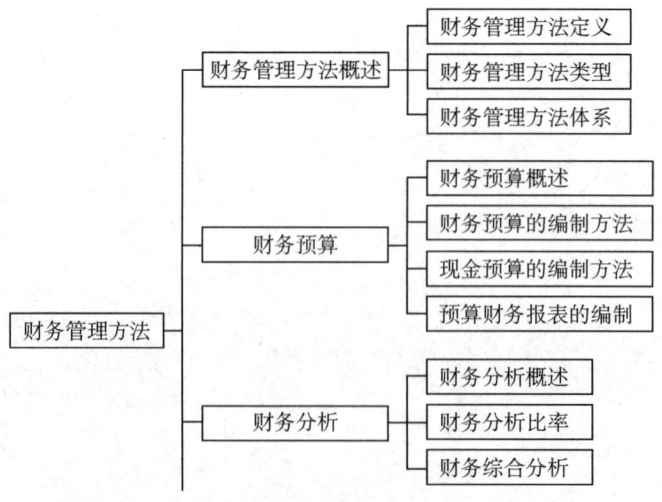

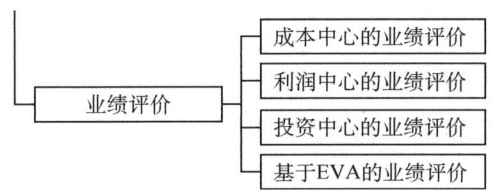

 **思政育人**　　　　　　　**"预则立,不预则废"**

《礼记·中庸》中有一句"凡事预则立,不预则废",在随着互联网等技术的不断发展,当今各行各业的企业面临诸多风险,市场竞争日益加剧,企业想要实现自己的战略目标,不断做大、做强、做优,持续高质量发展,预算管理显得越来越重要。不断总结并提高预算质量,充分发挥预算标杆引导作用,才能为企业实现可持续高质量发展提供坚实保障。

大学时期是人生中的黄金时期,作为学生要选定好目标和方向并合理规划。在4年大学生活中为目标作出百分百的努力,实施自己的行动方案,并与自己的规划进行对比分析,以实现目标。职业规划,人生规划亦如此。通过预算的学习,作为学生应该建立责任意识、风险意识和合规意识,并且树立正确的职业观念和人生观。

资料来源:张玲.《财务管理》课程思政教学设计[EB/OL].(2022-12-13)[2023-12-27].https://jingguan.hebau.edu.cn/info/1136/3339.htm,有删节。

# 第一节　财务管理方法概述

## 一、财务管理方法定义

财务管理方法是指财务管理的重要组成部分,财务管理理论的核心是财务管理方法的理论,并贯通整个理论体系。简单地说,财务管理方法是财务人员用来进行资金运动管理的各种技术方法的集合。具体而言,财务管理方法是财务管理人员,针对企业经营目标,借助经济数学和电子计算机的手段,运用运筹论、系统论和信息论的方法,结合财务管理活动的具体情况,对企业资金的筹集、生产资金的投入、产品成本费用的形成等企业经营管理活动进行财务预测、财务决策、财务控制、财务计量、财务分析、财务报告和财务监督的技术,它是财务人员完成既定财务管理任务的主要手段。

## 二、财务管理方法类型

一般来说,财务管理方法可分为定性预测和定量预测两大类型。

### (一) 定性预测

定性预测法是指通过对各种情况和定性资料的分析判断来确定未来经济活动的发展,并得出定性的估计值的方法。通常用于缺乏定量分析资料,无法采用定量分析技术的情况。常用的方法有以下三种。

**1. 个人判断**

个人判断法是由企业决策者根据各方面的资料和情况分析及自己的经验,对企业的某项财务活动的发展及结果作出主观的判断的方法。这种方法在缺乏相关数据资料时特别有用。如果企业决策者有较丰富的经验和分析判断能力,并且对各方面的情况比较熟悉,就可以获得较好效果。这种方法简单、快速,但由于判断的根据不够充分有可能发生错误。

2. 集合意见

集合意见法可以克服个人判断法的缺点。该方法又可分为以下几种:

(1) 集体讨论法。集体讨论法是围绕某一预测课题,召集有关人员一起进行讨论,各抒己见,进行分析,从而综合各方意见得出比较一致的估计,作为预测的结果。这种方法集思广益,弥补了个人知识和经验的不足,从而提高了判断的准确程度。

(2) 特尔菲法(专家调查法)。特尔菲法是通过企业预测机构向有关专家逐次寄送调查表,由有关专家根据自己的业务专长和对预测对象的深入了解,对调查表中提出的问题逐次发表个人意见,经过多次反馈,经整理后推断出预测对象未来一定期间的发展趋势及结果。这种方法避免了预测过程中的相互心理影响,专家回答问题时考虑充分,并且不需要原始资料,预测精度也较高,但预测周期长,一般适用于中长期预测。

3. 市场调查

市场调查法是先通过市场调查,收集有关数据,再按照数理统计的办法预测市场的需求量的方法。

### (二) 定量预测

定量预测法是指运用数学方法,通过预测模型进行计算来得到预测结果的方法。根据分析的目的和要求的不同,常用的方法有以下三种。

1. 平均法

平均法是一种简单的定量预测方法,它一般用于各期预测数据比较平稳、趋势变化不太明显的情况。这种方法可以消除偶然因素变化的影响。常用的方法有简单平均法、移动平均法、加权移动平均法、指数平滑法等。

2. 时间序列

时间序列法是根据历年(月)经济活动(预测对象)资料随时间的变化序列,从中找出变化趋势的规律,并把这种趋势规律表达为数学方程式(数学模型),然后用数学方程式进行预测的方法。常用的方法有直线趋势外推法、二次抛物线外推法等。

3. 因果分析

因果分析法又称相关分析法,它是利用事物之间的内在联系(相关)来进行预测的方法。属于这种预测方法的有引申需求预测法、回归分析法、投入产出法、量本利分析法等。

定性预测和定量预测这两类方法在财务管理过程中都不可缺少、不可偏废。但长期以来,我们偏重于采用定性预测,忽视了定量预测。其实,定量预测和定性预测一起构成财务方法体系,在这个体系中,定量预测占据了重要地位。而且随着经济体制改革的深入进行,企业财权逐步扩大,企业环境的不断改善,财务管理定量方法必将得到进一步的应用和推广。

### 三、财务管理方法体系

企业为了有效地组织、指挥、监督和控制财务活动,并处理好因财务活动而发生的各种经济关系,就需要运用一系列科学的财务管理方法,它通常包括财务预测、财务决策、财务预算、财务控制、财务分析等方法,这些相互配合、相互联系的方法构成了一个完整的财务管理方法体系。

#### (一) 财务预测

财务预测是指根据活动的历史资料,考虑现实的条件和今后的要求,对企业未来时期的财务收支活动进行全面的分析,并作出各种不同的预计和推断的过程。它是财务管理的基础。财务预测的主要内容有筹资预测、投资收益预测、成本预测、收入预测和利润预测等。财务预测所采用的具体方法主要有属于定性预测的判断分析法和属于定量预测的时间序列法、因果分析法和税率分析法等。

#### (二) 财务决策

财务决策是指在财务预测的基础上,对不同方案的财务数据进行分析比较,全面权衡利弊,从中选择最优方案的过程。它是财务管理的核心。财务决策的主要内容有筹资决策、投资决策、成本费用决策、收入决策和利润决策等。财务决策所采用的具体方法主要有概率决策法、平均报酬率法、净现值法、现值指数法、内含报酬率法等。

#### (三) 财务预算

财务预算是指以财务决策的结果为依据,对企业生产经营活动的各个方面进行规划的过程。它是组织和控制企业财务活动的依据。财务预算的主要内容有筹资预算、投资预算、成本费用预算、销售收入预算和利润预算等。财务预算所采用的具体方法主要有平衡法、定率法、定额法、比例法、弹性计划法和前期实绩推算法等。

#### (四) 财务控制

财务控制是指以财务预算和财务制度为依据,对财务活动脱离规定目标的偏差实施干预和校正的过程。通过财务控制以确保财务预算的完成。财务控制的内容主要有筹资控制、投资控制、货币资金收支控制、成本费用控制和利润控制。财务控制所采用的具体方法主要有计划控制法、制度控制法、定额控制法等。

#### (五) 财务分析

财务分析是指以会计信息和财务预算为依据,对一定期间的财务活动过程及其结果进行分析和评价的过程。财务分析是指财务管理的重要步骤和方法,通过财务分析,可以掌握财务活动的规律,为以后进行财务预测和制定财务预算提供资料。财务分析的内容主要有偿债能力分析、营运能力分析、获利能力分析和综合财务分析等。财务分析所采用的具体方法有比较分析法、比率分析法、平衡分析法、因素分析法等。

## 第二节 财务预算

为了使财务活动能够按更加具体的规划进行,企业必须编制财务预算。

## 一、财务预算概述

任何企业,不论规模大小,它所掌握的人力、物力和财力总是有一定限度的。为了利用有限的资源生产更多的利润,为了提高企业的素质和它的适应能力与应变能力,必须事先做好预算工作。

预算是对企业未来一定时期预计经营活动的数量说明,是用来控制未来经济活动的一项财务计划。预算既是企业目标和决策的具体化,又是执行过程的开始,它提供了控制经济活动的标准。另外,预算执行过程还可以促进企业内部各个部门之间的协调,因为预算实际上是企业供、产、销、财务等部门计划的有机整体,它可以使企业的每位负责人都能了解各自部门与企业整体的关系。总之,预算是一种重要的理财工具。

财务预算是企业全面预算体系的一个重要组成部分。企业全面预算体系主要是用来规划计划期内企业的全部经济活动及成果的,它实质上是一整套预计的财务报表及附表。

企业的全面预算包括业务预算、财务预算和专门决策预算。

业务预算是指企业日常发生的各项具有实质性经营内容的基本活动的预算,包括销售预算、生产预算、直接材料预算、直接人工预算、制造费用预算、单位生产成本预算产品销售费用及管理费用预算。

财务预算是指企业在计划期内反映有关现金收支、经营成果和财务状况的预算,包括现金预算、预计利润表、预计资产负债表和预计现金流量表。

专门决策预算是指企业经常发生的、一次性业务的预算,这种预算就是资本支出预算。

### (一)财务预算的内容构成

财务预算在企业全面预算体系中居核心地位,它以其他预算为基础,与其他预算紧密联系在一起。财务预算本身主要由以下内容构成。

1. 现金预算

现金预算是用来反映企业在计划期间预计的现金收入、支出及平衡情况的预算。它由现金收入、现金支出、现金多余或不足、资金的筹措和运用四部分构成。

2. 预计利润表

预计利润表是用货币金额来反映企业在计划期间全部经营活动及最终财务成果的预算,可看作利润总量预测的具体化,亦称为利润预算,是控制企业活动和财务收支的主要依据。

3. 预计资产负债表

预计资产负债表是用来反映企业在计划期末那一天预计的财务状况的预算。

4. 预计现金流量表

预计现金流量表是用来反映企业在计划期内现金变动情况的预算。

### (二)财务预算的作用

财务预算是财务计划工作的成果,它既是财务决策的具体化,又是控制企业经营活动的依据。编制财务预算,对搞好企业财务工作、实现财务目标具有以下重要作用。

1. 财务预算可以明确今后的奋斗目标

通过反复的预算平衡,可以使包括财务部门在内的企业各部门明确奋斗目标和应承担的责任,以便合理地安排各项活动,做好本职工作,共同完成企业的整体目标。

2. 财务预算可以作为日常控制的依据

预算一经制定,就要付诸实施。在预算执行过程中,财务部门要把实际执行情况和预算进行对比,发现差异,找出原因,并采取必要的措施,会同企业各相关部门,协调各部门、各单位和各环节的业务活动,减少以至清除他们之间可能出现的各种矛盾和冲突,使企业的产、供、销和人、财、物等始终处于最佳平衡状态,保证预算完成。

3. 财务预算可以作为考核的标准,正确评价企业的财务成果

不考虑客观条件的变化,单纯地用过去的业绩来评价现在的活动显然是不妥当的,因为超过上年或历史最好水平,只能说明有进步,而不能说明这种进步是否已经达到了应有的程度。与此相比,预算是考核评价业绩的更好标准。当然,考核时也不能只看预算是否被完全执行了,因此某些偏差可能是有利的。

### (三)编制财务预算的原则

为了实现财务预算的目的,发挥财务预算对企业生产经营的指导和控制作用,在编制财务预算时,要坚持以下基本原则:

(1) 要服从企业的整体战略规划,以明确的经营目标为前提。

(2) 要全面完善,覆盖企业生产经营的全过程和全部环节。

(3) 要充分考虑企业在生产经营中,面临的各种不确定性,估计目标的可实现性,并留有余地。

## 二、财务预算的编制方法

### (一)固定预算

固定预算是指根据未来既定业务量水平,不考虑预算期内生产经营活动可能发生的变化而编制的一种静态预算。

固定预算的特点是在预算编制完成以后,在预算期内,除特殊情况外,一般对预算不加以修正或更改,具有相对固定性。所以,固定预算一般适用于业务量比较稳定的企业或部门,不适用于业务量经常变动的企业或部门。

【例13-1】 某企业预计2×24年市场销售甲产品2 000件,销售单价为12元,单位完全变动成本为8元。其中,直接材料为5元,直接人工为1元,制造费用为2元。按固定预算编制2×24年的单位产品成本预算如表13-1所示,利润预算如表13-2所示。

表13-1　　　　　　　　　　单位产品成本预算

| 项目 | 总成本(元) | 单位成本(元/件) |
| --- | --- | --- |
| 直接材料 | 10 000 | 5 |
| 直接人工 | 2 000 | 1 |
| 制造费用 | 4 000 | 2 |
| 合计 | 16 000 | 8 |

表 13-2　　　　　　　　　　　　　利润预算　　　　　　　　　　　　　单位：元

| 项目 | 预算金额 |
| --- | --- |
| 销售收入 | 24 000 |
| 销售成本 | |
| 　　直接材料 | 10 000 |
| 　　直接人工 | 2 000 |
| 　　制造费用 | 4 000 |
| 销售利润 | 8 000 |

### （二）弹性预算

弹性预算又称变动预算，是指根据预计的企业各种可能的业务量，编制不同水平的预算。弹性预算的编制步骤如下：

(1) 选择和确定各种经营活动的计量单位。

(2) 根据预测确定可能达到的各种经营活动的业务量。

(3) 根据成本性态和业务量之间的依存关系，将企业生产成本划分为变动成本和固定成本，并分别确定在各种预算业务量下变动成本总额、固定成本总额及销售收入总额。

弹性预算的特点是在编制时要将所有成本划分为变动成本和固定成本，因此可以对变动成本按单位成本进行预算和控制，对固定成本按总额进行预算和控制。此外，弹性预算能够适应不同业务量的变化，扩大了预算的适用范围，可以更好地发挥预算的控制作用。

【例 13-2】　某企业生产并销售甲产品，预计每件产品单位变动成本 8 元。其中，直接材料成本为 5 元，直接人工成本为 1 元，单位变动制造费用为 2 元。预计固定制造费用为 1 400 元，预计销售单价为 12 元。根据上述资料，按弹性预算编制不同业务量（分别为 1 800 件、2 000 件、2 200 件）下的收入、成本和利润预算，弹性预算如表 13-3 所示。

表 13-3　　　　　　　　　　　　　弹性预算　　　　　　　　　　　　　金额单位：元

| 项目 | 业务量 | | |
| --- | --- | --- | --- |
| | 1 800 件 | 2 000 件 | 2 200 件 |
| 销售收入 | 21 600 | 24 000 | 26 400 |
| 销售成本 | | | |
| 　变动成本 | | | |
| 　　直接材料 | 9 000 | 10 000 | 11 000 |
| 　　直接人工 | 1 800 | 2 000 | 2 200 |
| 　　变动制造费用 | 3 600 | 4 000 | 4 400 |
| 　固定成本 | 1 400 | 1 400 | 1 400 |
| 销售利润 | 5 800 | 6 600 | 7 400 |

### (三) 零基预算

零基预算是指不受过去的预算收支情况的约束,一切从零开始重新编制计划和预算的方法。

传统的预算编制方法,是在上期预算执行结果的基础上,结合预算期(计划期)的变动情况,在上期预算执行结果的基础上,结合预算期(计划期)的变动情况,对上期预算进行适当的调整而确定未来预算。这种编制预算的发放容易受以往既定结果的影响,造成存在就是合理的惯性思维,产生预算调增容易、调减困难的心理定势。

零基预算是一切从零开始,不受基期约束,从实际出发,按照各项业务活动的重要程度配置资源,能更好地立足现在、面向未来,充分发挥预算的作用。

**1. 零基预算的特点**

与传统的预算编制方法相比,零基预算的特点如下:

(1) 预算的基础不同。传统的预算编制方法的基础是前期预算执行结果,本期预算是在前期预算调整基础上编制的。零基预算的基础是零,本期预算是根据对业务活动重要性的分析和资金可供量的约束确定的。

(2) 预算编制的分析对象不同。传统的预算编制方法的分析对象主要是新增项目,对新增项目进行成本效益分析,既有业务不作为主要分析对象。零基预算要求对一切纳入预算的经营活动进行成本效益分析。

(3) 预算的着眼点不同。传统的预算编制方法的重点是预算金额的高低,着重从货币资金角度控制预算金额的增减。在零基预算约束条件下,重视预算金额的高低,但更重视业务活动的重要性。

**2. 零基预算的编制程序**

(1) 企业内部的各部门根据企业的总体目标和自身的责任目标,提出本部门在预算期内所欲进行的每一项业务活动的性质、目的、作用及其对本部门责任目标完成、对企业总目标实现的重要程序,并从零开始,提出各业务所需费用或开支。

(2) 由企业高管人员和有关部门人员组成预算审核委员会,按成本效益原则,对各部门提出的预算方案进行审核。审核的重点是各项开支的必要性,并根据资金总额的限制,确定每项支出的优先顺序。

(3) 按照以上所确定的优先顺序,结合可能获得的资金来源分配资金,确定预算。

综上所述,零基预算不受基期预算影响,可以摒弃现行的不合理支出,优化资金配置;能够充分调动企业内各部门和各级管理人员的积极性,精打细算,合理使用资金,提高经济效益。但是,由于每期预算都要从零开始,对各项业务活动进行分析、研究,需要花费较长的时间,付出较大的代价。所以,对于企业是否应该应用零基预算、多长时间编制零基预算,也应该进行成本效益分析,以避免所费大于所得、得不偿失。

### (四) 滚动预算

滚动预算又称连续预算或永续预算。

滚动预算的主要特点是预算期是连续不断的,始终保持一定的期限(一般为 12 个月)。每经过 1 个月,都要根据变化的内外部情况修订和调整预算,并补充下一个月的预算,使预算期始终保持在 12 个月。

滚动预算要求在每一个预算期内,头几个月的预算要详细完整,后几个月的预算可以相对简单粗略。随着时间的推移,企业的内外部情况不断明朗,通过对预算的持续修订、调整,使预算不断的由粗略到详细、由简单到完整,依次循环往复,不断滚动。

滚动预算编制的理论依据主要有以下两点。

（1）企业的生产经营活动是持续的,企业的预算也是要反映这个特点,不应将持续不断的经营活动人为地分割成间断的预算期间。

（2）在企业的经营过程中,企业所处的外部环境和企业自身是不断发展变化的,企业对这种变化的趋势、程度及其对企业生产经营的影响的认识,随着时间的推移,是由粗略到详细、由简单到具体的过程,企业的预算也应反映这种认识的变化。

综上所述,滚动预算能够保持预算的连续性,有利于企业各级管理人员对企业的经营活动进行连续系统的统筹考虑,并能根据变化的情况对预算进行修正,使预算与实际情况相符,有利于发挥预算的指导和控制作用。但是,采用滚动预算法,预算的编制工作相对繁重,企业要根据具体情况,确定适宜的滚动期。

### （五）概率预算

企业预算是基于过去和现在,对企业未来的一种计划和安排,是一种主观见之于客观的估计。在市场经济条件下,变化特别是未预期到的变化,是企业在生产经营中会面临的永恒的问题,也是企业经营风险所在。

在这种情况下,虽然企业的预算是以精确的数字表示的,但这种形式上的精确能否代表未来的发展变化,实在是一个问题。因此,概率预算就是人们解决这个问题的工具。

概率预算是企业在编制预算时,对各种相关因素的状态,不是确定为一个形式上精确的"点值",而是确定为一个"区间值",并对变量值在此区间内的"各点"出现的可能性,在对历史数据进行分析、对未来情况进行预测的基础上,赋予一个概率,然后计算各变量的期望值,在此基础上编制预算。

## 三、现金预算的编制方法

现金预算是用来反映企业在整个预算期内现金流转情况,即现金收入和现金支出情况,以及由现金流量所导致的现金存量变化情况的预算。

现金预算是企业全面预算的主要组成部分,也是企业全面预测的重要结果。它是企业在预算期内现金流转的综合体现,全面地反映了企业在计划期内现金流入与现金流出的平衡关系。

编制现金预算的目的是使企业合理地处理现金收支,安排资金来源,妥善地调度资金,保证企业财务正常运转,从而保证企业生产经营正常进行,并提高资金的使用效益。

编制现金预算时所说的现金是指企业的库存现金和银行存款等货币资金。现金预算的详细内容见本部分第八点。

由于现金预算是企业全面预算中其他各项现金收支预算的汇总,是根据汇总后的收支差额所采取的平衡措施的具体安排,所以现金预算的编制要以其他各项预算为基础。具体来说,它是从销售预算开始,综合了生产预算、直接材料预算、直接人工预算、制造费用预算、产品成本预算及销售与管理费用预算而编制的。

### (一) 销售预算

销售预算是企业全面预算体系的起点,其他预算均以销售预算为基础。

一般来说,编制销售预算不是财务部门的工作,销售预算是由企业的营销部门编制的。销售预算要分品种、销售区域、销售员,按时间进度编制,并以实物和货币量同时反映。

其中,预计销售量要根据对目标市场的预测及所签订的销售合同,结合企业的生产能力确定;销售单价要根据特定产品的市场供求状况,结合企业既定的营销策略,通过价格决策决定;企业在预算期内的预计销售额要根据预计销售单价和预计销售量确定。

销售预算中还应包括现金收入计算表,以便为编制现金预算提供数据。现金收入计算表要揭示本期的销售额(包括本期现销额和本期赊销额)、本期的实收额(包括本期现销额和本期回收前赊销额)。

【例 13-3】 某公司的销售预算如表 13-4 所示,预计现金收入如表 13-5 所示。

表 13-4  销售预算

| 项目 | 第一季度 | 第二季度 | 第三季度 | 第四季度 | 合计 |
| --- | --- | --- | --- | --- | --- |
| 预计销售量(件) | 50 000 | 75 000 | 100 000 | 90 000 | 315 000 |
| 预计销售单价(元/件) | 20 | 20 | 20 | 20 | 20 |
| 销售收入(元) | 1 000 000 | 1 500 000 | 2 000 000 | 1 800 000 | 6 300 000 |

表 13-5  预计现金收入                                                单位:元

| 项目 | 本期发生额 | 现金收入 | | | |
| --- | --- | --- | --- | --- | --- |
| | | 第一季度 | 第二季度 | 第三季度 | 第四季度 |
| 期初数 | 310 000 | 310 000 | | | |
| 第一季度 | 1 000 000 | 600 000 | 400 000 | | |
| 第二季度 | 1 500 000 | | 900 000 | 600 000 | |
| 第三季度 | 2 000 000 | | | 1 200 000 | 800 000 |
| 第四季度 | 1 800 000 | | | | 1 080 000 |
| 期末数 | −720 000 | | | | |
| 合计 | 5 890 000 | 910 000 | 1 300 000 | 1 800 000 | 1 880 000 |

注:现金当季收回 60%,次季收回 40%。上期期末余额为 310 000 元。

### (二) 生产预算

生产预算是以销售预算为基础,考虑生产与销售的不平衡,在确定期末库存后,确定预算期内各种产品的生产量的预算。相关计算公式如下:

预算期生产量 = 预算期预计销售量 + 预计期末库存量 − 预计期初库存量

预计期初库存量 = 上期期末库存量

预计期末库存量应根据企业的销售趋势、生产能力、仓库容量等因素确定。

**【例 13-4】** 某公司的生产预算如表 13-6 所示。

表 13-6　　　　　　　　　　　　　　生产预算　　　　　　　　　　　　　　单位：件

| 项目 | 第一季度 | 第二季度 | 第三季度 | 第四季度 | 合计 |
| --- | --- | --- | --- | --- | --- |
| 预计销售量 | 50 000 | 75 000 | 100 000 | 90 000 | 315 000 |
| 加：期末存货 | 7 500 | 10 000 | 9 000 | 10 000 | 10 000 |
| 合计 | 57 500 | 85 000 | 109 000 | 100 000 | 325 000 |
| 减：期初存货 | 5 000 | 7 500 | 10 000 | 9 000 | 5 000 |
| 预计生产量 | 52 500 | 77 500 | 99 000 | 91 000 | 320 000 |

注：每季度末存货按下一季度销售量的 10% 确定，上年期末产品存货为 5 000 件，单位成本为 8 元。预计下半年度第一季度销售量为 100 000 件。

### （三）直接材料预算

直接材料预算是以生产预算为基础，考虑原材料的存货水平编制的预算期内材料采购预算。相关计算公式如下：

$$\text{预算期内材料采购量} = \text{预算期生产量} \times \text{单位产品材料用量} + \text{期末材料库存量} - \text{期初材料库存量}$$

$$\text{预算期内材料采购额} = \sum \text{各种材料采购量} \times \text{各种材料单位采购成本}$$

预算期生产量来自生产预算。单位产品材料用量来自标准成本资料或消耗定额资料。期末材料库存量根据企业所需原材料的生产供求状况、企业产品的销售趋势、企业的资金情况等确定。期初材料库存量根据上期预计期末材料库存量确定。材料单位采购成本根据市场供求状况、采购地与企业的距离及运输运输条件等确定。

为了给现金预算的编制提供数据，编制直接材料预算时，还要预计预算期内材料采购的现金支出。其计算公式如下：

本期材料采购现金支出 = 本期材料采购额 − 本期采购后期支付额 + 前期采购本期支付额
　　　　　　　　　　 = 本期材料采购支付额 + 前期采购本期支付额

企业材料采购的赊销比例应根据历史情况和企业所需原材料的生产供求状况确定。

**【例 13-5】** 某公司的直接材料预算如表 13-7 所示，预计现金支出预算如表 13-8 所示。

表 13-7　　　　　　　　　　　　　直接材料预算　　　　　　　　　　　　数量单位：千克

| 项目 | 第一季度 | 第二季度 | 第三季度 | 第四季度 | 合计 |
| --- | --- | --- | --- | --- | --- |
| 预计生产量 | 52 500 | 77 500 | 99 000 | 91 000 | 320 000 |
| 单位产品材料用量（千克/件） | 2 | 2 | 2 | 2 | 2 |
| 生产需用量 | 105 000 | 155 000 | 198 000 | 182 000 | 640 000 |
| 加：预计期末存量 | 21 000 | 31 000 | 39 600 | 36 400 | 36 400 |
| 合计 | 126 000 | 186 000 | 237 600 | 218 400 | 676 400 |

(续表)

| 项目 | 第一季度 | 第二季度 | 第三季度 | 第四季度 | 合计 |
|---|---|---|---|---|---|
| 减:预计期末存量 | 15 000 | 21 000 | 31 000 | 39 600 | 15 000 |
| 预计采购量 | 111 000 | 165 000 | 206 600 | 178 800 | 661 400 |
| 单价(元/千克) | 2.5 | 2.5 | 2.5 | 2.5 | 2.5 |
| 预计采购金额(元) | 277 500 | 412 500 | 516 500 | 447 000 | 1 653 500 |

注:上年年末库存材料为 15 000 千克。期末库存量各季度分别为 21 000 千克、31 000 千克、39 600 千克、36 400 千克。

表 13-8　　　　　　　　　预计现金支出预算　　　　　　　　单位:元

| 项目 | 本期发生额 | 现金支出 | | | |
|---|---|---|---|---|---|
| | | 第一季度 | 第二季度 | 第三季度 | 第四季度 |
| 期初数 | 110 000 | 110 000 | | | |
| 第一季度 | 277 500 | 138 750 | 138 750 | | |
| 第二季度 | 412 500 | | 206 250 | 206 250 | |
| 第三季度 | 516 500 | | | 258 250 | 258 250 |
| 第四季度 | 447 000 | | | | 223 500 |
| 期末数 | −223 500 | | | | |
| 合计 | 1 540 000 | 248 750 | 345 000 | 464 500 | 481 750 |

注:材料采购的50%本季度付清,另50%下个季度付清。

### (四) 直接人工预算

直接人工预算是以生产预算为基础编制的,反映企业在预算期内人工总成本支出的预算。

直接人工预算的内容主要有预算期内预计产量、单位产品工时、人工总工时、每小时人工成本和人工总成本。

预算期内预计产量来自生产预算。单位产品工时和每小时人工成本来自标准成本资料和消耗定额资料。人工总成本的计算公式如下:

$$人工总成本 = 预算期生产量 \times (单位产品工时 \times 每小时人工成本)$$

企业的工资需以现金支付,因此对于直接人工成本不需要预计现金支出,可直接参加现金预算的汇总。

**【例 13-6】** 某公司的直接人工成本预算如表 13-9 所示。

表 13-9　　　　　　　　　　直接人工预算

| 项目 | 第一季度 | 第二季度 | 第三季度 | 第四季度 | 合计 |
|---|---|---|---|---|---|
| 预计生产量(件) | 52 500 | 77 500 | 99 000 | 91 000 | 320 000 |
| 单位产品工时(小时) | 0.2 | 0.2 | 0.2 | 0.2 | 0.2 |

(续表)

| 项目 | 第一季度 | 第二季度 | 第三季度 | 第四季度 | 合计 |
|---|---|---|---|---|---|
| 人工总工时(小时) | 10 500 | 15 500 | 19 800 | 18 200 | 64 000 |
| 每小时人工成本(小时) | 10 | 10 | 10 | 10 | 10 |
| 人工总成本(元) | 105 000 | 155 000 | 198 000 | 182 000 | 640 000 |

### (五) 制造费用预算

制造费用分为变动制造费用和固定制造费用两部分,编制制造费用预算时,应对变动制造费用预算和固定制造费用预算进行编制。

变动制造费用预算以生产预算为基础编制。如果有完善的标准成本和定额成本资料,则以单位产品的标准成本或定额成本与预计生产量相乘,即得到相应的变动制造费用预算数;如果没有完善的标准成本和定额成本资料,则需要逐项预计计划产量所需要的各项制造费用。

固定制造费用预算通常与本期的预计产量无关,需要逐项进行预计,按每期预计需要的支付额进行估算,然后汇总求出全年的预算数。

【例13-7】 某公司的制造费用预算如表13-10所示。

表13-10　　　　　　　　　制造费用预算　　　　　　　　　金额单位:元

| 项目 | 每小时费用分配率(元/小时) | 第一季度 | 第二季度 | 第三季度 | 第四季度 | 合计 |
|---|---|---|---|---|---|---|
| 预计人工总工时(小时) | | 10 500 | 15 500 | 19 800 | 18 200 | 64 000 |
| 变动制造费用 | | | | | | |
| 间接材料 | 1.0 | 10 500 | 15 500 | 19 800 | | 64 000 |
| 预计人工总工时(小时) | | 10 500 | 15 500 | 19 800 | 18 200 | 64 000 |
| 变动制造费用 | | | | | | |
| 间接材料 | 1.0 | 10 500 | 15 500 | 19 800 | | 64 000 |
| 间接人工 | 0.6 | 6 300 | 9 300 | 11 880 | 18 200 | 38 400 |
| 修理费 | 0.4 | 4 200 | 6 200 | 7 920 | 10 920 | 25 600 |
| 水电费 | 0.5 | 5 250 | 7 750 | 9 900 | 7 280 | 32 000 |
| 小计 | 2.5 | 26 250 | 38 750 | 49 500 | 45 500 | 160 000 |
| 固定制造费用 | | | | | | |
| 修理费 | | 30 000 | 30 000 | 30 000 | 30 000 | 120 000 |
| 水电费 | | 10 000 | 10 000 | 10 000 | 10 000 | 40 000 |
| 管理人员工资 | | 20 000 | 20 000 | 20 000 | 20 000 | 80 000 |
| 折旧 | | 50 000 | 50 000 | 50 000 | 50 000 | 200 000 |

(续表)

| 项目 | 每小时费用分配率（元/小时） | 第一季度 | 第二季度 | 第三季度 | 第四季度 | 合计 |
|---|---|---|---|---|---|---|
| 保险费 | | 10 000 | 10 000 | 10 000 | 10 000 | 40 000 |
| 小计 | | 120 000 | 120 000 | 120 000 | 120 000 | 480 000 |
| 合计 | | 146 250 | 158 750 | 169 500 | 165 500 | 640 000 |
| 减：折旧 | | 50 000 | 50 000 | 50 000 | 50 000 | 200 000 |
| 现金支出费用 | | 96 250 | 108 750 | 119 500 | 115 500 | 440 000 |

### （六）产品成本预算

产品成本预算是销售预算、生产预算、直接材料预算、直接人工预算、制造费用预算的汇总。产品成本预算要反映预算期内企业产品的总成本和单位成本，并要反映产品成本的构成。

**【例 13-8】** 某公司的产品成本预算如表 13-11 所示。

表 13-11　　　　　　　产品成本预算　　　　　　金额单位：元

| 成本项目 | 全年生产量 320 000（件） | | | |
|---|---|---|---|---|
| | 单耗 | 单价 | 单位成本 | 总成本 |
| 直接材料 | 2.0 | 2.5 | 5.0 | 1 600 000 |
| 直接人工 | 0.2 | 10.0 | 2.0 | 640 000 |
| 变动制造费用 | 0.2 | 2.5 | 0.5 | 160 000 |
| 合计 | | | 7.5 | 2 400 000 |
| 产成品存货 | 数量（件） | 单位成本 | 总成本 | |
| 年初存货 | 5 000 | 8.0 | 40 000 | |
| 年末存货 | 10 000 | 7.5 | 75 000 | |
| 本年销售 | 315 000 | | 2 365 000 | |

注：存货采用先进先出法。

### （七）销售与管理费用预算

销售费用预算是指企业为了实现销售所需支付费用的预算。

编制销售费用预算时，要以销售预算为基础，分析销售收入、销售利润和销售费用的关系，遵循成本效益原则，利用本量利分析方法，力求实现销售费用的最有效使用。

管理费用是企业进行一般管理业务所必需的费用。它一般属于固定成本，与企业的业务量不直接相关，而与企业的规模相关。一般来说，企业的规模越大，需要管理的事务越多，管理费用也就越高。

在编制管理费用预算时，一般以基期的实际支出为基础，按预算期的可预见变化来调整管理费用的预算金额。

需要注意的是,随着企业规模的扩大,管理的效率也在下降,即"两低一高"现象。在编制管理费用预算时,一定要考查每项管理费用支出的必要性,以提高管理费用使用效率。遗憾的是,在企业财务管理实务中,这恰恰不是财务部门所能控制的。这是一个与企业治理相关的问题,而不仅是一个财务问题。

【例 13-9】 某公司的销售与管理费用预算如表 13-12 所示。

表 13-12　　　　　　　　　　　销售与管理费用预算　　　　　　　　金额单位:元

| 项目 | 变动费用率（元/小时） | 第一季度 | 第二季度 | 第三季度 | 第四季度 | 全年合计 |
|---|---|---|---|---|---|---|
| 预计销售收入 |  | 1 000 000 | 1 500 000 | 2 000 000 | 1 800 000 | 6 300 000 |
| 变动销售及管理费用 |  |  |  |  |  |  |
| 销售佣金 | 1.0 | 10 000 | 15 000 | 20 000 | 18 000 | 63 000 |
| 运输费 | 1.6 | 16 000 | 24 000 | 32 000 | 28 000 | 100 800 |
| 广告费 | 5.0 | 50 000 | 75 000 | 100 000 | 90 000 | 315 000 |
| 小计 | 7.6 | 76 000 | 114 000 | 152 000 | 136 800 | 47 880 |
| 固定销售及管理费用 |  |  |  |  |  |  |
| 薪金 |  | 50 000 | 50 000 | 50 000 | 50 000 | 200 000 |
| 办公用品 |  | 45 000 | 45 000 | 45 000 | 45 000 | 180 000 |
| 杂项 |  | 35 000 | 35 000 | 35 000 | 35 000 | 140 000 |
| 小计 |  | 130 000 | 130 000 | 130 000 | 130 000 | 520 000 |
| 合计 |  | 206 000 | 244 000 | 282 000 | 266 800 | 998 800 |

### (八) 现金预算

现金预算是企业其他预算的汇总。现金预算本身由现金收入、现金支出、现金多余或不足、资金的筹措和运用四部分组成。

现金收入包括期初现金余额与预算期现金收入,销货取得的收入是预算期现金收入的主体。期初现金余额是在编制预算时预计的,销货取得的收入来自销售预算,期初现金余额与本期现金收入之和就是可供使用的现金。

现金支出包括预算期支出的全部现金。其中,与企业生产经营直接相关的现金支出数据来自前述各种业务(营业)预算。此外,由于缴纳企业所得税、购置固定资产及股利分配等所导致的现金支出,来自专门(特种)预算。

现金多余或不足部分,列示了预算期内企业预计现金收入合计与现金支出合计的差额。重要的是不仅要了解预算期内企业现金的余缺,还要对多余的现金进行合理的运用;对现金缺口,要以合理的成本,承担适当的风险,以及足额地从各种渠道筹集资金,以保证企业生产经营的正常进行。

【例 13-10】 某公司的现金预算如表 13-13 所示。

表 13-13　　　　　　　　　　　现金预算　　　　　　　　　　　　　　　单位:元

| 项目 | 第一季度 | 第二季度 | 第三季度 | 第四季度 | 全年合计 |
|---|---|---|---|---|---|
| 期初现金余额 | 80 000 | 134 000 | 101 250 | 117 250 | 80 000 |
| 加:销货现金收入 | 910 000 | 1 300 000 | 1 800 000 | 1 880 000 | 5 890 000 |
| 可供使用现金 | 990 000 | 1 434 000 | 1 901 250 | 1 997 250 | 5 970 000 |
| 减:现金支出 | | | | | |
| 直接材料 | 248 750 | 345 000 | 464 500 | 481 750 | 1 540 000 |
| 直接人工 | 105 000 | 155 000 | 198 000 | 182 000 | 640 000 |
| 制造费用 | 96 250 | 108 750 | 119 500 | 115 500 | 440 000 |
| 销售及管理费用 | 206 000 | 244 000 | 282 000 | 266 800 | 998 800 |
| 预交企业所得税 | 200 000 | 200 000 | 200 000 | 200 000 | 800 000 |
| 购买国库券 | | | | 100 000 | 100 000 |
| 发放股利 | | | 300 000 | | 300 000 |
| 购买设备 | | 500 000 | 500 000 | | 1 000 000 |
| 支出合计 | 856 000 | 1 552 750 | 2 064 000 | 1 346 050 | 5 818 800 |
| 现金收支差额 | 134 000 | −118 750 | −162 750 | 651 200 | 151 200 |
| 向银行借款 | | 220 000 | 280 000 | | 500 000 |
| 归还银行借款 | | | | 500 000 | 500 000 |
| 借款利息(年利息8%) | | | | 24 400 | 24 400 |
| 期末现金余额 | 134 000 | 101 250 | 117 250 | 126 800 | 126 800 |

注:每季度保持现金余额 100 000 元,若多余或不足,可以 20 000 元为单位进行借入或偿还,年利率为 8%,每季度初借,每季度末还,本息同时支付。此外,该公司打算投资 1 000 000 元,第二季度和第三季度分别支付 50%,每季度预先支付企业所得税 200 000 元,预计在第三季度发放股利 300 000 元,第四季度购买国库券 100 000 元。

 延伸阅读 13-1

### 现金预算的意义

1. 提高企业回避财务风险的能力

企业经常需要有足够的现金来支付职工工资,偿付应付账款与票据及其他到期债务,不能及时偿付债务,称为"无偿债能力"。无偿债能力的企业,可能被迫宣告破产。即使经营管理得很好的企业,在市场银根紧缩、自身搞基本建设、扩大销售活动或生产规模的时期,有时也会感到头寸短缺。因此,企业经营者必须小心翼翼地规划现金流量,使手头现金随时够用。

2. 促进了企业内部各部门间的合作与交流,减少了相互间的冲突与矛盾

现金预算是以销售预算、生产预算、直接材料预算等各项经营预算为基础的,需要他们提供的数据,而销售预算是各项预算的基础。这就需要企业加强内部各部门之间的沟通交流,相互之间提出改进建议,明确了各部门的责任,便于他们之间的协调,避免由于责任不清楚造成相互推诿的事件发生,调动企业各部门的积极性,为企业搞好现金预算奠定基础。

3. 提供企业绩效评价标准,便于考核、强化内部控制

现代市场是一个极其复杂的大系统,单个企业在这个大系统中仅仅是一个分子,企业要在复杂多变、

激烈竞争的环境中求得生存和发展,必须强化和依赖于有效的经营管理。财务管理是企业经营管理的重要方面,处于整个管理的核心地位,而现金预算则是财务管理的重中之重。美国前证券管理委员会主席哈罗德·威廉斯曾说过:如果让我在利润信息和现金流量信息之间作一个比较选择,那么,我选现金流量。特别在企业发展日趋成熟、企业组织规模增大、结构日趋复杂的大型企业管理中,由于现金流量与企业的生存、发展、壮大息息相关,所以企业越来越关注现金流量信息。实践证明企业对现金流量的管理与控制已成为财务管理的关键。

### 四、预算财务报表的编制

根据企业全面预算的内容,企业编制完现金预算后,应该编制财务报表。

预计财务报表是按照财务会计所规定的形式和内容,在企业所编制的各种业务预算和专门预算的基础上,反映企业在预算期末所应达到的财务状况、所应取得的经营成果的财务报表。

与企业按照会计制度和财经法规的要求,定期编制、对外公布的实际财务报表不同,预计财务报表不是对企业实际财务状况和经营成果的反映,而是对企业在预算期内可能达到的结果的一种全面、综合的评估。其编制的基础,不是企业实际的会计核算资料,而是企业的预算,并且预计财务报表本身就是企业全面预算体系的组成部分;编制预计财务报表的目的不是向企业外部报表使用人提供财务信息,而是为企业的经营管理,特别是企业的财务管理服务;编制预计财务报表是企业自身的主动行为,而非像编制对外财务报表那样,是有关法规的强制要求。预计财务报表包括预计利润表、预计资产负债表和预计现金流量表。

#### (一)预计利润表

预计利润表的内容、格式与实际利润表相同,只不过面向预算期,数据是反映预算期间预计的经营成果。

预计利润表是在汇总销售、成本、销售及管理费用、营业外收支等预算的基础上加以编制的。

【例 13-11】 根据以上各预算,某公司的预计利润表如表 13-14 所示。

表 13-14　　　　　　　　　　　预计利润表　　　　　　　　　　　单位:元

| 项目 | 第一季度 | 第二季度 | 第三季度 | 第四季度 | 合计 |
| --- | --- | --- | --- | --- | --- |
| 销售收入 | 1 000 000 | 1 500 000 | 2 000 000 | 1 800 000 | 6 300 000 |
| 减:变动生产成本 | 377 500 | 562 500 | 750 000 | 675 000 | 2 365 000 |
| 变动销售及其管理费用 | 76 000 | 114 000 | 152 000 | 136 800 | 478 800 |
| 边际贡献 | 546 500 | 823 500 | 1 098 000 | 988 200 | 3 456 200 |
| 减:固定制造费用 | 120 000 | 120 000 | 120 000 | 120 000 | 480 000 |
| 固定销售及其管理费用 | 130 000 | 130 000 | 130 000 | 130 000 | 520 000 |
| 利息支出 |  |  |  | 24 400 | 24 400 |
| 税前利润 | 296 500 | 573 500 | 848 000 | 713 800 | 2 431 800 |
| 减:企业所得税费用(25%) | 74 125 | 143 375 | 212 000 | 178 450 | 607 950 |
| 税后利润 | 222 375 | 143 125 | 636 000 | 535 350 | 1 823 850 |

## (二) 预计资产负债表

预计资产负债表与实际资产负债表的内容、格式均一致,但是其数据是反映预算期末企业预算的财务状况的。

预计资产负债表是在本期期初资产负债表的基础上,根据销售、生产、资本等预算的有关数据加以调整而编制的。

【例 13-12】 某公司的预计资产负债表(简表)如表 13-15 所示。

表 13-15　　　　　　　　　　预计资产负债表(简表)　　　　　　　　　　单位:元

| 资　产 | 期初数 | 期末数 | 负债和所有者权益 | 期初数 | 期末数 |
|---|---|---|---|---|---|
| 流动资产 | | | 流动负债 | | |
| 货币资金(表 13-13) | 80 000 | 126 800 | 应付账款(表 13-8) | 110 000 | 223 500 |
| 应收账款(表 13-5) | 310 000 | 720 000 | 应交税费 | | −192 050③ |
| 原材料(表 13-7) | 37 500 | 91 000 | | | |
| 库存商品(表 13-11) | 40 000 | 75 000 | 流动负债合计 | 110 000 | 31 450 |
| 交易性金融资产(表 13-13) | | 100 000 | 非流动负债 | | |
| 　流动资产合计 | 467 500 | 1 112 800 | 长期借款 | 400 000 | 400 000 |
| 固定资产 | | | | | |
| 固定资产原值 | 2 700 000 | 3 700 000① | 所有者权益 | | |
| 减:累计折旧 | 322 500 | 522 500② | 普通股 | 2 000 000 | 2 000 000 |
| 固定资产净值 | 2 377 500 | 3 177 500 | 留存收益 | 335 000 | 1 858 850④ |
| 　资产总值 | 2 845 000 | 4 290 300 | 负债和所有者权益总计 | 2 845 000 | 4 290 300 |

① 期末固定资产原值=2 700 000+1 000 000=3 700 000(元)
② 期末累计折旧=322 500+200 000=522 500(元)
③ 期末应交税费=607 950−800 000=−192 050(元)
④ 期末留存收益=335 000+1 823 850−300 000=1 858 850(元)

## (三) 预计现金流量表

预计现金流量表的格式及编制方面与实际的现金流量表基本相同,只是其编制的数据不是来自账户,而是来自预计利润表和预计资产负债表及有关预算。

【例 13-13】 某公司的预计现金流量表如表 13-16 所示。

表 13-16　　　　　　　　　　预计现金流量表　　　　　　　　　　单位:元

| 项　　目 | 金　　额 |
|---|---|
| 一、经营活动产生的现金流量 | |
| 　销售商品、提供劳务收到的现金 | 5 890 000 |
| 　收到的税费返回 | |
| 　收到其他与经营活动有关的现金 | |
| 　　现金流入小计 | 5 890 000 |

(续表)

| 项　　目 | 金　　额 |
|---|---|
| 购买商品、接受劳务支付的现金 | 1 980 000 |
| 支付给职工及为职工支付的现金 | 640 000 |
| 支付的各项税费 | 800 000 |
| 支付其他与经营活动有关的现金 | 998 800 |
| 现金流出小计 | 4 418 800 |
| 经营活动产生的现金流量净额 | 1 471 200 |
| 二、投资活动产生的现金流量 | |
| 收回投资收到的现金 | |
| 取得投资收益收到的现金 | |
| 处置固定资产、无形资产和其他长期资产收回的现金净额 | |
| 收到其他与投资活动有关的现金 | |
| 现金流入小计 | |
| 构建固定资产、无形资产和其他长期资产支付的现金 | 1 000 000 |
| 投资支付的现金 | |
| 支付其他与投资活动有关的现金 | 100 000 |
| 现金流出小计 | 1 100 000 |
| 投资活动产生的现金量净额 | −1 100 000 |
| 三、筹资活动产生的现金流量 | |
| 吸收投资收到的现金 | |
| 发行债券收到的现金 | 500 000 |
| 收到其他与筹资活动有关的现金 | |
| 现金流入小计 | 500 000 |
| 偿还债务支付的现金 | 500 000 |
| 分配股利、利润或偿付利息支付的现金 | 324 400 |
| 支付其他与筹资活动有关的现金 | |
| 现金流出小计 | 824 400 |
| 筹资活动产生的现金流量净额 | −324 400 |
| 四、汇率变动对现金的影响 | |
| 五、现金及现金等价物净增加额 | 46 800 |

## 第三节 财务分析

13.1 视频：财务分析基础

### 一、财务分析概述

#### （一）财务分析的意义

财务分析是企业财务工作的一项重要内容，是加强企业经营管理的一种有效方法。企业财务活动的结果，主要是通过财务报表的各项指标定期反映的。各项指标的数据虽然可以使管理者了解企业财务活动的基本情况，但却难以对企业的经营管理工作作出正确的评估，更无法提出解决问题，改进工作意见。所以，本任务有必要进行深入的分析。

财务分析的意义主要有以下几个方面：

(1) 通过财务分析可以判断企业财务实力的大小、经营是否健全。

(2) 财务分析可以为制定各种决策提供有用的信息。

(3) 通过财务分析可以评价企业的经营权益，实行有效的管理，挖掘内部潜力，提高经济效益。

(4) 通过财务分析还可以检查企业财务计划的执行情况。监督企业遵守国家政策，法令和规章制度，加强各部门的经济责任制。

#### （二）财务分析的内容

财务分析的内容是由分析对象的内容和分析的目的决定的。分析的目的不同，分析的内容和侧重点也就不相同。从满足各方的需求出发，财务分析的内容包括以下几个部分：

(1) 偿债能力。偿债能力分析主要是分析评价企业1年内及1年以上的长短期债务的偿还能力及财务风险。

(2) 营运能力。营运能力分析主要是指以企业运用经济资源从事业务经营的能力和经济资源的利用效率进行分析评价。

(3) 盈利能力。盈利能力分析主要分析评价企业获取利润的能力及利润分配情况。

(4) 其他财务情况分析。其他财务情况分析是指除了上述内容，其他的有关财务情况和经营收支方面的分析，如对投资者投入资本保值增值情况的分析，资本积累的情况分析等。

#### （三）财务分析的方法

**1. 比较分析法**

比较分析法是通过对比两期或连续数期财务报告的相同指标，确定其增减变动的方向，数额和幅度，来说明企业财务状况或经营成果变动趋势的方法。比较分析方法可以分析引起变化的主要原因，变动的性质并预测企业未来的发展趋势。主要比较方式如下：

(1) 重要财务指标的比较。重要财务指标的比较是指将不同时期财务报告中的相同指标或比率进行纵向比较，与同行业平均水平或先进企业进行横向比较，直接观察其增减变动情况及变动幅度，考察其发展趋势，预测其发展前景。主要有以下两种方法：

第一，定基动态比率。定基动态比率是以某一时期的数额为固定基期数额而计算出来的动态比率。其计算公式为：

$$定基动态比率 = \frac{分析期数额}{固定基期数额} \times 100\%$$

第二，环比动态比率。环比动态比率是以每一分析期数额为基期数额而计算出来的动态比率。其计算公式为：

$$环比动态比率 = \frac{分析期数额}{前期数额} \times 100\%$$

（2）会计报表的比较。会计报表的比较是指将连续数期的会计的报表的金额并列起来，比较各指标不同期间的增减变动金额和幅度，据以判断企业财务状况和经营成果发展变化的一种方法。具体包括资产负债表比较、利润表比较和现金流量比较。会计报表的比较是以会计报表中的某个总体指标作为100%，再计算出各组成项目占总体指标的百分比，从而比较各个项目的增减变动，以此来判断有关财务活动的变化趋势。

同时要注意以下几点事项：①用于对比的各个时期的指标其计算口径必须保持一致。②应剔除偶尔发生性项目的影响，使分析所利用的数据能反映正常的生产经营业状况。③应运用例外原则对某项有显著变动的指标作重点分析，以便采取对策，趋利避害。

2. 比率分析法

比率分析法是通过计算各种比率指标来确定财务活动程度的方法，主要有结构比率、相关比率、效率比率三种类型。

（1）结构比率。结构比率是指某项财务指标的的各组成部分数值占总体数值的百分比，反映部分与总体的关系，如资产构成比率、负债构成比率等。利用构成比率，可以考察总体中某个部分的形成和安排是否合理，以便协调各项财务活动。其计算公式为：

$$结构比率 = \frac{某个组成部分数值}{总体数值} \times 100\%$$

（2）相关比率。相关比率是同一时期财务报表及有关资料的比率，反映有关经济活动的相互关系。利用相关比率指标，可以考察企业相互关联的业务安排是否合理，以保障经营活动顺畅进行，如营业利润、资产负债率等。

（3）效率比率。效率比率是某项财务活动所费与所得的比率，反映投入与产出的关系。利用效率比率指标，可以进行得失比较，考察经营成果，评价经济效益，如成本利润表、销售利润率等。

3. 因素分析法

因素分析法又称因素替代法，是对某项综合指标的变动按其内在的因素，计算和确定各个因素对这一综合指标发生变化的影响程度的方法。具体包括连环替代法和差额分析法两种。

（1）连环替代法。连环替代法的计算程序如下：①列出财务指标及其影响因素的分析公式。②确定分析的对象—指标变动差异。③对影响这项指标的各因素进行分析，决定每一因素的排列顺序进行替代。④逐项计算各个因素的影响程度。⑤验证各因素影响程度计算的正确性。

【例 13-14】 某企业 2×23 年销售收入、销售量、单价的计划数及实际数如表 13-17 所示,要求运用因素分析法分析销售量和单价对销售收入的影响程度。

表 13-17　　　　　　　销售收入变动的因素分析

| 项目 | 计划数 | 实际数 | 差异 |
| --- | --- | --- | --- |
| 销售量(件) | 3 000 | 3 500 | +500 |
| 单价(元/件) | 150 | 140 | −10 |
| 销售收入(元) | 450 000 | 490 000 | +40 000 |

根据表 13-17,销售收入实际数比计划数增加 40 000 元,这就是分析对象。显然,销售收入变动受销售量与单价这两个因素变动的影响。运用连环替代法,可以计算各因素变动对销售收入变动的影响程度。

计划指标:3 000×150=450 000(元)

第一次替代:3 500×150=525 000(元)　①

第二次替代:3 500×140=490 000(元)　②

②−①=525 000−450 000=75 000(元)　③

这说明由于销售量实际超过计划 500 件,销售收入增加了 75 000 元。

③−②=490 000−525 000=−35 000(元)

这说明由于价格实际比计划下降了 10 元,销售收入下降了 35 000 元。

两者综合影响:75 000−35 000=40 000(元)

(2) 差额分析法。差额分析法是连环替代法的简化形式,是用实际数与计划数之间的差额来计算各因素对指标变动影响程度的分析方法。

【例 13-15】 以[例 13-14]中资料为例,运用差额分析法分析如下。

由于销售量实际超过计划 500 件,销售收入增加了 75 000 元(500×150)。

由于价格实际比计划下降了 10 元,销售收入变动了 35 000 元[(−10)×3 500]。

两个因素共同影响,使销售额发生的差异为 40 000 元(75 000−35 000)。

因素分析法注意事项如下:①确定构成经济指标的因素,必须是客观上存在因果关系。②替代因素时,必须按照原因素的依存关系,排列成一定的顺序并以此替代。③连环替代法在计算每一个因素变动的影响时,都必须在前一次计算的基础上进行,并采用连环比较的方法确定因素变化影响结果。④连环替代法的前提条件有一定的假定性,在采用此分析时,财务人员应力求使这种假设合乎逻辑,否则会妨碍分析的有效性。

## 二、财务分析比率

### (一) 短期偿债能力分析

短期偿债能力是指企业流动资产对流动负债及时足额偿还的保证程度,是衡量企业当前财务能力,特别是流动资产变现能力的重要标志。

1. 流动比率

流动比率是流动资产与流动负债的比率,用于评价企业流动资产在短期债务到期前,可以变为现金用于偿还流动负债的能力。其计算公式为：

$$流动比率 = \frac{流动资产}{流动负债}$$

流动比率说明每1元流动负债中有多少流动资产作后盾。一般来说，企业流动比率越大，偿还流动负债的能力越强，债权人越有保障，但过大的流动比率对企业来说也并非好现象，可能是企业滞留在流动资产上的资金过多（如应收账款、存货），未能有效地加以利用，可能会影响企业的获利能力。根据西方企业的长期经验，一般认为2∶1为好。但这一比例究竟应保持多高水平，主要由企业自身的特点及其现金流量的可预测程度来确定。

【例13-16】 东方公司的资产负债表（简表）如表13-18所示，利润表（简表）如表13-19所示。

表13-18　　　　　　　　　　　资产负债表（简表）　　　　　　　　　　会企01表
2×23年12月31日　　　　　　　　　　　　　　　　　　　　　　　　单位：元

| 资　产 | 期末余额 | 上年年末余额 | 负债和所有者权益（或股东权益） | 期末余额 | 上年年末余额 |
|---|---|---|---|---|---|
| 流动资产： | | | 流动负债： | | |
| 货币资金 | 210 | 390 | 短期借款 | 170 | 200 |
| 交易性金融资产 | 10 | 20 | 应付账款 | 2 000 | 1 900 |
| 应收账款 | 1 480 | 1 500 | 预收款项 | 300 | 400 |
| 预付款项 | 140 | 170 | 其他应付款 | 100 | 100 |
| 存货 | 1 900 | 2 000 | 流动负债合计 | 2 570 | 2 600 |
| 其他应收款 | 60 | 80 | 非流动负债： | | |
| 流动资产合计 | 3 800 | 4 160 | 长期借款 | 1 200 | 900 |
| 非流动资产： | | | 非流动负债合计 | 1 200 | 900 |
| 债权投资 | 400 | 400 | 负债合计 | 3 770 | 3 500 |
| 固定资产 | 2 100 | 1 800 | 所有者权益（或股东权益）： | | |
| 无形资产 | 500 | 550 | 实收资本（或股本） | 2 500 | 2 500 |
| 非流动资产合计 | 3 000 | 2 750 | 盈余公积 | 230 | 230 |
| | | | 未分配利润 | 300 | 680 |
| | | | 所有者权益（或股东权益）合计 | 3 030 | 3 410 |
| 资产总计 | 6 800 | 6 910 | 负债和所有者权益（或股东权益）总计 | 6 800 | 6 910 |

表 13-19　　　　　　　　　利润表(简表)　　　　　　　会企 02 表
　　　　　　　　　　　　2×23 年 12 月 31 日　　　　　　　　单位:元

| 项　　目 | 本期金额 | 上期金额 |
|---|---|---|
| 一、营业收入 | 7 960 | 6 950 |
| 　减:营业成本 | 6 110 | 5 430 |
| 　　　税金及附加 | 470 | 410 |
| 　　　销售费用 | 200 | 150 |
| 　　　管理费用 | 880 | 680 |
| 　　　财务费用 | 160(利息费用 100) | 120(利息费用 80) |
| 　加:其他收益 | 600 | 500 |
| 　　　投资收益(损失以"－"号填列) | 30 | 20 |
| 二、营业利润(亏损以"－"号填列) | 740 | 660 |
| 　加:营业外收入 | 10 | 30 |
| 　减:营业外支出 | 30 | 40 |
| 三、利润总额(亏损总额以"－"号填列) | 750 | 670 |
| 　减:所得税费用(税率 25%) | 187.5 | 167.5 |
| 四、净利润(净亏损以"－"号填列) | 562.5 | 502.5 |

补充资料:2×22 年应收账款余额为 1 400 万元,存货余额为 1 800 万元,流动资产余额为 3 600 万元,资产余额为 6 000 万元,所有者权益余额为 300 万元。根据东方公司现金流量表,其 2×22 年度、2×23 年度经营活动产生的现金流量分别为 2 000 万元、2 580 万元。

所以,根据上述资产负债表的有关资料,东方公司 2×23 年的流动比率为:

$$2×23 \text{ 年流动比率} = \frac{3\ 800}{2\ 570} = 1.48$$

2. 速动比率

速动比率是速动资产与流动负债的比率。速动资产是指流动资产扣除变现能力较差且不稳定的存货、预付账款、一年内到期的非流动资产和其他流动资产等后的余额。所以,速动比率较流动比率更加准确,可靠地评价企业的短期偿债能力。其计算公式为:

$$速动比率 = \frac{速动资产}{流动负债}$$

通常情况下,速动比率为 1∶1 是比较安全的。若该比率过低,必使企业面临很大的偿债风险;若比率过高,虽然短期债务的安全性很高,但同时会使企业闲置资金过多,影响企业的收益水平。

在实际分析时,应根据企业性质和其他因素来综合判断,不能一概而论。例如,大量采用现金销售的商店,几乎没有应收账款,大大低于1的速动比率也是正常的。

**【例 13-17】** 根据表 13-18,东方公司 2×23 年的速动比率为:

$$2×23年速动比率=\frac{3\,800-1\,900-60}{2\,570}=0.72$$

3. 现金比率

现金比率是现金类资产与流动负债的比率。现金类资产包括货币资金与短期有价证券。现金比率是衡量企业即时偿债能力的比率。其计算公式为:

$$现金比率=\frac{现金+短期有价证券}{流动负债}$$

现金比率可以衡量由经营活动产生的现金用于支付即将到期债务的能力。利用该指标评价企业偿债能力将更为谨慎。一般该比率越大,说明该企业现金流动性越好,短期偿债能力越强。而从企业资金的合理使用角度看,现金比率过高意味着企业拥有闲置资金过多,资金使用效率差。因此,企业应根据行业实际情况确定最佳比率。

**【例 13-18】** 根据表 13-18 及补充资料,东方公司 2×23 年的现金流动负债比率为:

$$2×23年现金比率=\frac{2\,000}{2\,570}=0.78$$

### (二) 长期偿债能力分析

长期偿债能力指企业偿还长期负债的能力。

1. 资产负债率

资产负债率又称负债比率,是企业负债总额与资产总额的比率。它实际上是结构比率,表明企业资产中负债的比重及企业资产对债权人的保障程度。其计算公式为:

$$资产负债率=\frac{负债总额}{资产总额}×100\%$$

资产负债率比较保守的经验判断一般为不高于 50%,国际上一般认为 60% 比较好。该比率越低表明企业债务越少,自有资金越雄厚,财务状况越稳定,其偿债能力越强。但从企业经营者角度看,适当举债可以获得财务杠杆收益,对企业未来的发展、规模的扩大起着举足轻重的作用。在企业管理实践中,难以简单用资产负债率的高或低来判断负债的优劣,应结合企业的盈利能力进一步分析。

**【例 13-19】** 根据表 13-18,东方公司 2×23 年资产负债率为:

$$2×23年资产负债率=\frac{3\,700}{6\,800}×100\%=55.4\%$$

2. 负债与股东权益比率

负债与股东权益比率又称产权比率,是企业负债总额与股东权益总额的比率。它反映债权人提供的资本与股东提供的资本的相对关系,是企业财务结构稳健与否的重要标志,表明债权人投入资本受股东权益保障的程度。其计算公式为:

$$负债与股东权益比率=\frac{负债总额}{股东权益总额}$$

负债与股东权益比率越低,表示企业的长期偿债能力越强,债权人所得到的保障越大,债权人越有安全感。这个指标的评价标准一般应小于1。

3. 所有者权益比率

所有者权益比率是企业的所有者权益总额与资产总额的比率。其计算公式为:

$$所有者权益 = \frac{所有者权益总额}{资产总额}$$

所有者权益比率反映了在企业全部资金中,企业所有者提供了多少。这一比率越高,说明所有者投入的资金在资产总额中所占的比例越大,则企业偿债能力越强,财务风险越小。

4. 已获利息倍数

已获利息倍数是企业一定时期内息税前利润与利息支出的比值。该指标反映企业收益对偿付债务利息的保障程度和企业的偿债能力。其计算公式为:

$$已获得利息倍数 = \frac{息税前利润}{利息}$$

已获利息倍数反映当期企业收益是所需支付利息的多少倍,它能反映企业获利能力的大小,也是衡量企业长期偿债能力大小的重要标志。国外一般选择计算企业5年的已获利息倍数,以充分说明企业稳定偿付利息的能力。国际上公认的标准为3。美国商业银行的系统显示:当已获利息的倍数为1倍和1倍以下时,企业的违约风险将很大,在此种状况下35%以上的企业到期偿还不了债务和利息。一般情况下,该指标如大于1,则表明企业负债经营能赚取比资本成本高的利润,但这仅表示企业能维持经营;如小于1,则表明企业所得连利息都不足以支付,企业财务风险很大。

【例13-20】 根据表13-19,东方公司2×23年已获利息倍数为:

$$2×23年已获利息倍数 = \frac{670+80}{80} = 9.38(倍)$$

### (三) 营运能力分析

营运能力即企业资金的利用效率,其关键在于资金的周转速度。一般来说,周转速度越快,资产营运能力越强;反之,则营运能力越弱。衡量资金周转速度可以采用两种形式:周转次数与周转天数。两者可以换算。一定时期内周转次数越多,周转速度越快;周转一次所需时间越短,周转速度越快。相应的公式计算为:

$$周转次数 = \frac{周转额}{资产平均余额}$$

$$周转天数 = \frac{计算期天数}{周转次数} = \frac{资产平均余额}{周转额} × 计算期天数$$

但在实际工作中,一般通过先计算周转次数再根据以上所示的关系推出周转天数,以下介绍各周转率知识(仅列示周转次数计算公式,周转天数据此推导,此处不再赘述)。

1. 流动资产周转率

流动资产周转率是指企业一定时期主营业务收入净额同流动资产平均余额的比值。其计算公式为:

$$流动资产周转率 = \frac{主营业务收入净额}{流动资产平均余额}$$

其中：
$$流动资产平均余额 = \frac{流动资产年初数 + 流动资产平均余额}{2}$$

流动资产周转率体现了流动资产的周转速度,是从企业全部资产中流动性最强的流动资产角度对资金利用效果进一步分析。要实现该指标的良性循环,应以主营业务收入的增长幅度高于流动资产的增长幅度作保证。一般情况下,该指标越高,表明企业流动资产的利用效果越好。

【例13-21】 根据表13-18、表13-19及补充资料,东方公司2×23年流动资产周转率为：

$$2×23年流动资产平均余额 = \frac{3\,600 + 3\,800}{2} = 3\,700(万元)$$

$$流动资产周转率 = \frac{6\,950}{3\,700} = 1.88(次)$$

$$流动资产周转天数 = \frac{360}{1.88} = 191(天)$$

2. 应收账款周转率

应收账款周转率是指企业一定时期主营业务收入净额同应收账款平均余额的比值。其计算公式为：

$$应收账款周转率 = \frac{主营业务收入净额}{应收账款平均余额}$$

其中：
$$应收账款平均余额 = \frac{应收账款年初数 + 应收账款年末数}{2}$$

应收账款周转率反映了企业应收账款的流动速度,即企业本年度内应收账款转为现金的平均次数。一般认为,应收账款周转率高能减少企业在应收账款上的呆滞占用,活化企业营运资金,提高资金利用效率。但要注意由于季节性经营,大量采用分期收款或现金方式结算等都有可能使本指标失实,所以应结合企业前后期间,行业平均水平进行综合分析。

【例13-22】 根据表13-18、表13-19及补充资料,东方公司2×23年应收账款周转率为：

$$2×23年应收账款平均余额 = \frac{1\,400 + 1\,480}{2} = 1\,440(万元)$$

$$应收账款周转率 = \frac{6\,950}{1\,440} = 4.83(次)$$

$$应收账款周转天数 = \frac{360}{4.83} = 75(天)$$

3. 存货周转率

存货周转率是指企业一定时期主营业务成本同存货平均余额的比值。其计算公式为：

$$存货周转率 = \frac{主营业务成本}{存货平均余额}$$

其中:
$$存货平均余额 = \frac{存货年初数 + 存货年末数}{2}$$

存货周转率是评价企业从取得存货,投入生产到销售回收等各环节管理状况的综合性指标,用于反映存货的周转速度,即存货的流动性及存货资金占有量的合理与否。一般来说,该指标越高,表示企业资产由于销售顺畅而具有较高的流动性,存货转化为现金或应收账款的速度越快,存货占有水平低。运用本指标时,还要注意综合考虑进货批量,生产销售的季节性变动及存货结构等。

【例 13-23】 根据表 13-18、表 13-19 及补充资料,东方公司 2×23 年存货周转率为:

$$2×23 年存货平均余额 = \frac{1\,800 + 1\,900}{2} = 1\,850(万元)$$

$$存货周转次数 = \frac{5\,430}{1\,850} = 2.94(次)$$

$$存货周转天数 = \frac{360}{2.94} = 122(天)$$

4. 总资产周转率

总资产周转情况集中反映了企业总资产的营运能力,总资产周转情况的评价指标为总资产周转率。总资产周转率是企业一定时期主营业务收入净额同总资产平均余额的比值。其计算公式为:

$$总资产周转率 = \frac{主营业务收入}{平均资产总额}$$

其中,平均资产总额是指资产总额的年初数与年末数的平均值,其计算公式为:

$$平均资产总额 = \frac{资产总额年初数 + 资产总额年末数}{2}$$

总资产周转率体现了企业经营期间全部资产从投入到产出周而复始的流转速度,反映了企业全部资产的管理质量和利用效率。一般情况下,该指标数值越高,周转速度越快,资产利用率越高。

【例 13-24】 根据表 13-18、表 13-19 及补充资料,东方公司 2×23 年总资产周转率为:

$$平均资产总额 = \frac{6\,000 + 6\,800}{2} = 6\,400(万元)$$

$$总资产周转率 = \frac{6\,950}{6\,400} = 1.09(次)$$

$$总资产周转天数 = \frac{360}{1.09} = 330(天)$$

(四) 盈利能力分析

谋求最大利润是现代企业的经营方针,盈利能力就是企业赚取利润的能力,是企业资金增值的能力,通常体现为企业收益数额的大小与水平的高低。

1. 销售净利率

销售净利率是指净利润与主营业务收入的比率。其计算公式为：

$$销售净利率 = \frac{净利润}{主营业务收入} \times 100\%$$

【例13-25】 根据表13-19,东方公司2×23年销售净利率为：

$$销售净利率 = \frac{502.5}{6\ 950} \times 100\% = 7.23\%$$

2. 成本费用利润率

成本费用利润是指企业一定时期内利润总额与成本费用总额的比率。其计算方式为：

$$成本费用利润率 = \frac{利润总额}{成本费用总额} \times 100\%$$

其中,成本费用总额是指企业业务成本、营业费用、管理费用、财务费用之和。

成本费用利润率从企业内部管理等方面,对资本收益进一步修正,从耗费角度补充评价企业收益状况,有利于促进企业加强内部管理,节约支出,提高经济效益。该指标越高,表明企业为取得收益所付出的代价越小,企业的成本费用控制的越好,企业获利能力越强。

【例13-26】 根据表13-19,东方公司2×23年成本费用利润率为：

$$2×23年成本费用利润率 = \frac{750}{6\ 110+470+220+880+160} \times 100\% = 9.6\%$$

3. 总资产利润率

总资产利润率是指企业一定时期内获得的息税前利润与平均资产总额的比率。它表明每1元总资产所换取的利润,反映企业总资产的利用效果。一般来说,总资产利润率越高,说明总资产利用效率越高;反之,则说明总资产利用效率越低。其计算公式为：

$$总资产利润率 = \frac{息税前利润}{平均资产总额} \times 100\%$$

其中：

$$平均资产总额 = \frac{期初资产总额 + 期末资产总额}{2}$$

总资产利润率表示全部获取收益的水平,全面反映了企业的获利能力和投入产出状况。通过对该指标深入分析,可以增强各方面对企业资产经营状况的关注,促进企业提高单位资产的收益水平。企业可据此指标与市场资本利率进行比较,获取尽可能多的收益。一般来说,该指标越高,表明企业投入产出的水平越好,企业的全部资产的总体运营效益越高。

【例13-27】 根据表13-18、表13-19及补充资料,东方公司2×23年总资产报酬率为：

$$平均资产总额 = \frac{6\,000 + 6\,800}{2} = 6\,400(万元)$$

$$2\times23\text{年总资产利润率} = \frac{750 + 100}{6\,400} = 13.28\%$$

### 三、财务综合分析

#### (一) 杜邦财务分析体系

**1. 杜邦财务分析体系的含义**

杜邦财务分析体系,简称杜邦体系,又称杜邦分析法,是利用主要财务比率指标间的内在联系,对企业财务状况及经济效益进行综合系统分析和评价,该体系是以权益净利率为龙头,以总资产净利率和权益乘数为核心,重点揭示企业获利能力及权益净利率的影响,以及各相关指标间的相互作用关系。因其最初由美国杜邦公司成功应用,所以得名。

13.2 视频: 一招掌握财务分析:杜邦分析法

**2. 杜邦财务分析体系的指标关系**

杜邦财务分析体系以净资产收益率为核心,将其分解为若干财务指标,通过分析各分解的变动对净资产收益率的影响来揭示企业获利能力及其变动的原因。

杜邦体系的主要指标关系式如下:

$$净资产收益率 = 资产净利率 \times 权益乘数$$
$$资产净利率 = 销售净利率 \times 资产周转率$$
$$净资产收益率 = 销售净利率 \times 资产周转率 \times 权益乘数$$

杜邦财务分析体系分解图如图 13-1 所示。

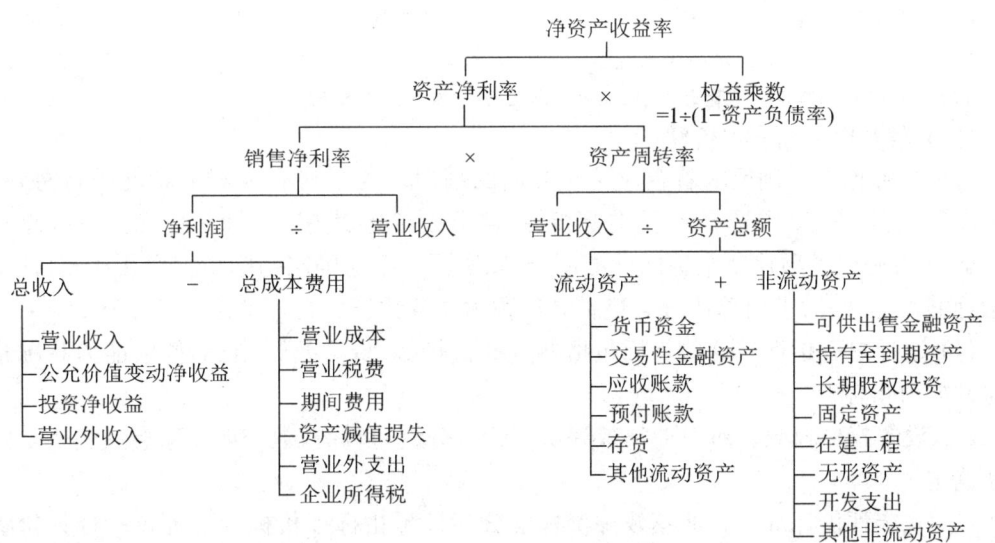

图 13-1 杜邦财务分析体系分解图

**3. 杜邦财务分析体系的局限性**

从企业绩效评价的角度看,杜邦分析法只包括财务方面的信息,不能全面反映企业的

实力,有很大的局限性,在实际运用中需要加以注意,必须结合企业的其他信息加以分析。其局限性主要表现如下:

(1) 对短期财务结果过分重视,有可能助长企业管理层短期行为,忽略企业的长期的价值创造。

(2) 财务指标反映的是企业过去的经营业绩,衡量工业时代的企业能够满足要求。但在目前的信息时代,顾客、供应商、雇员、技术创新等因素对企业经营业绩的影响越来越大,而杜邦分析法在这方面是无能为力的。

(3) 在目前的市场环境中,企业的无形知识资产对提高企业长期竞争力至关重要,杜邦分析法却不能解决无形资产的估值问题。

**延伸阅读13-2**

杜邦公司的成功

著名的美国杜邦化学公司创建于1802年,距今已有200多年的历史了。它的创始人爱里迪尔·杜邦1802年创建了第一个制造火药的工厂,以此为起点使杜邦公司成为目前世界上最大的化工跨国公司。据1984年的统计,杜邦公司当年的营业利润为359.15亿美元,居世界化工工业企业的第一位。

杜邦公司的成功,重要原因之一就是他们始终坚持"利润最大、风险最小"的经营决策,始终谨慎而坚定地保证预定的净资产收益率。杜邦公司对投资收益率的考核采取的是一套综合标准,而并非只对企业的经营效果进行评价。其具体做法是首先从整个公司的综合经济效益出发,再加上对各个部门的评价,包括对新开发项目的特别评价。如果一家企业不能达到10%的净资产收益率,不论其他方面有多大的优势,都必须关闭,无一例外。这是杜邦公司绝对不能违反的"法律"和无情的"执法",也是保证"利润最大"经营决策的具体措施。

杜邦公司的另一个经营策略是"风险最小",这主要体现在财务管理上。杜邦公司决定不论在任何情况下绝对禁止举债。到1966年,杜邦公司先后在世界21个国家成立了61个分厂,31个分公司,都是公司的自投资金。1966年杜邦公司在美国以外的营业额为5.97亿美元,1970年增至10亿美元。杜邦公司的巨大成功与其"利润最大、风险最小"的经营策略是分不开的。

**(二) 财务比率综合评价法**

每项财务比率分别反映着企业某一方面的情况。为了对企业财务状况进行总评价,可以在这些财务比率中选择若干重要指标,并分别给定其在总评价中占的比重,总和为100分,然后确定各项比率指标的标准值,再以实际比率与确定的标准比率相比较,评出每项指标的得分,最后求出总比分。这种方法称为财务比率综合评价法。其步骤如下:

(1) 选择财务指标。这些指标包括财务效益指标、资产营运指标、偿债能力状况指标和盈利能力指标。

(2) 设置指标权数。对企业绩效评价实行百分制,指标权数采取专家意见法——特尔菲法确定。

(3) 确定评价标准。企业绩效评价标准分为计量指标评价标准和评议指标评价参考标准两类。

(4) 评价计分法。企业绩效评价的主要计分方法是功效系数法、辅助综合分析判断法。

(5) 核实确认评价基础判断依据。企业绩效评价的基础数据主要来源于企业提供的评价年度会计决算报表等资料。

(6) 形成评价结果。

**【例 13-28】** 根据表 13-18、表 13-19 及补充资料,可简单列示 2×23 年度东方公司综合财务状况评分情况表,如表 13-20 所示。

表 13-20　　　　　　　　东方公司综合财务状况评分情况表

| 指标 | 标准比率① | 实际比率② | 差异③＝②－① | 每分比率的差④ | 调整分⑤＝③÷④ | 标准分分值⑥ | 得分⑦＝⑤＋⑥ |
| --- | --- | --- | --- | --- | --- | --- | --- |
| 盈利能力 | | | | | | | |
| 总资产净利率 | 10.00 | 10.10 | 0.10 | 1.00 | 0.10 | 20.00 | 20.10 |
| 主营业务净利率 | 4.00 | 47.32 | 2.56 | 1.60 | 1.60 | 20.00 | 21.60 |
| 净资产收益率 | 16.00 | 209.00 | 2.16 | 0.80 | 2.70 | 10.00 | 12.70 |
| 偿债能力 | | | | | | | |
| 自有资本比率 | 40.00 | 47.32 | 7.32 | 15.00 | 0.49 | 8.00 | 8.49 |
| 流动比率 | 150.00 | 209.00 | 59.00 | 75.00 | 0.79 | 8.00 | 8.79 |
| 营运能力 | | | | | | | |
| 应收账款周转率 | 600.00 | 2 341.00 | 1 741.00 | 150.00 | 11.61 | 8.00 | 12.00 |
| 存货周转率 | 800.00 | 1 245.00 | 445.00 | 100.00 | 4.45 | 8.00 | 12.00 |
| 发展能力 | | | | | | | |
| 主营业务增长率 | 15.00 | 17.90 | 2.90 | 5.00 | 0.58 | 6.00 | 6.58 |
| 净利润增长率 | 10.00 | 56.40 | 46.40 | 3.30 | 14.06 | 6.00 | 9.00 |
| 资本积累率 | 10.00 | 18.76 | 8.76 | 3.30 | 2.65 | 6.00 | 8.65 |
| 合计 | | | | | | 100.00 | 119.91 |

根据以上对财务分析知识的理解与掌握,东方公司 2×23 年度资产负债表里的数据计算如下:

$$所有者权益 = 100 + 100 = 200(万元)$$
$$长期负债 = 200 \times 0.5 = 100(万元)$$

得:

$$负债和所有者权益合计 = 200 + 100 + 100 = 400(万元)$$
$$资产合计 = 400(万元)$$
$$总资产周转率 = \frac{销售收入}{平均总资产} = 2.5(次)$$
$$销售收入 = 400 \times 2.5 = 1\,000(万元)$$
$$销售毛利率 = \frac{销售收入 - 销售成本}{销售收入} = 10\%$$

即销售成本 = 900(万元)

由应收账款周转率为 18 天可得：

$$应收账款 = 18 \times \frac{1\,000}{360} = 50(万元)$$

由存货周转率为 9 次可得：

$$存货 = \frac{900}{9} = 100(万元)$$

由以上计算分析可知：

$$固定资产 = 400 - 50 - 50 - 100 = 200(万元)$$

所以，东方公司 2×23 年度资产负债表（简表）如表 13-21 所示。

表 13-21　　　　　　　　　　资产负债表（简表）
2×23 年 12 月 31 日　　　　　　　　　　　　　　　单位：万元

| 资　产 | 金额 | 负债和所有者权益（或股东权益） | 金额 |
| --- | --- | --- | --- |
| 货币资金 | 50 | 应付账款 | 100 |
| 应收账款 | 50 | 长期借款 | 100 |
| 存货 | 100 | 实收资本 | 100 |
| 固定资产 | 200 | 留存收益 | 100 |
| 资产合计 | 400 | 负债和所有者权益（或股东权益）合计 | 400 |

## 第四节　业绩评价

业绩评价是指运用数理统计和运筹学等方法，通过建立综合评价指标体系，对照相应的评价标准，定量分析与定性分析相结合，对企业一定经营期间的盈利能力、资产质量、债务风险及经营增长等经营业绩和努力程度等各方面进行的综合评判。

责任中心是承担一定经济责任，具有一定的管理权限，并享有一定权利和义务的企业（内部）责任单位。责任中心是一个责权利相结合的实体，通常具有相对独立的经营业务和财务收支活动，便于进行责任会计核算或单独核算。按照责任划分的不同，企业责任中心包括成本中心、利润中心和投资中心。

### 一、成本中心的业绩评价

#### （一）成本中心的含义与类型

成本中心是对成本或费用承担责任的责任中心。成本中心往往没有收入，或者即使有少量收入，也不成为其考核内容。由成本中心负责的成本费用称为责任成本。任何发生成本的责任领域，都可以确定为成本中心，上至工厂，下至车间、工段、班组，甚至个人都

13.3 视频：
企业绩效评价

有可能成为成本中心。

成本中心有标准成本中心和费用中心两种类型。

(1) 标准成本中心又称技术性成本中心,是指在技术上投入量与产出量之间有着密切的匹配关系,而且投入与产出都可以量化考核的成本中心,如制造业工厂、车间、工段、班组等。

(2) 费用中心又称酌量性成本中心,是指在技术上投入量与产出量之间没有密切的匹配关系,投入可以量化,而产出不能量化考核的成本中心。费用中心包括一般行政管理部门,如会计、人事、劳资、计划等部门。

### (二) 成本中心的考核指标

可控成本是指在特定时期内特定责任中心能够直接控制其发生的成本。责任成本是以具体的责任单位(部门、单位或个人)为对象,以其承担的责任为范围所归集的成本,也就是特定责任中心的全部可控成本。

成本中心只考评成本费用而不考评收入。对两类成本中心(标准成本中心和费用中心)的考核思路是一致的,即事先根据一定的资料和科学方法编制出各项成本费用的预算,然后用实际的成本费用与预算进行对比,进而评价该成本中心的业绩。如果实际成本费用高于预算成本费用,说明成本费用控制业绩比较差;反之,如果实际成本费用低于预算成本费用,说明成本费用控制业绩比较好。

无论是标准成本中心还是费用中心,在考核时通常都用到以下两个考核指标:

$$成本(费用)变动额 = 实际责任成本(费用) - 预算责任成本(费用)$$

$$成本(费用)变动率 = \frac{成本(费用)变动额}{预算责任成本(费用)} \times 100\%$$

其中,预算责任成本(费用)是指实际产量的预算责任成本。

**【例 13-29】** 葛洲坝下属某水泥厂煅烧车间为成本中心,生产水泥,预算产量为 9.8 万吨,预算单位成本为 400 元/吨,实际产量为 10 万吨,实际单位成本为 395 元/吨。计算煅烧车间的成本变动额和变动率。

$$成本变动额 = 395 \times 10 - 400 \times 10 = -50(万元)$$

$$成本变动率 = \frac{-50}{400} \times 10 \times 100\% = -1.25\%$$

计算结果表明,煅烧车间的成本降低额为 50 万元,成本降低率为 1.25%。

## 二、利润中心的业绩评价

### (一) 利润中心的含义与类型

利润中心是有独立或相对独立的收入和生产经营决策权,能同时控制生产和销售,既要对成本负责,又要对收入和利润负责,但没有责任或没有权利决定该中心资产投资水平的责任中心。

利润中心有以下两种类型:

(1) 自然的利润中心。自然的利润中心是指可以直接对外销售产品并取得收入的利润中心。例如,某些公司采用事业部制,每个事业部均有销售、生产、采购的职能,有很大的独立性,这些事业部就是自然的利润中心。

(2)人为的利润中心。人为的利润中心是按照人为确定的内部转移价格,对内部责任单位提供产品或劳务而取得"内部销售收入"的利润中心。通过人为确定内部价格转移,工业企业的大多数成本中心都可以转化为人为利润中心。

**(二)利润中心的考核指标**

(1)人为的利润中心的考核指标是边际贡献(也称贡献毛益,下同)总额。其计算公式为:

$$\text{利润中心边际贡献总额} = \text{该利润中心销售收入} - \text{该利润中心可控成本总额(或变动成本总额)}$$

说明:如果可控成本中包含可控的固定成本,就不完全等于变动成本总额。

(2)自然的利润中心的考核指标主要有以下四个:

$$\text{利润中心边际贡献总额} = \text{该利润中心销售收入总额} - \text{该利润中心变动成本总额}$$

$$\text{利润中心可控利润总额(可控边际贡献)} = \text{该利润中心边际贡献总额} - \text{该利润中心负责人可控固定成本}$$

$$\text{利润中心可控利润总额(部门边际贡献)} = \text{该利润中心负责人可控利润总额} - \text{该利润中心负责人不可控固定成本}$$

$$\text{企业利润总额(税前部门利润)} = \text{各利润中心可控利润总额之和} - \text{企业不可分摊的各种管理费用、财务费用等金额}$$

一般认为在这四个指标中,利润中心边际贡献总额作为利润中心的业绩评价依据不够全面;利润中心负责人可控利润总额最适合作为对利润中心负责人的业绩评价依据;而利润中心可控利润总额更适合用来评价该利润中心对企业利润和管理费用的贡献,而不适合对利润中心负责人的业绩评价;以企业利润总额作为利润中心的业绩评价依据也不合适,较少使用。

**【例13-30】** 葛洲坝下属水泥厂的水泥预制车间是一个自然利润中心。本期实现内部销售收入24万元,销售变动成本18万元,该中心负责人可控固定成本为3.5万元,中心负责人不可控的、应由该中心负担的固定成本为1万元。计算利润中心边际贡献总额、利润中心负责人可控利润总额、利润中心可控利润总额。

利润中心边际贡献总额 = 24 − 18 = 6(万元)

利润中心负责人可控利润总额 = 6 − 3.5 = 2.5(万元)

利润中心可控利润总额 = 2.5 − 1 = 1.5(万元)

### 三、投资中心业绩评价

**(一)投资中心的含义**

投资中心是指既对成本、收入和利润负责,又对投资负责的责任中心。成本中心、利润中心和投资中心既有联系,又有区别,三者的对比如表13-22所示。

## 财务管理方法 第十三章

表 13-22　　　　　　成本中心、利润中心、投资中心的对比

| | 应用范围 | 权限 | 责任范围 | 考核办法 | 组织形式 | 主要考核指标 |
|---|---|---|---|---|---|---|
| 成本中心 | 最广 | 最小(可控成本的控制权) | 可控成本和费用 | 只以货币形式计量投入,不以货币形式计算产出 | 通常不是法人 | 责任成本(费用)变动额,责任成本(费用)变动率 |
| 利润中心 | 较窄(具有独立收入,并具有经营决策权的中心) | 最高(生产经营决策权) | 成本费用、收入、利润 | 不进行投入产出的比较 | 可以是法人,也可以不是法人 | 利润中心边际贡献总额,利润中心负责人可控利润,利润中心可控利润 |
| 投资中心 | 最窄(有生产经营和投资决策权的中心) | 最高(生产经营和投资决策权) | 成本费用、收入、利润、投资效果 | 进行投入产出比较 | 通常是法人 | 投资利润率,剩余收益 |

### (二) 投资中心的考核指标

投资中心的经理不仅能控制成本和收入,而且能控制占用的资产。因此,不仅要衡量其利润,而且要衡量其资产,并把利润与其所占用的资产联系起来。评价投资中心业绩的指标,通常有以下几个。

1. 投资报酬率

(1) 投资报酬率的含义。投资报酬率又称投资利润率,是指投资中心所获得的营业利润(指投资中心的边际贡献或息税前利润)与该投资中心的资产总额(或投资额)之间的比率,反映了投资中心的综合盈利能力。其计算公式为:

$$投资报酬率 = \frac{息税前利润总额}{平均资产总额} = \frac{\frac{税后净利润}{1-企业所得税税率} + 利息费用}{平均资产总额}$$

$$= \frac{销售收入}{平均资产总额} \times \frac{成本费用}{销售收入} \times \frac{息税前利润总额}{成本费用}$$

$$= 总资产周转率 \times 销售成本率 \times 成本费用利润率$$

其中,$平均资产总额 = \frac{期初资产总额 + 期末资产总额}{2}$,在无法获得期初(或期末)资产总额的资料时,也可用期末(或期初)资产总额替代平均资产总额。

(2) 投资报酬率的优缺点。

优点:①投资利润率具有横向可比性,投资利润率将各投资中心的投入与产出进行比较,剔除了因投资额不同而导致的利润差异的不可比因素,可以对于用不同投资中心进行业绩比较。②投资利润率可以作为选择投资机会的依据,能够引导投资中心选择高于资本成本的投资项目。

缺点:①在通货膨胀情况下,会使企业资产账面价值失真、失实,使计算的投资利润率无法揭示投资中心的实际经营能力。②部门经理会放弃高于资本成本而低于目前部门投资报酬率的机会,或者减少现有的投资报酬率较低但高于资本成本的某些资产,提高本部门的投资报酬率,但却损害了企业整体利益。③不便于按杜邦分析法进行进一步的财务分析。

**【例 13-31】** 葛洲坝的资本成本率为 15%，下属某水泥厂是投资中心，水泥厂 2×23 年年底的资产总额为 40 万元，投资报酬率为 20%，如果不进行其他投资，预计 2008 年水泥厂的资产可保持相同的投资报酬率。2×24 年年初，厂长面临一个投资报酬率为 18% 的投资项目，投资额为 10 万元。假设葛洲坝采用投资报酬率对下属企业进行考核，请帮助该厂长就是否投资该项目进行决策。

如果投资该项目，则：

$$投资报酬率 = \frac{40 \times 20\% + 10 \times 18\%}{40 + 10} = 19.2\% < 20\%$$

说明投资该项目后，水泥厂的投资报酬率将从 20% 下降到 19.2%，所以水泥厂不应该投资该项目。但对葛洲坝来说，由于投资报酬（18%）高于资本成本率（15%），应当投资该项目。

2. 剩余收益

1）剩余收益的含义

剩余收益是指投资中心获得的营业利润扣减其营业总资产（或投资额）按所要求的最低报酬率计算最低报酬后的余额。其中，要求的最低报酬率通常指企业根据所属行业等具体情况所确定的预期投资报酬率，通常采用所属行业的平均投资报酬率、企业的平均利润率、资本成本率等作为预期的最低报酬率。剩余收益的计算公式为：

剩余收益＝营业利润－平均资产总额×规定或预期的最低投资报酬率
　　　　＝平均资产总额×（投资报酬率－规定或预期的最低投资报酬率）

以剩余收益作为投资中心经营业绩的评价指标，各投资中心只要剩余收益大于零，或者说只要投资利润率大于规定或预期的最低投资收益率（或总资产息税前利润率大于规定，或预期的最低总资产息税前利润率），该项投资（或资产占有）就是可行的。

**【例 13-32】** 基本资料同[例 13-31]，现假设葛洲坝采用剩余收益对下属企业进行考核，请决策。

$$该项目带来的剩余收益 = 10 \times (18\% - 15\%) = 0.3（万元）> 0$$

说明投资该项目后，水泥厂的剩余收益将增加 0.3 万元，所以水泥厂会投资该项目，这时决策原则就跟葛洲坝的一致了。

2）剩余收益的优缺点

（1）优点：①比较好地体现了投资中心的投入产出关系。②可以导致投资中心负责人采纳高于企业资本成本的投资项目，克服了投资利润率的缺陷，避免了本位主义，使投资中心的目标与企业目标协调一致。

（2）缺点：剩余收益是绝对数指标，不便于不同投资中心的横向比较。

### 四、基于 EVA 的业绩评价

利润表上所反映的会计利润，只考虑了债务资本的成本，把权益资本当作免费的资本来使用。与会计利润相对的是经济利润，由于在计算经济利润时考虑企业全部资金来源的成本

(债务资本成本和权益资本成本),因而更能反映对企业的价值判断。

正是由于认识到会计利润的缺陷,美国思腾斯特咨询公司(Stern Stewart & CO.)于1982年提出了经济增加值的概念,并于1993年9月对其进行了完整的表述和说明。相对于传统的业绩评价指标,经济增加值最大的特点就是从股东角度重新定义企业的利润,考虑了全部资本成本,能更全面、标准地评价企业的真实业绩。

### (一) EVA 的含义

经济增加值(economic value added,简称 EVA)是基于经济利润基础上衡量企业经营业绩的一种指标,是企业资本收益(即税后净经营利润)与全部投入资本(即债务资本和权益资本之和)成本之间的差额。

EVA 体现了企业在一定时期创造或损失了的股东财富价值量,真正成了股东所定义的利润。EVA 为正值,表明企业获得的收益大于为获得该收益所付出的资本成本,说明企业增加了股东财富;EVA 为负值,表明企业获得的收益小于为获得该收益所付出的资本成本,说明企业股东财富被损害;EVA 为零,表明企业的收益仅仅补偿了资本成本。例如,一家企业税后净营业利润为 1 500 万元,税后债务资本成本为 700 万元,股东资本成本为 1 000 万元,则该企业财务报表上体现的利润为 800 万元(1 500−700),但如果用 EVA 指标计算,其经济附加值为−200 万元(1 500−700−1 000),说明该企业的经营者实际上损害了股东的利益。

### (二) EVA 的计算

**1. EVA 的计算公式**

根据 EVA 的内涵,EVA 的一般计算公式为:

$$经济增加值 = 税后净经营利润 - 加权平均资本成本 \times 投入总资本$$

即:

$$EVA = NOPAT - WACC \times TC$$

其中,投入总资本(TC)包括债权人投入的债务资本和所有者(股东)投入的权益资本(股本成本),债务资本是指扣除了应付账款、应付票据、其他应付款等商业信用负债后的负债,权益资本(股本成本)是指所有者权益加上摊销的商誉和各种准备金。

税后净经营利润(NOPAT)是指包含债务利息的利润,是以利润表上的税后净利为基础,经过相对复杂的调整之后得到。

**2. 税后净经营利润的主要调整项目**

对 NOPAT 的计算,是以利润表上的税后净利为基础作出调整得到的。思腾斯特公司已经确认了 160 多种对公认会计准则(GAAP)所得收入及收支平衡表可能做的调整措施,在大多数情况下企业只需对税后净利进行 5~15 项调整就可以使 EVA 值达到相当准确的程度。主要调整项目包括研发费用、各项准备金、后进先出法、商誉、递延税款等。

(1) 研发费用。GAAP 要求企业把发生的研发费用作为当期费用,从当期收益中扣减。EVA 则站在股东的角度,把研发费用看作对未来产品的投资,作为资产负债表上的一项资产,在一个合适的期间进行摊销。

(2) 各项准备金。GAAP 要求企业应该为将来发生的费用提取准备金(如坏账准备、存货、跌价准备、短期投资跌价准备、长期投资减值准备、固定资产减值准备、无形资产减值准备、在建工程减值准备、委托贷款减值准备等)。EVA 则认为,这些准备金在提取时并未实际发生,提取减值准备的做法实际上是将今后有可能发生的提前计入了损益,同时计提准备金并没有实际资产的减少和现金的流出,所以要对这些准备金进行调整,以免低估企业利润。

(3) 后进先出法(LIFO)。EVA 认为,当物价不稳定时,采用 LIFO 计价的存货期末账面价值不能反映现实价格,影响了本期的资产总额和下一期的销售成本,从而影响下期的 NOPAT。EVA 建议将其调整为先进先出法。

(4) 商誉。按照 GAAP 的要求,企业应当在一定时期内把商誉摊销完,这会减少企业的股权和资产,从而高估企业资产报酬率等盈利能力指标。EVA 认为,应该让商誉一直保留在资产负债表上,永远别注销它。

(5) 递延税款。由于会计准则和国家的税收度量标准不一致,企业公布财务报表和实际报税的时间不同,反映的收支状况不一样,企业使用递延税款来反映将来可能缴纳的税款。EVA 认为,企业应扣除的唯一税款就是当前缴纳的税款,而不是将来可能缴纳的税款。因此,计算资本和资本成本时,要把从过去利润中扣除的递延税款加到股东权益中。

**延伸阅读 13-3**

### EVA 与 MVA

EVA 和市场增加值(market value added,简称 MVA)的提出对于传统财务评价考核指标来说是一个很大的进步。它们克服了传统财务评价指标仅仅反映当前收益状况的局限性,不但考虑了公司经营可能带来的风险,而且反映了公司在未来给股东带来的潜在收益。

EVA 能够准确反映公司为股东创造的价值,并能为公司内部日常决策或长期规划提供指导,适合作为内部业绩衡量指标;MVA 则是衡量公司股东价值创造和管理部门长期业绩的最佳外部指标,二者密切相关,配合使用,可使财务业绩考核指标更趋完善,实现业绩评价的协调。现在,EVA 与 MVA 正在世界范围内被广泛应用,并逐渐成为一种全球通用的衡量标准。

MVA 就是一家上市公司的股票市场价值与这家公司的股票与债务调整后的账面价值之间的差额。简而言之,市场增加值就是公司所有资本通过股市累计为其投资者创造的财富,也即公司市值与累计资本投入之间的差额。换句话说,市场增加值是企业变现价值与原投入资本之间的差额,它直接表明了一家企业累计为股东创造了多少财富。

在资本市场上,为了对公司的价值进行评估,通常使用市场增加值的方法。MVA 是评估股东财富的另外一种衡量工具,即将公司的市场价值与投入资本进行比较。因为股东投入资本,目的是获得超出其投入资本的回报,如果公司的价值大于投入资本总额,说明公司为股东创造了价值,如果公司的价值等于投入资本总额,说明公司只是刚好补偿了所有者的投入资本。如果市场价值低于投入资本则公司破坏了股东财富。MVA 是以预示公司成长性的股价为基础,对股票收益有较强的解释能力。MVA 包含了对经理人员有效运用企业资源的能力及对企业长期发展前景的市场评价,是一种长期的、外部市场的经营业绩评价方法,是评价管理者长期业绩的最佳外部指标。

## 本章小结

本章主要学习了:财务管理方法概述;财务预算的不同编制方法,包括固定预算、弹性预算、零基预算、滚动预算、概率预算等;财务分析指标,包括短期偿债能力、长期偿债能力、营运能力、盈利能力等指标;业绩评价,包括成本中心、利润中心、投资中心及基于EVA的业绩评价等。

## 本章重要概念

财务管理方法　财务预算　财务分析　业绩评价　剩余收益　经济增加值

13.4 第十三章课件

# 附　录

## 一、复利终值系数表 ($F/P, i, n$)

| $n$ \ $i$ | 1% | 2% | 3% | 4% | 5% | 6% | 7% | 8% | 9% | 10% |
|---|---|---|---|---|---|---|---|---|---|---|
| 1 | 1.010 | 1.020 | 1.030 | 1.040 | 1.050 | 1.060 | 1.070 | 1.080 | 1.090 | 1.100 |
| 2 | 1.020 | 1.040 | 1.061 | 1.082 | 1.103 | 1.124 | 1.145 | 1.166 | 1.188 | 1.210 |
| 3 | 1.030 | 1.061 | 1.093 | 1.125 | 1.158 | 1.191 | 1.225 | 1.260 | 1.295 | 1.331 |
| 4 | 1.041 | 1.082 | 1.126 | 1.170 | 1.216 | 1.262 | 1.311 | 1.360 | 1.412 | 1.464 |
| 5 | 1.051 | 1.104 | 1.159 | 1.217 | 1.276 | 1.338 | 1.403 | 1.469 | 1.539 | 1.611 |
| 6 | 1.062 | 1.126 | 1.194 | 1.265 | 1.340 | 1.419 | 1.501 | 1.587 | 1.677 | 1.772 |
| 7 | 1.072 | 1.149 | 1.230 | 1.316 | 1.407 | 1.504 | 1.606 | 1.714 | 1.828 | 1.949 |
| 8 | 1.083 | 1.172 | 1.267 | 1.369 | 1.477 | 1.594 | 1.718 | 1.851 | 1.993 | 2.144 |
| 9 | 1.094 | 1.195 | 1.305 | 1.423 | 1.551 | 1.689 | 1.838 | 1.999 | 2.172 | 2.358 |
| 10 | 1.105 | 1.219 | 1.344 | 1.480 | 1.629 | 1.791 | 1.967 | 2.159 | 2.367 | 2.594 |
| 11 | 1.116 | 1.243 | 1.384 | 1.539 | 1.710 | 1.898 | 2.105 | 2.332 | 2.580 | 2.853 |
| 12 | 1.127 | 1.268 | 1.426 | 1.601 | 1.796 | 2.012 | 2.252 | 2.518 | 2.813 | 3.138 |
| 13 | 1.138 | 1.294 | 1.469 | 1.665 | 1.886 | 2.133 | 2.410 | 2.720 | 3.066 | 3.452 |
| 14 | 1.149 | 1.319 | 1.513 | 1.732 | 1.980 | 2.261 | 2.579 | 2.937 | 3.342 | 3.797 |
| 15 | 1.161 | 1.346 | 1.558 | 1.801 | 2.079 | 2.397 | 2.759 | 3.172 | 3.642 | 4.177 |
| 16 | 1.173 | 1.373 | 1.605 | 1.873 | 2.183 | 2.540 | 2.952 | 3.426 | 3.970 | 4.595 |
| 17 | 1.184 | 1.400 | 1.653 | 1.948 | 2.292 | 2.693 | 3.159 | 3.700 | 4.328 | 5.054 |
| 18 | 1.196 | 1.428 | 1.702 | 2.026 | 2.407 | 2.854 | 3.380 | 3.996 | 4.717 | 5.560 |
| 19 | 1.208 | 1.457 | 1.754 | 2.107 | 2.527 | 3.026 | 3.617 | 4.316 | 5.142 | 6.116 |
| 20 | 1.220 | 1.486 | 1.806 | 2.191 | 2.653 | 3.207 | 3.870 | 4.661 | 5.604 | 6.727 |
| 25 | 1.282 | 1.641 | 2.094 | 2.666 | 3.386 | 4.292 | 5.427 | 6.848 | 8.623 | 10.835 |
| 30 | 1.348 | 1.811 | 2.427 | 3.243 | 4.322 | 5.743 | 7.612 | 10.063 | 13.268 | 17.449 |
| 40 | 1.489 | 2.208 | 3.262 | 4.801 | 7.040 | 10.286 | 14.974 | 21.725 | 31.409 | 45.259 |
| 50 | 1.645 | 2.692 | 4.384 | 7.107 | 11.467 | 18.420 | 29.457 | 46.902 | 74.358 | 117.391 |

(续表)

| n \ i | 11% | 12% | 13% | 14% | 15% | 16% | 17% | 18% | 19% |
|---|---|---|---|---|---|---|---|---|---|
| 1 | 1.110 | 1.120 | 1.130 | 1.140 | 1.150 | 1.160 | 1.170 | 1.180 | 1.190 |
| 2 | 1.232 | 1.254 | 1.277 | 1.300 | 1.323 | 1.346 | 1.369 | 1.392 | 1.416 |
| 3 | 1.368 | 1.405 | 1.443 | 1.482 | 1.521 | 1.561 | 1.602 | 1.643 | 1.685 |
| 4 | 1.518 | 1.574 | 1.630 | 1.689 | 1.749 | 1.811 | 1.874 | 1.939 | 2.005 |
| 5 | 1.685 | 1.762 | 1.842 | 1.925 | 2.011 | 2.100 | 2.192 | 2.288 | 2.386 |
| 6 | 1.870 | 1.974 | 2.082 | 2.195 | 2.313 | 2.436 | 2.565 | 2.700 | 2.840 |
| 7 | 2.076 | 2.211 | 2.353 | 2.502 | 2.660 | 2.826 | 3.001 | 3.185 | 3.379 |
| 8 | 2.305 | 2.476 | 2.658 | 2.853 | 3.059 | 3.278 | 3.511 | 3.759 | 4.021 |
| 9 | 2.558 | 2.773 | 3.004 | 3.252 | 3.518 | 3.803 | 4.108 | 4.435 | 4.785 |
| 10 | 2.839 | 3.106 | 3.395 | 3.707 | 4.046 | 4.411 | 4.807 | 5.234 | 5.695 |
| 11 | 3.152 | 3.479 | 3.836 | 4.226 | 4.652 | 5.117 | 5.624 | 6.176 | 6.777 |
| 12 | 3.498 | 3.896 | 4.335 | 4.818 | 5.350 | 5.936 | 6.580 | 7.288 | 8.064 |
| 13 | 3.883 | 4.363 | 4.898 | 5.492 | 6.153 | 6.886 | 7.699 | 8.599 | 9.596 |
| 14 | 4.310 | 4.887 | 5.535 | 6.261 | 7.076 | 7.988 | 9.007 | 10.147 | 11.420 |
| 15 | 4.785 | 5.474 | 6.254 | 7.138 | 8.137 | 9.266 | 10.539 | 11.974 | 13.590 |
| 16 | 5.311 | 6.130 | 7.067 | 8.137 | 9.358 | 10.748 | 12.330 | 14.129 | 16.172 |
| 17 | 5.895 | 6.866 | 7.986 | 9.276 | 10.761 | 12.468 | 14.426 | 16.672 | 19.244 |
| 18 | 6.544 | 7.690 | 9.024 | 10.575 | 12.375 | 14.463 | 16.879 | 19.673 | 22.901 |
| 19 | 7.263 | 8.613 | 10.197 | 12.056 | 14.232 | 16.777 | 19.748 | 23.214 | 27.252 |
| 20 | 8.062 | 9.646 | 11.523 | 13.743 | 16.367 | 19.461 | 23.106 | 27.393 | 32.429 |
| 25 | 13.585 | 17.000 | 21.231 | 26.462 | 32.919 | 40.874 | 50.658 | 62.669 | 77.388 |
| 30 | 22.892 | 29.960 | 39.116 | 50.950 | 66.212 | 85.850 | 111.065 | 143.371 | 184.675 |
| 40 | 65.001 | 93.051 | 132.782 | 188.884 | 267.864 | 378.721 | 533.869 | 750.378 | 1 051.668 |
| 50 | 184.565 | 289.002 | 450.736 | 700.233 | 1 083.657 | 1 670.704 | 2 566.215 | 3 927.357 | 5 988.914 |

(续表)

| n \ i | 20% | 25% | 30% | 35% | 40% | 50% |
|---|---|---|---|---|---|---|
| 1 | 1.200 | 1.250 | 1.300 | 1.350 | 1.400 | 1.500 |
| 2 | 1.440 | 1.563 | 1.690 | 1.823 | 1.960 | 2.250 |
| 3 | 1.728 | 1.953 | 2.197 | 2.460 | 2.744 | 3.375 |
| 4 | 2.074 | 2.441 | 2.856 | 3.322 | 3.842 | 5.063 |
| 5 | 2.488 | 3.052 | 3.713 | 4.484 | 5.378 | 7.594 |
| 6 | 2.986 | 3.815 | 4.827 | 6.053 | 7.530 | 11.391 |
| 7 | 3.583 | 4.768 | 6.275 | 8.172 | 10.541 | 17.086 |
| 8 | 4.300 | 5.960 | 8.157 | 11.032 | 14.758 | 25.629 |
| 9 | 5.160 | 7.451 | 10.604 | 14.894 | 20.661 | 38.443 |
| 10 | 6.192 | 9.313 | 13.786 | 20.107 | 28.925 | 57.665 |
| 11 | 7.430 | 11.642 | 17.922 | 27.144 | 40.496 | 86.498 |
| 12 | 8.916 | 14.552 | 23.298 | 36.644 | 56.694 | 129.746 |
| 13 | 10.699 | 18.190 | 30.288 | 49.470 | 79.371 | 194.620 |
| 14 | 12.839 | 22.737 | 39.374 | 66.784 | 111.120 | 291.929 |
| 15 | 15.407 | 28.422 | 51.186 | 90.158 | 155.568 | 437.894 |
| 16 | 18.488 | 35.527 | 66.542 | 121.714 | 217.795 | 656.841 |
| 17 | 22.186 | 44.409 | 86.504 | 164.314 | 304.913 | 985.261 |
| 18 | 26.623 | 55.511 | 112.455 | 221.824 | 426.879 | 1 477.892 |
| 19 | 31.948 | 69.389 | 146.192 | 299.462 | 597.630 | 2 216.838 |
| 20 | 38.338 | 86.736 | 190.050 | 404.274 | 836.683 | 3 325.257 |
| 25 | 95.396 | 264.698 | 705.641 | 1 812.776 | 4 499.880 | 25 251.168 |
| 30 | 237.376 | 807.794 | 2 619.996 | 8 128.550 | 24 201.432 | 191 751.059 |
| 40 | 1 469.772 | 7 523.164 | 36 118.865 | 163 437.135 | 700 037.697 | 11 057 332.321 |
| 50 | 9 100.438 | 70 064.923 | 497 929.223 | 3 286 157.879 | 20 248 916.240 | 637 621 500.214 |

## 二、复利现值系数表 $(P/F, i, n)$

| $n$ \ $i$ | 1% | 2% | 3% | 4% | 5% | 6% | 7% | 8% | 9% | 10% |
|---|---|---|---|---|---|---|---|---|---|---|
| 1 | 0.990 | 0.980 | 0.971 | 0.962 | 0.952 | 0.943 | 0.935 | 0.926 | 0.917 | 0.909 |
| 2 | 0.980 | 0.961 | 0.943 | 0.925 | 0.907 | 0.890 | 0.873 | 0.857 | 0.842 | 0.826 |
| 3 | 0.971 | 0.942 | 0.915 | 0.889 | 0.864 | 0.840 | 0.816 | 0.794 | 0.772 | 0.751 |
| 4 | 0.961 | 0.924 | 0.888 | 0.855 | 0.823 | 0.792 | 0.763 | 0.735 | 0.708 | 0.683 |
| 5 | 0.951 | 0.906 | 0.863 | 0.822 | 0.784 | 0.747 | 0.713 | 0.681 | 0.650 | 0.621 |
| 6 | 0.942 | 0.888 | 0.837 | 0.790 | 0.746 | 0.705 | 0.666 | 0.630 | 0.596 | 0.564 |
| 7 | 0.933 | 0.871 | 0.813 | 0.760 | 0.711 | 0.665 | 0.623 | 0.583 | 0.547 | 0.513 |
| 8 | 0.923 | 0.853 | 0.789 | 0.731 | 0.677 | 0.627 | 0.582 | 0.540 | 0.502 | 0.467 |
| 9 | 0.914 | 0.837 | 0.766 | 0.703 | 0.645 | 0.592 | 0.544 | 0.500 | 0.460 | 0.424 |
| 10 | 0.905 | 0.820 | 0.744 | 0.676 | 0.614 | 0.558 | 0.508 | 0.463 | 0.422 | 0.386 |
| 11 | 0.896 | 0.804 | 0.722 | 0.650 | 0.585 | 0.527 | 0.475 | 0.429 | 0.388 | 0.350 |
| 12 | 0.887 | 0.788 | 0.701 | 0.625 | 0.557 | 0.497 | 0.444 | 0.397 | 0.356 | 0.319 |
| 13 | 0.879 | 0.773 | 0.681 | 0.601 | 0.530 | 0.469 | 0.415 | 0.368 | 0.326 | 0.290 |
| 14 | 0.870 | 0.758 | 0.661 | 0.577 | 0.505 | 0.442 | 0.388 | 0.340 | 0.299 | 0.263 |
| 15 | 0.861 | 0.743 | 0.642 | 0.555 | 0.481 | 0.417 | 0.362 | 0.315 | 0.275 | 0.239 |
| 16 | 0.853 | 0.728 | 0.623 | 0.534 | 0.458 | 0.394 | 0.339 | 0.292 | 0.252 | 0.218 |
| 17 | 0.844 | 0.714 | 0.605 | 0.513 | 0.436 | 0.371 | 0.317 | 0.270 | 0.231 | 0.198 |
| 18 | 0.836 | 0.700 | 0.587 | 0.494 | 0.416 | 0.350 | 0.296 | 0.250 | 0.212 | 0.180 |
| 19 | 0.828 | 0.686 | 0.570 | 0.475 | 0.396 | 0.331 | 0.277 | 0.232 | 0.194 | 0.164 |
| 20 | 0.820 | 0.673 | 0.554 | 0.456 | 0.377 | 0.312 | 0.258 | 0.215 | 0.178 | 0.149 |
| 25 | 0.780 | 0.610 | 0.478 | 0.375 | 0.295 | 0.233 | 0.184 | 0.146 | 0.116 | 0.092 |
| 30 | 0.742 | 0.552 | 0.412 | 0.308 | 0.231 | 0.174 | 0.131 | 0.099 | 0.075 | 0.057 |
| 40 | 0.672 | 0.453 | 0.307 | 0.208 | 0.142 | 0.097 | 0.067 | 0.046 | 0.032 | 0.022 |
| 50 | 0.608 | 0.372 | 0.228 | 0.141 | 0.087 | 0.054 | 0.034 | 0.021 | 0.013 | 0.009 |

(续表)

| n \ i | 11% | 12% | 13% | 14% | 15% | 16% | 17% | 18% | 19% |
|---|---|---|---|---|---|---|---|---|---|
| 1 | 0.901 | 0.893 | 0.885 | 0.877 | 0.870 | 0.862 | 0.855 | 0.847 | 0.840 |
| 2 | 0.812 | 0.797 | 0.783 | 0.769 | 0.756 | 0.743 | 0.731 | 0.718 | 0.706 |
| 3 | 0.731 | 0.712 | 0.693 | 0.675 | 0.658 | 0.641 | 0.624 | 0.609 | 0.593 |
| 4 | 0.659 | 0.636 | 0.613 | 0.592 | 0.572 | 0.552 | 0.534 | 0.516 | 0.499 |
| 5 | 0.593 | 0.567 | 0.543 | 0.519 | 0.497 | 0.476 | 0.456 | 0.437 | 0.419 |
| 6 | 0.535 | 0.507 | 0.480 | 0.456 | 0.432 | 0.410 | 0.390 | 0.370 | 0.352 |
| 7 | 0.482 | 0.452 | 0.425 | 0.400 | 0.376 | 0.354 | 0.333 | 0.314 | 0.296 |
| 8 | 0.434 | 0.404 | 0.376 | 0.351 | 0.327 | 0.305 | 0.285 | 0.266 | 0.249 |
| 9 | 0.391 | 0.361 | 0.333 | 0.308 | 0.284 | 0.263 | 0.243 | 0.225 | 0.209 |
| 10 | 0.352 | 0.322 | 0.295 | 0.270 | 0.247 | 0.227 | 0.208 | 0.191 | 0.176 |
| 11 | 0.317 | 0.287 | 0.261 | 0.237 | 0.215 | 0.195 | 0.178 | 0.162 | 0.148 |
| 12 | 0.286 | 0.257 | 0.231 | 0.208 | 0.187 | 0.168 | 0.152 | 0.137 | 0.124 |
| 13 | 0.258 | 0.229 | 0.204 | 0.182 | 0.163 | 0.145 | 0.130 | 0.116 | 0.104 |
| 14 | 0.232 | 0.205 | 0.181 | 0.160 | 0.141 | 0.125 | 0.111 | 0.099 | 0.088 |
| 15 | 0.209 | 0.183 | 0.160 | 0.140 | 0.123 | 0.108 | 0.095 | 0.084 | 0.074 |
| 16 | 0.188 | 0.163 | 0.141 | 0.123 | 0.107 | 0.093 | 0.081 | 0.071 | 0.062 |
| 17 | 0.170 | 0.146 | 0.125 | 0.108 | 0.093 | 0.080 | 0.069 | 0.060 | 0.052 |
| 18 | 0.153 | 0.130 | 0.111 | 0.095 | 0.081 | 0.069 | 0.059 | 0.051 | 0.044 |
| 19 | 0.138 | 0.116 | 0.098 | 0.083 | 0.070 | 0.060 | 0.051 | 0.043 | 0.037 |
| 20 | 0.124 | 0.104 | 0.087 | 0.073 | 0.061 | 0.051 | 0.043 | 0.037 | 0.031 |
| 25 | 0.074 | 0.059 | 0.047 | 0.038 | 0.030 | 0.024 | 0.020 | 0.016 | 0.013 |
| 30 | 0.044 | 0.033 | 0.026 | 0.020 | 0.015 | 0.012 | 0.009 | 0.007 | 0.005 |
| 40 | 0.015 | 0.011 | 0.008 | 0.005 | 0.004 | 0.003 | 0.002 | 0.001 | 0.001 |
| 50 | 0.005 | 0.003 | 0.002 | 0.001 | 0.001 | 0.001 | 0 | 0 | 0 |

(续表)

| n \ i | 20% | 25% | 30% | 35% | 40% | 50% |
|---|---|---|---|---|---|---|
| 1 | 0.833 | 0.800 | 0.769 | 0.741 | 0.714 | 0.667 |
| 2 | 0.694 | 0.640 | 0.592 | 0.549 | 0.510 | 0.444 |
| 3 | 0.579 | 0.512 | 0.455 | 0.406 | 0.364 | 0.296 |
| 4 | 0.482 | 0.410 | 0.350 | 0.301 | 0.260 | 0.198 |
| 5 | 0.402 | 0.328 | 0.269 | 0.223 | 0.186 | 0.132 |
| 6 | 0.335 | 0.262 | 0.207 | 0.165 | 0.133 | 0.088 |
| 7 | 0.279 | 0.210 | 0.159 | 0.122 | 0.095 | 0.059 |
| 8 | 0.233 | 0.168 | 0.123 | 0.091 | 0.068 | 0.039 |
| 9 | 0.194 | 0.134 | 0.094 | 0.067 | 0.048 | 0.026 |
| 10 | 0.162 | 0.107 | 0.073 | 0.050 | 0.035 | 0.017 |
| 11 | 0.135 | 0.086 | 0.056 | 0.037 | 0.025 | 0.012 |
| 12 | 0.112 | 0.069 | 0.043 | 0.027 | 0.018 | 0.008 |
| 13 | 0.093 | 0.055 | 0.033 | 0.020 | 0.013 | 0.005 |
| 14 | 0.078 | 0.044 | 0.025 | 0.015 | 0.009 | 0.003 |
| 15 | 0.065 | 0.035 | 0.020 | 0.011 | 0.006 | 0.002 |
| 16 | 0.054 | 0.028 | 0.015 | 0.008 | 0.005 | 0.002 |
| 17 | 0.045 | 0.023 | 0.012 | 0.006 | 0.003 | 0.001 |
| 18 | 0.038 | 0.018 | 0.009 | 0.005 | 0.002 | 0.001 |
| 19 | 0.031 | 0.014 | 0.007 | 0.003 | 0.002 | 0 |
| 20 | 0.026 | 0.012 | 0.005 | 0.002 | 0.001 | 0 |
| 25 | 0.010 | 0.004 | 0.001 | 0.001 | 0 | 0 |
| 30 | 0.004 | 0.001 | 0 | 0 | 0 | 0 |
| 40 | 0.001 | 0 | 0 | 0 | 0 | 0 |
| 50 | 0 | 0 | 0 | 0 | 0 | 0 |

## 三、年金终值系数表 $(F/A, i, n)$

| n \ i | 1% | 2% | 3% | 4% | 5% | 6% | 7% | 8% | 9% |
|---|---|---|---|---|---|---|---|---|---|
| 1 | 1.000 | 1.000 | 1.000 | 1.000 | 1.000 | 1.000 | 1.000 | 1.000 | 1.000 |
| 2 | 2.010 | 2.020 | 2.030 | 2.040 | 2.050 | 2.060 | 2.070 | 2.080 | 2.090 |
| 3 | 3.030 | 3.060 | 3.091 | 3.122 | 3.153 | 3.184 | 3.215 | 3.246 | 3.278 |
| 4 | 4.060 | 4.122 | 4.184 | 4.246 | 4.310 | 4.375 | 4.440 | 4.506 | 4.573 |
| 5 | 5.101 | 5.204 | 5.309 | 5.416 | 5.526 | 5.637 | 5.751 | 5.867 | 5.985 |
| 6 | 6.152 | 6.308 | 6.468 | 6.633 | 6.802 | 6.975 | 7.153 | 7.336 | 7.523 |
| 7 | 7.214 | 7.434 | 7.662 | 7.898 | 8.142 | 8.394 | 8.654 | 8.923 | 9.200 |
| 8 | 8.286 | 8.583 | 8.892 | 9.214 | 9.549 | 9.897 | 10.260 | 10.637 | 11.028 |
| 9 | 9.369 | 9.755 | 10.159 | 10.583 | 11.027 | 11.491 | 11.978 | 12.488 | 13.021 |
| 10 | 10.462 | 10.950 | 11.464 | 12.006 | 12.578 | 13.181 | 13.816 | 14.487 | 15.193 |
| 11 | 11.567 | 12.169 | 12.808 | 13.486 | 14.207 | 14.972 | 15.784 | 16.645 | 17.560 |
| 12 | 12.683 | 13.412 | 14.192 | 15.026 | 15.917 | 16.870 | 17.888 | 18.977 | 20.141 |
| 13 | 13.809 | 14.680 | 15.618 | 16.627 | 17.713 | 18.882 | 20.141 | 21.495 | 22.953 |
| 14 | 14.947 | 15.974 | 17.086 | 18.292 | 19.599 | 21.015 | 22.550 | 24.215 | 26.019 |
| 15 | 16.097 | 17.293 | 18.599 | 20.024 | 21.579 | 23.276 | 25.129 | 27.152 | 29.361 |
| 16 | 17.258 | 18.639 | 20.157 | 21.825 | 23.657 | 25.673 | 27.888 | 30.324 | 33.003 |
| 17 | 18.430 | 20.012 | 21.762 | 23.698 | 25.840 | 28.213 | 30.840 | 33.750 | 36.974 |
| 18 | 19.615 | 21.412 | 23.414 | 25.645 | 28.132 | 30.906 | 33.999 | 37.450 | 41.301 |
| 19 | 20.811 | 22.841 | 25.117 | 27.671 | 30.539 | 33.760 | 37.379 | 41.446 | 46.018 |
| 20 | 22.019 | 24.297 | 26.870 | 29.778 | 33.066 | 36.786 | 40.995 | 45.762 | 51.160 |
| 25 | 28.243 | 32.030 | 36.459 | 41.646 | 47.727 | 54.865 | 63.249 | 73.106 | 84.701 |
| 30 | 34.785 | 40.568 | 47.575 | 56.085 | 66.439 | 79.058 | 94.461 | 113.283 | 136.308 |
| 40 | 48.886 | 60.402 | 75.401 | 95.026 | 120.800 | 154.762 | 199.635 | 259.057 | 337.882 |
| 50 | 64.463 | 84.579 | 112.797 | 152.667 | 209.348 | 290.336 | 406.529 | 573.770 | 815.084 |

(续表)

| n \ i | 10% | 11% | 12% | 13% | 14% | 15% | 16% | 17% |
|---|---|---|---|---|---|---|---|---|
| 1 | 1.000 | 1.000 | 1.000 | 1.000 | 1.000 | 1.000 | 1.000 | 1.000 |
| 2 | 2.100 | 2.110 | 2.120 | 2.130 | 2.140 | 2.150 | 2.160 | 2.170 |
| 3 | 3.310 | 3.342 | 3.374 | 3.407 | 3.440 | 3.473 | 3.506 | 3.539 |
| 4 | 4.641 | 4.710 | 4.779 | 4.850 | 4.921 | 4.993 | 5.066 | 5.141 |
| 5 | 6.105 | 6.228 | 6.353 | 6.480 | 6.610 | 6.742 | 6.877 | 7.014 |
| 6 | 7.716 | 7.913 | 8.115 | 8.323 | 8.536 | 8.754 | 8.977 | 9.207 |
| 7 | 9.487 | 9.783 | 10.089 | 10.405 | 10.730 | 11.067 | 11.414 | 11.772 |
| 8 | 11.436 | 11.859 | 12.300 | 12.757 | 13.233 | 13.727 | 14.240 | 14.773 |
| 9 | 13.579 | 14.164 | 14.776 | 15.416 | 16.085 | 16.786 | 17.519 | 18.285 |
| 10 | 15.937 | 16.722 | 17.549 | 18.420 | 19.337 | 20.304 | 21.321 | 22.393 |
| 11 | 18.531 | 19.561 | 20.655 | 21.814 | 23.045 | 24.349 | 25.733 | 27.200 |
| 12 | 21.384 | 22.713 | 24.133 | 25.650 | 27.271 | 29.002 | 30.850 | 32.824 |
| 13 | 24.523 | 26.212 | 28.029 | 29.985 | 32.089 | 34.352 | 36.786 | 39.404 |
| 14 | 27.975 | 30.095 | 32.393 | 34.883 | 37.581 | 40.505 | 43.672 | 47.103 |
| 15 | 31.772 | 34.405 | 37.280 | 40.417 | 43.842 | 47.580 | 51.660 | 56.110 |
| 16 | 35.950 | 39.190 | 42.753 | 46.672 | 50.980 | 55.717 | 60.925 | 66.649 |
| 17 | 40.545 | 44.501 | 48.884 | 53.739 | 59.118 | 65.075 | 71.673 | 78.979 |
| 18 | 45.599 | 50.396 | 55.750 | 61.725 | 68.394 | 75.836 | 84.141 | 93.406 |
| 19 | 51.159 | 56.939 | 63.440 | 70.749 | 78.969 | 88.212 | 98.603 | 110.285 |
| 20 | 57.275 | 64.203 | 72.052 | 80.947 | 91.025 | 102.444 | 115.380 | 130.033 |
| 25 | 98.347 | 114.413 | 133.334 | 155.620 | 181.871 | 212.793 | 249.214 | 292.105 |
| 30 | 164.494 | 199.021 | 241.333 | 293.199 | 356.787 | 434.745 | 530.312 | 647.439 |
| 40 | 442.593 | 581.826 | 767.091 | 1 013.704 | 1 342.025 | 1 779.090 | 2 360.757 | 3 134.522 |
| 50 | 1 163.909 | 1 668.771 | 2 400.018 | 3 459.507 | 4 994.521 | 7 217.716 | 10 435.649 | 15 089.502 |

(续表)

| n \ i | 18% | 19% | 20% | 25% | 30% | 35% |
|---|---|---|---|---|---|---|
| 1 | 1.000 | 1.000 | 1.000 | 1.000 | 1.000 | 1.000 |
| 2 | 2.180 | 2.190 | 2.200 | 2.250 | 2.300 | 2.350 |
| 3 | 3.572 | 3.606 | 3.640 | 3.813 | 3.990 | 4.173 |
| 4 | 5.215 | 5.291 | 5.368 | 5.766 | 6.187 | 6.633 |
| 5 | 7.154 | 7.297 | 7.442 | 8.207 | 9.043 | 9.954 |
| 6 | 9.442 | 9.683 | 9.930 | 11.259 | 12.756 | 14.438 |
| 7 | 12.142 | 12.523 | 12.916 | 15.073 | 17.583 | 20.492 |
| 8 | 15.327 | 15.902 | 16.499 | 19.842 | 23.858 | 28.664 |
| 9 | 19.086 | 19.923 | 20.799 | 25.802 | 32.015 | 39.696 |
| 10 | 23.521 | 24.709 | 25.959 | 33.253 | 42.619 | 54.590 |
| 11 | 28.755 | 30.404 | 32.150 | 42.566 | 56.405 | 74.697 |
| 12 | 34.931 | 37.180 | 39.581 | 54.208 | 74.327 | 101.841 |
| 13 | 42.219 | 45.244 | 48.497 | 68.760 | 97.625 | 138.485 |
| 14 | 50.818 | 54.841 | 59.196 | 86.949 | 127.913 | 187.954 |
| 15 | 60.965 | 66.261 | 72.035 | 109.687 | 167.286 | 254.738 |
| 16 | 72.939 | 79.850 | 87.442 | 138.109 | 218.472 | 344.897 |
| 17 | 87.068 | 96.022 | 105.931 | 173.636 | 285.014 | 466.611 |
| 18 | 103.740 | 115.266 | 128.117 | 218.045 | 371.518 | 630.925 |
| 19 | 123.414 | 138.166 | 154.740 | 273.556 | 483.973 | 852.748 |
| 20 | 146.628 | 165.418 | 186.688 | 342.945 | 630.165 | 1 152.210 |
| 25 | 342.603 | 402.042 | 471.981 | 1 054.791 | 2 348.803 | 5 176.504 |
| 30 | 790.948 | 966.712 | 1 181.882 | 3 227.174 | 8 729.985 | 23 221.570 |
| 40 | 4 163.213 | 5 529.829 | 7 343.858 | 30 088.655 | 120 392.883 | 466 960.385 |
| 50 | 21 813.094 | 31 515.336 | 45 497.191 | 280 255.693 | 1 659 760.743 | 9 389 019.656 |

## 四、年金现值系数表 $(P/A, i, n)$

| n \ i | 1% | 2% | 3% | 4% | 5% | 6% | 7% | 8% | 9% | 10% |
|---|---|---|---|---|---|---|---|---|---|---|
| 1 | 0.990 | 0.980 | 0.971 | 0.962 | 0.952 | 0.943 | 0.935 | 0.926 | 0.917 | 0.909 |
| 2 | 1.970 | 1.942 | 1.913 | 1.886 | 1.859 | 1.833 | 1.808 | 1.783 | 1.759 | 1.736 |
| 3 | 2.941 | 2.884 | 2.829 | 2.775 | 2.723 | 2.673 | 2.624 | 2.577 | 2.531 | 2.487 |
| 4 | 3.902 | 3.808 | 3.717 | 3.630 | 3.546 | 3.465 | 3.387 | 3.312 | 3.240 | 3.170 |
| 5 | 4.853 | 4.713 | 4.580 | 4.452 | 4.329 | 4.212 | 4.100 | 3.993 | 3.890 | 3.791 |
| 6 | 5.795 | 5.601 | 5.417 | 5.242 | 5.076 | 4.917 | 4.767 | 4.623 | 4.486 | 4.355 |
| 7 | 6.728 | 6.472 | 6.230 | 6.002 | 5.786 | 5.582 | 5.389 | 5.206 | 5.033 | 4.868 |
| 8 | 7.652 | 7.325 | 7.020 | 6.733 | 6.463 | 6.210 | 5.971 | 5.747 | 5.535 | 5.335 |
| 9 | 8.566 | 8.162 | 7.786 | 7.435 | 7.108 | 6.802 | 6.515 | 6.247 | 5.995 | 5.759 |
| 10 | 9.471 | 8.983 | 8.530 | 8.111 | 7.722 | 7.360 | 7.024 | 6.710 | 6.418 | 6.145 |
| 11 | 10.368 | 9.787 | 9.253 | 8.760 | 8.306 | 7.887 | 7.499 | 7.139 | 6.805 | 6.495 |
| 12 | 11.255 | 10.575 | 9.954 | 9.385 | 8.863 | 8.384 | 7.943 | 7.536 | 7.161 | 6.814 |
| 13 | 12.134 | 11.348 | 10.635 | 9.986 | 9.394 | 8.853 | 8.358 | 7.904 | 7.487 | 7.103 |
| 14 | 13.004 | 12.106 | 11.296 | 10.563 | 9.899 | 9.295 | 8.745 | 8.244 | 7.786 | 7.367 |
| 15 | 13.865 | 12.849 | 11.938 | 11.118 | 10.380 | 9.712 | 9.108 | 8.559 | 8.061 | 7.606 |
| 16 | 14.718 | 13.578 | 12.561 | 11.652 | 10.838 | 10.106 | 9.447 | 8.851 | 8.313 | 7.824 |
| 17 | 15.562 | 14.292 | 13.166 | 12.166 | 11.274 | 10.477 | 9.763 | 9.122 | 8.544 | 8.022 |
| 18 | 16.398 | 14.992 | 13.754 | 12.659 | 11.690 | 10.828 | 10.059 | 9.372 | 8.756 | 8.201 |
| 19 | 17.226 | 15.678 | 14.324 | 13.134 | 12.085 | 11.158 | 10.336 | 9.604 | 8.950 | 8.365 |
| 20 | 18.046 | 16.351 | 14.877 | 13.590 | 12.462 | 11.470 | 10.594 | 9.818 | 9.129 | 8.514 |
| 25 | 22.023 | 19.523 | 17.413 | 15.622 | 14.094 | 12.783 | 11.654 | 10.675 | 9.823 | 9.077 |
| 30 | 25.808 | 22.396 | 19.600 | 17.292 | 15.372 | 13.765 | 12.409 | 11.258 | 10.274 | 9.427 |
| 40 | 32.835 | 27.355 | 23.115 | 19.793 | 17.159 | 15.046 | 13.332 | 11.925 | 10.757 | 9.779 |
| 50 | 39.196 | 31.424 | 25.730 | 21.482 | 18.256 | 15.762 | 13.801 | 12.233 | 10.962 | 9.915 |

(续表)

| n \ i | 11% | 12% | 13% | 14% | 15% | 16% | 17% | 18% | 19% |
|---|---|---|---|---|---|---|---|---|---|
| 1 | 0.901 | 0.893 | 0.885 | 0.877 | 0.870 | 0.862 | 0.855 | 0.847 | 0.840 |
| 2 | 1.713 | 1.690 | 1.668 | 1.647 | 1.626 | 1.605 | 1.585 | 1.566 | 1.547 |
| 3 | 2.444 | 2.402 | 2.361 | 2.322 | 2.283 | 2.246 | 2.210 | 2.174 | 2.140 |
| 4 | 3.102 | 3.037 | 2.974 | 2.914 | 2.855 | 2.798 | 2.743 | 2.690 | 2.639 |
| 5 | 3.696 | 3.605 | 3.517 | 3.433 | 3.352 | 3.274 | 3.199 | 3.127 | 3.058 |
| 6 | 4.231 | 4.111 | 3.998 | 3.889 | 3.784 | 3.685 | 3.589 | 3.498 | 3.410 |
| 7 | 4.712 | 4.564 | 4.423 | 4.288 | 4.160 | 4.039 | 3.922 | 3.812 | 3.706 |
| 8 | 5.146 | 4.968 | 4.799 | 4.639 | 4.487 | 4.344 | 4.207 | 4.078 | 3.954 |
| 9 | 5.537 | 5.328 | 5.132 | 4.946 | 4.772 | 4.607 | 4.451 | 4.303 | 4.163 |
| 10 | 5.889 | 5.650 | 5.426 | 5.216 | 5.019 | 4.833 | 4.659 | 4.494 | 4.339 |
| 11 | 6.207 | 5.938 | 5.687 | 5.453 | 5.234 | 5.029 | 4.836 | 4.656 | 4.486 |
| 12 | 6.492 | 6.194 | 5.918 | 5.660 | 5.421 | 5.197 | 4.988 | 4.793 | 4.611 |
| 13 | 6.750 | 6.424 | 6.122 | 5.842 | 5.583 | 5.342 | 5.118 | 4.910 | 4.715 |
| 14 | 6.982 | 6.628 | 6.302 | 6.002 | 5.724 | 5.468 | 5.229 | 5.008 | 4.802 |
| 15 | 7.191 | 6.811 | 6.462 | 6.142 | 5.847 | 5.575 | 5.324 | 5.092 | 4.876 |
| 16 | 7.379 | 6.974 | 6.604 | 6.265 | 5.954 | 5.668 | 5.405 | 5.162 | 4.938 |
| 17 | 7.549 | 7.120 | 6.729 | 6.373 | 6.047 | 5.749 | 5.475 | 5.222 | 4.990 |
| 18 | 7.702 | 7.250 | 6.840 | 6.467 | 6.128 | 5.818 | 5.534 | 5.273 | 5.033 |
| 19 | 7.839 | 7.366 | 6.938 | 6.550 | 6.198 | 5.877 | 5.584 | 5.316 | 5.070 |
| 20 | 7.963 | 7.469 | 7.025 | 6.623 | 6.259 | 5.929 | 5.628 | 5.353 | 5.101 |
| 25 | 8.422 | 7.843 | 7.330 | 6.873 | 6.464 | 6.097 | 5.766 | 5.467 | 5.195 |
| 30 | 8.694 | 8.055 | 7.496 | 7.003 | 6.566 | 6.177 | 5.829 | 5.517 | 5.235 |
| 40 | 8.951 | 8.244 | 7.634 | 7.105 | 6.642 | 6.233 | 5.871 | 5.548 | 5.258 |
| 50 | 9.042 | 8.304 | 7.675 | 7.133 | 6.661 | 6.246 | 5.880 | 5.554 | 5.262 |

(续表)

| n \ i | 20% | 25% | 30% | 35% | 40% | 50% |
|---|---|---|---|---|---|---|
| 1 | 0.833 | 0.800 | 0.769 | 0.741 | 0.714 | 0.667 |
| 2 | 1.528 | 1.440 | 1.361 | 1.289 | 1.224 | 1.111 |
| 3 | 2.106 | 1.952 | 1.816 | 1.696 | 1.589 | 1.407 |
| 4 | 2.589 | 2.362 | 2.166 | 1.997 | 1.849 | 1.605 |
| 5 | 2.991 | 2.689 | 2.436 | 2.220 | 2.035 | 1.737 |
| 6 | 3.326 | 2.951 | 2.643 | 2.385 | 2.168 | 1.824 |
| 7 | 3.605 | 3.161 | 2.802 | 2.508 | 2.263 | 1.883 |
| 8 | 3.837 | 3.329 | 2.925 | 2.598 | 2.331 | 1.922 |
| 9 | 4.031 | 3.463 | 3.019 | 2.665 | 2.379 | 1.948 |
| 10 | 4.192 | 3.571 | 3.092 | 2.715 | 2.414 | 1.965 |
| 11 | 4.327 | 3.656 | 3.147 | 2.752 | 2.438 | 1.977 |
| 12 | 4.439 | 3.725 | 3.190 | 2.779 | 2.456 | 1.985 |
| 13 | 4.533 | 3.780 | 3.223 | 2.799 | 2.469 | 1.990 |
| 14 | 4.611 | 3.824 | 3.249 | 2.814 | 2.478 | 1.993 |
| 15 | 4.675 | 3.859 | 3.268 | 2.825 | 2.484 | 1.995 |
| 16 | 4.730 | 3.887 | 3.283 | 2.834 | 2.489 | 1.997 |
| 17 | 4.775 | 3.910 | 3.295 | 2.840 | 2.492 | 1.998 |
| 18 | 4.812 | 3.928 | 3.304 | 2.844 | 2.494 | 1.999 |
| 19 | 4.843 | 3.942 | 3.311 | 2.848 | 2.496 | 1.999 |
| 20 | 4.870 | 3.954 | 3.316 | 2.850 | 2.497 | 1.999 |
| 25 | 4.948 | 3.985 | 3.329 | 2.856 | 2.499 | 2.000 |
| 30 | 4.979 | 3.995 | 3.332 | 2.857 | 2.500 | 2.000 |
| 40 | 4.997 | 3.999 | 3.333 | 2.857 | 2.500 | 2.000 |
| 50 | 4.999 | 4.000 | 3.333 | 2.857 | 2.500 | 2.000 |